KB136363

메인에듀 텔레마케팅관리사 연구회 편저

텔레마케링
관리사
한번에
끝내기

**필기
1차**

4단계
학습과정 = 핵심
이론 + 핵심
예상문제 + 기출
예상문제 + 실전
모의고사

MAINEDU

머리말

　서비스 경제(Service Economy)로 진입하고 있는 현재의 우리가 맞이할 사회·경제·문화적 변화는 상상을 초월할 것이라 생각합니다.

　빠른 변화를 감지하고 이에 대응할 수 있는 경쟁력을 갖추는 것이 앞으로 맞이하게 될 변화의 대한 준비가 아닐까 생각해봅니다.

　과학기술의 발달과 AI(인공지능), 인간을 대체할 로봇의 등장이 인간의 하드웨어적(Hardware)영역은 대체할 수 있겠지만 휴먼(Human)만이 제공할 수 있는 감정(Emotion, Feel)은 결코 대신할 수 없을 것입니다.

　텔레마케팅 관리사라는 국가기술자격시험을 준비하는 여러분들 역시 미래에 대한 준비를 철저히 하고 있는 선두적인 리더들입니다.

　수많은 (고객)관계속에서 우리가 제공해야 할 마인드(Mind)와 자세(Attitude) 그리고 마음(Heart)는 비단 자격증 취득의 목표 뿐만 아니라 서비스 경제에서 필요한 자신만의 경쟁력을 갖추는데 중요한 발판이 될 것입니다.

　마케팅이란 우리가 제공하는 상품·서비스를 고객의 마음에 자리 잡게 만드는 일련의 과정입니다. 유형의 상품보다 더 가치가 큰 무형의 서비스가 결국 마케팅의 성패를 좌우하게 될 것입니다.

본 교재는 각 과목에 대한 이론적 내용이 상세하게 기술되어 있으며 도입 부분의 "반드시 알아야 할 Key Concept"을 중심으로 공부의 방향을 잡기 바랍니다.

각 챕터를 마치면 핵심 예상 문제들을 풀어봄으로써 핵심 부분 파악과 동시에 부족했던 부분들을 채워가기를 바랍니다.

또한 서비스 경제에서 필요로 하게 될 덕목들인 마케팅 환경 분석 후 적합한 마케팅 믹스 실현과 자료 수집 방법, 수집된 자료의 측정방법들을 살펴봅니다.

조직, 인사, 성과관리를 통해 조직을 보는 전체적인 안목을 기르고 고객과의 원활한 소통 방법을 배움으로써 마케터이자 서비스인의 자세를 갖추게 됩니다.

마지막으로 수 년간 출제되었던 기출문제들을 분석한 결과를 바탕으로 만든 핵심 예상문제와 모의고사를 통해서 실제 시험에 임한다는 마음가짐으로 한 회씩 풀어보면서 실력을 완성하기를 바랍니다.

텔레마케팅 관리사 자격증 취득이 여러분들의 미래를 준비하는데 하나의 성공경험이 되기를 바라며 이를 시작으로 꿈이 현실의 가능성이 될 수 있기를 진심으로 응원하겠습니다.

편지자

교재
활용법

1. 반드시 알아야 할 Key Cocept

각 쳅터 안에서 살펴봐야 할 중요내용을 Key Cocept안에 적어 두었다. Key Cocept은 본 쳅터에서 가장 중요하게 다루는 핵심 키워드를 제시했으며 처음 공부하는 수험생들도 쉽게 내용을 접근하는데 도움이 될 것이다.

2. 핵심 기출문제 활용

각 쳅터별 핵심 기출문제는 출제 가능성이 높은 기출문제들로 구성되었다. 텔레마케팅관리사 자격증은 기출문제의 빈도가 높은 시험이므로, 적어도 3회 이상 문제풀이를 해 볼 것을 추천한다. 또한 시험을 앞두고 시간이 촉박한 수험생들도 핵심 기출문제를 먼저 풀이하면서 출제 방향을 잡아가길 바란다.

3. 핵심예상문제와 모의고사는 실전처럼

모의고사는 총 2회분으로 구성되어 있으며, 최신 출제 경향을 적극 반영하였다. 이론과 핵심 기출문제를 모두 공부하였다면, 실제 시험과 동일하게 시험 시간을 체크해가며 풀어보자. 1차 필기시험은 총 100문항으로 2시간 30분의 시간이 주어진다. 난이도가 어렵지 않아 시험시간이 부족할 가능성은 없지만, 시험에 집중하여 실전과 동일하게 시험에 응시해본다면 실제 시험에서도 긴장하지 않고 여유롭게 응할 수 있을 것이다.

1. 철저한 이론학습이 필요하다.

텔레마케팅 관리사는 1차 필기시험과 2차 실기시험으로 구성되어 있으며 1,2차 시험에서 출제되는 이론은 같기 때문에 각각이 아닌 하나로 보고 시험준비를 해야 한다.

2. 핵심 예상문제와 기출문제를 반복적으로 체크한다.

텔레마케팅관리사 시험에서는 기존의 기출문제가 그대로 출제되거나, 변형되어 출제되고 있다. 본 교재에는 출제 가능성이 높은 핵심 기출문제와 최근 기출문제를 토대로 구성된 핵심예상문제가 수록되어 있으니, 꼭 직접 풀고, 이해한 이후에 실제 시험에 응시하도록 하자. 특히, 시험이 얼마남지 않았다면 이러한 문제들 위주로 공부하면서 개념을 잡고 시험을 준비하도록 하기를 추천한다.

3. 오답노트를 활용하자.

생소한 용어들이나 자주 반복되어 나오는 개념, 동영상 강의에서 강조하는 내용, 틀린 문제들은 오답노트를 만들어 반복해서 확인하고 시험 전날까지 내용을 업데이트한다. 시험 당일날 오답노트에 체크된 내용들로 시험의 최종적 마무리를 한다.

4. 2차 실기시험의 이론은 결국 1차 필기시험이다.

텔레마케팅관리사 자격증 시험의 1차 필기시험의 합격률은 최근 3년간의 기록만 보아도 평균 85%가 넘을 정도로 높은 편이다. 하지만 실기시험은 약 35%로 매우 낮은 현실이다 (2018년~2020년 시험 합격률 현황). 자격증 취득을 위해서는 1차 필기와 더불어 2차 실기 시험도 합격해야 하므로 비교적 난이도가 높지 않은 1차 필기를 공부하면서 2차 실기 준비도 함께 한다는 마음으로 공부하자.

5. 텔레마케팅은 마케팅에서 시작되었다.

텔레마케팅 관리사 과정을 이루고 있는 대부분의 내용은 마케팅 개론의 내용에서 시작된 것이다. 본 과정이 단순히 텔레마케팅에만 국한되었다고 생각하지 말고 마케팅에 대한 기본적인 원리와 활용을 배울 수 있는 유용한 과정이라는 점을 잊지말자.

1. 텔레마케팅관리사(Telemarketing Administrator)

전문지식을 바탕으로 컴퓨터를 결합한 정보통신기술을 활용해 고객에게 필요한 정보를 즉시 제공, 신상품소개, 고객의 고충사항 처리, 시장조사, 인바운드와 아웃바운드 등 다양한 기능을 수행하는 숙련된 기능인력을 양성하기 위해 텔레마케팅관리사 자격제도가 도입되었다.

텔레마케팅관리사는 전문지식과 숙련된 기능을 가지고 고객을 직접 대면 또는 접촉하지 않고 최신 정보통신기술을 활용하여 고객에게 필요한 최신 정보를 제공하며, 신상품 안내, 고객 불편사항 개선, 시장조사, 인바운드와 아웃바운드, 제품을 관리하는 업무 등 다양한 업무를 수행한다.

2. 텔레마케팅 시험정보

① 시 행 처 : 한국산업인력공단(관련부처: 고용노동부)

② 응시자격 : 제한없음

③ 시험과목

구분	시험과목	시험유형	시험시간
필기 (제1차 시험)	1. 판매관리(25문항) 2. 시장조사(25문항) 3. 텔레마케팅관리(25문항) 4. 고객관리(25문항)	객관식 (100문항)	2시간 30분
실기 (제2차 시험)	텔레마케팅 실무	주관식 (필답형)	2시간 30분

④ 합격기준

- 필기(매과목 100점 만점) : 매 과목 40점 이상, 전 과목 평균 60점 이상
- 실기(100점 만점) : 60점 이상

⑤ 출제경향

- 실기시험은 주관식 시험인 필답형으로 구성
- 텔레마케팅에 관한 숙련된 기능을 가지고 판매·관리를 할 수 있는 능력의 유무
- 시장조사, 고객응대와 관련된 업무를 수행할 수 있는 능력의 유무

1. 제1과목 판매관리(25문항)

① 아웃바운드 및 인바운드 텔레마케팅

세부항목	세세항목
1. 아웃바운드 텔레마케팅	1. 아웃바운드 텔레마케팅 개념
	2. 아웃바운드 텔레마케팅 성공요소
	3. 아웃바운드 텔레마케팅 활용
	4. 시스템을 활용한 아웃바운드 업무처리
	5. 아웃바운드 업무 시 주의사항
2. 인바운드 텔레마케팅	1. 인바운드 텔레마케팅 개념
	2. 인바운드 텔레마케팅 활용
	3. 인바운드 텔레마케팅 업무의 중요사항
	4. 인바운드 업무처리방식
	5. 인바운드 업무 시 주의사항

② 마케팅믹스

세부항목	세세항목
1. 제품전략	1. 제품의 개념과 구성요소
	2. 제품의 분류
	3. 제품의사결정
2. 가격전략	1. 가격의 개념 및 특성
	2. 가격결정에 영향을 미치는 요인
	3. 가격의 유형
3. 유통전략	1. 유통관리의 개념
	2. 유통경로의 구조
	3. 유통채널의 다양성
	4. 유통경로 설계과정
4. 촉진믹스전략	1. 촉진의 의의와 목적
	2. 촉진체계의 유형
	3. 촉진방법
	4. 경쟁우위를 위한 통합적마케팅커뮤니케이션(Intergrated Marketing Communication전략)

③ 마케팅기회의 분석

세부항목	세세항목
1. 마케팅정보 시스템	1. 내부정보 시스템
	2. 고객정보 시스템
	3. 마케팅인텔리젼스 시스템
	4. 마케팅조사 시스템
	5. 마케팅의사결정 지원 시스템

④ 시장세분화, 목표시장 선정 및 포지셔닝

세부항목	세세항목
1. 시장세분화	1. 시장세분화의 의의
	2. 시장세분화의 단계
	3. 시장세분화의 기준
2. 목표시장의 선정	1. 세분시장의 평가
	2. 목표시장 선정
	3. 시장공략 전략의 선택
3. 포지셔닝	1. 포지셔닝의 의의
	2. 포지셔닝 전략
	3. 포지셔닝 전략의 수립과정

2. 제2과목 시장조사(25문항)

① 시장조사의 이해

세부항목	세세항목
1. 시장조사의 의의	1. 시장조사의 역할
	2. 과학적 조사로써 마케팅 조사
2. 시장조사의 절차	1. 문제의 정의
	2. 문제해결을 위한 체계의 정립
	3. 조사의 설계
	4. 조사의 실시
	5. 자료의 분석과 내용
3. 시장조사의 윤리	1. 조사자가 지켜야 할 사항
	2. 조사결과 이용자가 지켜야 할 윤리
	3. 면접자가 지켜야 할 사항
	4. 응답자 권리의 보호

② 자료수집

세부항목	세세항목
1. 표본조사	1. 표보조사의 필요성
	2. 확률표본추출법
	3. 비확률표본추출법
2. 2차 자료	1. 2차 자료의 종류
	2. 2차 자료의 수집절차
	3. 2차 자료의 유용성과 한계
	4. 2차 자료의 평가
3. 1차 자료	1. 1차 자료의 종류
	2. 질적조사
	3. 탐색조사
	4. 기술조사
	5. 인과관계조사
4. 설문지	1. 설문지의 구성 및 내용
	2. 설문지 작성 요령(과정)

③ 자료수집방법

세부항목	세세항목
1. 면접조사	1. 면접조사의 특성
	2. 면접조사의 장·단점
2. 전화조사	1. 전화조사의 특성
	2. 전화조사의 장·단점
3. 우편조사	1. 우편조사의 특성
	2. 우편조사의 장·단점
4. 웹조사	1. 웹조사의 특성
	2. 웹조사의 장단점

④ 자료의 측정

세부항목	세세항목
1. 자료의 측정과 척도	1. 측정의 의미와 과정
	2. 척도의 종류
	3. 측정의 신뢰성과 타당성

3. 제3과목 텔레마케팅관리(25문항)

① 텔레마케팅 일반

세부항목	세세항목
1. 텔레마케팅의 이해	1. 텔레마케팅의 기초
	2. 텔레마케팅의 분류
	3. 국내 텔레마케팅 시장

② 조직관리

세부항목	세세항목
1. 조직의 구성	1. 조직화의 과정
	2. 조직설계
	3. 조직구조의 형태
2. 조직의 활성화	1. 기업문화
	2. 조직의 변화
	3. 조직개발
	4. 조직의 갈등관리
3. 리더십의 이해	1. 리더십의 개요
	2. 리더십의 특성이론
	3. 리더십의 상황이론

③ 인사관리

세부항목	세세항목
1. 인사관리의 의의	1. 인사관리의 의의
	2. 인사관리의 주체
	3. 인사관리의 내용
2. 인적자원의 계획과 충원	1. 인적자원계획
	2. 직무분석
	3. 모집과 선발
3. 인적자원의 유지와 활용	1. 배치와 이동
	2. 승진
	3. 인사고과
	4. 보상
4. 인적자원의 개발	1. 교육훈련
	2. 경력개발

④ 성과관리

세부항목	세세항목
1. 콜센터 운영관리	1. 콜센터의 역할
	2. 아웃바운드 콜센터
	3. 인바운드 콜센터
2. 텔레마케팅 예산편성 및 성과분석	1. 콜량 예측 등
	2. 콜센터 운영성과 분석

4. 제4과목 고객관리(25문항)

① 고객관계관리(CRM)의 기본적 이해

세부항목	세세항목
1. 고객관계관리(CRM)의 등장 배경	1. 시장의 변화
	2. 기술의 변화
	3. 고객의 변화
	4. 마케팅커뮤니케이션의 변화
2. 고객관계관리(CRM)의 이해	1. 고객관계관리(CRM)의 정의
	2. 고객관계관리(CRM)의 필요성
	3. 고객관계관리(CRM)의 특성
	4. 고객관계관리(CRM)의 분류
	5. 고객관계관리(CRM)의 성공전략
3. 빅데이터를 활용한 고객관계 관리(CRM)	1. 빅데이터의 이해
	2. 빅데이터의 수집방법
	3. 빅데이터의 처리 기술
	4. 빅데이터의 분석도구

② 고객상담기술

세부항목	세세항목
1. 고객을 이해하기 위한 기술	1. 고객의 욕구파악
	2. 고객의 행동스타일 이해
	3. 고객유형별 상담기술
	4. 고객만족도 조사
2. 상담처리기술	1. 상담처리 순서 및 방법
	2. 고객불만 및 VOC 처리 기법
	3. 거절 극복 및 대처기법
	4. 개인정보보호 관련 규정
	5. 감정노동의 이해 및 관리
3. 의사소통기법	1. 의사소통의 구성요소
	2. 언어적 의사소통
	3. 비언어적 의사소통

최근 1차 필기 출제경향 분석

최근 기출문제를 토대로 작성된 최신 출제경향이다. 각 카테고리 별로 비율을 나타낸 것
이며, 각 과목별로 먼저 출제경향들을 파악한 후에 공부할 것을 추천한다.

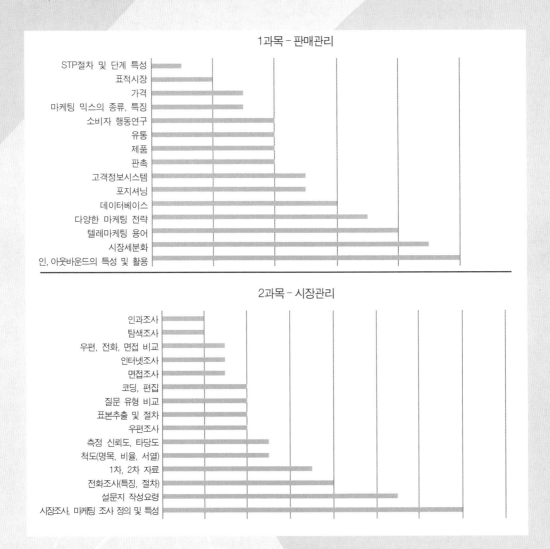

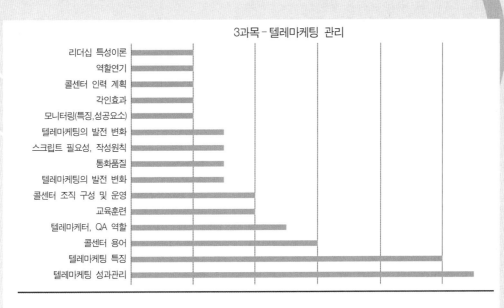

3과목 – 텔레마케팅 관리

- 리더십 특성이론
- 역할연기
- 콜센터 인력 계획
- 각인효과
- 모니터링(특징,성공요소)
- 텔레마케팅의 발전 변화
- 스크립트 필요성, 작성원칙
- 통화품질
- 텔레마케팅의 발전 변화
- 콜센터 조직 구성 및 운영
- 교육훈련
- 텔레마케터, QA 역할
- 콜센터 용어
- 텔레마케팅 특징
- 텔레마케팅 성과관리

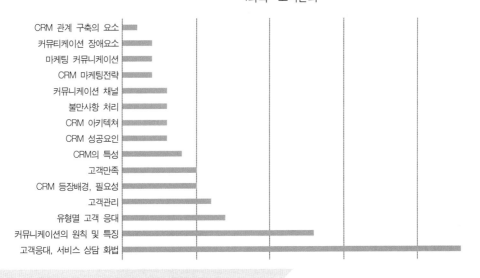

4과목 – 고객관리

- CRM 관계 구축의 요소
- 커뮤티케이션 장애요소
- 마케팅 커뮤니케이션
- CRM 마케팅전략
- 커뮤니케이션 채널
- 불만사항 처리
- CRM 아키텍쳐
- CRM 성공요인
- CRM의 특성
- 고객만족
- CRM 등장배경, 필요성
- 고객관리
- 유형별 고객 응대
- 커뮤니케이션의 원칙 및 특징
- 고객응대, 서비스 상담 화법

차례

차례

차례

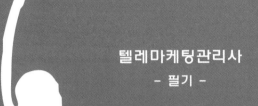

텔레마케팅관리사
- 필기 -

제1과목

판매관리

아웃바운드 및 인바운드 텔레마케팅

반드시 알아야 할 *Key Concept*

· 마케팅 개념의 변화과정
· 마케팅 4P, 4C, 3C 요소
· 아웃바운드 및 인바운드 텔레마케팅 개념과 특성
· 스크립트 정의와 목적 및 활용방법
· 데이터베이스 마케팅 개념과 활용
· 리스트 관리_리스트 클리닝 & 리스트 스크리닝

01. 마케팅의 개념 및 요소

1. 마케팅의 개념

마케팅이란 기업에서 만든 제품이나 서비스를 고객으로 하여금 구매하게끔 만드는 전략적 전술을 뜻한다. 그러기 위해서는 시장의 상황과 고객의 니즈를 분석하고 이에 적합한 마케팅 전략이 구사되어야 한다. 전략 구사를 위해 활용되는 변수를 4P라 하며 제품(Product), 가격(Price), 유통(Place), 촉진(Promotion)이다. 기업은 4가지 변수를 활용한 마케팅 전략을 통해 목표 달성을 이루게 된다.

2. 마케팅 개념의 변화 과정

① 생산자 지향적 마케팅 : 제품의 생산 증가에만 관심이 있으며 제품 차별화보다는 비용우위전략이 주를 이루는 환경에서의 마케팅 전략이다.
② 제품 지향적 마케팅 : 기술의 상향평준화로 품질이 개선됨에따라 제품 생산이 증가됨으로써 타사 제품보다 많은 고객 유치를 목적으로 하는 환경에서의 마케팅 전략이다.
③ 판매 지향적 마케팅 : 생산 과잉으로 인해 생산자의 주도권이 소비자에게로 넘어가는 단계이다. 더 많은 고객확보와 유지를 위한 판매 조직이 형성되는 환경에서의 마케팅 전략이다.

④ 소비자 지향적 마케팅 : 개별 고객의 욕구를 파악하고 니즈에 충족하는 제품과 서비스를 제공하는 환경에서의 마케팅 전략이다.

⑤ 사회 지향적 마케팅 : 기업은 제품과 서비스를 판매하는데 그치는 것이 아닌 인간 지향적인 사고와 사회적 책임을 지는 방향으로의 사업이 전개되는 환겨엥서의 마케팅 전략이다.

3. 텔레마케팅의 정의

텔레마케팅(Telemarketing)이란 텔레커뮤니케이션과 마케팅의 합성어로 고객을 직접 대면하지 않은(비대면)상태에서 전화나 팩스, 메일 등의 매체를 이용하여 전략적으로 상품과 서비스를 판매하고 홍보하는 기법을 의미한다.

02. 아웃바운드 텔레마케팅

1. 아웃바운드 텔레마케팅의 정의

철저히 준비된 고객 데이터를 활용하여 고객을 등급화하고, 선정하여 최종 고객(잠재 고객 및 기존 고객)에게 전화를 걸어 판매하고자 하는 상품이나 서비스를 소개 및 판매하거나 계획된 메시지를 전달하는 마케팅 활동을 말한다.

2. 아웃바운드 텔레마케팅의 특징

(1) 기업주도형이다.

상품이나 서비스 판매의 목적을 가지고 고객에게 전화를 걸어 상담을 진행하는 형식의 아웃바운드TM은 상담사가 능동적이고 주체적으로 상담을 리드한다.

(2) 데이터베이스 마케팅 기법을 활용한다.

무차별적으로 전화를 하는 기존의 마케팅방식이 아닌, 잠재고객이나 기존 고객 중 구매 니즈가 높은 대상을 선정하고 리스트화하여 고객과 접촉한다. 이로인해 통화 성공률과 접촉률이 높아진다.

(3) 스크립트 활용도가 높다.

고객의 질문에 신속하게 대답해야 하는 상황이 많은 인바운드 텔레마케팅에서는 Q&A 의존도가 높은 반면, 상담의 흐름을 책임지도 판매율을 높이기 위해 치밀하게 준비하기 위한 스크립트 작성에 많은 시간을 할애하고 실제로도 그 활용도가 매우 높다.

3. 아웃바운드 텔레마케팅 활용 분야

(1) 판매 촉진 활동

내방객 유치, 상품 홍보, 기존 고객에 대한 교차판매, 가망고객 획득, 제품판매, 계약갱신, 대금회수, 반복구매 촉진 전화, 신규회원 가입유치 등에 활용된다.

(2) 시장 및 상품 조사

기업의 브랜드 인지도 조사, 소비자 의식 조사 등에 활용된다.

(3) 고객 서비스

해피콜, 호텔이나 병원, 여행상품 예약 확인, 고객 정보 업데이트, 상담사 서비스 평가, A/S 사후관리, 우량 고객에 대한 리마인드 콜 등에 활용된다.

(4) 기타 여론 조사

학술적인 조사, 앙케이트, 고객 만족도 조사 등

4. 아웃바운드 텔레마케팅의 상담 흐름

소개 및 전화 건 목적 전달 → 정보제공 및 고객의 니즈 탐색 → 설명과 설득 → 고객 확답 → 종결 → 끝인사

5. 주문접수 처리 시 요구되는 사항

① 고객번호, 전화번호 등의 고객데이터의 정확한 작동과 관리가 이루어져야 한다.
② 고객관리에서 가장 기초적인 고객정보 화면의 입력과 수정입력 등이 용이하게 이루어져야 함-고객 문의 및 요구사항, 접수 등에 대해서 전화를 받는 사람이 즉시 원스톱 중심으로 처리

③ 고객에 관한 여러 정보를 통해 DB를 생성하고 고객 개개인과 장기적 관계 구축해야 함

아웃바운드 텔레마케팅 성공 요소

-자질을 갖춘 텔레마케터의 채용 및 체계회된 교육 훈련

-완벽한 스크립트 준비 완료

-적극적이며 능동적인 마케팅 활동

-고객관계관리(CRM)

---

6. 아웃바운드 텔레마케팅 상담사에게 요구되는 태도 및 자질

상품 및 서비스에 대한 사전지식 숙지, 서비스 마인드, 고객 데이터를 확보하고 지속적으로 관리하는 자세, 정교한 스크립트를 미리 준비하는 자세, 고객에게 호감을 줄 수 있는 경청자세, 긍정적인 사고방식, 맑고 생동감 있는 목소리, 뚜렷한 목표의식과 시간관리 능력 등

참고

아웃바운드 텔레마케팅 전용상품 요건

① 대중들에게 신뢰도가 높은 상품이어야 한다.

② 브랜드가 있고 인지도가 높은 상품이어야 한다.

③ 거래 조건의 변동을 최소화해야 한다.

④ 비대면 판매이므로 사후관리가 용이한 상품이어야 한다.

⑤ 타제품과 차별되는 구체적인 전략이 있어야 한다.

7. 아웃바운드 텔레마케팅 상담 요령

① 관계 고객과 이야기 할 수 있는 공통적인 화제를 찾는다.

② 인사는 밝고 친근감 있게 한다.

③ 고객을 이해시키고 실질적 혜택을 부여한다.

④ 주 고객층의 목록 또는 DB를 확보하여 적극적인 TM에 활용하여야 한다.

⑤ 정교한 스크립트를 작성하여 고객의 니즈별, 심리적 상황에 따라 적절히 응대하여야 한다.

8. 아웃바운드 텔레마케팅 상담 순서

아웃바운드 텔레마케팅은 기업주도형의 상담으로 이루어지기 때문에 상담사의 주도적인 역할이 더욱 기대된다. 상담의 순서와 흐름을 이해하는 것이 매우 중요하다.

(1) 상담 준비

DB를 통해 선정된 고객 리스트가 꼭 준비되어 있어야 하며 고객과의 상담의 흐름을 잡아 줄 스크립트도 준비한다. 또한 컴퓨터 및 전화기 등의 기기 오작동으로 인해 당황하지 않도록 점검한다.

(2) 첫인사 및 통화 목적 설명

밝은 첫인상을 심어줄 수 있는 밝고 부드러운 첫인사로 시작하며 통화 초반에 바로 상품을 설명하는 것이 아니라 전화를 건 목적과 회사에 대한 소개를 먼저 하면서 고객의 거부감을 줄이고 편안한 상담을 시작한다.

(3) 탐색 질문 및 고객 욕구 파악

판매율을 높이기 위해서는 적절한 탐색 질문을 통해 고객의 니즈를 파악해야 고객이 원하는 최적의 상품이나 서비스를 제시하고 판매로 연결시킬 수 있다.

(4) 맞춤 상품 및 서비스에 대한 설명으로 설득

전 단계에서 질문을 통해 고객의 욕구를 파악했다면 고객의 현 상황에서 가장 필요한 상품과 서비스를 제시한 후 간결하면서도 정확한 설명을 덧붙인다. 이 때 고객의 부정적인 반응이나 반론이 있을 수 있으니 이에 대비한 스크립트를 따라 준비하여 자신있으면서도 여유있는 상담을 진행해야 한다.

(5) 상담 종결 및 사후관리

거절로 상담이 끝났다면 차후 약속이나 기대에 대한 부분으로 끝인사를 종결하고 판매가 이루어졌다면 감사의 인사 및 추후 사후관리에 대한 안내로 종결까지 신뢰감을 주는 것이 바람직하다. 또한 두 경우 모두 상담 내용을 고객 데이터에 자세히 기록해두어야 다음 마케팅에서 적절히 활용할 수 있다.

Cold Call이란 이전에 우리 기업과 한 번도 컨텍한 경험이 없는 새로운 고객과 연결을 시도하는 처음 통화를 일컫는다.
고객 니즈에 부합하기 위해 적극적으로 고객과의 관계를 맺고 유지하기 위한 1:1 마케팅, One to One 마케팅, 관계 마케팅, 데이터베이스 마케팅, 다이렉트 마케팅 등은 아웃바운드 텔레마케팅을 활용하는 마케팅 전략들이다.

03. 인바운드 텔레마케팅

1. 인바운드 텔레마케팅의 정의

고객이 기업의 상품이나 서비스에 관심을 갖고 먼저 전화를 하는 상담 형태를 말한다. 기업의 광고 및 구입 이후 발생되는 고객들의 문의를 해결하고 불만사항 등을 접수하는 창구로 이용되며 흔히 은행, ARS 시스템, 통신사 등에서 대표 콜센터로 전화하도록 하며 추가 서비스나 새로운 서비스 판매를 유도하기도 한다. 고객과의 접점에서 상담하게 되므로 더욱 친절하고 신속한 상담 자세가 요구되기도 한다.

2. 인바운드 텔레마케팅 활용 분야

(1) 각종 문의·불만사항 대응

각 기업의 대표 고객 콜센터, 국가 및 정부기관 민원 상담 등

(2) 판매 촉진 활동

홈쇼핑 주문전화, DM이나 신문 등을 이용한 주문 전화, 호텔 예약이나 접수 등

(3) 특수·전문 상담

화재나 긴급 구조 전화, 위기 가정이나 청소년 상담 전화, 자살방지 상담 전화, 임금체불 신고전화 등

인바운드 프로세스

업무 전 상담준비 → 전화상담(전화 받기) → 문의내용의 파악(고객니즈의 탐색) → 문의에 대한 해결 → 반론의 극복 → 통화 내용의 재확인 → 통화의 종결 및 끝인사

3. 인바운드 텔레마케팅의 특징

(1) 고객 서비스 차원에서 기업의 중요한 마케팅을 담당하는 곳이다.

기업의 상품이나 서비스에 대해 먼저 관심을 갖고 전화를 준 고객이기 때문에 상담에서 판매로 연결시키기가 어렵지 않다.

(2) 고객주도형이다.

고객이 기업에게 자발적으로 전화를 걸어 제품 주문접수나 그 밖의 문의사항, 불만사항 등을 제시하기 때문에 고객주도형이라고 볼 수 있다.

(3) 발전하는 ARS 시스템

고객이 상담사와 연결되지 전까지 콜센터의 운영방식에 따른 절차 중 하나인 ARS 시스템이 있다. ARS시스템의 진화는 음성인식이나 화면터치 방식등으로 고객상담 서비스가 다양하게 구현되고 있다.

4. 인바운드 텔레마케팅의 역할 증대

① 기업의 고객 소비자 상담 창구 역할

고객과 기업 간에 소통의 장으로 이용되며, 고객의 목소리를 한곳에 모아 기업 운영에 바로 전달하는 역할을 한다. 이것은 고객의 불만을 빠르게 해결해주기도 하며, 마케팅이나 신규 상품 및 서비스 연구 활동에도 많은 아이디어를 제공해준다. 또한 고객의 입을 통해 직접 기업의 이미지나 상품 및 서비스에 대한 피드백을 빠르고 정확하게 들을 수 있다.

② 기존 고객과의 관계 유지

기존 고객을 유지하면서 추가 판매를 유도하는 마케팅 과정에서 발생되는 비용보다 신규고객을 발굴하고, 판매로 연결시키기까지 드는 비용이 더욱 많이 발생된다. 이

미 구입이 이루어진 기존 고객의 질문이나, 고객의 상황에 적절한 응대를 받아본 고객은 계속해서 이 기업과 관계를 유지하고 싶어 한다.

5. 인바운드 텔레마케팅 상담사에게 요구되는 역할 및 자질

인바운드 텔레마케팅은 탄력적인 인력 배치가 중요하다.

(1) 인바운드 텔레마케터의 역할

① 주문처리, 문의대응, 고객상담, 자료, 샘플 청구접수, 예약접수, 소비자 대응 창구 등
② 고객 문의에 대한 신속, 정확, 친절한 서비스를 제공
③ 고객과의 통화 내용을 데이터베이스화

(2) 인바운드 텔레마케터의 자질

고객의 니즈를 파악할 수 있는 경청 능력, 고객 응대 스킬, 서비스 마인드, 투명한 윤리의식, 투철한 책임의식과 인내심 등

6. 인바운드 텔레마케팅의 성공 요인

(1) 조직적인 요인

① 탄력적인 인력 배치
서비스의 특성상, 서비스를 위해 투입된 직원들은 따로 보관하고 저장해둘 수 없다. 인입량이 늘어나는 시간과 시기를 미리 예측하여 인력을 배치하며, 예측하지 못한 상황에서도 갑자기 늘어난 콜량에 대비해 탄력적으로 인력을 배치해야 고객의 불편함이 줄어든다.
② 거래 마케팅 → 관계마케팅 지향
고객들은 더 이상 획일화되고, 표준화된 서비스 마케팅을 바라지 않는다. 보다 오랜 기간 동안 관계를 맺어 개인적으로 맞춤 상담을 하기 위해서는 관계마케팅을 지향하는 기업의 전략이 요구된다.

(2) 개인적인 요인

① 서비스마인드
서비스마인드를 갖추고 신속, 정확, 친절한 서비스를 제공해야 하며 이 3가지는 고

객 응대에 가장 필수적인 부분이다. 시간적 제약이 따르는 콜센터 상담에서 고객의 말을 정확하게 이해하고 신속하게 정확한 답을 찾아 친절하게 응대해야 성공적인 인바운드 상담이라고 할 수 있다.

② 투철한 책임감과 인내심

기업의 대표 콜센터로 전화해서 정보를 변경한다거나, 자신이 구입한 서비스나 상품에 대해 받은 설명을 거의 비슷한 고객들의 질문과 답변이 대부분이라 자칫 매너리즘에 빠질 수 있고, 말을 장황하게 늘어놓는 고객과의 상담에서 지칠 수 있으므로 책임감과 인내심을 가지고 상담사로서의 비전을 설계해보는 것도 도움이 된다.

04. 데이터베이스(Database) 마케팅

1. 데이터베이스 마케팅의 개념

고객에 대한 정확한 정보를 바탕으로 장기적인 관계를 유지하고 충성도를 제고시킴으로서 결국 고객생애가치(Customer Lifetime Value)를 극대화하기 위한 것으로 고객과의 1:1 관계를 구축할 수 있고, 쌍방향 의사소통을 실시하며, 고객의 데이터베이스화를 이룬다. 또한 마케팅 자동화로 비용절감과 수익창출의 효과도 기대해 볼 수 있다.

> **고객생애(평생)가치(Customer Lifetime Value)**
> 소비자가 평생에 걸쳐 구매할 것으로 예상되는 이익 흐름에 대한 현재가치를 말하며, 장기적인 관점에서 판매자가 수익성을 극대화하기 위해 사용하는 개념이다.

2. 데이터베이스 마케팅의 효과

① 고객에게 맞춤화된 제품과 서비스 판매로 매출 증가
② 마케팅 및 광고 비용 절약
③ 고객 평생 가치 극대화와 고정고객화(이탈고객 최소화)
④ 기업 브랜드 이미지 상승

3. 데이터베이스 마케팅의 목적

① 데이터베이스 축적와 활용의 시스템화

② 고객과의 1:1 커뮤니케이션(Personal Marketing)

③ 고객과의 관계유지 및 고정 고객확보

④ 고객의 LTV증대 및 기업 가치 향상

데이터베이스 마케팅의 활용 절차

(1) 고객데이터 수집

고객의 인구통계학적 정보는 물론, 과거에 고객이 어떤 물건을 언제, 얼마나 자주, 얼마만큼 구입을 했었는지 등의 고객의 구매 패턴 등 최대한 많은 정보를 수집한다.

(2) 유형별 고객 분류 및 데이터베이스화

다양하게 수집된 정보를 마케팅 목적에 맞게 바로 활용하기 위해서는 유형별로 고객을 분류하여 데이터베이스화하는 것이 필요하다.

(3) 마케팅 전략과 시스템의 일치화

수집된 데이터를 토대로 가장 효율적인 마케팅 전략을 세우기 위해 시스템을 모두 통일시켜 추후 전략의 성패 여부를 확인할 수 있도록 기업의 마케팅 전략과 시스템을 일치화하는 작업을 실시한다.

(4) 고객집단별 특성 추출

유형별로 고객을 나눈 후, 목표 시장으로 두고 있는 고객의 공통된 특성을 파악한다.

(5) 변수 분석

목표 고객의 구매행위에 영향을 주는 변수를 분석하여 고객별 관심 상품을 파악한다.

(6) 개별 고객에 특화된 상품 및 서비스 제공

데이터베이스 마케팅은 개별 고객을 대상으로 하는 일대일 마케팅이며, 고객과의 우호적인 관계를 바탕으로 상품과 서비스를 제공하게 된다. 이는 장기적으로 관계가 유지되고 이를 바탕으로 매출과 브랜드 가치를 높일 수 있다.

(7) 데이터베이스 분석 활용

• RFM 분석이란 고객의 추후 구매 행위를 예측할 때, 과거 구매내용을 활용하는 시장 분석 기법을 말한다. R(Recency-최근에), F(Frequency-얼마나 자주), M(Monetary Value-얼만큼) 구입하였는가에 따라 예측, 분석하는 것으로 보통 M이 가장 중요한 요소이나 상황에 따라 3가지 중 임의대로 가중치를 부여하고 있다.

• AIDA 분석기법이란 "A(Attention)주목, I(Interesting)-흥미, D(Desire)-욕구, A(Action)-구매 행동"의 약자로 4단계를 거치는 고객의 구매 심리 과정을 분석하여 데이터베이스 마케팅에 전략적으로 활용한다.

4. 데이터베이스의 원천

텔레마케팅에서 데이터베이스(Database)란 고객과 관련된 모든 정보를 뜻한다. 고객의 기본적인 정보 뿐만 아니라 고객과 기업이 관계를 맺음으로써 발생되는 사항들(계약, 구매 경험, A/S유무 등)에 대한 정보도 포함된다

05. 데이터 마이닝(Data Mining)

데이터 마이닝이란 Mining 이란 어원에서 알 수 있듯이 데이터를 캐내는 활동이다. 즉 광부들이 광산에서 광물을 캐내듯이 고객의 축적된 수많은 정보들 속에서 유용한 정보(정보간의 상관관계나 일련의 규칙 혹은 패턴 등)를 찾아내는 활동을 데이터 마이닝이라고 한다. 축적된 고객의 정보를 저장하는 보관소 역할을 하는 곳을 데이터 웨어하우스(Data Warehouse)라 부른다.

Chapter 01 핵심 예상문제

1. 텔레마케팅에 대한 설명으로 틀린 것은?

① 텔레마케팅은 테스트마케팅이 필요치 않다.

② 텔레마케팅은 비용 효율적이다.

③ 텔레마케팅은 쌍방향 커뮤니케이션이다.

④ 텔레마케팅은 효과측정이 용이하다.

> 정답▶ ①
> 해설▶ 고객에게 친절하고 신속한 서비스를 제공하기 위해 꼭 필요한 작업이 바로 테스트마케팅이다. 미리 고객에게 제공할 상품이나 서비스에 대해 테스트마케팅을 거치며 텔레마케팅에서도 필요한 과정이다. 그 과정에서 고객의 반응을 살피며 피드백을 받고 개선해 나가야 고객 만족도가 높아진다.

2. 효율적인 인바운드 고객응대를 위해서 실시할 수 있는 방법이 아닌 것은?

① 콜센터(Call Center)의 설치운영

② 채권이수 해결사 고용

③ 고객응대창구의 일반화

④ 24시간 전화접수 체제 구축

> 정답▶ ②
> 해설▶ 인바운드 텔레마케팅은 고객주도형의 특성을 가지고 있기 때문에, 고객이 편리하게 문의나 요구를 접수할 수 있는 통로가 될 수 있도록 콜센터를 운영하는데 그치지 않고 24시간 운영이나, 긴급 전화 서비스, 무료 통화 서비스, 문자, 팩스 등 다양하게 활용하고 있다.

3. 인바운드 텔레마케팅이 지향하는 목표와 가장 거리가 먼 것은?

① 공격적이며 수익지향적인 마케팅 ② 기존 고객과의 지속적 관계 유지

③ 빈번한 질문에 대한 예상 답변 준비 ④ 우수고객에 대한 서비스 차별화

> 정답▶ ①
> 해설▶ 보기 1번은 아웃바운드 텔레마케팅의 특징 중 하나이다.

4. 다음 중 아웃바운드 판매에 해당하는 사항을 모두 나열한 것은?

> a. 고객이 상담을 요청해야 의미있다.
> b. 마케팅 기법을 활용하면 효과가 증대된다.
> c. 판매 지향적이다.
> d. 클레임 해결을 중심으로 한다.

① a, b
② b, c
③ c, d
④ a, d

정답▶ ②
해설▶ a와 d는 인바운드 판매에 해당되는 내용으로, 아웃바운드는 고객지향적인 인바운드와 다르게 판매 지향적이며, 클레임 해결보다는 여러 마케팅 기법을 활용하여 판매 및 홍보 활동을 펼친다.

5. 아웃바운드 판매 전략의 일련과정이 바르게 나열된 것은?

① 잠재고객 특성 정의 → 잠재고객 파악 → 스크리닝 → 판매 → 사후관리
② 잠재고객 특성 정의 → 스크리닝 → 잠재고객 파악 → 판매 → 사후관리
③ 잠재고객 파악 → 잠재고객 특성 정의 → 스크리닝 → 판매 → 사후관리
④ 잠재고객 파악 → 스크리닝 → 잠재고객 특성 정의 → 판매 → 사후관리

정답▶ ③
해설▶ 아웃바운드 텔레마케팅으로 고객에게 통화를 시도하기 전에 잠재고객, 목표고객에 대한 특성이나 리스트를 먼저 파악한 후, 세밀한 검토를 이용하여 선정한 고객과 접촉해야 한다. 이 과정을 거치지 않는다면 고객에게 오히려 기업의 부정적인 이미지를 심어주거나, 구매 욕구가 없는 고객에게 장시간 매달려 효율성이 떨어지는 업무로 시간과 비용을 낭비할 수 있다.

6. 아웃바운드 텔레마케팅 상담 흐름을 올바르게 나열한 것은?

> ㄱ. 고객에게 상품을 소개하고 이점을 제안한다.
> ㄴ. 자신과 회사소개 및 전화를 건 이유를 말한다.
> ㄷ. 적극적인 종결을 통하여 판매를 성사시킨다.
> ㄹ. 고객의 욕구를 탐색한다.
> ㅁ. 끝 인사 및 추후의 거래 등을 약속한다.

① ㄱ-ㄴ-ㄷ-ㄹ-ㅁ   ② ㄴ-ㄹ-ㄱ-ㄷ-ㅁ

③ ㄴ-ㄱ-ㄹ-ㄷ-ㅁ   ④ ㄴ-ㄷ-ㄹ-ㄱ-ㅁ

정답▶ ②
해설▶ 아웃바운드 텔레마케팅은 업체 주도형적인 특징을 가지고 있어 텔레마케터의 능동적인 상담이 가능하다는 장점이 있다. 통화 이전부터 철저히 준비한 이후, 위에 제시된 상담 흐름을 늘 인지하고 상담을 해야 보다 효율성을 높일 수 있다.

7. 아웃바운드 텔레마케팅 운영 시 유의해야 할 사항과 거리가 먼 것은?

① 아웃바운드 운영 방향을 결정해야 한다.
② 고객데이터를 확보하고 지속적으로 관리하여야 한다.
③ 텔레마케팅을 관리할 수 있는 수퍼바이저만을 집중적으로 육성해야 한다.
④ 텔레마케터의 고객 상담 능력을 제고할 수 있는 교육과 충분한 준비물 및 정교한 스크립트 등이 있어야 한다.

정답▶ ③
해설▶ 아웃바운드 텔레마케팅은 기업주도의 통화 형태이므로, 아웃바운드 텔레마케터의 상담 진행 기술이나, 상담어 선택에도 주의를 기울여야 높은 판매를 기대할 수 있을 뿐만 아니라, 숙련되고 전문성을 갖추어야 목적에 맞는 마케팅 전략을 펼칠 수 있다.

8. 아웃바운드 텔레마케터에게 요구되는 프로모션 능력이 아닌 것은?

① 상품 및 서비스에 대한 사전지식 숙지
② 고객에게 호감을 줄 수 있는 경청자세기법 숙달
③ 고객의 반론이나 거절에 순응하는 자세
④ 고객과의 친밀한 관계형성 자세

정답▶ ③
해설▶ 아웃바운드 상담은 단순히 상품에 대한 상담이나 정보를 전달하는 기능을 넘어서, 역동적인 텔레마케터로서의 능력이 발휘되어야 하는 활동이기도 하다. 그렇기 때문에, 고객의 반론이나 거절이 생길 경우, 어떻게 대응할 것인가에 대해 늘 고민하는 자세가 필요하다. 다만, 무조건적인 구매 강요나 통화 시도는 오히려 역효과를 줄 수 있으니 기본적으로 고객에 대한 이해와 배려가 가장 우선임을 잊지 말아야 한다.

9. 다음 중 인바운드 텔레마케팅의 업무가 아닌 것은?

① 각종 문의·불만사항 대응
② 통신판매의 전화 접수
③ 앙케이트 조사
④ 광고에 대한 문의 설명

정답▶ ③
해설▶ 해피콜, 계약 갱신, 시장조사나 상품 조사, 앙케이트 등의 분야는 아웃바운드 텔레마케팅의 업무이다.

10. 아웃바운드 텔레마케팅의 전용 상품의 요건으로 옳은 것은?

① 신뢰성
② 제품의 낮은 인지도
③ 상담의 비효율성
④ 거래 조건 변동의 최대화

정답▶ ①
해설▶ 아웃바운드 텔레마케팅의 전용 상품의 요건은 대중들에게 신뢰도가 높아야 하며 브랜드가 있고 인지도가 높은 상품이어야 한다. 거래 조건이 변동이 최소화되어야 하며 비대면 판매이므로 사후관리가 용이해야 한다.

11. 아웃바운드 텔레마케팅 시 핵심사항으로 거리가 먼 것은?

① 주 고객층의 목록 또는 DB를 확보하여 적극적인 TM에 활용하여야 한다.

② 텔레마케터 등에 대한 조직관리와 고객관리 전략수립이 뛰어나고 노련한 수퍼바이저와 매니저가 있어야 한다.

③ 자질을 갖춘 텔레마케터를 통해 회사는 어떠한 상품이든지 선정하여 판매를 해야 경쟁에서 살아남을 수 있다.

④ 정교한 스크립트를 작성하여 고객의 니즈별, 심리적 상황에 따라 적절히 응대하여야 한다.

> 정답▶ ③
> 해설▶ 아웃바운드 텔레마케팅이 무차별적으로 전화하는 전화판매와 다른 점은 바로 기업의 CRM을 바탕으로 마케팅을 펼친다는 것이다. 전화를 걸기 이전에, 미리 고객에게 필요한 상품이나 서비스인지 철저한 조사 이후에 전화하는 것이 바람직하다.

12. 아웃바운드 텔레마케팅의 특징으로 적절한 것은?

① 아웃바운드는 고객리스트를 대상으로 접촉하므로 고객 접촉률이나 고객 반응률이 크게 중요하지 않다.

② 대상 고객의 리스트나 데이터가 있어야 한다.

③ Q&A문답집을 주로 활용한다.

④ 대중을 대상으로 하는 비차별적 마케팅 전략을 활용한다.

> 정답▶ ②
> 해설▶ 아웃바운드 텔레마케팅은 정확한 대상 고객 리스트를 토대로 고객과 접촉하기 때문에 접촉률과 반응률이 매우 중요하다. 주로 스크립트를 활용하며 고객 데이터를 바탕으로 1:1 개별적 마케팅 전략이 가능하다.

13. 아웃바운드 텔레마케팅의 특성에 대한 설명으로 틀린 것은?

① 고객에게 전화를 하는 성과 지향적이다.

② 대상고객의 리스트나 자료가 있다.

③ 스크립트 활용보다 Q&A에 의존한다.

④ 고객과의 신뢰구축에 따라 판매율이 달라진다.

> 정답▶ ③
>
> 해설▶ 텔레마케팅에서는 스크립트의 활용이 매우 중요하며 인바운드뿐 아니라, 아웃바운드에서도 활용된다.
> 스크립트의 활용으로 고객과 자연스럽게 상담함으로써 고객은 편안함을 느끼고, 변수가 많은 상담에서
> 상담사가 흐름을 잡을 수 있도록 도와주는 도구가 되기도 한다. Q&A는 빈번한 질문이 많이 들어오는
> 인바운드 텔레마케팅에서 주로 사용한다.

14. 아웃바운드 텔레마케팅의 성공 요인과 가장 거리가 먼 것은?

① 브랜드 품질의 확보와 신뢰성

② 고객 니즈에 맞는 전용상품과 특화된 서비스 발굴

③ 정확한 대상 고객의 선정

④ 탄력적인 인력배치

> 정답▶ ④
>
> 해설▶ 탄탄한 인력배치는 고객의 인입콜이 밀릴 수 있는 인바운드 콜센터에서 필요한 성공요인이라고 할 수
> 있다.

15. 아웃바운드 텔레마케팅을 시도할 때의 유의사항으로 적절하지 않은 것은?

① 고객에게 전화를 건 목적과 이유를 먼저 말하면 콜이 중단될 우려가 많으므로 일단
홍보 후 그 이유를 설명하는 것이 바람직하다.

② 고객은 이익에 민감하므로 콜을 경청하면 틀림없이 이익을 얻을 수 있다는 확신을 주
는 것이 중요하다.

③ 제품이나 서비스에 대한 설명 시 주가 되는 상품을 먼저 소개하고 다음에 부수적인
상품을 소개하는 것이 좋다.

④ 고객이 구매 등의 행동을 하도록 유도해야 한다.

16. 아웃바운드 텔레마케팅의 활동내용과 거리가 먼 것은?

① 신규회원 가입유치

② 기존고객에 대한 교차판매

③ Q&A에 의한 정형적 응답

④ 우량고객에 대한 리마인드 콜(Remind Call)

17. 텔레마케팅의 판매단계를 순서대로 나열한 것은?

① 준비 및 대상자 선정 → 텔레마케팅 전개 및 정보제공 → 고객니즈 파악 → 상담종료 → 분석과 데이터베이스화

② 준비 및 대상자 선정 → 고객니즈 파악 → 텔레마케팅 전개 및 정보제공 → 상담종료 → 분석과 데이터베이스화

③ 분석과 데이터베이스화 → 준비 및 대상자 선정 → 고객니즈 파악 → 텔레마케팅 전개 및 정보제공 → 상담종료

④ 준비 및 대상자 선정 → 분석과 데이터베이스화 → 고객니즈 파악 → 상담종료 → 텔레마케팅 전개 및 정보제공

18. 아웃바운드 텔레마케팅 시 고객에게 전화를 할 때 유의할 사항과 거리가 먼 것은?

① 고객에게 전화를 건 목적과 이유를 먼저 설명한다.

② 상품의 기본적인 강점을 먼저 설명하고 부가적인 내용을 설명한다.

③ 고객이 구매할 수 있도록 동기부여를 시킬 수 있어야 한다.

④ 고객이 구매 결정을 하면 즉시 전화를 끊고 다음 고객 정보를 모니터링하여 전화 준비를 한다.

> **정답▶** ④
>
> **해설▶** 고객이 구매 결정을 하면, 상황에 맞는 끝인사를 한 이후 종료한다. 이후 상담 과정에서 알게 된 고객의 정보나 요구에 대한 부분을 기록해두고 추후 마케팅에 참고할 수 있도록 한다.

19. 인바운드 상담 시 요구되는 스킬과 거리가 먼 것은?

① 오감의 능력을 총동원하여 고객의 소리를 경청한다.

② 판매를 유도하는 질문은 하지 않는다.

③ 고객의 입장에서 말하고 듣는다.

④ 자사 상품이 가지고 있는 상품의 장점을 강조한다.

> **정답▶** ②
>
> **해설▶** 인바운드 상담은 고객이 먼저 기업으로 전화를 건 것으로, 관심을 갖고 있거나 이미 거래를 하고 있는 고객이므로 추가적인 서비스나 상품을 판매로 연결시키기 더욱 수월할 수 있으므로 판매를 유도하는 질문을 하는 것도 필요하다.

20. 아웃바운드 텔레마케팅 상품 판매의 상담 순서로 바르게 나열한 것은?

> ① 고객에게 상품의 이점을 설명한다.
> ② 자신을 소개하고 전화를 한 목적을 말한다.
> ③ 적극적인 종결을 통하여 고객에게 확답을 받는다.
> ④ 질문을 활용하여 고객의 니즈를 도출한다.
> ⑤ 상품의 구매를 위한 필요사항을 안내하고 감사인사 및 사후관리를 약속한다.

① ②→④→①→③→⑤　　　　② ②→①→④→③→⑤

③ ②→③→④→①→⑤　　　　④ ②→①→③→④→⑤

해설▶ 아웃바운드 텔레마케팅에서는 갑자기 걸려온 전화로 인해 고객이 자칫 거부감이 생길 수 있다. 이 때 상담사가 상담의 흐름을 잡고 상담을 주도적으로 이끌어야 고객이 소개받는 상품이나 서비스에 대해 관심을 가질 수 있고 구매로도 이어질 수 있다.

21. 아웃바운드 텔레마케팅을 활용하는 마케팅 전략이라고 볼 수 없는 것은?

① 매스마케팅　　　　　　　　② 다이렉트마케팅
③ 데이터베이스마케팅　　　　　④ 1대1 마케팅

정답▶ ①
해설▶ 고객에게 상담사가 직접 바로 전화하는 형태로 ② 다이렉트마케팅의 전략이며, 적절한 잠재고객을 따로 선정하여 리스트화한 후 전화로 접촉하기 때문에 ③ 데이터베이스 마케팅이기도 하다. 또한 상담사와 고객 단 둘만의 통화로 진행되고, 그 한명의 고객만을 위한 맞춤 서비스나 상품을 제공하기에 1대1 마케팅 전략이라고 볼 수 있다.

22. 아웃바운드 텔레마케팅 실행을 위한 준비 과정으로 옳은 것은?

① 다른 마케팅 매체와는 함께 사용하지 않도록 한다.
② 고객 반론을 미리 예상하여 스크립트를 준비한다.
③ 스크립트 준비는 상담 후에 상담내용에 따라 변경한다.
④ 일률적인 보상 제도를 시행한다.

정답▶ ②
해설▶ 고객의 반론을 미리 예상하여 이에 적합한 응대집(스크립트)을 준비한다.

23. 아웃바운드 텔레마케팅의 상담내용으로 맞는 것은?

① 상품 문의　　　　　　　　② 상품 주문
③ 상담원 서비스 평가　　　　④ 불편사항 신고

정답▶ ③
해설▶ 고객 만족도 조사, 해피콜, 반복 구매촉진 등의 목적으로 전화를 거는 것은 아웃바운드 텔레마케팅이다.

24. 텔레마케터가 잠재고객에게 판매를 성공시키기 위한 행위로 틀린 것은?

① 잠재고객의 이름, 나이, 학력, 취미, 직업, 성격 등을 상세히 알고 난 후 접촉해야 한다.

② 제품설명(demonstration) 시에 상품 구입의 합리적 이유뿐만 아니라 어느 정도 극적인 장면을 연출할 필요가 있다.

③ 친구, 이웃사람, 회사의 직원, 현재 고객으로부터 잠재고객의 정보를 얻는다.

④ 잠재고객의 반대질문이 나오지 않도록 설명을 계속해야 한다.

> 정답▶ ④
> 해설▶ 아웃바운드 상담에서 고객은 소개받은 상품이나 서비스가 필요하지 않거나, 통화 자체가 부담스러울 수 있어 고객의 반대 질문은 나올 수밖에 없다. 이럴 때는 반대 질문을 극복하고 상품이나 서비스의 가치를 설명해나가는 것이 필요하지만, 상황에 따라 고객의 반대질문을 거절의 한 종류임을 알아차리고 받아들이는 것도 필요하다.

25. 아웃바운드 텔레마케팅의 특성과 거리가 먼 것은?

① 고객에게 전화를 거는 능동적 · 공격적 마케팅이다.

② 고객반응률을 매우 중요시한다.

③ 데이터베이스마케팅 기법을 활용하면 더욱 효과적이다.

④ 기존 고객관리에는 매우 효율적인 반면, 신규 고객관리는 비효율적이다.

> 정답▶ ④
> 해설▶ 신규 고객관리와 기존 고객관리 모두 아웃바운드 텔레마케팅에서 중요한 업무이다. 다만, 어떤 고객을 대상으로 통화를 하느냐에 따라 상담 기법들이 달라질 뿐이다. ② 고객반응률이란 신규고객유지율, 기존 고객보유율, 고객반복이용율 등의 효과를 측정하는 데 사용하는 척도를 말한다.

26. 고객서비스 지향적 인바운드 텔레마케팅 도입 시 점검사항과 가장 거리가 먼 것은?

① 소비자 상담창구 운영 능력   ② 고객정보의 활용수준

③ 성과분석과 피드백   ④ 목표 고객의 리스트

> 정답▶ ④
> 해설▶ 목표고객의 리스트는 아웃바운드 텔레마케팅에서 상담 전 꼭 준비해야 할 요소이다.

27. 인바운드 텔레마케팅이 지향하는 목표와 가장 거리가 먼 것은?

① 공격적이며 수익지향적인 마케팅

② 기존고객과의 지속적 관계 유지

③ 빈번한 질문에 대한 예상 답변 준비

④ 우수고객에 대한 서비스 차별화

> 정답▶ ①
>
> 해설▶ 인바운드 텔레마케팅은 아웃바운드 텔레마케팅과 반대로 수동적이며 고객주도형의 상담유형이다. 아웃바운드 텔레마케팅은 철저한 데이터를 기반으로 잠재 고객에게 전화하여 판매를 촉진하는 상담을 진행하며 공격적이고, 수익지향적인 마케팅이다.

28. 아웃바운드 텔레마케팅을 통한 판매 전략에도 마케팅믹스가 요구되는데 마케팅믹스에 해당하지 않는 것은?

① 유통   ② 가격

③ 촉진   ④ 사람

> 정답▶ ④
>
> 해설▶ 마케팅 관리를 위한 마케팅믹스 4P's는 유통(Place), 촉진(Promotion), 가격(Price), 상품(Product)이며, 사람은 포함되지 않는다.

29. 다음은 아웃바운드 텔레마케팅의 일련의 과정을 나타낸 것이다. ( ) 안에 들어 갈 용어로 가장 알맞은 것은?

> 잠재고객 파악 → 잠재고객 특성 정의 → (   ) → 판매 → 서비스

① 등급화   ② 목표시장

③ 포지셔닝   ④ 자극

> 정답▶ ①
>
> 해설▶ 아웃바운드 상담은 통화 이전에 얼마나 세밀하고 치밀하게 준비를 했느냐에 따라 성공이 좌우된다고 할 수 있다. 잠재고객과 특성을 파악했다면 그 안에서 고객을 등급화시키는 작업이 필요하다.

30. 인바운드 텔레마케팅의 중요성에 대한 설명으로 거리가 먼 것은?

① 거래 마케팅에서 관계 마케팅으로의 변화에 대응

② 기업 서비스 향상으로 고객요구에 대한 신속한 대응

③ 광고, 경험, 구전 등에 의한 고객 기대가치의 대응

④ 서비스 및 상품 이용고객의 만족 여부 확인

> 정답▶ ④
> 해설▶ 4번의 내용은 아웃바운드 텔레마케팅에 관련된 사항이다.

31. 다음 중 아웃바운드 텔레마케팅 판매 전략에 해당하지 않는 것은?

① 고객의 데이터베이스가 필요하다.

② 고객 맞춤의 구매 제안이 중요하다.

③ 다른 마케팅 매체와의 효과적인 믹스가 필요하다.

④ 시간대별 통화량에 따른 인력배치가 중요하다.

> 정답▶ ④
> 해설▶ 인바운드의 고객상담에서는 고객의 대기 시간을 줄이는 것이 중요하며, 긴 대기 시간으로 인해 고객이
> 기다리다가 중간에 전화를 끊는 경우가 없도록 시간대별 통화량에 따른 인력 배치가 중요하다.

32. 아웃바운드 텔레마케팅의 정의에 대한 설명으로 옳은 것은?

① 고객이 먼저 주도하는 고객 주도형 텔레마케팅을 말한다.

② 고객에게 카탈로그나 다이렉트 메일(DM)을 발송해준 후에 주문을 받는 업무를 말한다.

③ 소비자에 대한 제품 및 서비스 실태, 고객응대 태도, 시장조사 등을 파악하는 것을
말한다.

④ 준비된 고객 데이터를 통해 전화를 걸어 계획된 메시지를 전달하고 상담하는 업무를
말한다.

> 정답▶ ④
> 해설▶ 고객이 먼저 전화를 걸어서 받는 업무, 주문이나 문의를 받는 업무, 광고 효과 측정이나 조사를 하는 업무
> 등은 인바운드 텔레마케팅의 특성이다.

33. 아웃바운드 텔레마케팅의 성공요소가 아닌 것은?

① 부정확한 대상고객의 선정
② 고객의 니즈에 맞는 전용상품
③ 판매 이후의 신뢰성 확보와 사후관리
④ 잘 정리되고 업그레이드된 데이터베이스

정답▶ ①
해설▶ 아웃바운드의 상담에서는 고객을 세분화하여 대상 고객을 선정하는 작업이 아주 중요하다. 이는 통화반응률과 판매율이 결정되기 때문이다.

34. 인바운드 텔레마케팅에 관한 설명으로 옳지 않은 것은?

① 각종 광고활동의 결과로 외부(고객)로부터 걸려오는 전화를 받는 것으로 마케팅활동이 일어나는 것이다.
② 고객 데이터베이스에 의존하여 제품이나 서비스를 판매하고 가치를 설득시키는 적극적인 마케팅 기법이다.
③ 고객이 전화를 거는 고객 주도형이기 때문에 판매나 주문으로 연결시키기가 비교적 용이하다.
④ ARS시스템 또한 인바운드 텔레마케팅의 한 분야이다.

정답▶ ②
해설▶ 고객 데이터베이스에 의존하여 전화를 걸고, 서비스나 제품을 공격적으로 판매하며 기업, 업체 주도형으로 이루어지는 것은 아웃바운드 텔레마케팅의 특징이다.

35. 아웃바운드 텔레마케팅의 활용분야가 아닌 것은?

① 가망고객 획득
② 직접 판매
③ 반복구매 촉진
④ 컴플레인 접수 처리

정답▶ ④
해설▶ 보기 4번은 인바운드 텔레마케팅의 활용 분야이다.

36. 고객 데이터베이스의 설계 및 활용 방안으로 적합하지 않은 것은?

① 고객의 체계적 분류를 실현한다.

② 고객별 DB 반응도를 분석한다.

③ 제품별 판매 히스토리를 분석한다.

④ 고객 라이프스타일을 분류한다.

정답▶ ③
해설▶ 고객 데이터베이스는 제품이 아닌 고객이 주체가 되어야 하며, 고객에 대한 정보를 체계화시켜 마케팅 활동에 활용하는 것이다.

37. 데이터베이스 마케팅의 목적이 아닌 것은?

① 고객가치의 극대화를 통한 기업가치의 극대화이다.

② 많은 고객을 확보하고, 기존고객의 이탈을 방지하며, 고객을 강화한다.

③ 고객에 대해 판매를 최대화하고 비용을 최소화하여 수익을 극대화한다.

④ 즉각적인 고객의 반응을 이끌어낸다.

정답▶ ④
해설▶ 데이터베이스 마케팅은 고객생애가치를 증대시키면서 장기간 1:1 관계를 유지하기 위해 필요한 마케팅 활동이며, 즉각적인 고객의 반응을 기대하기보다 미래지향적인 관점으로 대해야 한다.

마케팅 믹스

- 4P's 제품전략특성(제품의 수명 주기(PLC)
- 가격전략의 유형과 특성
- 유통전략의 경로와 특성
- 촉진믹스전략

01. 제품 전략

1. 마케팅믹스의 정의 및 특징

마케팅 믹스란 기업의 마케팅 목표를 달성하기 위해 활용될 수 있는 마케팅 변수들을 조합(Mix)하는 것을 뜻한다. 마케팅 변수들인 4P를 유기적으로 활용하여 기업의 목표를 달성하기 위한 전략적 수단을 마케팅 믹스라 한다. 또한 기업의 입장에서 바라본 4P를 고객의 입장에서 바라본 4C로 바꿔야 한다는 주장도 힘을 실고 있다. 4P요소가 4C요소로 변환되는 내용을 살펴보면 Product(제품) → Consumer(소비자), Price(가격) → Cost(비용), Place(유통) → Convenience(편의성), Promotion(촉진) → Communication(상호전달)로 바뀌게 된다.

2. 제품의 수명주기(PLC : Product Life Cycle)

제품이 처음 시장에 등장하는 시기부터 사라지기까지의 단계를 말하며, 각 단계의 특성을 파악하고 있어야 판매량이나 투자 등을 예측하고 마케팅 전략을 펼칠 수 있다.

(1) 도입기

① 도입기는 제품이 시장에 처음 소개된 시기, 즉 제품이 처음으로 출시되는 단계로서 제품에 대한 인지도나 수용도가 낮고, 판매성장률 또한 매우 낮다

② 이익이 전혀 없거나, 혹은 "-"이거나, 있다 해도 이익수준이 극히 낮다.

③ 시장 진입 초기이므로, 과다한 유통촉진비용이 투입된다.

④ 또한 경쟁자가 없거나 혹은 소수에 불과하다.

⑤ 제품수정이 이루어지지 않은 기본형 제품이 생산된다.

⑥ 기업은 구매가능성이 가장 높은 고객(보통 고소득층 집단)에게 판매의 초점을 맞추고, 일반적으로 가격은 높게 책정되는 경향이 있다.

(2) 성장기

① 제품이 시장에 수용되어 정착되는 단계

② 실질적인 이익이 창출되는 단계이다.

③ 도입기에서 성장기에 들어서면 제품의 판매량은 빠르게 증가한다.

④ 이윤도 증가하지만 또한 유사품, 대체품을 생산하는 경쟁자도 늘어난다.

⑤ 가격은 기존수준을 유지하거나 수요가 급격히 증가함에 따라 약간 떨어지기도 한다.

(3) 성숙기

① 경쟁제품이 출현해서 시장에 정착되는 성숙기에는 대부분의 잠재소비자가 신제품을 사용하게 됨으로써 판매성장률은 둔화되기 시작한다.

② 이 단계에는 경쟁 심화를 유발시킨다.

③ 그로 인해, 많은 경쟁자들을 이기기 위해서 제품에 대한 마진을 줄이고, 가격을 평균 생산비 수준까지 인하하게 된다.

④ 기존과는 달리 제품개선 및 주변제품 개발을 위한 R&D 예산을 늘리게 된다.

⑤ 강진 약퇴의 현상이 발생하게 된다.

(4) 쇠퇴기

① 제품이 개량품에 의해 대체되거나 제품라인으로부터 삭제되는 시기이다.

② 거의 모든 제품들의 판매가 감소하면서 이익의 잠식을 초래하게 된다.

> 브랜드(Brand)란 한 기업에서 출시한 제품이나 서비스를 타 기업의 제품과 서비스로부터 구별하기 위해 만든 그 기업만의 고유한 상징(Smybol)이다. 기업은 브랜드를 통해서 기업의 가치, 추구하는 이상점 등을 표현하며 소비자는 기업의 브랜드를 통해 신뢰감을 갖고 구매하게 된다.

3. 제품의 분류

(1) 코틀러 교수의 제품수준 3가지

① 핵심제품 : 소비자가 상품을 소비함으로써, 얻을 수 있는 핵심적인 효용을 의미

② 유형제품 (실제제품) : 눈으로 보고, 손으로도 만져볼 수 있도록 구체적으로 드러난 물리적인 속성차원의 상품

③ 확장제품 : 유형제품의 효용가치를 증가시키는 부가서비스 차원의 상품을 의미. 즉, 유형 제품에 부가로 제공되는 서비스, 혜택을 포함한 개념.
  예 설치, 배달, A/S, 신용판매, 품질보증 등

④ 비탐색품 : 소비자들에게 잘 알려지지 않은 혁신제품, 인지하고는 있으나 구매를 고려하지 않고 있는 제품 또는 당장에 필요하지 않아 구매를 고려하고 있지 않은 제품

(2) 소비자의 구매 행동에 따른 제품 분류

① 편의품 : 적은 양을 자주 구입하는 제품으로, 구매 빈도가 높고 가격이 낮은 경우가 대부분이며 습관적으로 구매하기 쉽다. 상표 선호도가 높은 편이며, 치약이나 비누, 물, 세제 등이 있다. 대게 개방적 유통경로를 활용한다.

② 선매품 : 가격이나 상표들을 비교한 이후에 구매하는 제품으로 대부분 가격이 조금 높은 편이며, 기업에서는 차별성과 우수성을 내세운 광고를 이용한다. 자동차나 백화점 의류, 가전제품, 가구 등이 포함된다. 대게 선택적 유통경로를 활용한다.

③ 전문품 : 가장 관여도가 높고, 구매빈도는 가장 낮다. 지식이나 독특한 성향에 의해 구매하게 되며, 구매할 때 시간이나 노력이 가장 많이 소요되는 편이다. 소비자의 사회적 지위를 강조하여 마케팅을 펼치기도 하며 명품 옷이나 신발, 최고급 시계 및 보석 등이 포함된다. 대게 전속적 유통경로를 활용한다.

02. 가격 전략

1. 가격의 개념 및 특성

(1) 가격의 개념

가격이란 제품이나 서비스에 대하여 부과하는 요금을 말한다. 고객의 입장에서는 구입

하는 서비스 또는 상품뿐 아니라 해당 구매로 인해서 얻게 되는 가치들에 대해 지불해야 하는 것을 가격이라고 부를 수 있다. 터무니없이 너무 높은 가격을 책정하면 고객을 잃게 되고, 너무 낮은 가격으로 판매하면 기업경영이 어려워 유지가 어려울 수 있기 때문에 마케터 관리자는 가격전략에 대해 알아두어야 한다.

(2) 가격결정에 영향을 미치는 요인

가격결정을 할 때 영향을 미치는 요인은 크게 두 가지로 나눌 수 있다. 기업을 둘러싸고 있는 시장이나 고객 등의 특성과 연결된 외부적인 요인, 협력업체의 사정, 원자재, 마케팅 전략, 조직 등의 내부적인 요소가 있다.

1) 기업 내적인 영향
   ① 원가 구조 : 기업이 상품 및 서비스를 생산하기까지는 각 단계별로 비용이 발생된다. 이 비용을 원가라고 하며, 제품의 생산 원가는 기업활동을 하기 위하여 소비자들에게 요구하는 가격의 하한선이 된다.
   ② 마케팅믹스 전략 : 가격을 결정하는 일 또한 마케팅믹스에 또 다른 요소들에 관한 의사소통의 결과라고 할 수 있다.
2) 기업 외적 영향요인
   ① 소비자의 수요 형태 : 소비자의 소비 성향 및 구매 패턴의 변경 등은 기업의 가격을 결정하는 데 영향을 미친다.
   ② 경쟁자의 가격과 거래포장 : 경쟁자들의 치열한 경쟁이 있는 시장이라면 경쟁기업들에 의해 정해진 시장 가격을 토대로 결정하는 것이 바람직하다.
   ③ 정부의 규제 요인 : 가격의 결정권은 기업이 자율적으로 처분할 수 있는 권한을 가지고 있는 것은 아니며, 정부의 직접·간접적인 규제 등 법령의 변경 및 폐지로 인한 부분도 가격에 영향을 준다.

(3) 가격 전략의 종류

① (시장)침투가격전략-저가격 전략
   저가격을 내세우며 시장 침투를 하려는 전략이다. 매출보다는 높은 시장점유율을 목표로 할 때 사용한다. 가격이 경쟁우위일 때 적합하며 가격 탄력성이 높을 때 적합하다. 수익은 적지만 매출은 빠른 속도로 증가해서 시장을 잠식하고, 경쟁자의 시장 진입도 어려워진다.

② 초기고가전략-고가격 전략

고가격으로 시장에 내놓는 전략이라고 할 수 있으며, 진입장벽이 높아 경쟁 기업의 진입이 어려울 때 적합하다. 가격 탄력성이 낮을 때와 규모의 경제효과를 통한 이득이 적을 때, 고품질로 새로운 소비자층을 유인하고자 할 때 활용한다. 단기에 투자 비용을 회수할 수 있다는 이점이 있다.

2. 가격의 유형

원가 등의 내부적인 요인과 마케팅 전략과 시장, 소비자 반응 등의 외부적인 요인을 살펴 다양하게 검토한 후 가격을 결정해야 하는데, 관습적으로 가격을 결정하거나 하나의 변수만을 토대로 가격을 결정하기보다 다양한 전략을 알아두고 상황에 맞는 가격전략을 펼치는 것이 중요하다.

(1) 원가중심 가격결정

원가중심 가격결정방법에는 원가가산 가격결정방법과 목표 가격결정방법이 있다. 제품의 원가에 일정 수준을 넘거나 목표 매출을 정해 놓고 가격을 결정하는 방법으로 두 방법 모두 판매량에 영향을 미치는 수요의 탄력성과 경쟁자의 가격을 고려하지 못한다는 단점이 있다.

① 원가가산법
  가. 기업들이 가장 많이 선호하는 가격결정법으로 제품 원가에 일정률의 이익을 더하고 판매 가격을 결정하는 가장 기본이 되는 가격결정의 방법이다.
  나. 가격설정 절차가 매우 단순하다는 점, 원가를 토대로 결정된 가격으로 소비자 및 정부를 이해시키기 쉽다는 장점이 있으나 신제품, 경제 상황 등으로 인해 원가를 정확하게 계산하기 어려운 경우 또는 원가추정이 어려운 상황에서는 부정확한 가격이 결정될 수 있다는 단점이 있다.
② 목표이익가산법
  가. 목표로 하는 투자이익을 정해 놓고 거꾸로 가격을 산정하는 방식이다.
  나. 목표이익가산법으로 가격을 정하기 위해서는 우선 원가와 예상판매량을 예측해야 하며, 수요가 감소할 시 가격은 그만큼 상승되어야 한다는 특징도 있다.

(2) 소비자 심리에 근거한 가격 결정

① 유인가격

타사에 뺏길 고객을 다시 되돌릴 만한 방법으로 특정한 제품을 Loss Leader로 선택하여 자사로 유인해오는 방법이다.

② 관습가격

소비자들이 오랜 기간 동안 일정한 금액으로 구입했던 기억이 있어 관습으로 굳어진 가격으로 판매하게 되는 결정법이다. 예를 들어, 목욕탕 이용료를 몇 년 동안 유지해왔다면 관습처럼 굳어져 금액을 인상하기 힘들다.

③ 명성가격

고급 향수, 고급 자동차 등의 상품처럼 가격과 품질이 우수한 제품인 경우 고가격을 유지하는 경우가 많다. 고객의 사회적 지위와 관련된 마케팅 전략으로 판매하는 경우가 해당된다.

④ 단수가격

경제성의 이미지를 제공하여 구매를 자극하기 위해 단수의 가격을 구사하는 전략으로 2,000원으로 된 가격표보다 1,990원은 10원 차이지만 고객들은 훨씬 저렴하다고 느끼고 구입하게 된다.

⑤ 유보가격

심리적 기능을 고려한 가격 책정 방법 중 구매자가 어떤 상품에 대해 지불할 용의가 있는 최고가격을 말한다.

(3) 경쟁제품 중심 가격결정

제품의 원가나 소비자의 심리, 수요와 관계없이 경쟁제품의 가격을 중심으로 가격을 결정하며 시장가격 중심 가격결정과 경쟁입찰에 의한 가격결정법이 있다.

(4) 가격 선도제

가격 선도제란 어떤 기업이 시장에서 제품의 가격을 선도(Lead)함으로써 다른 기업들이 선도한 가격에 반응하여 가격을 설정하는 것을 말한다.

> 판매자가 가격정책을 수립할 때 고려해야 할 사항으로 공급자의 비용에 대한 고려는 가격의 하한선으로 고객 수요의 대한 고려는 가격 상향선이 되도록 해야 한다.

3. 가격 정책

가격 정책이란 기업이 이윤을 획득함에 있어서 시장 상황 등을 고려하여 적합한 가격선을 결정하는 과정을 가격 정책이라고 한다.

4. 가격결정 과정

소비자들의 구매의사 결정에서 가격 요소가 차지하는 비중은 과거에 비해 다소 줄어들고 있으나, 기업의 매출 및 시장점유율을 결정하는 데 가장 큰 역할을 하기 때문에 가장 적합한 가격을 결정해서 시장에 판매해야 한다. 가격을 결정할 때 거쳐야 할 단계들은 총 6단계로 다음과 같다. "가격결정 목표설정 → 수요결정 → 원가추정 → 경쟁사의 원가, 가격 및 제공물의 분석 → 가격결정 방법의 선정 → 최종 가격결정"

(1) 가격결정 목표설정

기업의 목표가 명확할수록 가격결정이 용이해진다. 먼저, 단기이익의 극대화 혹은 장기적인 존속을 목표로 하는 가격인지 결정해야 하고, 시장점유율 극대화를 위한 것인지, 시장 고가정책을 극대화하기 위한 가격인지, 마지막으로 제품-품질 선도기업이 되고자 하는지 목표를 먼저 설정하도록 한다.

(2) 수요결정

가격이 결정되면 수요량 또한 변화된다. 그러므로 기업은 다양한 방법을 활용하여 수요를 예측하고 연구하는 것이다.

(3) 원가추정

원가는 기업이 가격을 결정할 때 하한선이 되는데, 원가를 정확하게 측정하지 못하는 경우에는 기업의 순이익 또한 정확하게 측정하기 어렵다.

(4) 경쟁사의 원가, 가격 및 제공물 분석

원가, 시장 수요 등으로 가격 범위가 결정되면 경쟁사의 원가 등의 사항을 분석하고 자사의 가격결정에 함께 참고한다.

(5) 가격결정 방법 설정

원가, 소비자, 경쟁사 중심의 가격결정 방법을 설정할 때, 단 한 가지 방법만으로 설정하지 않도록 하며, 기업과 제품의 특성 또한 고려하여 설정하도록 한다.

(6) 최종 가격결정

5단계를 통해 가격결정 방법을 설정한 이후, 가격 범위를 줄이고 내부적으로 다시 한번 의사결정을 통하여 가격을 결정한다.

03. 유통전략

1. 유통관리의 개념 및 역할

(1) 유통관리의 개념

① 기업에서 생산한 제품을 최종 소비자에게 전달하는 통로
② 도매상이나 소매상 등의 중간상인이 존재하며 상품이 소비자에게 적절한 시기와 수량, 적절한 위치에 전달될 수 있도록 한다.

유통 경로의 설계 과정
① 고객 욕구를 분석 한다.
② 분석된 내용을 바탕으로 유통 경로의 목표를 설정한다.
③ 주요 경로 대안들을 평가(식별)한다.
④ 마지막으로 선택된 경로 대안을 평가한다.

---

(2) 유통관리의 중요성

① 수많은 경쟁사, 세계화, 전자시스템의 개발 등으로 신유통관리와 더욱 철저한 유통관리의 중요성이 부각되고 있다.
② 유형 제품이 아닌 무형의 서비스는 보관하거나 저장할 수 없는 소멸성의 특징 때문에, 수요와 공급을 예측하고 관리하기 위해 유통관리가 필요하다.

2. 유통경로의 구조

(1) 유통경로의 개념 및 특징

유통경로란 기업에서 생산한 제품이나 서비스가 소비자에게까지 전달되는 모든 경로, 통로를 유통경로라고 한다. 생산자의 제품이 직접 소비자에게 전달되는 경우도 있고 생산자에서 중간 상인들을 거쳐 소비자에게 전달되는 경우도 있다.

① 생산자, 도매상과 소매상 등의 중간상, 최종소비자로 구성된다.
② 생산자가 중간상을 통하여 판매를 하는 이유는 중간상을 이용함으로써 표적시장의 제품 접근성을 높이고 최종 소비자가 편한 시간과 공간에서 구입할 수 있도록 하기 위함이다. 또한 중간상들은 다량으로 구입해서 소비자가 원하는 다양한 종류의 상품을 소량으로 판매하기 때문에 수요와 공급을 연결시켜주는 역할을 하며 물류 · 유통비용의 절감 효과가 있다.

(2) 유통경로의 기능

생산자로부터 소비자에게 제품을 전달하는 과정에서 유통경로는 크게 4가지 기능을 수행하며 장소, 시간, 소유, 형태의 효용기능을 담당한다.

① 장소효용(Place utility)
소비자가 어디에 있던지 원하는 장소에서 제품 및 서비스를 구매할 수 있도록 하는 기능이다.
② 시간효용(Time utility)
소비자가 언제든 원하는 시간에 제품 및 서비스를 구매할 수 있도록 하는 기능이다.
③ 소유효용(Possession utility)
생산자의 소유였던 제품이나 서비스를 중간상을 거쳐 이동시킴으로써 소유권이 이전되도록 하는 기능을 뜻한다.
④ 형태효용(Form utility)
처음에 생산된 제품이나 서비스를 최종 소비자에게 판매하기 이전에 조금 더 호감 있게 보이도록 하기 위해 형태나 모양을 변형시켜 소비자의 욕구에 한걸음 다가서는 역할을 한다.

(3) 유통경로의 유형

유통경로의 유형은 시장 커버리지의 측면에서 개방적 유통경로, 전속적 유통경로, 선택적 유통경로로 나눌 수 있으며 중간상의 수를 정의한다고 할 수 있다.

① 개방적 유통 경로

　가. 취급 점포를 최대한으로 높이는 경로이다.

　나. 충동구매가 늘어나고 소비자의 인식 고취, 고객의 편의성 증가 등 장점이 있으나 마진이 작고 소량주문이 되기 쉬우며, 제조업자의 통제력이 낮다는 단점도 있다.

　다. 대표적으로 라면, 치약, 세제 등의 편의품이 해당한다.

② 전속적 유통경로

　가. 특정한 한 지역에 대해서 하나의 점포를 통해서만 판매를 하는 경로이다.

　나. 제조업자의 측면에서는 유통업자의 높은 충성도 및 활발한 판매지원이 이뤄진다는 점, 중간상의 측면에서는 일반적으로 마진이 높고, 제조업자 사이에 광고나 가격 등에 대한 의견 일치가 쉽다는 점이 장점이지만, 주로 단일 점포를 통해서만 판매되어 판매량이 제한된다는 점, 제조업자 측면에서는 중간상의 입지가 너무 커져 통제가 어려울 수 있다는 단점이 있다.

　다. 단일 전문점이나 백화점을 통해 유통되는 보석이나 고급의류 등에 고가품이 포함된다.

③ 선택적 유통경로

　가. 집약적 유통경로와 선택적 유통경로의 중간에 위치하며, 점포의 규모나 경영능력 등의 자격을 갖춘 소수의 중간상에게 자사의 제품을 판매하도록 하는 것이다.

　나. 집약적 유통경로에 비해 중간상이 적어 유통비용이 절감되며, 일정 능력 이상의 중간상들만 유통경로에 포함되기 때문에 안정적인 매출과 이익이 따른다.

　다. 의류, 가구, 가전제품 등의 선매품이 포함된다.

3. 유통경로 설계과정

(1) 유통경로의 원칙

① 분업의 원칙

하나의 중간상이 유통경로에 참여하는 것보다 여러 중간상이 다양한 기능들을 분업하여 기능을 수행하는 것이 더욱 바람직하며, 이 때 수행하는 기능들은 보관, 정보수집, 위험부담, 수급조절 등이 있다.

② 변동비 우위의 원칙

한 기업이 대규모화로 제조와 유통을 모두 함께 부담하기보다 유통기관에서 역할을
나누어 기능을 하는 것이 비용과 효율성면에서 훨씬 유리하다는 것이다.

③ 집중준비 원칙

유통경로에 도매상이 개입되면 소매상의 대량 보관기능을 분담한다는 개념으로 상
품의 보관 총량은 감소시키면서 소매상은 최소량만을 보관하게 되어 재고 부담을
줄이게 된다.

④ 총 거래 수 최소화의 원칙

중간상이 유통경로에 개입하게 될 경우 거래의 총량이 감소하게 되고, 제조업자와
소비자 모두에게 실질적인 비용이 감소하게 된다.

(2) 유통경로 설계 절차

기업에서 제품을 소비자에게 효율적으로 판매하기 위해서는 최적의 유통경로를 선택하
는 것이 무엇보다 중요하며, 잘못 판단한 유통경로를 수정, 변경하는 일은 매우 어렵기
때문에 철저하게 분석 후 판단해야 한다.

① 소비자 욕구 분석

표적시장에 있는 소비자들이 원하는 가치가 무엇인지를 먼저 파악하는 것에서부터
시작된다. 유통경로의 업무 분담이 이루어지고, 소비자의 접근성이 쉽고 높아질수록
제품의 구색이 다양하고, 더욱 많은 부가서비스를 제공받을 때 고객의 만족도는 높
아진다.

② 유통경로의 목표 설정

목표를 설정할 때에는 기업과 상품의 특성, 중간상의 특성, 환경적 요소, 경쟁기업의
경로 등을 먼저 고려해야 하며, 경로 목표는 되도록 계량화하는 것이 좋다.

③ 유통경로의 대안 확인

특정 지역이나 장소를 의미하는 유통집중도(경로 커버리지)와 경로 구조의 길이를
비교하며 대안을 파악하는 과정이다.

④ 유통경로의 대안 평가 및 결정

4. 물적 유통관리

(1) 물적 유통관리 개념

완성된 제품 및 서비스를 생산자로부터 소비자에게 효율적으로 이동시키는 제반 활동이라고 할 수 있다. 마케팅에서 물류관리가 중요한 이유는 마케팅 총비용에서 물류관리 비용이 적지 않고, 원활한 물류관리는 고객의 수요에 맞는 서비스를 적시에 제공하여 고객만족도는 물론 기업의 서비스 경쟁력이 높아지기 때문이다.

(2) 물적 유통관리의 목표

① 고객 서비스 수준 향상(서비스 극대화)

모든 고객은 주문한 제품 및 서비스를 고객이 원하는 양과 질, 시간에 적당한 가격에 제공받기를 원하는데 이를 충족시키기 위해서는 서비스 수준을 정확하게 파악하는 것이 가장 중요하다.

② 총비용 최소화

물적 유통에서 총비용이라는 것은 서비스를 제공하면서 발생하는 모든 비용을 뜻하고, 어떠한 특정 요소에 대한 비용을 줄이는 것보다 수송, 재고관리 등에서 발생하는 물류비용 항목을 파악하고 총비용을 최소화하는 것이다.

(3) 물적 유통관리의 기능

① 주문처리

판매원이나 고객 등에 의해 주문서가 작성되면 창고로 우송되면서 주문처리 과정이 시작된다. 여러 가지 방법으로 실행될 수 있지만 가장 중요한 점은 신속성과 정확성을 놓쳐서는 결코 안 된다는 점이다.

② 재고관리 및 통제

기업이 생산한 제품이 바로 소비되지 않기 때문에 미리 생산된 제품이 판매되기 이전까지는 제품을 보관해두어야 한다. 기업은 재고비용을 최소화하고, 고객의 수요에 바로 대응하여 고객의 만족도를 높이는 것이 중요하다.

③ 수송 결정

대표적 수송 수단으로는 철도, 트럭, 해상, 항공, 파이프라인 5가지로 각 수송수단마다 장단점이 있다. 제품의 가격이나 배달 능력 등을 고려하여 가장 적합한 수송수단을 결정한다.

④ 정보 시스템

효율적 물류관리를 위해 컴퓨터를 이용한 정보 시스템을 도입하는 기업이 많아지면서 신뢰성과 속도가 향상되고 비용은 절약되는 장점이 있다. 기업은 사내 정보 시스템 전문가를 양성할 수 있어야 한다.

5. 소매상과 도매상의 개념

(1) 소매상의 개념 및 특징

① 최종 소비자에게 제품 및 서비스 등의 판매와 관련된 활동을 하는 중간단계의 상인을 말한다.
② 최종 소비자가 원하는 상품의 종류와 수량을 제공한다.
③ A/S, 배달, 사용 방법, 전달 등의 역할을 하며 고객서비스를 제공한다.
④ 신용정책을 통하여 소비자의 구매비용 부담을 덜어주는 금융기능을 담당한다.

(2) 소매상의 종류

① 전통적인 소매상 : 전문점, 백화점, 슈퍼마켓, 대중양판점 등
② 신 유통업체 : 할인점, 카테고리킬러, 회원제 창고점, 무점포 소매상(홈쇼핑, 인터넷 쇼핑몰, 방문판매 등)으로 나뉜다.
　가. 전문점
　　취급하는 상품의 계열은 한정적이지만 각 계열 내에서는 다양한 구색을 갖추고 있는 곳으로 의류, 가구 등 다양한 전문점이 등장하고 있다.
　나. 백화점
　　백화점은 하나의 건물 안에 의식주에 관련된 여러 가지 상품을 부문별로 진열하고 조직, 판매하는 근대적 대규모 소매상을 의미한다. 다양한 제품계열을 취급하고 있으며, 다점포전략으로 지역별로 여러 곳에 설립하고 있다.
　다. 슈퍼마켓
　　낮은 가격으로 대량 판매하는 점포이며, 시장 변화로 인하여 식품을 중심으로 다루던 형태에서 비식품도 취급하는 경향으로 변하고 있다. 또한 염가판매, 셀프서비스를 특징으로 하는 소매업태를 말한다.
　라. 대중 양판점
　　백화점 못지 않게 고급이며, 가격은 중저가로 의류, 잡화, 전자제품 등 다양한 상품을 중저가로 판매하는 일용품 중심의 종합점이다.

마. 할인점

최소한의 서비스를 제공하면서 다양한 상품을 저렴한 가격으로 판매하는 것을 원칙으로 하고 있다.

바. 카테고리 킬러

취급하는 상품 계열이 하나이고, 매우 다양한 품목을 가지고 있다. 전문점과 딜러 서비스 수준은 낮은 편이나 가격이 저렴하고 장난감, 가전제품, 스포츠용품 등을 취급하는 경우가 있다.

사. 회원제 창고점

회원제 도매클럽은 메이커로부터의 현금 일괄 구매에 따른 저비용 제품을 구비해서, 회원제로 운영되는 창고형 도매상을 의미한다. 코스트코나 프라이스 클럽 등과 같은 회원제 창고점이 해당된다.

아. 방문판매

소비자가 판매원이 되기 때문에 광고비나 인건비가 적게 들며, 다단계 회사도 포함된다. 대표적인 회사는 암웨이이다.

자. 홈쇼핑

보통 TV를 통해 상품을 판매하고, 전화 상담이나 주문을 하는 상호작용적 마케팅 시스템을 이용한다.

(3) 도매상의 개념 및 기능

① 제조업체로부터 구입한 물품이나 서비스를 소매상 등에 재판매를 하거나 사업을 목적으로 구입하는 고객에게 판매하고 이와 관련된 활동을 수행하는 상인이다.

② 소유권 이전, 주문, 지불활동, 촉진 등의 경로 기능을 수행한다.

③ 제품의 생산과 소비 사이에 발생된 시간과 장소의 불일치를 해소시켜 준다.

(4) 도매상의 종류

① 상인도매상

현금판매도매상, 직송도매상, 트럭도매상, 선반도매상 등이 포함되며, 제조업자 소매상과는 별개의 독립된 사업체로 제품의 소유권을 갖는다는 특징이 있다.

② 대리도매상

마케팅 기능만을 수행하며 제조업자와 고객과의 거래를 편리하게 도와주며, 취급하는 제품의 소유권은 가지고 있지 않다.

③ 제조업자 영업점

제조업자가 운영하고 소유하는 도매상을 말한다.

04. 촉진전략

1. 촉진의 개념

(1) 촉진의 정의 및 특징

촉진이란 기업의 제품 및 서비스의 판매율을 높이기 위해 시행되는 마케팅활동을 일컫는다. 촉진을 위해 활용되는 방법으로 광고, PR, 인적판매, 판매촉진이 있다

① 제품을 판매하기 위한 프로모션 중 PR, 광고, 인적판매, 판매촉진을 제외한 모든 마케팅 활동을 말한다.
② 단기간에 이루어지며 중간상이나 최종 소비자를 대상으로 하는 촉진활동이다.
③ 구매 시점에서 소비자의 구매 동기를 강력하게 자극할 수 있다는 특징이 있다.
④ 판매촉진의 효과는 단기적이기 때문에 장기적으로 상표충성도를 증진시키기 위한 목적이라면 활용이 적합하지 않다.

(2) 촉진전략의 종류

① 푸시전략(Push strategy)

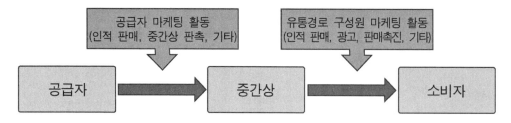

가. 유통 경로상에 있는 각각의 구성원들이 그 다음 단계의 구성원들을 설득하게 하는 전략
나. 영업사원들을 통해 프로모션을 하거나 유통업체를 대상으로 이용한다.
다. 생필품 등의 브랜드 인지도가 낮은 상품에 적합하다.

라. 브랜드에 대한 선택이 점포 안에서 이루어진다.

마. 동시에 충동구매가 잦은 제품의 경우에 적합한 전략이다.

② 풀전략(Pull strategy)

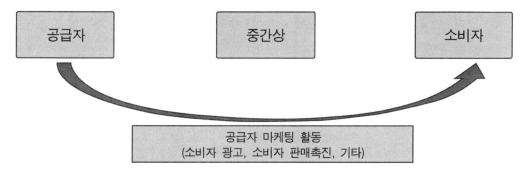

가. 생산자가 소비자의 수요를 직접 자극하는 방법이다.

나. 광고와 홍보를 주로 사용하며 쿠폰, 샘플제품, 경품, TV, 신문 등의 전국 광고 방법을 이용한다.

다. 에어컨, 자동차 등의 브랜드 인지도가 높은 제품이나, 고가 제품에 이 전략을 사용한다.

라. 점포에 오기 전 미리 브랜드 선택에 대해 관여도가 높은 상품에 적합한 전략이다.

2. 촉진전략 유형

(1) 광고

① 광고주가 대가를 지불하고 제품, 서비스, 아이디어를 비인적매체를 통하여 널리 알리고 구매를 설득하는 모든 형태의 촉진활동을 말한다.

② 광고는 마케팅적 기능, 사회적 기능, 경제적 기능을 수행한다.

③ 짧은 시간에 다수의 대중에게 자사제품 및 서비스의 정보를 제공할 수 있다.

④ 광고만을 통해서 고객에게 제공할 수 있는 정보의 양이 정해져 있고, 고객에 따라 개별화 할 수 없다는 단점이 있다.

(2) 인적판매

① 판매원이 직접 고객과 접촉하며 제품과 서비스를 판매하는 활동을 의미하며, 한국 기업들은 인적판매를 영업이라고 인식하고 있다.

② 주로 산업재를 판매할 때 이용된다.

③ 도매상이 소매상에게 적용하는 판매 방식이다.

④ 인적판매 과정은 상담 준비 → 고객 설득 → 거래의 단계로 진행된다.

(3) 홍보(PR)

① 고객 등 여러 집단과 좋은 관계를 구축, 유지하고 기업의 이미지를 높이며 최종적으로는 구매 증대를 위한 것이다.

② 광고와 비슷한 효과를 가져오지만 매체비용은 지급하지 않는다.

③ 소비자가 더욱 신뢰하는 모습을 보인다.

④ 광고처럼 언제 어떤 내용으로 나가는지 알기 어려우며 해당 내용을 통제할 수 없다는 한계가 있다.

(4) 판매촉진

① 가격경쟁이 심해지고, 제품의 질은 동질화되면서 많은 경쟁 제품들 간의 상표 전쟁이 격화되면서 판매촉진의 중요성이 부각되고 있다.

② 주로 산업재를 판매할 때 이용된다.

③ 도매상이 소매상에게 적용하는 판매 방식이다.

3. 촉진방법

(1) 촉진방법 분류

① 소비자 판촉 - 제조업자가 소비자에게 직접 제공하는 촉진전략이다.(예, 할인쿠폰 등)

② 중간상 판촉 - 제조업자가 소매상이나 도매상에게 제공하는 촉진활동으로 그들에게 동기를 부여하면서도 협조를 얻을 수 있다는 장점이 있다.

③ 소매점 판매 촉진 - 소매업자가 최종 소비자에게 판매율을 높이기 위해 제공하는 촉진전략이다. (예, 마일리지 적립, 쿠폰 증정 등)

(2) 소비자 대상 판매촉진 전략

① 쿠폰(Coupon)

가격할인과 기간, 여러 조건들을 명시해 놓은 증서를 뜻한다. 구매를 유도하고 단기적인 매출 증대에 효과가 있으나 장기적인 효과를 기대하기는 어렵다.

② 컨티뉴어티(Continuity)

고객 충성도를 높이는 전략으로 마일리지 등의 단골고객 보상 제도를 뜻한다. 고객의 정보를 저장하고 추후 마케팅에 활용하기 좋다.

③ 견본(Sampling)

소비자에게 샘플을 무료로 주거나 시음, 시식하는 것을 뜻하며, 고객에게 제품을 알리는 데 가장 효과적인 방법이라고 할 수 있다. 샘플제작 원가가 높지 않고 샘플제품만으로도 상품의 특성과 효과를 볼 수 있는 상품에 적용하기 좋다.

④ 가격할인

한시적으로 가격을 인하시키는 전략으로 소비자를 쉽게 유인하고, 정확하게 가치를 제공할 수 있으며, 제조업체에서 가장 많이 활용한다.

⑤ 프리미엄(사은품 제공)

가. 자사의 제품이나 서비스를 구매하는 고객에 한해 다른 상품을 무료로 제공하거나 저렴한 가격에 구입할 수 있는 기회를 제공하는 것을 말한다.

나. 사은품은 구매 즉시 제공되거나 리베이트와 같이 구매증거를 제시할 경우에 제공된다.

다. 만약, 우편으로 사은품을 배포하는 경우 고객 데이터베이스를 구축할 수 있으며, 사은품 제공이 브랜드 이미지의 향상과 더불어 브랜드 자산을 강화시킬 수 있다.

⑥ 컨테스트 & 추첨

가. 컨테스트는 제품을 구매하지 않더라도 참여할 수 있는 방법이다. 이는 지식 및 기술을 질문하여 문제를 맞춘 사람 또는 심사를 통과한 사람에게 상을 주는 방식으로 소비자들의 관여도를 높이는 데 효과적으로 사용되는 방법이다.

나. 추첨이란 제공될 상금 또는 상품 등이 순전히 운에 의해 결정되는 방식이다.

⑦ 보너스 팩

가. 같은 제품 또는 관련 제품 몇 가지를 하나의 세트로 묶어 저렴한 가격에 판매하는 것이다.

나. 예를 들어, 라면 5개들이 한 봉지를 4개 값에 판매하는 경우가 여기에 해당한다.

다. 대량 또는 조기구매를 유도함으로써 타사의 침투를 견제할 수 있다는 장점이 있지만, 보너스 팩으로 판매하는 경우 점포의 진열 면적을 많이 차지하므로 유통관계자들의 협조가 없으면 활용하기 어렵다는 단점이 있다.

⑧ 리베이트 & 리펀드

　　가. 리베이트는 소비자가 해당 제품을 구매했다는 증거를 제조업자에게 보내면 구
　　　　매가격의 일부분을 소비자에게 돌려주는 것을 말한다.

　　나. 리펀드는 소비자가 구매하는 시점에서 즉시 현금으로 되돌려주는 것을 말한다.

참고

통합적 마케팅 커뮤니케이션(IMC : Integrated Marketing Communication)

① 통합적 마케팅 커뮤니케이션 개념 : IMC는 각각의 별개로 취급해 오던 여러 커뮤니케이션의 믹스
　요소들 즉, 인적판매·PR·광고·판매촉진 등을 하나의 통합적인 관점에서 이를 잘 배합해서 일관성
　있게 메시지를 전달하여, 특정 커뮤니케이션 수용자들의 행동에 영향을 주는 목적으로 실행되는
　것을 의미함

② 통합적 마케팅커뮤니케이션 전략
　- IMC는 단순하게 어떤 메시지 또는 이미지의 통합이 아니라 소비자들의 데이터베이스를 통해
　　그들에 대한 전반적인 정보를 수집하고, 이렇게 수집된 데이터를 활용하여 광고, 프로모션, 직
　　접우편 등과 같은 마케팅 전략을 통해 세분화된 특정 소비자를 목표로 그들의 욕구를 충족시키
　　는 전략의 실행방안이기도 함
　- 이러한 실행방안은 일회적인 것이 아닌 전략 수행 후 평가하고 소비자 반응에 대한 데이터를
　　다시 구축하는 단계를 완료함으로써 다음 전략의 성공을 준비하는 소비자 위주의 순환적 피드
　　백 시스템에 기초해야 함
　- IMC 전략 수행 시에 마케팅 커뮤니케이션 도구의 활용은 반드시 모든 매체를 사용하여야만
　　하는 것은 아니며, 전략 시너지 효과를 제고하기 위해 타겟의 상표 접촉 포인트 분석에 근거하
　　여 소비자들에게 가장 효과적으로 전달할 수 있는 도구들의 통합이어야 함

 **Chapter 02 핵심 예상문제**

1. 마케팅에서 판매촉진 비중이 증가하게 된 주된 원인으로 볼 수 없는 것은?

   ① 광고노출   ② 가격민감도

   ③ 판매촉진 성과 측정   ④ 경쟁의 완화

   > **정답▶** ④
   > **해설▶** 많은 제품들의 경쟁이 더욱 심해지고, 제품의 질이나 가격이 동질화되어 가고 있어 판매촉진 비중이 증가
   > 하고 있다. 또한 광고 노출과 판매촉진 성과를 측정하기 위해 단기적으로 즉시 효과가 있는 것이 바로
   > 판매촉진이다.

2. 제품 수명 주기에 있어서 성숙기의 특징은?

   ① 원가가 높다.   ② 혁신적인 고객이 제품을 산다.

   ③ 경쟁자가 거의 없다.   ④ 판매가 절정에 이른다.

   > **정답▶** ④
   > **해설▶** ①, ②, ③은 제품 수명 주기 중 도입기의 특징을 나타낸다.

3. 가격결정에 영향을 미치는 요인을 내적요인과 외적요인으로 구분할 때, 내적요인으로 옳지 않은 것은?

   ① 마케팅목표   ② 마케팅믹스 전략

   ③ 원가   ④ 시장과 수요

   > **정답▶** ④
   > **해설▶** 시장과 수요는 외적 요인이다.

4. 다음 중 가격결정에 있어서 상대적으로 고가의 가격이 적합한 경우가 아닌 것은?

① 수요의 가격탄력성이 높을 때
② 진입장벽이 높아 경쟁기업이 자사제품의 가격만큼 낮추기가 어려울 때
③ 규모의 경제효과를 통한 이득이 미미할 때
④ 높은 품질로 새로운 소비자층을 유인하고자 할 때

> 정답▶ ①
> 해설▶ 수요의 가격탄력성이 높은 경우에는 저가의 제품으로 빈도수가 높고, 반복적으로 구입하는 편의품 등에
> 적용하며, 침투가격 전략을 활용하게 된다.

5. 수요의 가격탄력도와 가격전략의 관계에 대한 설명으로 옳지 않은 것은?

① 수요의 가격탄력도란 제품가격의 변화에 대한 수요의 변화비율을 말한다.
② 수요의 가격탄력도가 비탄력적인 경우에는 고가전략을 하면 기업에 유리하다.
③ 수요의 가격탄력도가 단위 탄력적이라면 최고가전략이 기업에 유리하다.
④ 수요의 가격탄력도가 탄력적이면 저가격전략을 하여야 기업에 유리하다.

> 정답▶ ③
> 해설▶ 수요의 가격탄력도가 단위 탄력적이라면 저가전략이 기업에 유리하다.

6. A대학교 인근에는 만리장성, 가야성, 고려성 등 다양한 중국 음식점들이 있으며 모두 음식 배달을 하고 있다. 이러한 상황에서 각 중국 음식점들이 고려해야 할 가격결정방법으로 가장 적절한 것은?

① 수요를 토대로 한 가격책정
② 수익을 토대로 한 가격책정
③ 경쟁을 토대로 한 가격책정
④ 비용을 토대로 한 가격책정

> 정답▶ ③
> 해설▶ 동일 상품군을 판매하는 경쟁사이고, 고가의 상품이 아니기 때문에 경쟁을 토대로 한 가격책정이 적절
> 하다.

7. 유통경로의 원칙에 대한 설명으로 틀린 것은?

① 총거래 수 최소화 원칙 : 유통경로를 설정할 때 중간상을 필요로 하는 원칙으로 이것은 거래의 총량을 줄여, 제조업자와 소비자 양측에게 실질적인 비용부담을 감소시키게 하는 원칙

② 집중저장의 원칙 : 제조업자가 물품을 대량으로 보관하게 하여 소매상의 보관 부담을 덜어주는 원칙

③ 분업의 원칙 : 중간상을 통해 유통에도 분업을 이루고자 하는 원칙

④ 변동비 우위의 원칙 : 중간상의 역할부담을 중시하여 결국에는 비용부담을 줄이는 원칙

정답▶ ②
해설▶ 집중저장의 원칙은 유통경로에 도매상이 개입되면 소매상의 대량 보관기능을 분담한다는 개념으로 상품의 보관 총량은 감소시키면서도, 소매상은 최소량만을 보관하게 되어 재고 부담을 줄이게 된다는 개념으로 집중준비 원칙이라고도 한다.

8. 다음은 어떤 가격조정 전략에 해당하는가?

A대형마트에서는 B사의 오디오 제품 가격을 300,000원에서 299,000원으로 조정하였다.

① 세분화 가격결정
② 심리적 가격결정
③ 촉진적 가격결정
④ 지리적 가격결정

정답▶ ②
해설▶ 경제성의 이미지를 제공하여 구매를 자극하기 위해 단수의 가격을 구사하는 전략으로 경쟁사보다 1,000원 차이지만, 훨씬 저렴하다고 느끼고 구입하게 되는 소비자의 심리를 이용한 심리적 가격결정이며, "단수가격"이라고 한다.

9. 다음 설명에 해당되는 제품의 수명주기는?

- 판매량의 평준화
- 독특한 세분시장
- 경쟁력이 약한 기업의 도태
- 매우 강력한 경쟁
- 산업 내 브랜드 등가(Parity)

① 도입기
② 성장기
③ 성숙기
④ 쇠퇴기

10. 다음 중 제품의 가격결정 시 고가전략이 적합한 경우는?

① 규모의 경제효과를 통한 이득이 미미할 때
② 시장수요의 가격탄력성이 높을 때
③ 원가 우위를 확보하고 있어 경쟁기업이 자사 제품의 가격만큼 낮추기 힘들 때
④ 시장에서 경쟁자의 수가 많을 것으로 예상될 때

11. 제품의 수명주기를 순서대로 올바르게 나열한 것은?

① 도입기 → 성숙기 → 성장기 → 포화기 → 쇠퇴기
② 도입기 → 성장기 → 포화기 → 성숙기 → 쇠퇴기
③ 도입기 → 성장기 → 성숙기 → 포화기 → 쇠퇴기
④ 도입기 → 성숙기 → 포화기 → 성장기 → 쇠퇴기

12. 로지스틱스(Logistics) 시스템의 주요기능 중 다음 설명에 해당되는 것은?

> 많은 기업이 효율적인 로지스틱스 시스템을 통해서 재고량과 관련된 비용을 크게 절감하고자 한다. 이에 생산업자와 소매상은 며칠 분에 불과한 매우 적은 양의 부품 재고 또는 상품 재고만을 유지한다. 새로운 재고는 사용할 때까지 창고에 보관되는 것이 아니라 필요한 때에 정확하게 도착한다. 이것은 정확한 예측과 함께 신속하고, 빈번하고, 유연성 있는 배달이 필요하다.

① 공급망 관리 – SCM(Supply Chain Management)
② 적시생산 시스템 – JIT(Just In Time)
③ 전자 태그 – RFID(Radio Frequency Identification)
④ 고객관계 관리 – CRM(Customer Relationship Management)

> **정답▶** ②
> **해설▶** 재고를 0으로 만들고, 재고비용을 최소로 줄이기 위한 기능을 의미한다.

13. 다음 중 유통경로 설계 절차가 바른 것은?

> 1. 유통경로의 목표 설정   2. 소비자 욕구 분석
> 3. 유통경로의 대안 평가   4. 유통경로의 대안 확인

① 1 → 2 → 3 → 4
② 1 → 2 → 4 → 3
③ 2 → 1 → 4 → 3
④ 2 → 1 → 3 → 4

> **정답▶** ③
> **해설▶** 최종 고객에게 제품을 잘 전달하기 위해서는 최상의 유통경로를 결정하는것이 필수적이며, 혹시라도 잘못된 경로를 선택한 경우 다시 변경하기 어렵기 때문에 매우 신중하게 선택해야 하며, 위와 같은 순서에 따라 유통경로를 설계하고 결정하는 것이 바람직하다.

14. 다음이 설명하고 있는 것은?

> 특정고객이 어떤 기업에 최초로 가입한 날(또는 최초 거래일)로부터 현재까지 누적적으로 그 기업에 기여해 준 순이익가치를 말한다.

① 고객생애가치
② 기업 이미지
③ 상품가치
④ 고객산출가치

15. 가격 전략 중 저가격 정책으로 알맞지 않은 경우는?

① 공급에 대한 시장의 수요 탄력성이 클 때

② 원가가 저렴한 경우

③ 생필품일 경우

④ 희소성 있는 상품으로 제품으로 생산량이 적을 경우

16. 제품 또는 서비스의 가격 결정 시 상대적인 고가전략이 적합한 경우는?

① 시장수요의 가격탄력성이 높을 때

② 원가우위를 확보하고 있어 경쟁기업이 자사 상품의 가격만큼 낮추기 힘들 때

③ 시장에 경쟁자의 수가 많을 것으로 예상될 때

④ 진입장벽이 높아 경쟁기업의 진입이 어려울 때

Chapter 03

마케팅기회의 분석

반드시 알아야 할 *Key Concept*

- 마이클포터의 5Forces
- SWOT 분석
- BCG 매트릭스
- 소비자 행동 분석(구매의사결정과정)

01. 마케팅 환경 분석 특징 및 종류

1. 마케팅 환경 분석의 정의 및 중요성

환경이란 기업을 운영해나가는 과정에서 직접·간접적으로 영향을 주는 것으로, 사회적인 상황이나 자연적인 조건 모두 포함된다. 기업에 영향을 주는 환경이라는 것은 기업을 둘러싸고 있는 외부 환경뿐 아니라, 조직원들의 역량이나 기업의 자본 등 내부 환경도 포함된다. 환경이 변화하는 양상에 따라 어떤 기업에는 기회로, 또 다른 기업에는 위협으로 작용할 수 있기 때문에 마케팅 활동을 펼치기 전에 외부와 내부의 환경을 정확하게 분석하는 것이 필요하다.

2. 외부환경 분석

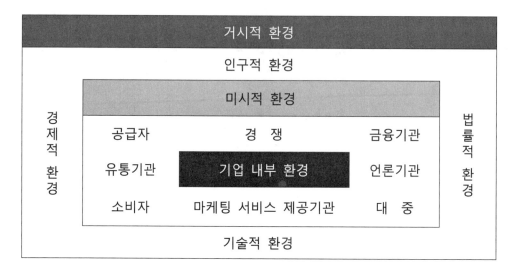

(1) 거시적 환경

거의 모든 기업에 동시에 영향을 미치는 요인으로 보통 경제, 사회·문화, 정치, 기술, 법 등 6가지로 나뉜다.

(2) 미시적 환경

해당 산업 내 있는 기업들에 서로 영향을 미치며 직접적인 경쟁의 강도를 결정하기 때문에 경쟁 환경이라고도 부른다.

*마이클포터의 "5가지 동인 요인"[1]

---

1) *마이클포터의 "5가지 동인 요인"

가. 기존 경쟁기업 : 직접적인 경쟁자들로부터 받는 영향을 말하며, 경쟁사들의 전략에 대비하여 차별화 전략을 내세우거나 원가절감 등에 노력을 해야 한다.

나. 잠재적 진입기업 : 현재의 경쟁사는 아니지만, 곧 진입할 가능성이 있다. 위협으로 다가오지 않도록 진입 장벽을 구축해야 한다.

다. 구매자의 교섭력 : 구매자에게 대안이 많은 상황으로 구매자에게 더 힘이 있는 상황이므로, 가격인하나 품질 개선 등 다양한 방법으로 수익성 증대를 위한 노력이 요구된다.

라. 공급자의 교섭력 : 기업과 연결된 협력업체 등 내부 고객과의 교섭력으로 공급가 인상을 요청할 경우 등을 말한다. 대체품의 존재를 파악하거나, 원료 공급을 다양화하는 방법으로 이겨낼 수 있다.

마. 대체품의 위협 : 자사의 제품을 이용하던 고객이 다른 대체재를 구매하는 것으로 기업 수익이 악화될 수 있는 상황이다.

3. 내부 환경 분석

기업의 내부 환경을 분석한다는 것은 기업이 가지고 있는 자금이나 연구, 설비 등의 자원을 분석하는 것과, 기업문화나 기능별 부서 조직을 분석하는 것으로 나뉠 수 있다. 동일한 자원을 똑같이 가지고 있다고 해도 자원을 활용하는 조직 구조에 따라 결과는 크게 달라질 수 있다.

> 상황분석의 내적 요인 : 부서의 목표, 기업의 목표, 조직원들의 역량 등
> 상황분석의 외적 요인 : 경쟁 상태, 기술의 진보, 소비자의 수요 등

4. 마케팅 환경 분석 방법

(1) SWOT 분석

마케팅 환경을 분석하는데 있어서 가장 중요한 것은 기업이 가지고 있는 내부 자원과 역량으로 외부의 위협을 어떻게 이겨나갈 것이며, 기회를 어떻게 잡을 것인가이다. SWOT 분석은 기업의 강점(Strength), 약점(Weakness), 기회(Opportunity), 위협(Threat)을 분석하고 전략을 세우는 것이다.

[SWOT 분석을 통한 마케팅 전략]

	강점 S	약점 W
위협 T	ST) 강점을 이용하여 위기 극복	WT) 가장 위험한 상황으로 집중화와 안정성이 우선
기회 O	SO) 성공 확률이 가장 높으며, 사업 확장의 적기	WO) 기회를 포착하여 핵심 역량으로 극복

(2) BCG 매트릭스

BCG 매트릭스는 1970년대에 보스턴컨설팅 그룹에 의해 개발된 분석 도구로써, 각 전략 사업 단위를 상대적 시장 점유율과 현재 및 예측 성장률에 의해 분류한 것이다. 단, 평가하는 요소가 상대적 시장점유율과 시장성장율 단 두 가지 뿐이므로 오류에 빠지기 쉽다는 단점이 있다.

	Star	Question Mark
High		

High ← 상대적 시장점유율 → Low

시장 성장률

① BCG 매트릭스 분석을 통한 마케팅 전략

　가. 투자(확대) 전략

　　• 물음표 사업부에 적절한 전략으로써, 시장점유율을 높이기 위해 현금자산을 투자하는 전략이다.

　　• 하지만 현재의 시장점유율이 낮기 때문에, 즉각적인 현금수입은 기대하기가 힘들다.

　나. 유지 전략

　　• 강한 현금젖소 사업부에 적절한 전략유형으로써, 시장점유율을 현재 수준에서 유지하려는 전략이다.

　다. 수확 전략

　　• 약한 현금젖소, 약한 물음표 사업부에 적절한 전략유형으로, 장기적인 효과에 상관없이 단기적 현금흐름을 증가시키기 위한 전략유형이다.

　라. 철수 전략

　　• 다른 사업에 투자하기 위해 특정 사업을 처분하는 전략이다.

② BCG 매트릭스 4분류

　가. STAR(고성장 고점유율)

　　• 상대적 시장점유율과 시장성장율 모두 높은 상태로, 최고 이윤을 남길 수 있지만 이미 많이 개발되어 있는 상황이라 빠른 속도로 성장해야 살아남을 수 있다.

- 사업부의 제품들은 제품수명주기 상에서 성장기에 속한다.
- 이에 속한 사업부를 가진 기업은 시장 내 선도기업의 지위를 유지하고 성장해 가는 시장의 수용에 대처하고, 여러 경쟁기업들의 도전에 극복하기 위해 역시 자금의 투자가 필요하다.

나. Cash COW(저성장 고점유율)

- 높은 상대적 시장점유율과 낮은 시장성장율을 갖고 있어서 투자 대비 수익을 가장 많이 올릴 수 있는 상태이다. 그 이유는 시장의 성장률이 둔화되었기 때문에 그만큼 새로운 설비투자 등과 같은 신규 자금의 투입이 필요 없고, 시장 내 선도 기업에 해당되므로 규모의 경제와 높은 생산성을 누리기 때문이다. 동시에 잉여현금이 가장 많은 사업부이다.
- 제품수명주기 상에서 성숙기에 속하는 사업부이다.

다. DOG(저성장 저점유율)

- 상대적 시장점유율도 낮고, 시장성장율도 낮은 상태로, 거의 대부분은 사업을 철수하거나 퇴출당한다.
- 제품수명주기 상에서 쇠퇴기에 속하는 사업부이다.

라. ? (Question mark)(고성장 저점유율)

- 시장성장율은 높으나 상대적 시장점유율은 낮은 상태로 핵심역량을 잘 파악하여 투자를 결정해야 하는 상태이다.
- 이 사업부의 제품들은 제품수명주기 상에서 도입기에 속하는 사업부이다.

02. 소비자행동 이해

1. 소비자행동 분석의 의의

소비자는 상품이나 서비스를 구입하고자 할 때, 일정한 단계를 거쳐서 결정을 하기 때문에 기업은 마케팅 전략을 펼치기 전, 소비자행동에 대해 정확하게 이해하고 분석할 필요가 있다. 소비자행동을 이해하기 위해서는 의사결정 과정과 소비자 정보처리 과정을 반드시 알아야 하고, 이들 과정에 영향을 미치는 내부적, 외부적 요인도 함께 알아야 한다.

2. 소비자 구매 행동의 결정 요인

(1) 사회적요인

준거집단, 가정, 사회적 역할과 지위 등

(2) 개인적요인

연령, 생활주기, 직업, 경제적 여건, 라이프스타일 등

(3) 심리적요인

동기, 지각, 학습, 신념, 태도 등

(4) 문화적 요인

문화, 하위문화, 사회계층

(5) 마케팅 요인

마케팅 자극, 마케팅 전략

3. 소비자 구매 의사결정과정

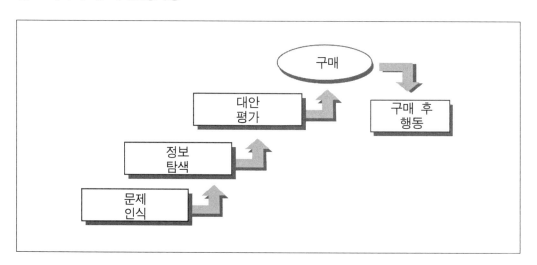

소비자는 구매를 하기 전, 의사결정을 할 때 "문제 인식, 정보 탐색, 대안 평가 및 결정, 구매, 구매 후 행동"의 단계를 거치며 여러 사항을 고려한다.

(1) 문제 인식

현재의 상태와 바라는 상태가 일치되지 않은 경우를 말하며, 인위적으로 현재의 상태와 바라는 상태에 대해 간격을 만들어 소비자로 하여금 구매를 유도하기도 한다.

예 배고픔을 느끼며 어떤 음식을 먹고 싶은데 음식이 없을 때, 배고픔을 해결하기 위한 욕구가 발생한다.

(2) 정보 탐색

상품이나 서비스를 구매하기 전, 정보를 수집하는 단계로 구입하려는 상품의 종류에 따라 투자하는 시간이나 노력의 정도가 달라진다. 이 때, 소비자는 기업이 제공하는 정보보다 공적인 정보나 개인적 원천을 통해 얻은 정보를 더욱 신뢰한다.

① 내부탐색 : 자신의 기억 또는 내면에 저장되어 있는 관련된 정보에서 의사결정에 도움이 되는 것을 끄집어내는 과정을 말한다.

② 외부탐색 : 자신의 기억 외의 원천으로부터 정보를 탐색하는 활동을 말한다.

(3) 대안 평가 및 결정

정보 탐색 과정에서 얻은 정보를 바탕으로 구매를 하기 위해 일정한 방식으로 결정을 하는 단계이며, 대안 평가 방법으로는 크게 보완적 방식과 비보완적 방식이 있다.

예 소비자가 노트북을 구입하려고 하는데, 정보 탐색 후 3가지의 모델 중, 한가지를 선택해야 하고 보완적 방식으로 결정을 한다면 아래와 같다.

	가중치	A	B	C
무게	9	9	7	5
가격	8	7	6	8
성능	10	8	8	10

A 제품) $9*9+8*7+10*8=217$
B 제품) $9*7+8*6+10*8=191$
C 제품) $9*5+8*8+10*10=209$
보완적 방식을 택한다면, 총 합계의 점수가 가장 높은 A상품을 구입하게 된다.
비보완적 방식을 택한다면, 가중치의 점수가 가장 높은 C상품을 구입하게 된다.

① 보완적 방식

나름대로 평가 기준을 마련하고, 우선시하는 기준별로 가중치를 준다. 이 때 총 합계를 내어 가장 큰 점수를 가진 상품으로 구입을 결정하는 방식이다. 위의 예시에서 보완적 방식으로 구매를 결정한다면 총 합계 점수가 가장 높은 A를 선택하게 된다.

② 비보완적 방식

여러 제품을 비교했을 때, 가장 중요시 여기는 기준에서 가장 높은 점수를 받은 상품을 선택하는 방식을 뜻한다. 위의 예시에서 비보완적 방식으로 구매를 결정한다면 여러 기준 중, 가중치가 가장 높은 성능 기준에서 가장 점수가 높은 C를 선택하게 된다.

참고

비보완적방식 : 각 상표에 있어 어떤 속성의 약점을 다른 속성의 강점에 의해 보완되지 않는 평가 방식을 말한다.

비보완적 방식의 예

평가기준	상표			
	페리오	메디안	송염	2080
충치예방	4	4	3	3
미백효과	3	2	3	1
향	1	2	3	5

① 사전편집식 : 가장 중요시하는 평가 기준에서 최고로 평가되는 상표를 선택하는 방식을 의미한다.
　㉡ 충치예방을 최우선적으로 중요시하고, 미백효과를 두 번째로 중요시하게 여긴다면 페리오 치약이 선택된다.
② 순차적 제거식 : 중요하게 생각하는 특정 속성의, 최소수용 기준을 설정하고 난 뒤에 그 속성에서 수용 기준을 만족시키지 못하는 상표를 제거해 나가는 방식을 의미한다.
　㉡ 수용 기준을 각 치약의 속성에 대해서 3점 이상으로 한다면, 송염 치약이 선택 대안으로 고려된다.
③ 결합식 : 상표 수용을 위한 최소 수용기준을 모든 속성에 대해 마련하고, 각 상표별로 모든 속성의 수준이 최소한의 수용 기준을 만족시키는가에 따라 평가하는 방식을 말한다.
　㉡ 치약의 각 속성에 대한 최소 수용기준을 2점으로 한다면, 메디안 치약과 송염 치약이 선택 대안으로 고려된다.
④ 분리식 : 특별히 중요한 한두 가지 속성에서 최소수용 기준을 정하여 해당 기준을 만족시키는 대안들을 모두 선택하는 방식을 말한다.
　㉡ "향"을 특히 중요시하고, 최소수용 기준을 4점으로 한다면, 2080 치약이 선택되는 것이다.

(4) 구매

여러 기준에 의해 결정된 상품을 어디에서 어떤 방식으로 언제 구입할 것인가에 대해 구체적으로 결정하고 실행에 옮기는 단계이다.

(5) 구매 후 행동

상품을 구입한 이후 만족과 불만족으로 평가하며, 만족한 소비자라면 재구매로 이어질 확률이 높고, 구매 이후에 자신의 의사결정에 관해 잘 한 것인지 불안해하는 경우가 있는데 이를 "구매 후 부조화[2]"라고 한다.

정리 🔒

소비자 구매의사결정 과정

문제 인식 → 정보 탐색 → 대안의 평가 및 선택 → 구매 → 구매 후 행동

* 소비자의 구매 과정에서 욕구 발생에 영향을 주는 내적 변수는 소비자의 동기, 소비자의 특성, 소비자의 과거 경험 등이 있다. 외적 변수는 과거의 마케팅 자극, 사용후기 등이 있다.
* 일반적인 소비자 반응 순서는 주목(A) → 흥미유발(I) → 욕구(D) → 행동(A)이다.

---

4. 소비자 의사결정에서 발생할 수 있는 위험 유형

(1) 심리적 위험 : 구매로 인해 소비자의 자아를 손상받을 가능성

(2) 사회적 위험 : 구매로 인해 소비자의 사회적인 지위가 손상받을 가능성

(3) 재무적 위험 : 구매가 잘못되었거나 서비스가 제대로 수행되지 않았을 때 발생할 수 있는 금전적 손실

(4) 신체적 위험 : 안정성이 미비하거나 신체적으로 손상을 입을 수 있는 가능성

(5) 기능적(성능)위험 : 구매했던 의도와 달리 제대로 기능을 발휘하지 않을 가능성

---

2) 구매 후 부조화

소비자가 제품이나 서비스를 구매한 이후, 구매를 후회하며 구매 결정을 취소할 수 없을 때 발생한다. 소비자의 관여도가 높은 제품일수록 구매 전 마음에 드는 대안들이 많이 있었을 경우일수록 구매 후 부조화가 일어날 확률이 높다.

서비스 품질평가 5가지 요소(SERVQUAL 모델)

신뢰성(Reliability), 확신성(Assurance), 유형성(Tangibles) , 공감성(Empathy) ,대응성(Responsiveness)

참고

마케팅정보시스템(MIS : Marketing Information System)

① 개요

- 효과적인 마케팅 전략 수립에 도움을 주는 계속적 운영 시스템임
- 여러 변수의 상호 관계를 보다 정확하고 신속하게 이해할 수 있도록 도움
- 문제 해결 및 문제 예측도 가능함
- 마케팅 성과의 정량적 측량 및 구체적 전략 구상에 용이함
- 정형화, 자동화는 쉽지 않음
- 경영정보시스템의 하위 시스템

② 마케팅정보시스템 구성요소

- 내부정보시스템 : 기업이 가지고 있는 내부 정보들을 효율적으로 관리하는 시스템이다. 상품별, 지역별, 기간별, 재고 수준, 판매가격 등을 파악, 마케팅 의사결정을 내리기 위한 시스템을 말한다.
- 고객정보시스템 : 기업의 제품을 구매하는 고객정보를 체계적으로 모아서 관리하는 시스템을 말한다.
- 마케팅 인텔리전스 시스템 : 기업을 둘러싸고 있는 마케팅 환경에서 발생되는 일상적인 정보를 수집하기 위해 기업이 사용하는 절차와 정보원의 집합을 말한다.
- 마케팅 조사 시스템 : 위의 3가지 시스템들은 마케팅 문제 해결에 2차 자료가 되는데, 마케팅조사 시스템은 마케팅 문제 해결에 적절하거나 직접적인 관련성을 높이기 위해 유용한 정보만 수집하는 즉, 1차 자료를 수집하는 시스템을 말한다.
- 마케팅 의사결정 지원 시스템 : 위의 4가지 시스템 정보를 해석하고 결과를 예측하기 위해 사용되어지며, 관리자의 의사 결정을 도와주는 시스템으로 관련 자료나 소프트웨어, 하드웨어, 분석 도구 등을 통합하는 것이 마케팅 의사결정 지원시스템이다.

1. 고등학교 3학년에 재학 중인 학생이 향후 지원하고자 하는 대학교를 다음과 같이 평가했을 때의 설명으로 맞는 것은?

구분	가중치	A대학교	B대학교	C대학교
학교위치	10	10	10	10
수업료	9	10	10	9
입학조건	8	10	10	10
명성	7	8	9	9
교육과정	6	10	8	8

① 보완적 접근법으로 학교를 선택하면 A대학교를 선택하게 된다.
② 보완적 접근법으로 학교를 선택하면 B대학교를 선택하게 된다.
③ 사전편집식 접근법으로 학교를 선택하면 A대학교를 선택하게 된다.
④ 사전편집식 접근법으로 학교를 선택하면 C대학교를 선택하게 된다.

> 정답▶ ①
> 해설▶ 보완적 접근법은 가중치*점수를 모두 합한 후, 가장 높은 점수를 획득한 것으로 선택하는 방법이다.
> A=10*10+9*10+8*10+7*8+6*10=)386,
> B=10*10+9*10+8*10+7*9+6*8)381,
> C=10*10+9*9+8*10+7*9+6*8=)372로 가장 점수가 높은 A대학교를 선택하게 될 것이다.

2. 고객이 구매의사 결정 활동을 함에 있어 어려운 이유로 가장 거리가 먼 것은?

① 제품의 다양성, 기술의 진보, 제품의 복잡성, 소매시장 구조변화 등으로 구매활동이 복잡하고 선택할 상품이 많기 때문이다.
② 기술이 발달되어 제품의 품질, 안전, 성능에 대한 정보가 제한되어 있고 전문가의 도움이 필요하기 때문이다.
③ 동일상품도 다양한 가격형태를 보이고 있어 소비자는 더 낮은 가격에 더 좋은 품질의 제품을 구매하기 위하여 상당한 노력과 시간을 소비해야 하기 때문이다.
④ 현대인은 쇼핑할 시간이 없을 정도로 바빠서 합리적인 소비활동과 의사결정을 할 시간이 제한되기 때문이다.

3. 다음이 설명하고 있는 마케팅정보 시스템의 종류는?

> 마케팅 업무를 수행하는 관리자들이 자료를 분석하고 또한 보다 나은 마케팅 실행을 위한 대안 마련은 물론 의사결정을 하는 데 도움이 될 수 있도록 이용할 수 있는 일종의 보조적인 하드웨어와 소프트웨어로 된 통계적 도구와 의사결정 모델을 말한다.

① 고객정보 시스템   ② 마케팅 인텔리전스 시스템
③ 마케팅조사 시스템   ④ 마케팅의사결정 지원시스템

4. 기업의 내적 강점과 약점 그리고 외부위협과 기회를 자세히 평가하는 데 사용할 수 있는 기법은?

① SWOT 분석   ② 시장세분화
③ 전략적 관리   ④ 수익성 분석

5. 데이터베이스 마케팅에서 RFM분석에 대한 설명과 거리가 먼 것은?

① 구매최근성-얼마나 최근에 구매했는가?

② 구매 빈도-일정 기간 동안 얼마나 자주 자사제품을 구매했는가?

③ 구매액-일정기간 동안 얼마나 많은 액수의 자사제품을 구매했는가?

④ 구매 방식-상담원을 통해 구매했는가? 인터넷을 이용한 구매인가?

> **정답▶** ④
> **해설▶** 고객의 구매 방식 또한 중요한 데이터이지만 RFM분석에서는 활용되지 않는다.

6. 다음은 무엇에 대한 설명인가?

> 상품별, 지역별, 기간별, 재고 수준, 판매가격 등을 파악하여 마케팅 의사 결정을 내리기 위한 시스템을 말한다.

① 마케팅 조사 시스템 ② 내부 정보 시스템

③ 고객 정보 시스템 ④ 외부 정보 시스템

> **정답▶** ②
> **해설▶** 내부 정보 시스템에 대한 설명이다.

7. 데이터베이스 마케팅에 대한 설명으로 맞는 것은?

① PC만을 이용하여 표준화된 제품으로 불특정 다수의 고객에 접근하는 마케팅이다.

② 대중매체를 통하여 전국적으로 대중에게 자사의 상표인지도를 높게 유지하는 것이다.

③ 데이터베이스 마케팅은 VIP고객 리스트만을 이용한 마케팅 기법이다.

④ 데이터베이스 마케팅에서 데이터베이스는 고객의 개인별 특성을 담고 있어야 한다.

> **정답▶** ④
> **해설▶** 데이터베이스 마케팅은 표준화되고, 획일적인 제품이나 서비스를 제공하는 것이 아니라 고객의 개인별 특성을 바탕으로 고객과의 1:1관계를 장기적으로 구축해나갈 수 있다.

8. 고객의 다양한 정보를 컴퓨터에 축적하여 이것을 가공,비교, 분석, 통합하여 마케팅 활동에 재활용할 수 있도록 하는 마케팅 기법은?

① 표적 마케팅　　　　　　　　　　② 고객관리 마케팅
③ 데이터베이스 마케팅　　　　　　　④ 정보화 마케팅

> 정답▶ ③
> 해설▶ 데이터베이스 마케팅에 대한 설명으로 기업은 기존 고객을 유지하며 잠재 신규 고객을 확보하는데 드는
> 　　　　비용과 시간을 보다 절약할 수 있다는 장점이 있다.

9. 고객과의 커뮤니메이션에 초점을 맞춘 분석으로 고객과 기업 간의 접촉, 횟수, 금액 사용 등의 고객 분석기법은?

① 고객평생가치 분석　　　　　　　　② RFM분석
③ 손익분기 분석　　　　　　　　　　④ ROI분석

> 정답▶ ②
> 해설▶ RFM분석에 대한 설명이며 보통 M이 가장 중요한 요소이나 상황에 따라 변동 가능성이 있다.

10. 다음 중 마케팅 정보 시스템에 대한 설명으로 옳지 않은 것은?

① 마케팅 의사결정 지원 시스템-기업의 목표 달성을 위한 관련 자료나 하드웨어, 소프트웨어, 분석 도구 등을 통합하여 필요한 의사결정을 위한 지원 시스템
② 마케팅 인텔리전스 시스템-기업을 둘러싼 마케팅 환경에서 발생되는 일상적인 정보를 수집하기 위해 기업이 사용하는 절차와 정보원의 집합을 말함
③ 내부정보 시스템-마케팅 문제 해결에 적절하거나 직접적인 관련성을 높이기 위해 유용한 정보만을 수집하는 즉, 1차 자료를 수집하는 시스템을 말함
④ 고객정보시스템-기업의 제품을 구매하는 고객 정보를 체계적으로 모아서 관리하는 시스템

> 정답▶ ③
> 해설▶ ③은 마케팅조사 시스템에 대한 내용이다

Chapter 04
시장세분화, 목표시장 선정 및 포지셔닝

반드시 알아야 할 *Key Concept*

- 표적마케팅의 STP전략
- 시장 세분화 과정
- 목표시장 선정
- 포지셔닝 · 재포지셔닝

---

01. 시장세분화(Segmentation) 개념 및 특징

1. 세분시장 마케팅 전략

    기본적으로 표적마케팅은 시장세분화(Segmentation) → 표적시장 선정(Targeting) → 포지셔닝(Positioning) 설정의 단계를 거친다. 시장은 매우 넓고 분산되어 있는 만큼 고객의 요구사항도 다양하다. 한 기업의 제품과 서비스로 이 모든 고객을 대상으로 마케팅 전략을 실행하고 만족시킨다는 것은 불가능에 가깝다. 큰 시장 가운데 기업에 가장 유리한 집단을 찾기 위해 시장을 나누고 선택하고, 마케팅 전략을 실행하는 첫 번째 단계이다.

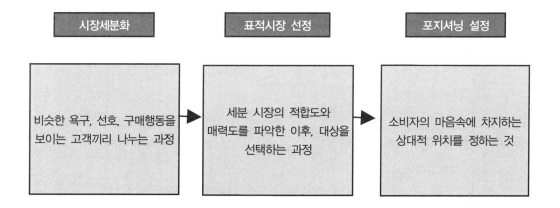

시장세분화	표적시장 선정	포지셔닝 설정
비슷한 욕구, 선호, 구매행동을 보이는 고객끼리 나누는 과정	세분 시장의 적합도와 매력도를 파악한 이후, 대상을 선택하는 과정	소비자의 마음속에 차지하는 상대적 위치를 정하는 것

(1) 시장세분화 개념 및 특징

① 기업의 마케팅 활동에 대한 고객들의 반응과 선호분석에 의한 동질적인 고객 분류로 고객 지향적인 전략이다.

② 마케팅 전략을 수립하면서 전체 시장을 일정한 기준에 의해 시장을 선택하고, 크기, 고객의 특성 등에 따라 분석해 나가는 활동을 말한다.

③ 고객들은 저마다 다양한 욕구를 가지고 있으나 한 기업에서 모든 소비자의 욕구를 충족시킬 수 없다는 한계가 있기 때문에 세분화하여 마케팅할 필요가 있다.

④ 세분화된 시장은 너무 작지 않아야 하고, 시장별로 이질적인 마케팅 전략을 구사해야 한다.

⑤ 세분시장은 이윤을 창출할 만큼의 규모가 있어야 하며, 마케팅 전략에 소요된 비용을 보전할 수 있어야 한다.

참고

고객세분화의 목적
- 고객 집단별로 각각의 차별화된 마케팅을 전개하기 위함이다.
- 고객 및 기업 간 우호적 관계를 유지하기 위함이다.
- 경쟁우위를 확보하기 위함이다.

(2) 효과적인 시장 세분화 요건

① 내부적 동질성과 외부적 이질성
어떠한 마케팅 변수가 있을 때 세분 시장 내에서는 동일한 반응을 보여야 하고, 각 세분시장 끼리는 상이한 반응을 보여 서로 이질적이어야 한다는 뜻이다.

② 측정 가능성
세분시장의 규모나 구매력, 특성 등의 기준 변수들은 현실적으로 측정할 수 있는 정도

③ 실질적 규모
세분시장은 수익성을 낼만큼 충분히 크고 가치 있어야 하며, 세분시장별로 상이한 마케팅 전략을 실행하는 데 소요되는 비용을 보존할 수 있어야 한다.

④ 접근 가능성
세분시장에 있는 고객들에게 효과적으로 접근할 수 있어야 한다.

⑤ 실행 가능성
세분시장에 효과적으로 마케팅 전략들을 실행할 수 있어야 한다.

세분시장 평가요소에는 시장 상황(세분시장의 규모와 성장성), 시장 내 경쟁상황(세분시장의 구조적 이점 파악), 자사와의 적합성(기업의 목표와 내부 자원 검토)가 있다.

(3) 시장세분화의 장점

① 시장을 세분화해 놓으면 마케팅 프로그램과 소요되는 예산을 예측, 수립할 수 있다.

② 마케팅 기회를 파악, 비교하는데 용이하며, 마케팅 전략을 효과적으로 할 수 있다.

③ 세분시장의 한정된 고객들의 욕구를 보다 신속하고 정확하게 충족시켜 매출 증대에 도움이 된다.

(4) 시장세분화 기준

① 지리적 세분화

　가. 국가, 구, 군, 도시 등과 같이 여러 지리적 단위를 세분화의 기준으로 사용하는 방법이다.

　나. 지리적 세분화 방법은 간단하고, 시장 규모 측정이나 접근성 또한 쉬운 장점이 있지만 지리적인 변수만으로는 소비자의 구매행동을 설명할 수 없다는 한계가 있다.

② 인구통계적 세분화

　가. 연령, 성별, 소득, 직업, 교육, 인종 등의 인구통계적 변수를 기준으로 세분화한다.

　나. 인구통계적 변수로 시장을 구분하기가 용이하기 때문에 가장 많이 활용되고 있다.

　다. 상징성이 강한 제품시장을 세분화할 경우 소득보다는 직업을 이용하는 것이 위험을 줄일 수 있는 방법이다.

③ 심리 분석적 세분화

　가. 동일한 인구통계학적 집단에 속하더라도 심리 묘사적으로는 다른 특성을 보일 수 있다.

　나. 사회계층, 생활양식, 개성 등이 사용되며 일반 인구통계적 변수보다 더욱 구체적인 정보를 제공해준다.

　다. 다른 변수들에 비해 측정이 쉽지 않은 편이며, 세분시장에서 구체적으로 어떤 욕구를 가지고 있는지 정확하게 파악하기 어렵다는 특징이 있다.

④ 행동분석적 세분화

　가. 편익, 사용량, 상표충성도, 사용상황 등의 변수를 말한다.

나. 소비자가 마케팅 변수에 따라 어떻게 반응하고 행동하는지 연구하고 이에 따라 마케팅 전략을 세울 수 있다.

정리 🔒

시장세분화의 기준 변수

세분화 기준	세분화 범주의 예
지리적 세분화	
지역 도시, 시골 기후	• 서울 및 경기, 중부, 호남, 영남, 강원, 제주 • 대도시, 농촌, 어촌 • 남부, 북부
인구통계적 세분화	
연령 성별 가족 수 결혼유무 소득 직업 학력 종교	• 유아, 소년, 청소년, 청년, 중년, 노년; 7세 미만, 7~12세, 13~18세, 18~24세, … 60세 이상 • 남, 여 • 1~2명, 3~4명, 5명 이상 • 기혼, 미혼 • 100만 원 미만, 101~200만 원, 201~300만 원, 301만 원 이상 • 전문직, 사무직, 기술직, 학생, 주부, 농업, 어업 • 중졸 이하, 고졸, 대졸, 대학원졸 • 불교, 기독교, 천주교, 기타
심리 행태적 세분화(생활양식)	
사회계층 라이프스타일 개성	• 상, 중상, 중, 중하, 하 • 전통지향형, 쾌락추구형, 세련형 • 순종형, 야심형, 이기형
인지 및 행동적 세분화	
태도 추구편익 구매준비 충성도 사용률 사용상황 이용도	• 긍정적, 중립적, 부정적 • 편리성, 절약형, 위신형 • 인지 전, 인지, 정보획득, 관심, 욕구, 구매의도 • 높다, 중간, 낮다 • 무사용, 소량사용, 다량사용 • 가정에서, 직장에서, 야외에서 • 비이용자, 과거이용자, 잠재이용자, 현재이용자
산업재 구매자 시장의 세분화	
기업규모 구매량 사용률 기업유형 입지 구매형태	• 대기업, 중기업, 소기업 • 소량구매, 대량구매 • 대량 사용, 소량 사용 • 도매상, 소매상, 표준산업분류 기준상의 여러 유형 • 지역적 위치, 판매지역 • 신규구매, 반복구매, 재구매

2. 목표시장의 선정(Targeting)

여러 기준을 통해서 시장을 세분화하였다면, 그 이후에는 어느 시장을 목표로 마케팅 전략을 세우고, 상품과 서비스를 제공할지 결정해야 한다. 목표시장을 선정하기 위해서도 여러 전략이 존재한다.

(1) 세분시장 여러 측면의 매력도 평가

목표시장을 선정하기 위해서는 여러 측면의 매력도가 평가되어야 하는데, 세분시장의 구매력, 성장가능성 등을 측정하여 투자할 가치가 있는지 결정한다.

① 세분시장의 규모가 크다고 해서 무조건 좋은 것은 아니며, 각 기업의 규모를 먼저 파악하는 것이 중요하다.

② 세분시장의 성장률이 높다는 것은 높은 매출로 연결되지만, 그만큼 경쟁이 격화되어 이윤율이 악화될 가능성도 있다는 것을 알아야 한다.

③ 세분시장을 평가할 때, 현재뿐 아니라 미래의 경쟁자까지 고려해야 한다.

(2) 목표시장 공략 전략

① 비차별화 마케팅

　가. 시장의 요구가 크게 다르지 않고, 공통적이라는 전제 하에 단일 제품과 단일 마케팅 전략을 사용하는 경우를 말한다.

　나. 대량 유통과 대량 광고로 광고비를 낮출 수 있고, 기타 비용이 적기 때문에 제품수명주기 상 도입기에 주로 사용하는 것이 좋다.

　다. 모든 계층의 소비자를 만족시킬 수 없으므로 경쟁사가 쉽게 틈새시장을 찾아 시장에 진입 가능하다는 문제점이 있다.

② 차별화 마케팅

　가. 모든 세분시장에 적합한 제품과 마케팅믹스를 제공하는 전략을 말한다.

　나. 여러 세분시장에 동시에 마케팅 전략이 실행되어 비용이 많이 든다.

　다. 자원이 풍부한 기업에서 많이 사용한다.

③ 집중화 마케팅

　가. 기업의 자원이 한정적일 때 주로 사용하는 전략으로 단일제품으로 단일세분시장에 펼치는 전략을 말한다.

　나. 하나의 세분시장만을(틈새시장, 나치시장) 공격하므로 강력한 지위가 확보되지만 변화에 대한 위험이 있다는 단점이 있다.

다. 자원이나 자본 또는 능력이 한정되어 있을 때 사용한다.

(3) 그 밖의 마케팅 전략

① 데이터베이스 마케팅

구매 고객뿐 아니라 잠재 고객에 대한 정보를 모두 데이터베이스를 구축해놓고, 타 고객과는 차별화된 상품이나 서비스를 제공할 수 있다.

② 관계 마케팅

상품이나 서비스의 품질에 대한 관심이 고객과의 지속적인 유대관계로 이동한 것이다. 고객과 대화하며 관계를 강화하며 매출과 이윤 창출에 활용하는 마케팅 기법이다.

③ 대량 마케팅

고객을 세분화하지 않고, 한 제품을 모든 소비자에게 대량으로 유통하는 마케팅 전략을 뜻한다.

④ 코즈 마케팅

사회 구성원이라면 마땅히 해야 할 책임을 수행하는 것을 마케팅에 적극 활용하는 것이다.

⑤ 다이렉트 마케팅

기존의 생산자가 물건을 만들면 도매상, 소매상을 거쳐 고객에게 오던 전통 유통경로가 아닌, 고객에게 직접 주문을 받고 판매하는 것을 말한다.

⑥ 바이러스 마케팅

인터넷 이용자들에게 마케팅 전략을 활용하는 것으로 컴퓨터를 할 때, 자동적으로 홍보 내용이 나오도록 해서 노출시키는 마케팅 기법이다.

⑦ 인터넷 마케팅

인터넷을 이용하여 마케팅 활동을 펼치는 것으로 기존의 전통적 마케팅과 비교하면 비용이 적게 드는 편이며, 고객의 반응을 빠르게 볼 수 있다는 장점이 있다.

⑧ 체험 마케팅

기업의 이미지 등을 이용하여 체험서비스를 제공하는 마케팅으로 소비자는 직접 몸과 마음으로 자극을 받게 되고 오래도록 각인된다.

⑨ 바이럴 마케팅

입소문을 이용한 마케팅 전략으로 최근에는 페이스북, 블로그 등의 SNS를 활용한 마케팅 전략을 이용한다.

⑩ 니치 마케팅

니치(Niche)란 '틈새'를 뜻하는 어원으로 시장에서 고객의 니즈를 충족시켜주지 못하는 아주 작은 틈새를 공략하는 마케팅 전략을 말한다.

⑪ 바이러스 마케팅

네티즌 간의 구전 효과를 이용한 판촉 기법으로 인터넷 이용자들 사이에 확산 효과를 노린 마케팅 기법이다.

3. 포지셔닝(Positioning)

(1) 포지셔닝의 개념 및 특징

① 제품의 포지션이란 상품의 중요하고 차별된 특징에 관해 소비자가 규정하는 방법이다.

② 목표 시장에서 고객의 니즈를 파악하고, 차별화된 특징을 가진 제품을 인식하도록 돕는 과정이다.

③ 차별적인 특징을 이용하여 소비자들의 지각 속에 적절하게 위치하도록 노력하는 것이다.

④ 포지셔닝이 이뤄지지 않으면 소비자는 제품이나 서비스에 대해 명확한 지각을 할 수 없다.

⑤ 포지셔닝이 성공하기 위해서는 내부의 경영진, 조직원, 유통업자의 지지가 지속적으로 이루어져야 한다.

(2) 포지셔닝의 유형

① 제품 속성에 의한 포지셔닝

제품의 속성을 바탕으로 포지셔닝하는 방법으로 가장 많이 사용된다.

예 "volvo" 경우는 안정성을 강조하는 것으로 포지셔닝

② 이미지 포지셔닝

제품의 실제적인 특성보다는 추상적인 이미지 등의 편익을 강조하는 방법이다.

예 맥심 커피의 경우 "가슴이 따뜻한 사람과 만나고 싶다", "커피의 명작, 맥심"처럼 소비자들에게 정서적, 사색적인 고급 이미지를 형성

③ 사용상황이나 목적에 의한 포지셔닝

자사 제품이 유용하게 사용될 상황을 묘사하며 포지셔닝하는 방법이다.

예 게토레이 : 일반 음료와는 다른, 운동 후 마시는 음료라는 상황을 강조

④ 제품 사용자에 의한 포지셔닝

특정 제품만을 주로 사용하는 주 사용자, 사용계층을 이용하여 포지셔닝 한다.

　예 "도브"의 경우 : 피부가 건조한 소비자층을 표적으로 이에 적합한 비누라는 것을
　　강조

⑤ 경쟁제품에 의한 포지셔닝 (2012년 3회)

이미 소비들에게 인식되어 있는 경쟁제품과 명시적으로 혹은 묵시적으로 비교하면
서 소비자에게 포지션하는 방법이다.

　예 7-Up의 경우 자사의 세븐업이 콜라와 유사한 제품이 아니며, 사이다 제품의 대
　　표적인 브랜드라는 것을 인식시킴으로써 Un-Cola라는 것을 강조

> 포지셔닝 맵(Positioning map)이란 어원 그대로 소비자의 마음속에 자리잡은 자사와 경쟁사의 제품·
> 서비스가 자리잡은 위치, 즉 소비자 마음속의 지도이다.

(3) 포지셔닝 전략 수립 단계

① 소비자 분석

소비자의 욕구를 명확하게 파악하는 단계이다. 소비자가 제품에 바라는 사항 뿐 아
니라, 경쟁제품 혹은 기존의 제품에 대한 불만족 사항과 원인을 파악해야 한다.

② 경쟁자 확인

경쟁자의 브랜드 이미지나 점유율 등을 파악하는 단계로, 이 때 경쟁자는 직접적인
경쟁자뿐 아니라, 넓은 의미로 대체재까지 확인하는 것이 좋다.

③ 경쟁제품의 포지션 분석

경쟁제품의 속성과 소비자의 지각상태를 파악하는 단계로 포지셔닝 맵을 이용하는
것이 좋다. 포지셔닝 맵이란 경쟁 제품들의 상대적인 위치와 소비자들이 원하는 이
상적인 제품을 시각적으로 나타낸 것으로 지각도라고도 한다. 포지셔닝 맵은 소비
자들이 자사 제품을 어떻게 인식하고 있는지, 제품 속성에 관한 소비자들의 이상점
및 경쟁 상황들을 확인할 수 있다.

④ 자사 제품의 포지셔닝 개발 및 실행

고객에게 경쟁 제품과는 차별화된 포지셔닝 인식을 심어주기 위한 연구를 하는 단
계이다.

⑤ 포지셔닝 확인 및 재포지셔닝

목표한대로 포지셔닝이 되었는지 확인하고, 포지셔닝이 잘못되었다고 판단되는 경
우 경쟁환경 및 시장 상황을 고려하여 포지셔닝의 위치를 변경한다.

포지셔닝 전략 수립 시 각 분석에서 얻을 수 있는 정보

- 시장분석 : 소비자의 욕구 및 요구 파악, 시장 내 경쟁구조 파악, 신제품 기회의 포착, 기업 이미지 전략 수립, 세분시장의 크기와 잠재력
- 기업내부분석 : 조직구조 및 시스템의 시장지향성 여부, 현재 포지션의 장단점 파악, 경쟁우위 선점 요소 확인 및 경쟁력 강화 방안 모색
- 경쟁분석 : 자사제품의 시장 내 위치 분석, 경쟁사와의 우위 선점 요소, 경쟁사의 브랜드 이미지 분석

정리

포지셔닝 전략 수립 단계

시장 분석 및 경쟁자 확인 → 경쟁 제품의 포지션 분석 → 자사 제품과 포지셔닝 개발 → 포지셔닝 확인 → 재포지셔닝

(4) 재포지셔닝(Repositioning)

① 포지션이 잘못되었다고 판단되는 경우 혹은 고객 및 환경의 변화로 인해 포지셔닝의 위치를 변경하는 것을 뜻한다.

② 재포지셔닝에는 제품을 변경하거나, 광고 등의 마케팅 변수를 변경한다.

참고

기업이 시장에서 재포지셔닝을 필요로 하는 상황

- 이상적인 위치를 달성하고자 했으나 실패한 경우
- 시장에서 바람직하지 않은 위치를 가지고 있는 경우
- 유망한 새로운 시장 적소나 기회가 발견되었을 경우

1. 다음이 설명하는 시장세분화 분류 기준은?

> 특정제품이나 서비스 구매 여부에 관계없이 일반적 변수이며, 응답자의 주관이 배제된 객관적 변수이다.

① 인구통계학   ② 라이프스타일

③ 심리 및 태도   ④ 제품 편익

> **정답▶** ①
> **해설▶** 나이나 성별, 가족수명주기, 직업 등이 포함되며 소비자의 욕구나 사용량 등과 밀접한 관계를 가지며 측정이 용이하다는 장점이 있다.

2. 다음 설명에 해당하는 것은?

> 소비자 내 욕구의 변화, 상권 내 역학구조의 변화, 소매기업 내 각종 상황의 변화 등 요인에 의하여 그 동안 유지해왔던 영업 방법상의 특징을 본질적으로 변화시킴으로써 상권의 범위와 내용, 그리고 목표 소비자를 새롭게 조정하는 활동이다.

① 재포지셔닝   ② 타겟마케팅

③ 시장세분화   ④ 제품차별화

> **정답▶** ①
> **해설▶** 재포지셔닝이란 포지션이 잘못되었다고 판단되거나, 고객 및 기업 환경의 변화로 포지셔닝의 위치를 변경하는 것을 뜻하며, 제품을 변경하거나, 광고 등의 마케팅 변수를 변경한다.

3. 다음 중 재포지셔닝이 필요한 상황과 가장 거리가 먼 것은?

① 기업 매출 증가   ② 소비자 기호의 변화

③ 경쟁우위 열세   ④ 제품속성 선택 실패

> **정답▶** ①
> **해설▶** 기업의 매출이 증가하는 등의 긍정적인 변화에서는 재포지셔닝을 하지 않으며, 마케팅 전략 실패 등의 부정적인 결과에 따라 재포지셔닝을 진행한다.

4. STP 전략의 절차를 바르게 나열한 것은?

① 시장세분화 → 표적시장 선정 → 포지셔닝

② 표적시장 선정 → 시장세분화 → 포지셔닝

③ 포지셔닝 → 표적시장 선정 → 시장세분화

④ 시장세분화 → 포지셔닝 → 표적시장 선정

> **정답▶** ①
> **해설▶** STP 전략이란 마케팅을 시작하기 전 시장을 세분화(Segmentation)하고 최적의 세분시장을 선정(Targeting)한 후 소비자의 마음속에 위치시킬 것인가(Positioning)를 결정하는 단계이다.

5. 소비자를 사회계층, 라이프스타일 또는 개성과 관련된 특징을 근거로 서로 다른 세분화시장으로 구분하는 것은?

① 인구통계학적 세분화(demographic segments)

② 지리적 세분화(geographic segments)

③ 심리묘사적 세분화(psychographic segments)

④ 비차별적 세분화(undifferentiated segments)

> **정답▶** ③
> **해설▶** 심리묘사적 세분화(psychographic segments)는 동일한 인구통계학적 집단에 속하더라도 심리 묘사적으로는 다른 특성을 보일 수 있다고 가정하며 사회계층, 생활양식, 개성 등이 사용되며 일반 인구통계적 변수보다 더욱 구체적인 정보를 제공해준다.

6. 인구통계학적 변수로 거리가 먼 것은?

① 연령

② 성별

③ 지역

④ 사회계층

> 정답▶ ④
>
> 해설▶ 사회계층은 인구통계학적 변수가 아닌, 심리분석적 변수라고 할 수 있으며 사회계층, 생활양식, 개성 등이 심리분석적 변수에 포함된다.

7. 기업이 시장에서 재포지셔닝을 필요로 하는 상황이 아닌 것은?

① 경쟁자의 진입에도 차별적 우위를 지키고 있는 경우

② 이상적인 위치를 달성하고자 했으나 실패한 경우

③ 시장에서 바람직하지 않은 위치를 가지고 있는 경우

④ 유망한 새로운 시장 적소나 기회가 발견되었을 경우

> 정답▶ ①
>
> 해설▶ 재포지셔닝이란 포지셔닝이 처음부터 잘못되었다고 판단될 경우, 마케팅 변수를 변경해가며 포지셔닝의 위치를 변경하는 것을 말한다.

8. 시장세분화의 변수로 틀린 것은?

① 인구통계적 변수

② 심리적 분석 변수

③ 구매행동 변수

④ 수요예측 변수

> 정답▶ ④
>
> 해설▶ 시장세분화에서는 크게 4가지로 나누며 지리적 변수, 인구통계적, 심리적, 구매행동 변수로 나뉜다.

9. 시장세분화 전략의 핵심 포인트에 해당하는 것은?

① 글로벌시장 전략

② 판매촉진 전략

③ 표적시장 선정

④ 시장범위 확대

> 정답▶ ③
>
> 해설▶ 어떠한 시장을 선택하느냐에 따라 마케팅 전략이 달라지며, 표적시장을 선택할 때에는 상품수명주기, 경쟁사의 전략, 기업의 자원 등을 고려해서 선택한다.

10. 인터넷 이용자에게 마케팅 전략을 활용하는 것으로 컴퓨터를 할 때, 자동적으로 홍보 내용이 나오도록 해서 노출시키는 마케팅 기법은 무엇인가?

① 상호작용 마케팅　　　　　　　　② 바이러스 마케팅
③ 매스 마케팅　　　　　　　　　　④ 코즈 마케팅

정답▶ ②
해설▶ 바이러스 마케팅에 대한 설명이다.

---

11. 시장 세분화의 요건을 옳지 않은 것은 무엇인가?

① 내부적 이절성과 외부적 동질성　② 측정 가능성
③ 실질적 규모　　　　　　　　　　④ 접근 가능성

정답▶ ①
해설▶ 시장 세분화의 요건으로는 내부적 동질성과 외부적 이질성, 측정 가능성, 실질적 규모, 접근 가능성, 실행 가능성이 충족되어야 한다.

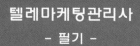

텔레마케팅관리사
- 필기 -

제2과목

시장조사

Chapter 01

시장조사의 이해

반드시 알아야 할 *Key Concept*

- 시장 조사의 개념과 특성
- 시장 조사의 역할
- 시장 조사 절차(과정)
- 조사자가 지켜야 할 사항
- 응답자의 윤리

01. 시장조사의 의의

1. 시장조사

(1) 시장조사의 개념 및 특징

① 각 기업의 마케터는 표적시장을 결정하며, 그 시장에 가장 적합한 마케팅 전략을 결정하는 등 의사결정을 해야 할 일이 많다. 마케터의 가장 큰 역할 중 하나가 바로 여러 상황에서 절차를 통해 의사결정을 하는 것이다. 기업이 직면한 문제들에 관하여 최적의 의사결정을 하기 위해서는 정확한 정보를 얻어야 하며 그 정보를 얻기 위한 조사를 설계, 수집, 분석, 보고하는 과정을 시장조사라고 한다.

② 시장조사는, 기업이 당면한 문제를 해결하기 위해 의사결정에 필요한 정보를 얻는 것을 말하며, 그 정보는 객관성과 정확성이 뒷받침되어야 한다.

(2) 시장조사의 역할

① 의사결정자의 입장에서는 다양한 문제에 대해 다양한 해결 방안을 제시하기 때문에 결정을 할 때 발생되는 여러 불확실성을 줄여주어 올바른 의사결정을 하도록 도와주며, 마케터의 책임부담을 줄여주는 역할도 한다.

② 시간이나 비용이 소요되지만 보다 객관적이고 과학적인 방법으로 문제를 해결할 수 있으며, 시장의 상황을 보다 객관적으로 보여주기 때문에 의사결정 오류를 줄여주는 역할을 한다.

③ 시장조사는 필요한 정보를 획득하고 이용하는 과학적인 절차, 고객만족이라는 현대 기업이 지향해야 하는 시장조사의 궁극적 목표를 달성할 수 있도록 도와주는 역할을 한다.

정리 🔒

※ 시장조사의 역할

구분
마케팅 활동의 수행과정에서 불확실성과 위험의 감소
경영의 의사결정에 도움을 주는 정보의 제공
고객의 심리적·행동정 특성 간파를 통한 고객 만족 경영 실현
의사결정에 필요한 정보의 파악
시장기회의 발견

(3) 시장조사의 필요성

① 전략경영의 실행
② 고객에 대한 이해
③ 한정된 자원의 효율적 활용

2. 사전조사와 예비조사

본 조사가 진행되기 이전에 사전조사를 실시하는데, 간혹 사전조사와 예비조사를 동일한 개념으로 보는 경우가 있으나 이들은 조사의 목적이나 성격 등이 다르다. 조사가 이루어지는 순서는 예비조사 → 사전조사 → 본 조사 순이다.

(1) 예비조사

설문지 작성 전에 연구 가설을 명백히 하면서 시장조사의 타당성을 검토하는 단계로, 사전조사 및 본 조사의 조사비용에 대한 정보를 얻을 수 있고, 문제의 핵심요소를 명확히 하고자 할 때도 필요하다.

(2) 사전조사

설문지 초안을 작성한 후, 본 조사 실시 이전에 진행하며 설문지의 개선사항이나 오류를 찾기 위해 실시한다. 본 조사의 축소판이라고 할 수 있으며 실제 본 조사와 동일한 방법과 절차로 조사를 실시한 후, 문제점이나 부족한 점, 오류발생 가능성이 있는 부분에 대해 수정, 보완하는 작업으로 이루어진다.

02. 시장조사의 절차

> **시장조사의 절차를 살펴보면**
> 문제를 정의한 후 문제해결을 위해 필요한 사 방안을 정립하고 필요한 자료를 수집한다. 수집된 자료를 분석하고 이를 토대로 문제 해결방안을 찾아 정리한다.

1. 문제의 정의

(1) "문제"라는 것은 기업이나 조직이 목표를 달성하는 데 방해가 되는 요소를 말하는데, 시장조사는 문제와 조사목적을 분명하게 파악하는 데서 시작하며, 시장조사에서 가장 중요한 단계라고도 할 수 있다.

(2) 시장조사를 시작하기 전에 증상이 아니라 해결하고자 하는 문제가 무언인지를 정확하게 파악하는 것이 가장 중요하다. 현 상황에 단순히 문제가 있다는 것을 알려주는 것이 증상이며, 조직에서는 문제와 증상을 구별할 줄 알아야 한다.

(3) 문제를 명확하게 파악하면 필요한 정보가 무엇인지, 정보수집 방법과 어디에서 정보를 얻을 수 있는지를 알게 되며 문제의 성격에 따라 조사의 방법이 달라질 수 있다.

2. 문제해결을 위한 체계의 정립

문제파악 후, 필요한 정보의 목록을 작성하고 현실적으로 그 정보를 얻을 수 있는지, 그 자료가 정확하고 충분한지 파악하는 과정이다. 또한 조사에 투입될 비용 및 시간에 대한 부분을 정한다.

3. 조사의 설계

문제에 관하여 어떤 조사를 진행할지 결정하는 과정을 말하며, 문제에 관해 구성된 사실을 검증하기 위한 포괄적인 계획을 의미한다. 탐색조사, 기술조사, 인과조사 세가지 종류로 나뉜다.

(1) 탐색조사(Exploratory Research)

조사목적을 분명하게 정의하기 어렵거나, 어떤 정보가 필요한지 불분명한 경우 사용하는 조사 방법이다. 탐색조사를 할 경우 조사를 통해 얻은 자료를 바탕으로 조사목적을 분명하게 정의할 수 있다. 보통 문헌조사, 표적집단면접법, 전문가 의견조사 등을 활용한다.

① 탐색조사의 필요성

조금 더 정교한 조사를 위한 전 단계에서 사용하는데 조사자가 문제에 대해 익숙해지기 위해 필요하며, 다음 조사의 우선 순위를 정하고자 할 때 사용하기도 한다. 또한 개념을 정확하게 하기 위해 사용된다.

② 탐색조사의 특징

여러 가지 방법으로 보다 자유롭게 조사하기 때문에 탐색조사의 가장 큰 특징은 융통성있는 운영이라고 할 수 있다.

③ 탐색조사의 방법 : 문헌조사, 전문가 의견조사, 사례조사(Cast Study), 표적집단면접법(FGI) 등이 있다.

(2) 기술조사(Descriptive Research)

실제 시장의 특성을 정확하게 분석하기 위해 수행하는 조사방법으로 특정상황의 발생 빈도 조사, 관련 변수 사이의 상호관계 파악 등을 목적으로 한다. 기술조사에는 종단조사, 횡단조사가 활용된다.

① 기술조사의 필요성

마케팅 현상을 예측할 수 있고, 특정 상황의 발생 빈도를 조사할 수 있다. 또한 마케팅 관련 변수들 사이의 연관성 정도를 조사할 수 있다.

② 기술조사의 종류

기술조사는 크게 종단분석과 횡단분석으로 나뉘며, 종단분석은 횡단분석보다 적게 시행하는 조사로 일정기간에 반복적으로 관찰, 분석하는 조사를 말한다. 그리고 횡단분석은 관심이 있는 집단에서 추출한 표본을 한 시점에서 측정하는 방법으로 가장 많이 쓰이는 조사방법이다.

* 종단조사 : 같은 표본을 시간적 간격을 두고 반복적으로 측정하는 조사를 말한다. 패널조사, 코호트조사, 추세조사 등이 있다.
* 횡단조사 : 어떤 시점에서 특정 표본이 가지고 있는 특성을 파악하기 위해 1회만 실시하는 조사를 말한다. 표본 조사가 대표적이다.
* 컨조인트 분석 : 어떠한 제품이나 서비스, 매장 등에 대한 여러 대안들을 만들었을 때 그 대안들에 부여한 소비자들의 선호도를 측정하여 소비자가 각 속성에 부여하는 상대적 중요도와 각 속성수준의 효용을 추정하는 분석방법이다.

(3) 인과조사

가격과 수요 간의 상관관계와 같이 여러 변수들 간의 인과관계를 밝히는 것이 목적인 실험 연구를 말한다.

4. 조사의 실시

어떤 대상으로부터 자료를 얻을 것인가를 결정하는 단계로 이 과정을 표본설계라고 한다. 조사대상 수에 따라서 전수조사, 표본조사, 사례 연구로 나뉜다.

참고

전수조사와 표본조사

구분	내용
전수조사	집단을 이루는 모든 개체들을 조사하여 모집단의 특성을 측정하는 방법을 말한다. 전수조사의 대표적인 사례는 인구조사(census)가 있다.
표본조사	전체 모집단 중 일부를 선택하고 이로부터 전체 집단의 특성을 추정하는 방법을 말한다.

(1) 전수조사(Complete Enumeration, Complete Survey)

정밀도에 중점을 두고 대상자 모두를 조사하는 방식으로 얻고자 하는 정보를 가진 모든 대상을 조사하는 것으로, 인구조사 센서스가 대표적이다. 정확하다는 장점이 있지만 시간과 비용이 너무 많이 소요되기 때문에 마케팅에서는 전수조사를 선택하는 경우는 거의 없다.

(2) 표본조사(Sample Survey)

① 조사 대상자들의 특성을 파악하기 위해 추출된 집단을 말하며, 표본추출은 모집단을 정확하게 정의한 후, 표본추출 방법 결정, 표본 크기 결정의 순서로 진행한다. 또한 표본의 크기를 결정할 때는 모집단 요소의 동질성, 조사의 목적, 모집단의 크기를 먼저 고려해야 한다.

② 대상자 중의 일부만을 선택하여 조사하는 방식으로 부분조사라고도 하며, 전수조사에 비해 경제성, 신속성, 정확성이 높아 마케팅에서 주로 사용한다. 다만, 표본을 잘못 추출하면 조사 결과가 사실과 다르게 나타날 수 있기 때문에 모집단의 특성을 정확하게 가지고 있는 표본을 추출하는 것이 핵심이라고 할 수 있으며 표본을 추출하는 방법으로 비확률표본추출과 확률표본추출이 있다.

가. 비확률표본추출

    A. 통계학적 방법이 아닌 주관적 판단에 의해 표본을 결정하는 방식으로 표본추출오류를 평가할 수 없기 때문에 예비조사에 적합하고, 확률표본추출보다 경제적이고 시행하기가 수월하여 마케팅 현장에서 많이 활용된다.

    B. 비확률표본추출은 모집단을 정확하게 규정지을 수 없는 경우, 표본의 크기가 작은 경우, 오차가 큰 문제가 되지 않을 경우에 적합하다.

    C. 비확률표본은 실제로 수행하기에는 편리하지만, 대표성이 다소 떨어질 수 있다.

    D. 비확률표본추출의 종류

       편의(임의)표본추출, 판단(목적)에 의한 표본추출, 할당표본추출이 대표적이다.

나. 확률표본추출

    A. 조사자의 임의성이 배제되고, 통계적인 방법으로 표본을 추출하는 것으로 전수조사에 비해서 적은 비용이나 시간, 노력으로 전수조사 결과의 가치와 근사한 결과를 얻을 수 있는 방식이지만, 비확률표본추출에 비해 시간과 비용이 소요된다. 표본오차 측정이 가능하고, 분석결과를 일반화시킬 수 있다.

    B. 확률표본추출의 종류에는 단순무작위 표본추출, 층화 표본추출, 군집 표본추출, 체계적 표본추출, 지역별 표본추출이 있다.

    C. 단순무작위 표본추출 : 모든 표본의 요소들이 선정될 가능성이 동일하다는 특성이 있다.

D. 층화 표본추출 : 중복이나 빠지는 부분이 없도록 단순무작위 표본추출의 한계를 극복할 수 있고, 통계적 능률성이 높은 편이며, 모집단을 몇 층으로 나눈 후, 각 층에서 단순무작위 추출을 통해 추출하는 방식이다.

E. 군집 표본추출 : 보통 지역별로 표본을 추출하는 방식으로 주로 비용을 줄이기 위해 사용한다.

F. 체계적 표본추출 : 모집단의 모든 요소에 일련번호를 부여하고, 일정한 간격으로 추출하는 것으로 가장 간편한 임의추출방식이라고 할 수 있다.

> **확률표본추출방법(probability sampling method)**
> - 표본추출 프레임 내에 있는 단위들이 표본으로 추출될 확률이 알려져 있고 무작위적으로 추출되는 방법을 말한다.
> - 표본추출 과정에서 발생할 수 있는 오류의 크기에 대한 추정이 가능한 표본추출방법이다.
> - 일반적으로 널리 알려진 확률표본추출방법으로는 단순무작위 표본추출법, 체계적 표본추출법, 층화 표본추출법, 군집 표본추출법 등이 있다.

(3) 조사과정에서 발생하는 오류

① 표본오류 : 모집단의 대표성이 없는 표본을 추출해서 발생하는 오류이며, 실제 모집단과 통계 값 사이에 발생되는 차이를 말한다.

② 비표본오류 : 표본오류 이외의 것으로 실제 자료 조사나 처리 과정에서 발생하는 문제나 조사원의 실수 등으로 발생하는 오류를 말한다. 예를 들어, 응답자의 응답 거부나, 무응답[3], 조사원의 오류나 분실, 자료를 기록하는 과정에서 오류가 발생하기도 한다.

③ 불포함오류 : 원칙적으로 표본조사 시 표본체제가 완전하지 않아서 생기는 오류

5. 자료의 분석과 해석

자료수집 이후, 자료 분석을 수월하게 하기 위해 관찰된 내용을 정리하여 의사결정에 도움이 되도록 하는 단계이다.

---

3) 무응답오류 : 표본 선정, 응답자의 거절, 비접촉으로 인해 데이터를 얻을 수 없어 발생하는 오류

(1) 코딩

① 항목별로 각 응답에 해당하는 숫자나 기호를 부여하는 과정으로 전산처리에 의한 분석을 편리하도록 하는 것이다.

② 제외되거나 중복되는 부분이 없이 모든 응답들이 포함되어야 한다.

③ 다양한 의견이 나오는 자유응답형 질문의 경우 코딩이 어려워 편집과정에서 따로 분류된다.

(2) 자료 분석

① 자료 분석 순서 : 편집(Editing) → 코딩(Coding) → 입력(Key-in)

② 마케팅 관리자의 의사결정에 도움이 되는 문장, 도표로 정리하는 것이 좋다.

③ 여러 통계적 기법을 써서 분석하며, 보고서는 이 자료를 토대로 작성한다.

(3) 리스트 클리닝

① 리스트 클리닝의 정의

외부 기관이나 자료 등에서 임의로 수집된 고객 리스트 혹은 시간이 오래 경과되었거나, 반송된 리스트의 주소, 성명, 전화번호 등을 변경된 자료로 교환(Update)하는 작업을 말한다.

② 리스트 클리닝의 역할

고객의 고정 데이터를 보완 및 범위를 결정할 수 있으며, 전화 대상 데이터의 설정 및 리스트업 기능을 한다. 또한 마케팅 실행 이후에 반응데이터를 체크하고, 수익과 효과를 창출할 수 있으며, 리스트 스크리닝[4]의 개념과는 다르다.

03. 시장조사의 윤리

(1) 조사자가 지켜야 할 사항

① 조사 대상자를 존중하고 사적인 부분을 보호해야 한다.

---

4) 리스트 스크리닝

우량고객 혹은 가망고객을 추출해내는 작업으로 시장조사 시 무응답을 줄일 수 있는 방법으로 목적에 맞게 고객을 추출해나가는 과정이다

② 조사 결과는 정확하게 객관적으로 평가되어야 한다.

③ 자료의 신뢰성과 객관성을 확보하기 위해 자료원은 반드시 보호 되어야 한다.

④ 조사결과의를 왜곡하거나 축소, 주관적 해석 등으로 조사의 객관성을 잃지 말아야 한다.

(2) 면접자가 지켜야 할 사항 및 사전 준비 내용

① 면접원은 설문 전, 먼저 설문내용 및 설문지 구조를 파악해 놓아야 설문과정에서 혼란을 줄일 수 있다.

② 면접자에게 해당 조사 목적에 대한 내용을 알리지 않고 실시하도록 하는 것이 좋다. 설문과정에서 편견이 생겨 답변을 유도할 수 있기 때문이다.

③ 개방형 질문에서 응답자가 막연한 답을 할 경우에는 조금 더 구체적으로 답할 수 있도록 추가 질문을 하는 것이 좋다.

④ 면접자가 조사를 실시하면서 알게 된 내용은 절대 누설하지 않아야 한다.

⑤ 면접자는 임의대로 질문의 순서를 바꾸거나, 질문의 사용된 어휘를 일부 혹은 전체적으로 수정해서는 안 된다.

⑥ 응답자의 답을 잘못 기재하거나 조작하는 행위는 절대해서는 안 된다.

(3) 응답자 권리의 보호

① 응답자는 자신의 정보가 노출되지 않고 안전하게 보호받을 권리가 있다.

② 응답자는 사생활을 침해받지 않을 권리가 있기 때문에 면접자 등의 조사자는 응답자에게 질문을 객관화하도록 한다.

③ 응답자는 응답을 강요받지 않을 권리가 있으며 설문에 꼭 참여하지 않아도 된다.

④ 응답자 자신은 자신에 대한 정보를 스스로 통제할 권리가 있고, 익명성을 요구할 수 있다.

Chapter 01 핵심 예상문제

1. 어떤 정보를 얻기 위해서 연구대상으로 선정된 집단 전체를 무엇이라 하는가?

① 확률
② 추출틀
③ 표본
④ 모집단

> 정답▶ ④
> 해설▶ 시장조사로 어떤 정보를 얻기 위해 조사하고자 하는 대상을 모집단이라고 한다. 또한 대상자 모두를 조사하는 것은 어렵기 때문에 전체를 대표할 수 있는 전체 모집단의 일부를 추출하는데 이들을 표본이라고 하며, 조사는 대부분 표본조사로 실시한다.

2. 시장조사 시 조사자가 지켜야 할 사항과 가장 거리가 먼 것은?

① 조사 대상자의 존엄성과 사적인 권리를 존중해야 한다.
② 조사결과는 성실하고 정확하게 보고하여야 한다.
③ 자료의 신뢰성과 객관성을 확보하기 위해 자료원 보호는 반드시 배제하여야 한다.
④ 조사의 목적을 성실히 수행하여야 하며, 조사결과의 왜곡, 축소 등은 회피하여야 한다.

> 정답▶ ③
> 해설▶ 자료의 신뢰성과 객관성을 확보하기 위해서는 자료원은 항상 보호되어야 한다.

3. 시장조사는 필요한 정보를 획득하고 이용하는 과학적인 절차로 볼 수 있다. 현대 기업이 지향해야 하는 시장조사의 궁극적 목표와 가장 가까운 것은?

① 이윤극대화
② 고객만족
③ 생산자와 조직의 이익
④ 시장의 확대

> 정답▶ ②
> 해설▶ 시장조사는 고객의 행동 및 심리를 파악하여 고객을 이해하고 궁극적으로 고객만족을 위해 실시한다고 볼 수 있다.

4. 탐색조사방법에 해당하지 않는 것은?

① 종단조사
② 전문가 의견조사
③ 사례조사
④ 문헌조사

> **정답▶** ①
> **해설▶** 종단조사는 기술조사에 포함되며, 문제를 찾아내고 정의하는 것을 목적으로 시행하는 탐색조사에는 전문가 의견조사, 사례조사, 문헌조사 등이 있다.

5. 다음 중 시장조사의 절차로 맞는 것은?

① 문제 정의 → 자료수집 → 문제해결을 위한 체제의 정립 → 조사 설계 → 자료 분석 및 해석 → 보고서 작성
② 문제 정의 → 자료수집 → 자료 분석 및 해석 → 문제해결을 위한 체제의 정립 → 조사 설계 → 보고서 작성
③ 문제 정의 → 조사 설계 → 자료 분석 및 해석 → 문제해결을 위한 체제의 정립 → 자료수집 → 보고서 작성
④ 문제 정의 → 문제해결을 위한 체세의 정립 → 조사 설계 → 자료수집 → 자료 분석 및 해석 → 보고서 작성

> **정답▶** ④
> **해설▶** 시장조사를 위해서는 문제가 무엇인지 먼저 정확하게 파악하는 것을 시작으로 이후 문제해결을 위한 체제의 정립, 조사 설계, 자료수집, 자료 분석 및 해석, 보고서 작성 순서로 이루어진다.

6. 다음은 마케팅조사의 어느 단계에 해당하는가?

> 장난감 회사의 조사자들이 어린이들이 자사에서 생산하는 장난감을 좋아할 것인지를 알아보기 위해 질문을 하고 있다.

① 표적시장의 결정
② 적절한 정보의 수집
③ 문제의 정의
④ 조사계획의 수립

> **정답▶** ③
> **해설▶** 위의 내용은 문제의 정의 단계에서 던지는 질문이며, 이때 마케터는 현재의 증상과 명확한 문제를 구별하는 것이 매우 중요하다.

7. 다음 중 탐색조사의 종류에 해당하지 않는 것은?

① 문헌조사　　　　　　　　　② 전문가 의견조사

③ 실험조사　　　　　　　　　④ 사례조사

> 정답▶ ③
> 해설▶ 실험조사는 인과조사에 포함되며, 원인(독립변수)과 결과의 관계를 밝힌다.

8. 마케팅 리서치에 대한 설명으로 가장 거리가 먼 것은?

① 마케팅 활동과 관련성이 있어야 한다.

② 미래 예측이 중요하기 때문에 미래의 정보를 수집해야 한다.

③ 신뢰할 수 있어야 한다.

④ 정확하고 타당성이 있어야 한다.

> 정답▶ ②
> 해설▶ 미래의 정보가 아닌, 과거부터 현재까지의 자료를 수집하는 과정이다.

9. 설문조사 후 코딩작업에 대한 설명으로 틀린 것은?

① 항목별로 각 응답에 해당하는 숫자나 기호를 부여하는 과정이다.

② 전산처리에 의한 분석을 편리하도록 하는 것이다.

③ 반드시 각 항목에 대한 응답을 기호로 표현한다.

④ 코딩이 끝난 후 컴퓨터에 파일로 입력을 하고 외부저장 매체에 저장한다.

> 정답▶ ③
> 해설▶ 각 항목에 대한 응답은 숫자로만 표현해야 자료 분석과 해석에 용이하다.

10. 표본의 크기를 결정하는 데 고려해야 하는 요소로 적절하지 않은 것은?

① 비표집오차   ② 모집단 요소의 동질성

③ 조사의 목적   ④ 모집단의 크기

> **정답▶** ①
>
> **해설▶** 표본이란 전체 조사 대상자를 대표해서 응답자로 선정된 사람을 뜻하며, 크기를 결정할 때에는 모집단 요소의 동질성, 조사의 목적, 모집단의 크기 등을 고려해야 한다.

11. 다음 중 비확률표집의 장점이 아닌 것은?

① 모집단을 정확하게 규정지을 수 없는 경우에 유용하다.

② 개별요소의 추출확률을 동일하게 해야 할 경우 유용하다.

③ 표본의 크기가 작은 경우에 유용하다.

④ 표집오차가 큰 문제가 되지 않을 경우 유용하다.

> **정답▶** ②
>
> **해설▶** 비확률표집은 전체집단을 대표하지 않는 방법으로 뽑힌 표본으로 시간이나 비용 등 큰 투입이 필요 없을 때 사용한다.

12. 다음 중 확률표본추출방법이 아닌 것은?

① 편의표본추출법   ② 단순무작위표집

③ 층화표집   ④ 집락표집

> **정답▶** ①
>
> **해설▶** 확률표본추출방법에는 단순무작위 표본추출, 층화 계통표본추출, 군집(집락) 표본추출, 체계적 표본추출, 지역별 표본추출 등이 있다.

13. 다음 사례에 해당되는 표본추출방법은?

> A마트에서는 고객들이 영업시간 연장을 선호하는지 알고 싶어 한다. 해당 자료를 수집하기 위해, A마트에서는 개정 후 처음으로 마트를 방문하는 100명의 고객에게 해당 내용을 물어봤다고 한다.

① 비확률표본추출
② 확률표본추출
③ 통계적 추론
④ 기준표본추출

정답▶ ①
해설▶ 위의 사례는 통계학적 방법이 아니라 주관적 판단에 의해 표본을 결정한 방식으로 비확률표본추출이라고 할 수 있다.

14. 전수조사와 표본조사에 대한 설명으로 틀린 것은?

① 전수조사는 정밀도에 중점을 두고 사용되며, 모든 부분을 전부 조사하는 것을 말한다.
② 표본조사는 부분조사라고도 한다.
③ 표본조사는 전수조사에 비해 인력과 시간 및 비용이 적게 든다.
④ 다면적으로 조사결과를 이용하려 할 때에는 표본조사를 한다.

정답▶ ④
해설▶ 다면적으로 조사결과를 이용하려 할 때에는 전수조사를 실시하며, 전수조사는 인구조사 센서스 등 조사대상 모두를 조사하는 방식이다.

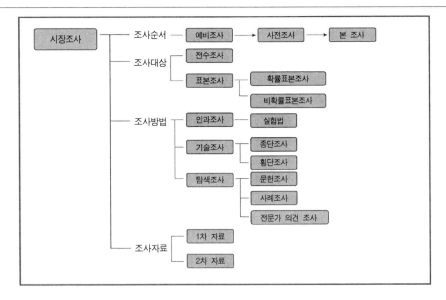

15. 시장 조사의 윤리에서 면접자가 지켜야 할 사항에 해당하지 않는 것은?

① 면접자는 조사를 실시하면서 알게 된 내용은 절대 누설하지 않아야 한다.

② 면접자는 임의대로 질문의 순서를 바꾸거나, 질문의 상요된 어휘의 일부 혹은 전체적으로 수정해서는 안 된다.

③ 패쇄형 질문에서 응답자가 막연한 답을 할 경우 조금 더 구체적으로 답할 수 있도록 추가 질문을 하는 것이 좋다.

④ 응답자의 답을 잘못 기재하거나 조작하는 행위는 절대해서는 안 된다.

정답▶ ③

해설▶ 패쇄형 질문이 아닌 개방형 질문에 대한 사항이다.

01. 2차 자료(기존자료)

1. 2차 자료의 개념 및 종류

시장조사의 유형이 정해지고 계획이 수립된 후 자료를 수집해야 하는데 자료의 성격에 따라 1차 자료와 2차 자료로 구분된다.

(1) 2차 자료의 개념과 특성

① 기업의 시장조사 목적이 아닌 다른 조사를 목적으로 이미 수집된 자료를 뜻한다.

② 이미 만들어진 자료이기 때문에 자료 입수에 시간과 비용이 적게 들어 유용하다는 특징이 있다.

③ 목적에 정확히 부합하는 자료, 필요한 자료를 찾기 힘들거나 없을 가능성도 있다.

④ 신뢰성이 있고, 충분한 양의 자료가 있어야 하며, 목적에 적합한 자료를 찾기 어려울 때에는 1차 자료 수집 계획을 세워야 한다.

⑤ 저관여 수집 방법으로 조사 대상자와 직접적인 상호작용이 없어 반응을 고려하지 않아도 된다.

(2) 2차 자료의 종류

① 내부자료

조사자가 속한 기업이 자체적으로 가지고 있는 자료를 말하는데 매출원가, 회계자료, 고객 등에 대한 자료를 말한다. 기업의 강점과 약점을 파악하고 이 분야의 경향을 분석하는 데 도움을 준다는 장점이 있다.

② 외부자료

조사자가 속한 조직이나 기업의 내부자료가 아닌 다른 외부기관의 자료를 뜻한다.

가. 정부통계자료

나. 학계자료(연구소나 대학기관, 학회의 논문 등)

다. 신문, 잡지, 편람(Handbook) 등

라. 신디게이트 자료(syndicate) : 자료를 필요로 하는 기업 등에 판매하기 위해 주기적으로 조사하는 것을 신디케이트 조사라고 하며, 이러한 영리적인 목적으로 판매하는 기관의 자료(상업용 자료)를 뜻하는데 조사를 진행하고 자료를 수집, 분석, 실시하여 맞춤 자료를 제공받을 수 있다.

마. 컴퓨터 DB

2. 2차 자료의 유용성과 한계

(1) 2차 자료의 유용성

① 기존에 만들어진 자료를 이용하는 것으로 자료수집에 투입되는 시간과 비용을 절약할 수 있고, 수집 과정이 용이하다.

② 분석 결과가 이미 공개되어 있어 다수에게 인정되고 수용된 상태로 거부감이 없다.

③ 대외비 등 직접 수집하기 어려운 자료를 입수할 가능성이 있다.

④ 기존 자료로 문제에 대한 접근방법이 확실해질 수 있다.

⑤ 조사 설계 및 주요 변수에 대한 이해도가 높아진다.

⑥ 원하는 데이터를 신속하게 얻을 수 있다는 장점이 있다.

⑦ 기존의 자료들을 통해 문제점을 새롭게 발견하고 조사 목적 설정에 도움이 되기도 한다.

(2) 2차 자료의 한계

① 시간의 공백으로 기존의 데이터와 현 조사 시점 사이에 차이가 존재하여 신뢰도가

떨어질 수 있다.

② 자료의 신뢰도나 정확성 여부를 알기 어려울 경우에는 사용이 불가능하다.

③ 다른 목적으로 수집된 자료로 기업이 원하는 자료의 형태가 아닐 수 있다.

3. 2차 자료의 평가기준

2차 자료를 선택할 때에는 적합성, 신뢰성, 시효성 등을 평가한 후 사용한다.

(1) 적합성

자료 내용이 조사 목적에 적합한지, 측정 단위, 범주 및 정의가 기업의 개념과 일치하여 자료로 사용해도 문제가 없고 적합한지 평가해야 한다.

(2) 신뢰성 및 정확성

기존의 자료를 수집, 분석하는 과정에 오류가 없고, 믿을 만하고 전문성이 있는 주체에서 조사를 진행했는가, 다른 2차 자료들의 결과와 동일한가를 평가한다.

(3) 시효성

기존 자료 시점과 이용 시점의 차이를 확인하고, 시장의 변화 정도를 감안해야 한다. 또한 자료의 발표 시기 및 자료 갱신 시기 또한 확인한 이후에도 가치가 있다고 판단되면 자료로 사용한다.

02. 1차 자료

1. 1차 자료의 개념 및 종류

(1) 1차 자료의 개념 및 특징

① 다른 목적을 가지고 이미 수집된 기존의 자료가 아닌, 현재 당면한 문제를 해결하기 위한 목적으로 수집해야 하는 자료를 1차 자료라고 한다.

② 목적에 적합한 자료를 직접 수집하기 때문에 신뢰도와 타당성이 높고, 직접적으로 자료를 재분석 및 생성하는 것이 가능하다.

③ 관찰법, 서베이, 질문조사, 전화조사, 면접조사, 우편조사 등으로 진행한다.

참고

1차 자료의 수집방법

구분	내용
관찰조사	조사원이 직접 또는 기계장치를 사용하여 조사 대상자의 행동이나 현상을 관찰하고 기록하는 조사 방법이다. 관찰조사는 질문을 하여 정보를 얻기보다는 조사하고자 하는 사람, 대상물 및 발생사건 등을 인식하고 기록하는 과정을 통해 정보를 얻으려는 방식이다.
실험조사	모든 조건이 일정하게 유지되는 경우의 상황에서 조사 주제와 관련된 하나 또는 그 이상의 변수들을 조작을 통해 인과관계를 파악하는 방법을 말한다.
전화조사	추출된 피조사자에게 전화를 걸어 질문 사항들을 읽어준 후 응답자가 전화상으로 답변한 것을 조사자가 기록함으로써 자료를 수집
서베이조사	전화, 우편, 면접, 온라인조사 등을 통해 자료를 수집하는 방법을 말한다.

(2) 1차 자료의 단점

① 직접 자료를 수집해야 하기 때문에 2차 자료에 비해 시간과 비용이 많이 소비된다.
② 조사방법에 대한 전문 지식이나 기술이 요구된다.

정리

1차 자료의 장단점

구분	내용
장점	의사결정을 할 시기에 조사목적에 적합한 정보를 반영할 수 있다.
단점	2차 자료에 비하여 자료를 수집하는 데 비용, 인력, 시간이 많이 소요되므로 조사목적에 적합한 2차 자료의 존재 및 사용 가능성의 유무를 확인한 후 2차 자료가 없는 경우에 한해 1차 자료를 수집하는 것이 경제적이다.

서베이조사의 비교

구분	우편조사	전화조사	면접조사	인터넷조사
비용	보통	낮음	높음	낮음
소요시간	느림	빠름	느림	빠름
자료의 정확성	제한적	보통	좋음	보통
자료의 양	보통	제한적	우수	보통
조사의 유연성	나쁨	보통	우수	보통

2. 정량적 조사와 정성적 조사

(1) 정량적 조사의 특성

① 수집된 자료를 수치화하고, 통계적 방법으로 분석한 뒤 결과를 도출하는 방법으로 대부분 다수를 대상으로 진행하므로 일반화 가능성이 높다.

② 대표적인 정량조사의 수집방법으로는 서베이법이 있다.

(2) 정성적(질적) 조사의 특성

① 문제 상황에 대한 이해를 위해 적절한 방법을 선택해 나가는 유연성을 가지고 진행되며 비구조적이고 비통계적이다.

② 조사 대상에 깊은 관여를 통해 다양하고 폭 넓은 자료를 수집, 통합하는 과정을 거친다.

③ 결과보다는 과정에 집중하며, 대부분 소수를 대상으로 진행되므로 일반화시키는 것에는 한계가 있다.

④ 직관적이고 탐험적인 성격을 띠며 객관적, 수치화된 자료라고 볼 수 없다.

⑤ 보다 깊이 있거나 민감한 주제를 다룰 경우, 혹은 잘 알려지지 않은 주제를 연구할 경우에 유용하다.

⑥ 표적집단면접법(FGI)[5], 심층면접법, 투사법 등으로 진행한다.

참고

> **투사법**
> 투사법이란 직접 질문하기 힘들거나 직접 한 질문에 타당한 응답이 나올 가능성이 적을 때 어떤 자극상태를 만들어 그에 대한 응답자의 반응으로 의도나 의향을 파악하는 방법을 말한다. .

---

[5] FGI(focus Group Interview)
6~8명 정도의 응답자와 훈련받은 면접진행자가 일정한 장소에서 만나 자유롭게 토론하며 응답자들의 생각, 행동, 태도 등을 파악한다.

정리

정성조사와 정량조사

구분	정량조사	정성조사
종류	면접조사, 우편조사, 전화조사, 모니터링, 온라인 조사	FGI, 심층면접법(in-depth interview),투사법
특징	• 구조화 된 질문지를 활용한다. • 질문 중심적이다. • 통계학적으로 견본이 될 수 있는 표본을 대량으로 사용한다. • 자료의 계량화를 통해 대량의 정보를 신속하게 처리한다.	• 가이드 라인을 활용한다. • 반응 중심적이다. • 적은 표본을 사용한다. • 주관적 해석이 이루어진다. • 주관성, 모호성, 표본의 비대표성으로 인해 그릇된 결론에 도달할 여지가 있다.

3. 관찰법

(1) 관찰법의 특성

사람이나 장비를 통해 관찰함으로써 1차 자료를 수집하는 방법으로 조사 목적에 관련이 있는 사람들 혹은 그들의 상황, 행동 등을 직접 관찰하고 자료를 수집하는 방법이다.

(2) 관찰법의 장점

① 사람들이 직접 표현하거나 제공하기 꺼려하는 정보들을 얻는 데 도움이 된다.

② 행위, 감정을 언어로 표현하지 못하는 유아, 동물에 유용하다.

③ 조사자로부터 발생하는 오류를 차단할 수 있다.

④ 응답자의 응답능력이나 협조 의도가 문제되지 않는다.

(3) 관찰법의 단점

① 설문지에 비해 비용이 많이 소요된다.

② 겉으로 보이는 가시적인 행동만 파악이 가능하며, 응답자의 태도나 감정 등의 심리적인 요소는 관찰하기 어렵다.

③ 관찰의 대상이라는 사실을 인지하면 의식적으로 평소와 다르게 행동할 수 있으므로 조사자는 피관찰자가 눈치채지 않도록 자연스럽게 진행해야 한다.

4. 설문조사법(Survey research)

(1) 설문조사법의 특성 및 방법

① 조사 대상자들에게 설문지의 질문을 통해 자료를 수집하는 방법이다.

② 1차 자료 수집에서 가장 많이 사용되는 방법이다.

③ 질문의 내용이 사전에 준비되어 있고, 미리 준비된 순서에 따라 조사가 진행되므로 구조화된 자료수집 방법이라고 할 수 있다.

④ 전화, 우편, 개인 인터뷰(면접)의 방식으로 진행하며 최근 인터넷의 발달로 이메일 등의 형태로 조사를 실시하기도 한다.

(2) 설문조사법의 장점

① 대량조사가 가능하며 시간과 경비를 절약할 수 있다.

② 응답자의 태도나 행동의 동기, 인구통계학적 특징 등의 광범위한 정보를 수집할 수 있다.

③ 분석의 기준이 명확한 편이며 계량화, 통계화에 유리한 편이다.

④ 대규모 표본이므로 조사 결과를 토대로 일반화가 가능하다.

(3) 설문조사법의 단점

① 부정확하고 성의 없는 답변이 있을 수 있다.

② 사생활 침해 우려가 있고, 응답을 거부할 수 있다.

③ 복잡하거나, 깊이가 있는 주제에 대한 질문이 어렵다.

④ 설문지 개발이 쉽지 않은 편이다.

⑤ 조사자나 설문지 등의 오류 발생 가능성이 있다.

(4) 조사자로 인한 오류의 발생

질문자의 인상이나 태도 등의 비언어적인 요소로 인해 응답자의 반응이 달라질 가능성을 의미한다. 직접 만나서 조사를 실시하는 면담 방법의 경우 발생할 가능성이 높으며, 우편을 통한 설문조사법에서는 해당 오류가 발생될 가능성이 거의 없다.

5. 실험법

(1) 실험법의 특성 및 방법

① 마케팅 변수들 사이의 인과관계를 찾아내는 방법으로, 원인이라고 생각되는 요인들을 바꿔가면서 다른 변수에 영향을 미치는 정도를 확인하는 것이다.

② 정확한 실험을 위해서 조사자는 실험 상황을 완벽하게 통제해야 하며, 치밀한 조사 설계가 필요하다.

③ 실험실, 자연 상태에서도 진행할 수 있다.

(2) 실험법 관련 용어

① 통제 : 독립변수 이외에 다른 모든 변수들은 변화시키지 않는 것, 외생변수를 동일하게 하는 것을 뜻한다.

② 변수 : 어떠한 상황에서 변하거나 바뀔 수 있는 수를 말하며, 어떠한 개체의 속성이나 특성을 가지고 있다. 계량화시킨 개념으로 측정이 가능하다.

　가. 독립변수 : 종속변수에 영향을 주는 변수(관찰하고자 하는 현상의 원인)로 원인변수, 실험변수, 예측변수, 설명변수라고도 한다.

　나. 종속변수 : 독립변수로부터 영향을 받아 변화할 것이라고 추측하는 변수로 실험 분석의 대상이 되는 변수이다. 결과변수, 기준변수, 피설명변수, 가설적 변수라고도 한다.

　다. 매개변수 : 독립변수와 종속변수 사이의 인과관계를 연결해주는 변수이다. 매개변수는 독립변수의 결과이면서도 종속변수의 원인이 된다.

　라. 조절변수 : 독립변수와 종속변수에 대한 영향력의 크기를 조절하는 제3의 변수를 말하며 중재변수, 상황변수라고도 한다.

　마. 외생변수 : 혼란변수라고도 하며, 독립변수 이외의 변수로 종속변수에 영향을 줄 수 있는 변수이다. 독립변수와 종속변수 간의 인과관계를 명확하게 판단하기 위해 종속변수에 미치는 영향이 통제, 제거되어야 하는 변수를 말한다.

　바. 통제변수 : 명확한 실험을 위하여 통제된 외생변수를 말한다.

　사. 잠재변수 : 겉으로 드러나지 않고, 잠재되어 있는 변수이지만 종속변수에 영향을 줄 수 있다고 추측되는 변수이다.

　아. 구성변수 : 검정요인 중 총체적 개념과 다른 변수와의 관계에 있어서 총체적 개념을 구성하는 요소들 중 어떤 것이 관찰된 결과에 결정적인 영향을 미치는지를 파악하는 데 사용되는 변수이다.

(3) 실험법의 장점 및 단점

① 설문조사법으로 구하기 어려운 정확한 자료를 얻을 수 있다.

② 탐색조사나 기술조사는 불가능한 통제를 할 수 있기 때문에 인과관계를 밝힐 수 있다.

③ 대부분 인위적인 환경에서 실험이 진행되기 때문에 일반화시키기 어렵다.

03. 설문지

1. 설문지의 개념

응답자에게 물어볼 문항의 목록을 말하며, 설문조사를 통해 정보를 수집하는 경우에 사용되는 표준화 된 양식을 말한다.

2. 설문지의 개발 및 구성

(1) 설문지 개발 전, 필요한 정보의 종류, 조사의 목적, 정보의 원천은 무엇인지, 어떠한 분석 방법을 활용할 것인지 미리 파악해야 한다.

(2) 설문지 작성절차

① 설문지를 작성할 때에는 먼저 조사 계획을 수립해야 하며 무엇을 질문하고, 어떤 순서로 질문할 것인지, 어떤 형태로 질문할 것인지(개방형 질문/폐쇄형 질문), 어떤 어휘와 표현을 선택할 것인가 결정해야 한다.

② 설문지 작성 과정

> 질문서 작성의 예비조사 → 질문서의 구조와 질문내용의 파악 → 질문·응답형태의 선택 → 질문
> 순서의 결정 → 질문용어의 선택 → 예비조사와 질문서의 보완

3. 설문지 작성 요령

설문지를 잘못 작성하면 조사 자체가 무효가 될 수 있으므로 유의사항을 잘 지켜야 한다.

(1) 질문의 순서는 응답에 큰 영향을 미치므로 응답하기 쉽고 흥미가 있는 질문으로 먼저 시작하고, 논리적으로 질문을 배열한다.

(2) 질문은 짧고 간단해야 하며, 한 문항에 2가지 질문을 포함하지 않는다.

(3) 응답자가 이해하기 쉬운 표현을 사용하며 기술적, 전문적 용어를 피하고 쉬운 용어를 사용한다.

(4) 응답자가 대답하기 곤란한 질문들에 대해서는 직접적인 질문을 피하고, 지나치게 자세한 응답을 요구하지 않는다.

(5) 애매하거나 이중적 의미를 담고 있는 단어의 사용은 지양하며, 단어의 뜻을 명확하게 설명해야 한다.

(6) 일정한 응답을 유도, 강요하는 질문은 피해야 한다.

(7) 중복 없이 가능한 설문지의 모든 응답을 표시해야 한다.

4. 질문의 유형

(1) 개방형 질문의 특성

① 주관식 질문으로 제한받지 않고, 다양하고 자유롭게 응답할 수 있다.

② 너무 다양한 응답은 혼란이 생길 수 있으며, 코딩과 분석에 어려움이 발생할 수 있다.

③ 탐색적 조사에 쓰인다.

④ 응답자에게 폐쇄형 질문보다 더 심리적 부담을 줄 수 있다.

⑤ 표현능력 등 의사소통 능력이 부족한 응답자에게 적용하기 어렵다.

⑥ 문제의 핵심을 알고자 할 때 사용하는 예비조사나 탐색적 조사 등에 사용되며, 규모가 작은 조사에 더욱 적합하다.

⑦ 조사자가 표본에 대한 정보를 가지고 있지 않을 때 사용하기 적절하다.

⑧ 개방형 질문의 유형으로는 자유응답형, 문자완성형, 투사기법 질문 등이 있다.

⑨ 개방형 질문의 예

　가. "텔레마케팅관리사"하면 떠오르는 이미지를 5개 작성해주세요.

　나. "금일 받으신 서비스 중 어떤 점이 가장 인상 깊으셨나요?"

　다. "추가적으로 제공되었으면 하는 서비스에는 어떤 것들이 있을까요?"

(2) 폐쇄형 질문의 특성

① 부호화와 분석이 용이하여 시간과 경비를 절약할 수 있다.

② 응답하거나 생각하기 난감한 주제에 보다 적합하다.

③ 질문에 대한 대답이 표준화되어 있기 때문에 비교가 가능하다.

④ 대규모 조사에 적합하다.

⑤ 신뢰성 있는 응답 확보가 가능하다.

⑥ 응답을 범주로 묶기 때문에 중요한 자료를 얻지 못할 가능성이 있다.

⑦ 자료 해석 및 분석이 용이하나 응답자가 선택하고자 하는 응답이 범주에 없을 경우, 사실과 다른 선택을 할 가능성이 있다.

⑧ 패쇄형 질문의 유형 : 다지선다형, 양자택일형, 척도형의 질문 등이 포함된다.

⑨ 패쇄형 질문의 예

　가. "다음에도 저희 회사의 상품을 구입할 의향이 있으십니까? 네, 아니오로 답변해 주시면 됩니다."

　나. "이번 서비스에 대해 만족도를 평가해주신다면 10점 만점에 몇 점 주시겠습니까?"

 **Chapter 02 핵심 예상문제**

1. 설문지 응답자의 권리를 보호하기 위한 사항으로 틀린 것은?

① 응답자에게는 조사면접에 꼭 참가해야 할 의무가 없다.

② 조사자는 응답자가 조사면접에 익숙하지 못하기 때문에 면접의도에 맞는 응답을 유도 한다.

③ 조사자는 응답자에게 질문을 객관화함으로써 응답자의 사생활을 침해하지 말아야 한다.

④ 조사자는 응답자와 조사면접을 할 때 면접에 관한 세칙과 지시사항에 따라서 수행해 야 한다.

> **정답▶** ②
> **해설▶** 조사자는 유도질문을 하지 않도록 주의해야 하며, 중립적인 질문이 되도록 해야 한다.

2. 다음 질문지 작성순서가 맞게 나열된 것은?

> Ⓐ 질문용어의 선택 Ⓑ 예비조사와 질문서의 보완
> Ⓒ 질문순서의 결정 Ⓓ 질문서 작성의 예비조사
> Ⓔ 질문서의 구조와 질문내용의 파악 Ⓕ 질문-응답형태의 선택

① Ⓐ → Ⓑ → Ⓒ → Ⓓ → Ⓔ → Ⓕ ② Ⓒ → Ⓓ → Ⓔ → Ⓐ → Ⓑ → Ⓕ
③ Ⓑ → Ⓐ → Ⓒ → Ⓓ → Ⓔ → Ⓕ ④ Ⓓ → Ⓔ → Ⓕ → Ⓒ → Ⓐ → Ⓑ

> **정답▶** ④
> **해설▶** 질문서의 내용 및 순서에 따라 조사 결과가 달라질 수 있고, 잘못된 질문서 용어 하나로 인해 조사 자체가 무효로 돌아갈 수 있으므로 질문지 작성순서 및 여러 준수사항을 꼭 고려하고 작성해야 한다. 질문지 작 성순서는 "질문서 작성의 예비조사 → 질문서의 구조와 질문내용의 파악 → 질문-응답형태의 선택 → 질문 순서의 결정 → 질문용어의 선택 → 예비조사와 질문서의 보완"이다.

3. 설문지 질문 문항의 작성방법으로 틀린 것은?

① 응답자가 이해하기 쉬운 표현을 사용하여야 한다.

② 한 질문에 한 가지 이상의 질문을 통해 설문의 효율성을 높여야 한다.

③ 유도 또는 강요하는 표현을 금지하여야 한다.

④ 응답자가 대답하기 곤란한 질문들에 대해서는 직접적인 질문을 피하도록 한다.

> 정답▶ ②
>
> 해설▶ 설문지를 작성할 때에는 한 문항에 두 가지 이상의 질문을 하지 않도록 주의해야 한다.

4. 어떤 현상이나 변수의 원인이 무엇인가에 대한 해답, 즉 두 변수 간의 인과관계에 대한 해답을 얻기 위한 조사방법은?

① 분석법   ② 관찰법

③ 탐색법   ④ 실험법

> 정답▶ ④
>
> 해설▶ 독립변수와 종속변수 간에 인과관계를 찾아 조사하는 방법을 실험법이라고 한다.

5. 우리나라 주부들이 가장 선호하는 김치냉장고 브랜드를 알아보기 위하여 주부들을 대상으로 연구를 진행하려고 한다. 현실성이나 시간, 비용을 고려할 때 선택할 수 있는 조사방법으로 가장 거리가 먼 것은?

① 관찰법   ② 실험실 실험법

③ 면접법   ④ 설문조사법

> 정답▶ ②
>
> 해설▶ 실험실 실험법은 독립변수, 종속변수 간의 인과관계에 대한 해답을 얻고자 할 때 실시하는 조사방법이며, 위의 주제의 경우, 인과관계가 아닌 소비자의 의견과 선호도를 파악하기 위한 조사 목적이므로 실험실 실험법으로는 조사 목적을 달성하기 어렵다.

6. 다음 ( ) 안에 들어갈 말로 가장 알맞은 것은?

> 마케팅 조사자들은 일반적으로 (A)를 먼저 활용하고, 그 다음에 (B)를 수집한다.

① A : 외부 2차 자료, B : 내부 2차 자료
② A : 내부 1차 자료, B : 외부 1차 자료
③ A : 1차 자료, B : 2차 자료
④ A : 2차 자료, B : 1차 자료

> 정답▶ ④
> 해설▶ 2차 자료는 다른 목적으로 기존에 만들어진 자료로 마케팅 조사에서는 시간과 비용 절약을 위해 2차 자료를 먼저 활용하고, 자료가 부족하거나 조사 목적에 맞는 자료가 없을 경우 당면 문제를 해결하기 위해 직접 만들어내는 1차 자료를 수집한다.

7. 다음 설문문항이 가지고 있는 오류에 관한 설명으로 가장 적합한 것은?

> 당신은 현재 근무하는 고객센터의 복지수준과 임금수준에 대해서 어느 정도 만족하고 계십니까?

① 단어들의 뜻을 명확하게 설명해야 한다.
② 하나의 항목으로 두 가지 내용을 질문하여서는 안 된다.
③ 응답자들에게 지나치게 자세한 응답을 요구해서는 안 된다.
④ 대답을 유도하는 질문을 해서는 안 된다.

> 정답▶ ②
> 해설▶ 설문지를 작성할 때에는 한 문항에 두 가지 이상의 질문을 하지 않도록 주의해야 하는데, 위의 내용 중 "복지수준과 임금수준"이라는 두 항목이 들어 있어 정확한 조사가 어렵다.

8. 질문지 작성 시 폐쇄형 질문의 장점이 아닌 것은?

① 부호화와 분석이 용이하여 시간과 경비를 절약할 수 있다.
② 민감한 주제에 보다 적합하다.
③ 질문지에 열거하기에는 응답 범주가 너무 많을 경우 사용하면 좋다.
④ 질문에 대한 대답이 표준화되어 있기 때문에 비교가 가능하다.

9. FGI(Focus Group Interview) 조사 방법에 관한 설명으로 가장 적합한 것은?

① 면접조사의 한 방법이다.

② 연령별, 지역별로 실시하는 전화조사의 한 방법이다.

③ 표적집단과 관계없이 불특정 다수를 대상으로 하는 조사방법이다.

④ 표적집단에 대한 전화조사의 한 방법이다.

10. 관찰을 통한 자료수집의 장점으로 옳은 것은?

① 조사자가 관심을 보이는 유형을 다양하게 얻을 수 있다.

② 신속하게 자료를 수집할 수 있다.

③ 자료 수집방법이 보다 객관적이고 정확하다.

④ 조사비용이 가장 적게 든다.

11. 설문지 질문의 순서를 결정하기 위한 일반적인 지침이 아닌 것은?

① 첫 번째 질문은 응답자의 부담감을 덜어줄 수 있도록 재미있으며 관심을 가질 수 있는 내용이어야 한다.

② 조사자는 가능한 한 쉽게 대답할 수 있는 질문들은 전반부에 배치하고, 응답하기 어려운 질문들은 후반부에 배치하여야 한다.

③ 갑작스러운 논리의 전환이 이루어지지 않도록 질문의 순서를 정하여야 한다.

④ 인구통계학적인 질문(소득, 학력, 직업, 성별, 연령)은 설문지의 맨 앞부분에 배치하여야 한다.

정답▶ ④
해설▶ 소득이나 학력 등의 민감한 사항은 후반부에 배치하는 것이 바람직하다.

12. 검정요인 중 총체적 개념과 다른 변수와의 관계에 있어서 총체적 개념을 구성하는 요소들 중 어떤 것이 관찰된 결과에 결정적인 영향을 미치는가 하는 것을 파악하는 데 사용되는 것은?

① 억제변수   ② 왜곡변수
③ 구성변수   ④ 매개변수

정답▶ ③
해설▶ 문제는 구성변수의 특성에 대한 설명이며, 두 변수 간에 관계를 억제시키거나 악화시키는 변수를 억제변수라고 한다. 또한 왜곡변수는 독립변수와 종속변수의 인과관계가 있음에도 불구하고 관계없는 것으로 보이게 하는 제3의 요소이고, 독립변수와 종속변수의 사이에서 독립변수의 결과인 동시에 종속변수의 원인이 되는 변수를 매개변수라고 한다.

13. 독립변수와 종속변수의 사이에서 독립변수의 결과인 동시에 종속변수의 원인이 되는 변수는?

① 외적변수   ② 선행변수
③ 억제변수   ④ 매개변수

정답▶ ④
해설▶ 독립변수보다 먼저 발생한 변수를 선행변수라고 하며, 두 변수 간에 관계를 억제시키거나 악화시키는 변수를 억제변수라고 한다.

14. 다음 중 개방형 질문의 특성으로 옳지 않은 것은?

① 주관식 질문으로 제한받지 않고 다양하고 자유롭게 응답할 수 있다.
② 대규모 조사에 적합하다.
③ 응답자에게 패쇄형 질문보다 더 심리적 부담을 줄 수 있다.
④ Pilot Study 또는 탐색적 조사에 쓰인다.

정답▶ ②
해설▶ 개방형 질문은 소규모 조사에 적합하다.

15. 다음 중 설문지 작성 요령으로 옳지 않은 것은?

① 중복 없이 가능한 설문지의 모든 응답을 표시해야 한다.
② 일정한 응답을 유도해야 한다.
③ 응답자가 대답하기 곤란한 질문들에 대해서는 직접적인 질문을 피하고 지나치게 자세한 응답을 요구하지 않는다.
④ 질문은 짧고 간단해야 하며 한 문항에 2가지 질문을 포함하지 않는다.

정답▶ ②
해설▶ 일정한 응답을 유도, 강요하는 질문은 피해야 한다.

Chapter 03 자료수집방법

반드시 알아야 할 Key Concept

- 면접조사의 특성 및 종류
- 전화조사의 특성 및 장단점
- 우편조사의 특성 및 회수율 높이는 방법
- 온라인(웹) 조사
- 상업적 시장 조사방법

01. 면접조사

1. 면접조사의 특성

① 응답자들을 모두 직접 만나서 조사를 하는 방식이다.

② 면접조사는 보통 개인면접조사법(Personal Interview)을 뜻한다.

③ 조사자가 직접 조사 과정에 참여하게 된다.

④ 설문조사 방법 중 가장 많이 사용된다.

2. 면접조사의 장점

① 조사자를 직접 대면하기 때문에 탐색질문이나 보조설명이 가능하여 융통성이 높은 편이다.

② 1:1 혹은 1:다수로 진행이 가능하다.

③ 관찰조사를 병행하여 실시할 수 있다.

④ 조사자가 직접 조사를 실시하기 때문에 협조적이며 회수율이 높은 편이다.

⑤ 보조도구 등을 활용하며 응답자의 흥미를 유도하거나 문자의 오해나 오류 등을 줄일 수 있다.

⑥ 전화나 우편조사 등으로는 확인이 어려운 응답자의 태도나 감정 등을 파악할 수 있다.

3. 면접조사의 단점

① 전화나 우편조사보다 투입되는 시간, 조사기간, 비용이 많이 소요된다.
② 개인적인 질문이나 민감한 질문은 하기 어렵다.
③ 조사자가 직접 조사에 참여하므로 통제가 어렵다.

4. 면접조사의 종류

(1) 표준화 면접

① 표준화 면접의 특성

구조화 면접법으로, 면접조사표에 의해 질문의 내용이나 순서가 일관성 있게 미리 준비되어 있고, 조사자는 준비된 해당 계획에 따라 면접을 진행하는 방식이며 대부분 폐쇄형 질문이 사용된다.

② 표준화 면접의 장점

철저하게 구조화되어 있고, 반복적인 면접으로 조사자 훈련이 비교적 일관성 있게 미리 준비되어 있다. 조사자는 준비된 해당 계획에 따라 면접을 진행하는 방식이며 대부분 패쇄형 질문이 사용된다.

③ 표준화 면접의 단점

융통성 및 신축성이 낮은 편으로 질문의 방향이나 범위 등을 변경하기 어렵고, 구체화되지 않은 정보나 새로운 사실을 발견할 가능성이 적다.

(2) 비표준화 면접

① 비표준화 면접의 특성

비구조화 면접법으로, 질문의 순서나 내용이 미리 정해져 있지 않아 조사 목적에 적합하다고 판단이 되면 상황에 따라 어떠한 방법으로든지 변경할 수 있는 자유로운 면접법이다. 자유응답식의 경우 면접자에게 자유재량권이 부여되도록 한다. 그만큼 면접자는 해당 조사를 통하여 수집할 자료가 무엇인지를 분명히 설계해 놓아야 한다.

② 비표준화 면접의 장점

신축성과 융통성이 높아 새로운 사실이나 아이디어 발견의 가능성이 높고, 자료의 타당도가 높다.

③ 비표준화 면접의 단점

반복적인 면접이 불가하고, 면접자의 자질과 훈련 정도에 따라 자료의 신뢰도 자체에 문제가 발생할 가능성이 있으며, 숫자화 측정 등 결과 분석이 용이하지 않다.

(3) 반표준화 면접법

표준화 면접법과 비표준화 면접법의 장점과 단점을 통합한 것으로 일정한 수의 표준화된 질문과 그 외의 질문은 비표준화된 질문으로 조사하는 방법이다.

5. 기타 면접 방법

① 반복적 면접

② 비지시 면접

③ 심층 면접(Depth Interview)

심층면접은 연구자가 직접 관찰할 수 없는 것들을 발견해내기 위한 연구방법으로서 제보자의 감정, 생각, 의도, 행위 주체자들이 행위에 부여하는 의미와 그들이 주변 세계를 해석하는 방법을 알고자 할 때 사용한다. 또한 반복하기가 불가능한 과거 사건에 관심이 있거나 외부자의 관찰을 회피하는 행위들에 대하여 알고자 할 때 유용한 방법이다. 심층면접은 연구자가 제보자의 시각에 접근하여 이를 이해하는 데 목적이 있다.(최영신(한국형사정책연구원))

④ 집단 심층 면접(FGI:Focus Group Interview, 표적 집단 면접 조사)

집단 심층면접은 동질적인 특성을 지닌 소수의 조사 대상자를 한 장소에 모아놓고 사회자에 의한 좌담형식으로 의견을 청취하는 조사 방법을 말한다. 소비자로부터 다양하고 심층적인 의견을 청취하는 것이 가능하고, 새로운 사실의 발견이나 생생한 소비자 언어를 수집할 수 있다는 장점으로 질적 조사 방법 중 광고에서 가장 많이 활용되고 있다. 비교적 적은 비용으로 단기간에 조사를 실시할 수 있다는 것도 장점이다

(광고 조사 방법, 2013. 2. 25.하봉준)

6. 면접조사 시 유의사항

① 응답자의 저항, 거부감을 줄이기 위해 친숙한 분위기를 조성할 필요가 있다.

② 조사자는 사전에 미리 질문 내용 및 순서, 조사 목적에 대해 정확하게 파악해서 응답자에게 혼란을 주지 않아야 한다.

③ 조사자의 용모나 언어, 비언어적인 행동에서 이질감이 없도록 해야 한다.

④ 조사를 진행하면서 응답 내용을 누락, 오기재할 수 있으므로 주의해야 한다.

02. 전화조사

1. 전화조사의 특성 및 장단점

(1) 전화조사의 개념 및 특성

① 전화라는 도구를 이용하여 표본으로 선정된 대상자들과 통화로 조사를 하는 방법이다.

② 조사자가 응답자에게 질문지의 내용을 읽어주고, 응답자가 답변한 사항을 조사자가 대신 기록한다.

③ 전화를 통해서 고객의 니즈와 욕구, 필요한 정보 등을 통합적으로 조사하는 것이다.

(2) 전화조사의 장점

① 지역의 한계를 극복하고, 전국적으로 조사가 가능하다.

② 면접, 우편조사에 비해 비용이나 시간을 줄일 수 있고, 정보를 가장 빠르게 입수할 수 있어 여론조사에 많이 사용된다.

③ 모니터링이나 녹취 등으로 조사자 통제가 가능하며, 조사자에 의한 오류 발생을 줄일 수 있다.

④ 조사자가 질문을 이해하기 어려울 경우, 추가 설명이 가능하다.

⑤ 우편조사와 비교했을 때 응답률이 높고, 융통성이 높다.

⑥ 응답자는 무방문으로도 쉽게 조사에 응할 수 있어 편리성이 수반된다.

⑦ 직업군 조사에 용이하다

⑧ 시스템을 통해 번호 생성이나 전화번호 추출이 가능하여 표본오차가 가장 신뢰할 만하다.

(3) 전화조사의 단점

① 시각적인 보조도구 등의 활용이 불가능하다.

② 응답의 성실성이 떨어지는 응답자의 경우, 지나치게 간단한 답변으로 상세한 정보 획득이 어려울 수 있다.

③ 전화번호 미등재 비율이 높을 경우 조사의 비효율성이 초래된다.

④ 표본의 대표성 및 답변의 신뢰성 문제로 학술연구의 목적으로는 많이 사용하지 않는다.

⑤ 전화 통화로 이루어지기 때문에 질문의 길이나 내용이 제한되어 있다.

⑥ 비대면 대화로 민감한 질문은 거의 불가능하다.

⑦ 조사 도중 응답자가 거부를 하는 등 전화를 끊을 가능성이 있다.

2. 전화조사 시 유의사항

(1) 간결한 질문 사용

응답자는 오로지 질문을 청각적으로 듣는 것만 가능하므로 질문이 길어지면 혼란스러워 할 수 있으므로 질문은 되도록 짧고 간단하게 구성한다.

(2) 일상용어 사용

전문 용어나 기술적인 용어를 사용할 경우, 조사 시간이 지체되고 응답자가 조사 자체를 거부할 수 있으니 어렵지 않고 일상용어, 알기 쉬운 표현으로 질문을 한다.

(3) 다지선다형 질문

다지선다형 질문의 경우, 범주를 너무 비슷하게 할 경우 응답자가 혼동되어 잘못된 답을 할 수 있으니 주의한다.

(4) 전화 도구 사전 확인

전화 등의 기술적인 문제나 주변의 소음 등으로 조사가 방해받지 않도록 사전에 미리 주변환경 및 도구를 재확인한다.

(5) 전화 예절

너무 이르거나 늦은 시간, 식사 시간에는 전화를 하지 않도록 주의하며, 통화 목적을 간단히 설명한 후, 통화가능 여부를 먼저 묻는다.

(6) 정확한 발음과 목소리

전화를 통한 비대면 대화로 목소리, 억양, 발음 등은 상담의 분위기와 흐름에 매우 많은 영향을 준다. 응답에 무리가 없도록 밝은 목소리는 물론, 정확한 발음과 알맞은 목소리로 관계를 형성하며 조사하도록 한다,

03. 우편조사

1. 우편조사의 특성 및 장단점

(1) 우편조사의 특성

설문지를 우편으로 보내고 응답자가 모두 작성한 후 다시 우편으로 반송하는 방법이다. 본인 스스로 작성하는 방법으로 자기기입식의 가장 흔한 형태이다.

(2) 우편조사의 장점

① 최소 경비와 노력 : 최소 경비와 노력으로 조사 진행이 가능하다.
② 접근 가능성 : 지역, 시간에 구분 없이 거의 모든 응답자에게 접근 가능하다. 또한 전화조사의 경우 응답자가 부재중일 때는 조사가 불가능했지만 우편조사는 조사 가능하다.
③ 응답자의 시간 자율성 : 응답자가 기한 내에 본인이 편한 시간에 맞추어 작성할 수 있다는 편리함이 있다.
④ 익명성 보장
⑤ 조사자의 편견 개입 불가

(3) 우편조사의 단점

① 낮은 회수율 : 우편 조사의 경우 20~40% 정도의 회신율을 보인다.
② 신뢰도 : 응답자의 진위 여부 확인 불가능
③ 응답자 확인 문제 : 답변이 모호할 경우 확인 불가
④ 상세한 정보 획득 불가 : 답변 성실도가 떨어지거나, 지면의 한계로 깊이 있고 자세한 정보 획득이 불가하다.
⑤ 질문지 회신기간 통제가 불가능하다.

2. 우편조사 회수율 향상 방안

(1) 회수율에 영향을 미치는 요인

① 동기부여
② 동질집단
③ 질문의 양이나 반송 방법

④ 독촉서신 여부

⑤ 연구 주관 기관과 지원 단체의 성격

(2) 회수율을 높이는 방법

① 대상자에게 선물을 제공해준다.

② 설문지 반송 기한을 기재한다.

③ 표지 등의 디자인에 신경을 써서 가시성을 높인다.

④ 설문지 발송 후, 다시 한 번 응답을 요청하는 등의 후속 조치를 하는 방법 등이 있다.

⑤ 예비조사를 통해 회수율을 사전 예측하고 추가 계획을 수립한다.

3. 기타 조사 방법

(1) 온라인 조사법(On-line Survey)

① 온라인조사(웹 조사) 방법 및 특징

모든 인터넷 서비스를 이용하여 컴퓨터나 모바일 상에 설문지를 제공하고 답변을 하도록 하는 것이다. 온라인 게시판이나 온라인 좌담회 등을 통한 정성조사를 하는 경우도 있다.

② 온라인조사의 장점

가. 빠른 시간 내에 조사를 마칠 수 있고 비용을 절약할 수 있다.

나. 설문지의 응답 외에 조사 과정에서 발생되는 추가적인 정보를 얻을 수 있다.

다. 조사 결과를 분석, 해석할 때도 간편하고 속도도 빠르다.

③ 온라인조사의 단점

가. 선정된 표본이 직접 조사에 응하는지 알 수 없어 신뢰성과 일반화에 대한 검증에 한계가 있으며 불성실한 응답 가능성이 있다.

나. 보안이 중요하거나 시청각 외의 감각이 필요한 조사에는 활용하기 어렵다.

(2) 집단조사

① 집단조사의 특징

동일한 장소에 응답자들을 모은 후, 동시에 설문지를 나눠주며 직접 조사에 응하도록 하는 자기기입식 조사 방법이다.

② 집단조사의 장점

　　가. 개인면접보다는 시간과 비용을 절감할 수 있고, 조사가 간편하다.

　　나. 다수의 조사원이 필요하지 않아 조사원의 수가 줄어들어 비용이 절감되고, 한 명의 조사자가 집단을 대상으로 전체적으로 설명해서 표준화시킬 수 있다는 장점이 있다.

③ 집단조사의 단점

　　가. 집단을 한곳에 모이도록 하는 것이 어렵고, 집단 내에서 서로에게 영향을 주고받을 수 있다.

　　나. 설문지에 응답이 잘못되었을 경우, 재조사하기 어렵다.

4. 상업적 시장조사 방법

(1) 소비자 패널 조사

① 고정된 일정 수의 표본가구 또는 개인을 선정해서 반복적으로 조사하는 방법이다.

② 일정기간 동안 구체적인 간격을 두고 정보를 제공하는데 동의한 응답자들에게 대가로 현물을 제공하며 조사하는 방법이다.

③ 최근에는 온라인조사 기관을 통해 대규모로 구성되고 있다.

④ 횡단조사보다 신뢰성 있고, 상대적으로 많은 정보를 얻을 수 있다.

(2) 신디케이트 조사

① 시장조사 전문기관이나 회사에서 수집한 자료를 정리, 분석하여 재판매하는 것이며 이미 만들어진 자료로 2차 자료이다.

② 다양한 제품에 대한 동향, 고객반응, 경쟁사에 관한 정보, 온라인 설문조사 등 마케팅 의사결정에 필요한 정보를 기업에 판매한다.(예 : TV시청률 조사, 조비자 패널 조사, 미디어 조사 등)

(3) 옴니버스 조사

많은 정보를 반복적으로 조사하는 단점을 보완하기 위해 하나의 조사에 여러 기업들이 함께 참여하는 대규모 표본조사 방법이다.

(4) 회장법(Central Location Test)

① 조사 방법 및 특징

  가. 응답자들이 일정 시간, 조사 장소에 자유롭게 방문하도록 혹은 지나가는 사람들을 무작위 대상으로 진행하는 방법으로 Hall Test라고도 한다.

  나. 실제 소비자와 구매상황과 유사한 상황에서 조사를 하는 것이 바람직하다.

  다. 시제품, 광고 카피 등을 통해 소비자 반응을 조사하기도 한다.

  라. 표본 규모는 150~300명 정도이다.

② CLT의 장점 및 단점

  가. 비교적 간단하고 신속한 조사가 가능하다.

  나. 표본의 무작위추출로 대표성이 결여되어 있다.

  다. 응답자에게 긴 시간을 요구할 수 없으므로 질문은 간단하게 해야 한다.

  라. 응답자가 자리를 떠난 후, 추가적인 질문이나 설문지 수정이 불가하므로 철저한 사전 준비가 필요하다.

(5) 갱서베이조사

① 조사 방법 및 특징

  가. 상업적 마케팅 조사 기법으로 정해진 시간과 장소에 모이도록 한 뒤, 서베이 형식의 자료를 수집하는 조사 방식이다.

  나. 신제품 컨셉 테스트, 시제품 테스트, 광고물 테스트 등에 이용한다.

  다. 표본 규모는 30~50명 정도이다.

② 갱서베이조사의 장점

  가. 구체적인 마케팅 변수에 대한 양질의 자료 수집이 가능하고, 조사과정에서 비밀유지가 가능하다.

  나. 다양한 보조물의 활용이 가능해서 복잡하거나 난해한 설문 구성도 가능하다.

  다. 신상품 수용도 조사에서도 양질의 자료를 얻을 수 있으며, 가격민감도 조사도 효과적으로 실시할 수 있다.

  라. 시장세분화와 포지셔닝을 더욱 정교하게 하고자 할 경우에 효과적이다.

③ 갱서베이조사의 단점

  가. 대표성 있는 표본추출이 어렵고, 마땅한 시설을 갖춘 공간을 찾기 어렵다.

  나. 답변의 성실성이 떨어질 수 있다.

  라. 조사과정에서 상당한 전문지식과 경험이 요구된다.

마. 각종 보조물이 충분히 준비되어야 하고, 표본당 비용이 높다.

(6) HUT(Home Use Test)

① HUT조사 방법 및 특징

　　가. 소비자에게 상품을 나눠주고 장기간 사용한 후 소비자 반응을 조사하는 방법으로 가정 유치조사(Home placement test)라고도 한다.

　　나. 장기간에 걸친 조사이므로 자료의 정확한 조사를 위해 응답자의 선발 관리가 중요하다.

② HUT조사의 장점 및 단점

　　가. 기업의 제품을 직접 사용하기 때문에 개선사항이나 불만사항을 정확하게 파악할 수 있다.

　　나. 직접 체험한 경험을 바탕으로 이루어지기 때문에 일반 소비자의 입장을 파악할 수 있다.

　　다. 제품에 대해 자세한 정보를 제공하지 않을 경우, 오사용이나 무지로 인해 조사결과가 달라질 수 있다.

　　라. 신제품에 대한 정보나 기밀이 경쟁사 등에 유출될 가능성이 높다.

참고

웹 조사(인터넷 조사)
① 개념 : 온라인상에서 이루어지는 각종 조사 자료를 의미함
② 장점
　- 신속한 응답자료 수집 및 코딩시간을 단축시킴
　- 저렴한 비용(다수를 대상으로 할 때 효과적)임
　- 응답률, 경향 등을 실시간으로 모니터링하여 진행상황에 대응함
　- 개략적인 설문결과 분석 자료를 자동화된 시스템으로 제공함
③ 단점
　- 설문조사 성격에 따라 조사결과에 대한 신뢰도 확보가 어려움
　- 문항이 많고 복잡할 경우 응답률의 저하가 발생됨
　- 가독성의 문제로 종이문서에 비해 응답자의 문항 이해도가 저하됨

Chapter 03 핵심 예상문제

1. 광화문 광장 신설에 대한 서울시민들의 의견을 조사하기 위하여 설문지를 우편으로 보내서 자료를 수집하기로 하였다. 이러한 경우에 설문지의 회수율을 높이기 위하여 사용할 수 있는 방법 중 가장 거리가 먼 것은?

① 설문지 응답자 중 추첨을 통해 선물을 보내준다는 사실을 적어서 설문지와 함께 보낸다.

② 설문 내용에 하나라도 체크가 되지 않은 부분이 있다면 응답자에게 다시 발송됨을 설문지에 명기한다.

③ 설문조사에 대한 시민 참여를 극대화하기 위해 대중매체를 이요하여 홍보를 지속적으로 한다.

④ 설문지를 다 작성하여 우편을 보낸 모든 응답자에게 서울시에서 제공하는 편의시설 이용권을 발송해 준다.

> 정답▶ ②
> 해설▶ 우편조사 시 설문지의 회수율을 높이기 위한 방법으로는 대상자에게 선물을 제공해 준다거나, 설문지 반송 기한을 기재하는 방법, 표지 등의 디자인에 신경을 써서 가시성을 높이고, 설문지 발송 후 다시 한 번 응답을 요청하는 등의 후속조치를 하는 방법 등이 있다.

2. 다음은 주요 자료수집방법의 비교표이다. ( ) 안에 들어갈 내용으로 알맞은 것은?

기준	개별면접조사	전화조사	우편조사
비용	(A)	중간	낮다
면접자 편향	중간	(B)	없다
시간소요	낮다	높다	(C)
익명성	낮다	낮다	높다

① A : 높다, B : 낮다, C : 낮다

② A : 낮다, B : 높다, C : 낮다

③ A : 낮다, B : 낮다, C : 높다

④ A : 높다, B : 높다, C : 낮다

> 정답▶ ①
> 해설▶ 개별면접조사의 경우 조사자가 직접 응답자를 만나야 하므로 비용이 가장 높으며, 전화조사는 면접조사보다 조사자의 편향이 낮은 편이다.

3. 비표준화 면접에 비해 표준화 면접이 가지는 장점이 아닌 것은?

① 반복적인 면접이 가능하다.

② 면접상황에 대한 적응도가 높다.

③ 면접 결과의 숫자화 측정이 용이하다.

④ 조사자의 행동이 통일성을 갖게 된다.

> 정답▶ ②
> 해설▶ 비표준화 면접은 구조화되어 있으며, 조사 목적에 적합하다고 판단이 되면 상황에 따라 어떠한 방법으로든지 변경할 수 있는 자유로운 면접법이다. 자유응답식의 경우 면접자에게 자유재량권이 부여되도 한다.

4. 응답자가 질문에 대해 자신의 의견을 제약없이 표현할 수 있도록 해주는 질문 형태는?

① 자유응답형 질문

② 다지선다형 질문

③ 양자택일형 질문

④ 집단토의형 질문

> 정답▶ ①
> 해설▶ 개방형 질문의 유형에는 자유응답형, 문자완성형, 투사기법 질문 등이 있으며 문제는 자유응답형 질문에 대한 설명으로 자유롭게 응답자의 의견을 들을 수 있다는 장점이 있다.

5. 시장조사를 위한 면접조사 시 발생되는 단점으로 거리가 먼 것은?

① 면접을 적용할 수 있는 지리적인 한계가 있다.

② 비언어적인 커뮤니케이션보다 언어적인 커뮤니케이션만을 통해 자료를 수집한다.

③ 면접자를 훈련하는 데 많은 비용이 소요된다.

④ 응답자들이 자신의 익명성 보장에 대해 염려할 소지가 있다.

> 정답▶ ②
> 해설▶ 면접조사는 조사자가 직접 응답자를 만나 조사를 진행하는 것으로, 언어적 커뮤니케이션뿐 아니라 조사자의 태도 등 비언어적 커뮤니케이션에 관한 자료를 수집할 수 있다.

6. 효과적인 전화조사를 위한 커뮤니케이션 방법으로 적합하지 않은 것은?

① 질문에 대하여 효과적으로 답변할 수 있도록 조사자가 생각하는 답을 사전에 응답자에게 언급한다.

② 응답자가 질문 내용을 명확하게 알아들을 수 있도록 해야 한다.

③ 응답자를 후원하고 격려하여 응답자가 편안한 분위기에서 응답할 수 있도록 한다.

④ 응답자의 대답을 반복하거나 복창하여 답변을 확인한다.

> 정답▶ ①
> 해설▶ 조사자가 사전에 응답자에게 답변을 유도하는 등의 언급을 할 경우, 설문과정에 편견이 생기고 응답자로부터 정확하고 솔직한 의견을 듣기 어렵다.

7. 조사자가 토론할 주제나 문제에 대해 설명을 하고 토론 및 면접의 형식을 통하여 주제에 대한 질문이나 토론을 이끌어가며 응답자의 반응을 기록하는 의사소통방법은?

① 대인면접법　　　　　　　　　② 전화면접법
③ 우편면접법　　　　　　　　　④ 인터넷면접

> 정답▶ ①
> 해설▶ 대인면접법은 훈련받은 조사자가 설문지를 토대로 묻고 응답을 기록하는 방법으로 시각적인 자료 활용으로 질문에 대한 오해 없이 이해하기 쉽도록 도와줄 수 있으나, 비용이 많이 소요된다는 단점이 있다.

8. 우편조사의 회수율을 높이기 위한 노력과 효율적인 비용측면에 대한 내용으로 거리가 가장 먼 것은?

① 예비조사를 통해 회수율을 사전 예측하고 추가 계획을 수립한다.

② 설문지 발송 후 일정기간이 지나면 설문지와 반송 봉투를 다시 발송한다.

③ 응답된 설문지에 대해 각종 이벤트에 참석할 수 있도록 기회를 제공한다.

④ 고객에게 우편을 보냄과 동시에 동일한 내용을 전화상으로 설명하여 고객의 이해를 돕는다.

> 정답▶ ④
> 해설▶ 회수율을 높이기 위한 목적으로 판단했을 때, ④는 우편조사와 함께 전화조사를 실시하는 것으로 비용측면에서 효율적이라고 할 수 없다.

9. 대구, 부산, 전주에 있는 주부들을 대상으로 자주 이용하는 대형마트를 단기간 내 조사 완료해야 할 때 가장 적합한 자료수집방법은?

① 방문조사   ② 면접조사

③ 전화조사   ④ 관찰조사

> 정답▶ ③
> 해설▶ 전화조사는 지역의 한계를 극복, 전국적으로 조사가 가능하며, 면접, 우편조사에 비해 비용이나 시간을 줄일 수 있고, 정보를 가장 빠르게 입수할 수 있어 여론조사에 많이 사용되고 있다. 문제에서처럼 각기 다른 지역에 있는 소비자를 대상으로 단기간 조사하기에는 전화조사가 가장 적합하다.

10. 면접조사의 장점으로 옳지 않은 것은?

① 면접자가 응답자의 상황에 따라 대화 분위기를 자연스럽게 조절할 수 있다.

② 대화를 통한 응답자의 적극적인 참여 유도가 가능하다.

③ 면접의 오류, 오해를 극소화할 수 있다.

④ 면접의 특성에 따라 즉석에서 대답할 수 없는 경우가 발생될 수 있다.

> 정답▶ ④
> 해설▶ 면접자를 직접 대면하고 있기 때문에 지극히 개인적인 질문이나 민감한 질문은 바로 답하기 어려운 단점이 있다.

11. 전화조사의 장점에 관한 설명으로 잘못된 것은?

① 개별면접 방법보다 시간과 비용 면에서 경제적이다.

② 심층조사가 가능하여 자료수집이 용이하다.

③ 응답자들이 면접자와의 대면적 조사방법에서 느끼는 불편감을 제거할 수 있다.

④ 조사자의 질문방법에 따라 조사결과에 영향을 미쳐 서로 다른 결과를 가져올 위험이 있다.

> 정답▶ ②
> 해설▶ 전화라는 수단으로 정해진 시간 내에 조사를 마쳐야 하기 때문에 깊이 있게 심층적인 조사는 어렵다.

12. 자료를 수집할 때 사용될 수 있는 방법 중 시간이 적게 들고, 면접자에 대한 감독이 용이하며, 컴퓨터 기술 사용이 가능한 조사방법은?

① 개별면접조사   ② 전화조사
③ 우편조사   ④ 패널조사

> 정답▶ ②
> 해설▶ 전화조사는 녹취 모니터링 등의 감독 시스템을 갖출 수 있어 면접자 감독이 용이하고, 시간과 비용을 절약할 수 있는 조사 방법이다.

13. 자료 수집 방법 중 면접 조사에 대한 설명으로 틀린 것은?

① 조사자를 직접 대면하기 때문에 탐색질문이나 보조설명이 가능하여 융통성이 높은 편이다.
② 관찰조사를 병행하여 실시할 수 있다.
③ 1:1 혹은 1:다수로 진행이 가능하다.
④ 응답자의 태도나 감정 등은 파악하기 어렵다.

> 정답▶ ④
> 해설▶ 면접조사는 전화나 우편조사 등으로는 확인이 어려운 응답자의 태도나 감정등을 파악할 수 있다.

14. 다음 중 온라인 조사(웹 조사)에 대한 설명으로 옳은 것은?

① 신속한 응답자료의 수집과 코딩시간 단축이 가능하다.
② 비용과 시간이 많이 소요된다.
③ 응답률 등의 실시간 모니터링이 쉽지 않다.
④ 설문조사 성격에 따라 조사결과에 대한 신뢰도 확보가 확실하다.

> 정답▶ ①
> 해설▶ 온라인 조사는 신속한 응답자료의 수집과 코딩시간 단축이 가능하며 응답률 등을 실시간으로 모니터링하여 진행상황에 대비할 수 있다.

15. 다음 중 우편조사 회수율 향상 방안으로 옳지 않은 것은?

① 대상자들에게 선물을 제공한다.

② 설문지 반송 기한을 기재한다.

③ 표지 등의 디자인에 신경을 써서 가시성을 높인다.

④ 마감기한쯤 회수에 대한 독촉 전화를 한다.

> 정답▶ ④
>
> 해설▶ 회수에 대한 독촉 전화는 오히려 우편조사에 대한 반감을 불러 일으킬 수 있다.

16. 다음이 설명하고 있는 조사방법은 무엇인가?

> 시장 조사 전문기간이나 회사에서 수집한 자료를 정리, 분석하여 재판매하는 것이며 이미 만들어진 자료로 2차 자료이다. 또한 다양한 제품에 대한 동향, 고객반응, 경쟁사에 관한 정보, 온라인 설문조사 등 마케팅 의사결정에 필요한 정보를 기업에 판매한다.

① 회장법

② 신디케이트 조사

③ 옴니버스 조사

④ 소비자 패널 조사

> 정답▶ ②
>
> 해설▶ 신디케이트 조사에 대한 설명이다.

Chapter 04

자료의 측정

- 자료 측정 방법 · 오차
- 척도의 종류 및 개념과 특징
- 측정의 신뢰성과 타당성
- 신뢰도 검증 방법

01. 자료의 측정

1. 측정의 정의 및 목적

(1) 측정의 정의 및 특성

① 어떤 사실이나 특성에 대해 수치, 기호로 나타내며 값을 부여하는 과정이다.

② 통계적인 분석은 수치의 형태를 통해서만 가능하기 때문에 대부분 수치로 다룬다.

③ 여러 과정에서 얻은 결과 중 추상적인 개념을 구체적으로 표현하기 위해 타당성과 신뢰성이 높은 측정이 요구된다.

(2) 측정의 기능

① 표준화 기능

측정은 관찰한 사항에 대해 주관적인 판단이 아닌, 객관적인 것이 되도록 입증해 주며, 개념에 대한 측정을 통해 검증을 거쳐 이론을 표준화, 일반화시킬 수 있도록 해준다.

② 계량화 기능

수량화 기능이라고도 하며 측정은 다양한 특성을 수나 기호로 표현한다. 이는 통계적인 분석을 가능토록 해준다.

③ 일치의 기능

조화 기능이라고도 하며, 추상적인 개념을 현실 세계와 일치, 조화시키는 측정의 규칙이다.

④ 반복의 기능

측정은 조사를 통하여 다른 사람들에게 전달함으로써 반복적으로 그 결과에 대해 확인, 의사소통할 수 있는 역할을 한다.

(3) 측정 오차의 종류

① 측정 오차

가. 측정 대상의 실제 값과 측정값 사이의 차이를 말한다.

나. 타당성과 관련 있는 체계적인 오차와 신뢰성과 관련 있는 비체계적인 오차로 나뉜다.

다. 체계적 오류와 비체계적 오류는 척도의 타당성, 신뢰성과 연결된다.

② 체계적 오류

가. 척도 자체가 잘못되어 발생하는 오류

나. 체계적인 오류가 적을수록 객관적으로 정확하다고 해석할 수 있고, 그 척도는 타당성이 높다고 판단할 수 있다.

다. 체계적인 오차를 줄이게 되면 타당성은 높아진다.

라. 수치가 잘못된 자를 이용하여 길이를 재는 경우, 설문지 자체에 오류가 있는 경우 등이 포함된다.

③ 비체계적 오차

가. 측정과정, 즉 측정하는 사람이나 상황으로 인해 발생하는 오류

나. 비체계적인 오류가 적다는 것은 측정할 때마다 유사한 값이 나타난다는 뜻으로 신뢰성이 높은 척도라고 해석할 수 있다.

다. 정확한 근거를 알지 못하는 경우가 많고, 통제가 불가능하다.

라. 측정자 등의 일관성 없는 태도 등이 포함된다.

2. 척도의 종류

(1) 척도의 의미

① 조사 시 관찰된 현상에 대해 하나의 값을 할당시키기 위해 사용되는 측정의 수준을 말하며 측정하는 도구를 뜻한다.

② 척도는 다양한 형태로 개발될 수 있기 때문에 마케팅 조사에서 만들어질 수 있는 척도는 셀 수 없을 만큼 많다.

(2) 척도의 유형

척도가 나타내는 정보의 양에 따라 명목척도, 서열척도, 간격척도, 비율척도로 나뉘며, 비율척도 〉 등간척도 〉 서열척도 〉 명목척도 순으로 많은 양의 정보를 가지고 있다.

① 명목척도

　가. 명목척도의 개념 및 특성

　　A. 가장 간단한 척도로서 응답 대안에 임의적으로 숫자를 부여하는 척도이다.

　　B. 조사 대상을 분류하기 위해 사용되는 수치이며, 대표적으로 운동선수의 등번호, 아파트 동 호수, 주민번호 뒷자리 등이 있다.

　나. 명목척도의 특징

　　A. 숫자 그 자체만으로 크고, 작음을 의미하지 않는다.

　　B. 명목척도의 수는 범주나 부류의 역할을 하며 부류된 것은 상호 배타적이어야 한다.

　　C. 서열이나 수치간의 거리는 아무 의미가 없으며, 명목척도로 수집된 자료들 사이의 평균 또한 아무 의미가 없다.

정리

명목척도

　단순히 다른 속성들을 갖는 변수를 기술하는 측정수준을 말한다. 명목척도는 남녀성별, 결혼여부, 출신지역, 인종, 운동선수 등 번호처럼 상호 다르다는 것을 표시하는 척도로 측정대상간의 크기를 나타내거나 더하기 빼기를 할 수 없으며, 설령 하더라도 의미 있는 결과가 도출되지 않는다.

② 서열척도

　가. 서열척도의 개념 및 특성

　　A. 순서척도, 순위척도라고도 한다.

　　B. 해당 대상들간의 순위 개념을 측정하기 위해 사용되며, 대표적으로 학급의 성적순, 회사의 제품 선호도 조사, 학급의 키 순서대로 부여한 번호 등이 있다.

　나. 서열척도의 특징

　　A. 숫자간의 차이는 절대적인 의미를 갖지 않으며, 빈도수는 의미가 없다.

B. 각 척도는 서로 상호배반적이지 않고, 동일한 순서를 부여할 수 있다.

C. 명목척도와 동일하게 평균, 표준편차에는 아무런 의미가 없다.

D. 각 응답은 서열의 정보와 범주의 정보를 가지고 있으며 순서에도 의미는 있으나 수치 간의 차이는 없다.

정리 🔒

서열척도

측정대상간의 순서관계를 통해 상대적 중요성을 밝혀주는 척도를 말한다. 서열척도에서 서열은 측정 가능하지만 서열 간의 차이는 측정을 할 수 없다.
(예) 강의 만족도, 학점, 석차, 선호도, 사회계층, 장애 정도 등)

③ 등간(간격)척도

가. 등간척도의 개념

A. 서열의 정보와 거리의 정보를 나타내는 척도이다.

B. 측정값들은 일정하고 동일한 간격을 가지고 있으며 온도, IQ, 시각 등이 포함된다.

나. 등간척도의 특징

A. 숫자 간의 차이는 절대적인 의미를 갖고 있으며 각 숫자는 범주, 서열, 거리에 대한 정보를 가지고 있다.

B. 명목척도와 서열척도의 특수성을 가지고 있다.

C. 절대 "0"의 개념은 없다. 예를 들어, 온도가 0도라는 것이 온도 자체가 없음(無)이라는 뜻이 결코 아니다.

D. 측정 간격은 정해져 있는 것이 아니며, 자의적으로 만들어진다.

정리 🔒

등간척도(구간척도)

측정대상의 순서뿐만이 아니라 측정대상의 정확한 간격을 알 수 있는 것을 등간척도라고 한다. 서열척도에 '거리'라는 개념이 더해진 것으로 값 간의 차이가 있어 자료가 가지는 특성의 양에 따라 순위를 매길 수 있다. 등간척도는 자료간의 양적 차이는 알 수 있지만 양의 절대적 크기는 알 수가 없다(예) 온도, 물가지수, 대학 학년, IQ 등).

④ 비율척도

　가. 비율척도의 개념

　　A. 대상의 직접적인 상태를 측정하는 것이다.

　　B. 거리, 범주, 서열의 정보에 비율의 정보를 추가적으로 나타내는 척도이며 가장 상위의 척도로 가장 많은 정보를 가지고 있다. 키, 몸무게, 나이, 가격, 분기별 매출 등이 포함된다.

　나. 비율척도의 특징

　　A. 등간(간격)척도의 장점을 가지고 있고, 비율척도에서는 "0"이 존재하기 때문에 측정값의 상대적인 비교가 가능하다.

　　B. 척도점의 의미를 누구나 동일하게 인식하며, 모든 통계기법 사용이 가능하다.

정리 🔒

> **비율척도**
>
> 　가장 포괄적인 정보를 제공하는 최상위 수준의 측정척도로 등간척도의 모든 정보를 제공하면서 절대영점을 가진다. 따라서 측정된 두 값 차이뿐만 아니라 두 값의 비교도 의미가 있다.
> （예 소득, 시간, 체중, 가격 등）

(3) 척도의 구성

① 리커트 척도법(총화평정법)

　가. 어떤 사실이나 대상에 관해 응답자가 동의하거나 동의하지 않는 정도를 표시하는 것으로, 보통 5점 척도를 사용한다.

　나. 전체 문항과 개별 문항들은 서로 간에 높은 상관관계가 있어야 한다.

　다. 어떠한 대상이나 태도에 대한 진술을 나타내는 항목 부분(item part)과 '전혀 동의하지 않는다'에서 '전적으로 동의한다'까지의 범위를 나타내는 평가 부분(evaluative part)으로 나뉜다.

　라. 리커트 척도법은 설문 자체를 만들고 관리, 해석하기 쉬우며, 면접자 등의 주관이 배제된다는 점이 장점이다.

　마. 응답자들이 이해하기 쉽기 때문에 전화, 우편조사 등에 많이 사용한다.

② 보가더스 척도법

　가. 인종, 사회계급 등 사회집단에 대한 사회적 거리(집단 간의 친밀 정도)를 측정하는 척도이며, 미국 내 소수민족에 대한 미국인들의 태도 측정에 활용되기도 했다.

나. 본조사보다 예비조사에 사용되고, 짧은 시간에 조사를 마쳐야 하는 경우에 이용되며, 적용 범위가 넓다.

다. 가장 친밀한 진술에서 시작하여 점차적으로 가장 위협적인 진술로 진행된다.

정리 🔒

보가더스 척도

누적 척도의 일종으로 E. S. Bogardus가 여러 형태의 사회집단 및 추상적 사회가치의 사회적 거리를 측정하기 위해 개발한 방법으로 사회집단 등의 대상에 대한 친밀감 및 무관심의 정도를 측정한다. 주로 인종, 민족 또는 사회계층간 사회 심리적 거리감을 측정하기 위해 사용되는 사회적 거리척도로 사용하고 있다.

③ 서스톤 척도법(등현등간 척도)

가. 등간척도의 방법으로, 어떤 사실에 대해 가장 우호적인 태도와 가장 비우호적인 태도를 나타내는 양극단을 등간격 구분하여 수치를 부여한다.

나. 각 문항의 가중치를 합하고, 평균을 낼 수 있으나 질문의 등간격을 내기 어렵고, 평가자의 편견이 개입될 가능성이 있으며, 많은 비용과 시간이 소요된다.

다. 많은 수의 의견을 수집하거나 문항의 등간격 확보가 어렵다.

정리 🔒

등간척도(등현등간 척도)

평가자를 사용하여 척도상에 위치한 항목들을 어디에 배치할 것인가를 판단한 후 다음 조사자가 이를 바탕으로 척도에 포함된 적절한 항목들을 선정하여 척도를 구성하는 방법으로 서스톤이 개발한 척도라 하여 '서스톤 척도'라고도 불린다.

④ 거트만 척도법

가. 누적척도라고도 하며, 태도 유형을 측정하기 위한 척도법이다.

나. 문항을 순서대로 일관성 있게 배열하는 것이 중요하다.

다. 강한 태도에 긍정적인 생각을 가진 사람들은 약한 태도를 나타내는 문항에 대해서도 긍정적일 것이라는 논리로 구성된 척도이다.

⑤ 소시오메트리 척도

가. Moreno가 개발한 방법으로 구성원간의 친화와 반발을 조사하며 주로 소집단 내에서 사람들 사이에 맺어지는 인간관계 측정 시 많이 이용된다.

나. 심리학, 사회학 분야에 주로 이용되고 있다.

다. 보가더스척도가 집단간의 거리를 측정한다면, 소시오메트리척도는 집단 내 구성원들간의 거리를 측정한다는 점이 가장 큰 차이점이다.

정리 🔒

소시오메트리 척도

　모집단 구성원간의 거리를 측정하는 방법으로 J. L. Moreno가 중심이 되어 인간관계의 측정방법 등에 사용하여 발전시켰다. 방법은 대개 소집단 혹은 작은 규모의 지역공동체에서 사람들 사이의 상호관계 · 상호작용 · 의사소통 · 리더십 · 사기 · 사회적응 · 사회적 지위 · 집단구조 등을 알아보는 데 사용한다.

---

⑥ 평정척도

가. 평가자가 측정 대상을 연속성을 전제로 하며 등급 방식에 의해 평가한다.

나. 평가자, 평가대상, 연속성을 평정척도의 3요소라고 한다.

다. 문항을 만들어 사용하기 쉽고, 시간과 비용이 많이 투입되지 않는다. 또한 적용 범위가 넓다는 장점이 있다.

라. 사람마다 다르게 이해, 해석할 수 있는 용어는 피해야 하며 모든 관찰자가 쉽게 관찰할 수 없는 특성은 제외하는 것이 바람직하다.

마. 학급에서 성적을 "수, 우, 미, 양, 가", "A, B, C, D, E, F" 등으로 평가하는 방법 등이 포함된다.

바. 평정척도의 종류에는 수적평정척도, 기술평정척도, 도식평정척도가 있다.

정리 🔒

평정척도

　평가자가 측정 대상의 속성이 연속선상의 한 점에 위치한다는 전제하에 일정한 기준에 따라 대상을 평가하고 그 속성을 구별하는 척도를 말한다. 평정척도는 기타의 다른 척도와 같이 측정 대상의 속성, 그 연속성을 고려하는 이외에 평가자척도라는 점에서 평가자의 문제를 고려한다.

---

⑦ 어의 구별 척도 : 어떠한 상황이나 대상이 개인에게 어떠한 느낌을 주는가를 측정하는 척도이다.

⑧ 의미 분화 척도 : 제시된 상반된 형용사들 중 어떤 것을 선택하는가를 측정하는 척도이다.

3. 측정의 신뢰성과 타당성

좋은 측정 도구가 갖추어야 할 두 가지 기준이 바로 타당성과 신뢰성이다. 측정 대상의 속성을 정확하게 반영하고 있다는 것을 타당성이라고 한다면, 측정 도구는 동일한 상황이나 다른 상황에서 측정하더라도 그 측정값은 늘 동일해야 하는 속성을 신뢰성이 있다고 한다.

(1) 타당성 개념 및 특성

① 측정 도구와 방법에 관한 개념으로 측정 도구가 측정하려는 현상을 얼마나 잘 반영하고 있는지에 대한 정도를 말한다.
② 어떠한 측정도구를 사용하느냐에 따라 측정 결과가 달라질 수 있으므로 타당성이 높은 측정 도구와 방법을 사용해야 한다.

(2) 측정에 대한 타당성 구분

① 구성개념 타당성
추상적 개념과 측정 지표 간의 일치하는 정도를 나타내며 구성개념 타당성은 동일한 개념에 대해 다른 측정방법으로 측정한 값의 높은 상관성 정도를 뜻하는 수렴적 타당성과 상이한 구성개념을 측정한 측정값 사이의 상관관계는 낮아야 한다는 판별 타당성이 있다.
② 기준 타당성(이해 타당성, 경험적 타당성)
타당성이 높은 측정 도구라면 측정 도구에 의해 나타난 결과가 이미 검증된 다른 기준과의 타당성도 상관관계가 있다는 것이다. 기준 타당성은 기준의 측정 시점이 더 미래로 미래에 발생할 사건을 얼마나 잘 예측하는가를 나타내는 예측적 타당성과 기준의 측정 시점이 현재로 척도와 변수 간의 관계가 동시에 평가되는 동시적 타당성으로 나뉜다.
③ 내용 타당성
측정 도구를 이용하여 측정하고자 하는 개념이 있을 때 많은 속성 중의 일부를 대표성있게 포함하고 있는가에 대한 부분으로 내용 타당성 정도는 주관적으로 판단할 수 밖에 없기에 구성개념과 이해가 있는 전문가가 판단을 내리도록 한다.

정리 🔒

◆ 신뢰도와 타당도

- 신뢰도 : 같은 검사를 반복 시행했을 때 측정값이 일관성 있게 나타나는 정도를 의미한다.
- 타당도 : 측정하고자 하는 사항을 측정했는지에 대한 문제이다.

(3) 실험설계에 대한 타당성 구분

내적타당성과 외적타당성으로 구분하며, 두 가지의 타당성을 모두 높게 가질 수 없는 상쇄관계(trade-off)이다. 조사의 목적에 맞게 선택하는 것이 바람직한데, 만일 이론적 조사로 정확성을 목적으로 한다면 내적타당성을 높이고, 조사 결과를 현장에 접목시킬 목적이라면 외적타당성을 높이도록 한다.

① 내적타당성

독립변수의 변화로 종속변수가 변했다면 내적타당성을 갖고 있다고 말할 수 있다는 개념으로 논리적인 타당성을 의미한다.

② 외적타당성

실험으로 밝혀진 인관관계가 실제상황에서도 동일하게 나타나는 정도를 뜻하며 현실과 실제적으로 어느 정도 일치하는가에 대한 판단이다. 현장 실험이 실험실 실험보다 높은 외적타당성을 갖고 있다.

(4) campbell & Stanley(1963)의 내적타당성을 저해하는 요소

① 특정사건의 영향

예상하지 못했던 사건이 발생하는 등 환경이 바뀌면 연구 결과가 다르게 나타날 수 있어 독립변수로 인한 종속변수의 변화라고 입증할만한 타당성이 약화된다.

② 성숙효과

인간은 시간이 경과하면서 자연적인 성숙을 하는데, 실험의 결과인 것처럼 보고되는 연구들이 있다. 시간의 경과로 인한 자연적인 성숙효과 등이 연구 설계에서 적절하게 통제되어야만 변수들 사이의 명확한 인과관계가 성립된다고 할 수 있다.

③ 시험효과

두 번 이상의 검사를 실시하는 연구들에서 사전검사 경험 자체가 사후에 실시되는 검사 결과에 영향을 미칠 가능성이 있다는 것이다.

④ 검사노구 효과

시험효과가 동일한 검사를 두 번 이상 실시했을 경우 나타나는 영향에 대한 문제라면, 검사도구 효과는 사전과 사후의 검사를 다른 검사도구, 다른 담당자로 인해 발생할 수 있는 저해요소이다.

⑤ 통계적 회귀

사전검사에서 발견된 저성취 수준의 참여 집단이 시간의 흐름만으로 평균값으로 접근하려는 회귀적 특성이 나타날 수 있는 요소이다.

⑥ 실험 대상을 마음대로 선정

연구자의 임의로 표본을 선택하여 발생하는 부분으로 표본을 잘못 선택하여 독립변수의 효과를 제대로 확인할 수 없음에 대한 부분이다.

⑦ 연구대상 손실

어떠한 원인이든 실험 중도에 탈락하고, 변경되는 경우가 있고, 나름대로 특성이 있는데 이것을 제외시킨 상태에서 실험 전과 후를 비교하는 것은 타당도를 저해할 수 있다는 것이다.

⑧ 확산 혹은 모방효과

실험집단과 통제집단 간 분리가 제대로 되지 않아 서로 모방을 하는 등의 변화로 두 집단 간의 차이가 불분명해지는 것을 말한다.

(5) 외적타당도 저해 요소

① 연구 표본의 대표성

대표성이 없는 표본을 선정하여 조사한 경우, 외적타당도가 떨어지며 실제 현실 상황과 유사해야 실험 결과를 일반화시킬 수 있다.

② 반작용 효과(Reactive Effects)

실험 대상자 스스로가 실험 대상이라는 것을 인식할 때 의식적인 반응이 나타나며 이 반응은 연구 결과에 영향을 미친다. 뿐만 아니라 조사자 역시 실험을 주도하면서 목적을 가지고 조사하며 부자연스러운 환경을 만들어 일반화시키기 어렵다는 것이다.

③ 독립변수간의 상호작용

(6) 타당성 향상 방법

① 마케팅의 전반적인 영역 뿐 아니라, 측정 대상인 구성개념이나 변수에 대해 정확하게 이해한다.

② 한 가지 측정 방법만을 사용하기보다 여러 측정 방법을 개발, 활용한다.

③ 명확하게 용어를 정의함으로써 응답자와 조사자의 개념에 대한 이해 차이가 없도록 한다.

④ 상관관계가 낮은 항목들은 제거하고, 높은 변수만을 측정한다.

⑤ 기존의 다른 연구에서 사용된 타당성을 인정받은 측정법을 사용한다.

⑥ 단일척도보다 두 개 이상의 다른 척도를 사용하여 집중 타당성을 평가한다.

⑦ 측정 대상에 대해 명확하게 알고 있는 사람이 척도를 개발, 평가하도록 한다.

(7) 신뢰성

① 동일한 개념을 반복 측정했을 때, 일관성 있는 결과를 보일 가능성을 뜻한다.

② 측정의 안정성, 일관성, 정확성이라고도 말할 수 있다.

(8) 타당성과 신뢰성 관계

① 타당성이 높은 측정은 항상 신뢰성이 높지만, 타당성이 낮다고 해서 신뢰성 또한 낮은 것은 아니다.

② 신뢰성이 높다고 해도 반드시 타당성도 높다는 것은 아니다

③ 신뢰성은 타당성이 되기 위한 선생 요건이며 필요조건이다. 따라서 신뢰성이 낮은 측정은 항상 타당도가 낮다.

(9) 측정의 신뢰성 향상 방법

① 구성 개념을 정확하게 이해한다.

② 높은 신뢰성으로 인정받는 측정법을 사용한다.

③ 시간과 경제적 여유가 있다면 반복 측정법을 사용한다.

④ 측정 항목의 수, 척도점의 수를 많이 늘린다.

⑤ 조사자의 면접 방식은 늘 일관되어야 하며 태도, 조사환경, 응답여건 등을 동일하게 한다.

⑥ 질문을 명확하게 하여 응답자별로 오해가 생기거나 해석이 상이하지 않도록 한다.

⑦ 응답자의 무성의한 응답, 일관성이 없는 응답은 배제시킨다.

⑧ 상호 영향을 줄 수 있는 질문은 분리하여 배치한다.

⑨ 동일한 척도는 모아서 배열한다.

신뢰도 검증방법

구분	내용
재검사법	• 가장 기초적인 신뢰성 검토 방법으로 어떤 시점을 측정한 후 일정기간 경과 후 동일한 측정도구로 동일한 응답자에게 재측정하여 그 결과의 상관관계를 계산하는 방법을 말한다. • 동일한 설문을 같은 응답자에게 2회 실시하는 방법이기 때문에 단순하지만 응답자의 기억효과로 신뢰도가 과대 추정될 소지가 있다.
반분법	• 설문의 문항을 양분하여 각각 채점하는 방법으로 한 설문지의 문항들을 반으로 나누어 구성된 두 부분의 상관 계수로부터 신뢰도의 추정값을 얻는다. • 간단하게 신뢰성을 검토할 수 있지만 어떤 특정 항목의 신뢰도를 정확하게 파악할 수 없다는 특징이 있다.
복수양식법	• 가장 유사한 측정도구를 이용하여 동일표본을 차례로 적용하여 신뢰도를 측정하는 방법을 말한다. • 어떤 특정 항목의 신뢰도를 정확히 파악할 수 없으며 동형검사 제작이 힘들다는 단점을 갖는다.
내적 일관성의 신뢰도	• 여러 개의 항목을 이용하여 동일한 개념을 측정하고자 할 때 신뢰도를 저해하는 요인을 제거한 후 신뢰도를 향상시키는 방법이다. • 하나의 문항을 하나의 설문지로 가정하는 것으로, 10문항이 있으면 설문조사를 10번 한 것처럼 가정한다. • 크론바하 알파계수(α)을 사용한다.

1. 다음과 같은 질문으로 얻은 측정치는 어떤 척도에 해당되는가?

> 귀사의 업종은 어디에 해당됩니까? (   )
> ① 기계류 ② 전자류 ③ 섬유류 ④ 식품류

① 명목척도   ② 서열척도

③ 등간척도   ④ 비율척도

> 정답▶ ①
> 해설▶ 위의 측정치는 연구 대상을 분류할 목적으로 임의적 숫자를 부여한 명목척도이며, 상호배반적이어야 하고, 서로 이율배반적이어야 한다.

2. 마케팅 조사 설계 시 내적 타당성을 저해하는 요소에 해당되지 않는 것은?

① 통계적 회귀   ② 특정사건의 영향

③ 사전검사의 영향   ④ 반작용 효과

> 정답▶ ④
> 해설▶ 내적타당성을 저해하는 그 외의 요소에는 성숙 또는 시간의 경과, 대상자 선정 편견, 치료의 확산 및 모방 등이 있으며, 반작용 효과는 외적타당성을 저해하는 요소이다.

3. 측정한 자료의 적합성을 검증하는 두 가지 주요한 기준으로 옳은 것은?

① 타당성과 신뢰성   ② 효율성과 효과성

③ 타당성과 효율성   ④ 효과성과 신뢰성

> 정답▶ ①
> 해설▶ 타당성은 측정한 자료가 적절한 목적 수집되었고, 일반화될 수 있는 결과인가를 나타내며, 신뢰성은 얼마나 일관성 있게 측정했는가에 대한 부분으로 이 두 가지는 측정 자료의 적합성을 검증하는 가장 중요한 기준이 된다.

4. 측정대상 간의 순서 관계를 밝혀주는 척도로써, 측정대상을 특정한 속성으로 판단하여 측정대상 간의 대소나 높고 낮음 등의 순위를 부여해주는 척도는?

① 명목척도
② 서열척도
③ 등간척도
④ 비율척도

정답▶ ②
해설▶ 서열척도는 순서척도, 순위척도라고도 하며, 해당 대상들 간의 순위 개념을 측정하기 위해 사용된다.

5. 다음 중 단순히 측정대상을 구분하기 위한 목적으로 숫자를 부여하는 데 사용되는 척도는?

① 명목척도
② 서열척도
③ 등간척도
④ 비율척도

정답▶ ①
해설▶ 명목척도는 대상들을 구분하기 위해 임의적으로 숫자를 부여한 것으로 순서나 크기의 의미가 없으며, 운동선수의 등 번호가 대표적이다.

6. 다음 중 내적타당도를 저해하는 요인이 아닌 것은?

① 특정사건의 영향
② 사전검사의 영향
③ 조사대상자의 차별적 선정
④ 반작용 효과(Reactive Effects)

정답▶ ④
해설▶ 반작용 효과(Reactive Effects)는 외적타당도를 저해하는 요인으로 실험자가 실험의 대상이라는 사실을 인식하며 의식적으로 반응함으로써 실험 결과에 영향을 준다는 것이다.

7. 집단뿐 아니라 개인 또는 추상적인 가치에 관해서 적용할 수 있으며, 집단 상호간의 거리를 측정하는 데 유용한 것은?

① 보가더스 척도　　　　　　② 거트만 척도
③ 소시오 메트리　　　　　　④ 서스톤 척도

> 정답▶ ①
> 해설▶ 보가더스 척도는 한 집단과 다른 집단 간의 거리감을 측정할 때 사용하며, 집단뿐 아니라 개인적인 가치에 대해서도 적용할 수 있다.

8. 측정의 신뢰성을 향상시킬 수 있는 방법으로 가장 적합하지 않은 것은?

① 설문지의 문항별 설명을 명확히 하여 응답자별로 해석상의 차이가 발생하지 않도록 한다.
② 조사원들에 대한 교육을 강화하여 설문을 명확히 이해하도록 하고, 질문 방식 등을 표준화시킨다.
③ 성의가 없거나 일관성 없게 응답한 경우 설문지 자체를 폐기시킴으로써 위험 요소를 없앤다.
④ 중요한 질문의 경우 반복 질문을 피함으로써 혼선을 피한다.

> 정답▶ ④
> 해설▶ 신뢰성은 어디서 누구에게 동일한 실험을 했을 때에도 동일한 결과를 얻는다는 특성을 가지고 있다. 시간과 경제적 여유가 있다면 중요한 질문의 경우 반복질문을 하도록 한다.

9. 측정의 수준에 따라 4가지 종류의 척도로 구분할 때, 가장 적은 정보를 갖는 척도부터 가장 많은 정보를 갖는 척도를 순서대로 나열한 것은?

① 명목척도, 비율척도, 등간척도, 서열척도
② 서열척도, 명목척도, 등간척도, 비율척도
③ 명목척도, 서열척도, 등간척도, 비율척도
④ 명목척도, 서열척도, 비율척도, 등간척도

10. 측정의 신뢰도와 타당도에 관한 설명으로 틀린 것은?

① 타당도는 측정하고자 하는 개념이나 속성을 정확히 측정하였는가의 정도를 의미한다.

② 신뢰도는 측정치와 실제치가 얼마나 일관성이 있는지를 나타내는 정도이다.

③ 타당성이 있는 측정은 항상 신뢰성이 있으며, 신뢰성이 없는 측정은 타당도가 보장되지 않는다.

④ 타당도 측정 시 외적타당도보다 내적타당도가 더 중요하다.

11. 다음 척도의 종류는?

> **[제품 디자인에 대한 평가]**
> 1 2 3 4 5 6 7
> 기능적이다. |—|—|—|—|—|—| 비기능적이다.
> 고급스럽다. |—|—|—|—|—|—| 대중적이다.
> 현대적이다. |—|—|—|—|—|—| 고전적이다.

① 서스톤 척도   ② 리커트 척도

③ 거트만 척도   ④ 의미분화 척도

12. 다음 중 신뢰도 검증 방법들 중 재검사법에 대한 설명 중 옳지 않은 것은?

① 가장 기초적인 신뢰성 검토 방법으로 어떤 시점을 측정한 후 일정기간 경과 후 동일한 측정 도구로 동일한 응답자에게 재측정하여 그 결과의 상관관계를 계산하는 방법을 말한다.

② 동일한 설문을 같은 응답자에게 2회 이상 실시한다.

③ 응답자의 기억효과로 신뢰도가 고대 추정될 소지가 있다.

④ 어떤 특정 항목의 신뢰도를 정확히 파악할 수 없으며 동형검사 제작이 힘들다는 단점을 갖는다.

정답▶ ④
해설▶ ④는 복수 양식법에 대한 설명이다.

---

13. 다음 설명은 무슨 척도에 대한 설명인가?

> 모집단 구성원간의 거리를 측정하는 방법으로 J.L. Moreno가 중심이 되어 인간관계의 측정방법 등에 사용하여 발전시켰다. 방법은 대개 소집단 혹은 작은 규모의 지역공동체에서 사람들 사이의 상호관계, 상호작용, 의사소통, 리더십, 사기, 사회적응, 사회적 지위, 집단구조 등을 알아보는 데 사용한다.

① 보가더스 척도

② 소시오메트리척도

③ 등간척도

④ 명목척도

정답▶ ②
해설▶ 소시오케트리척도에 대한 설명이다.

---

14. 다음 설명은 무슨 척도에 대한 설명인가?

> 소득, 시간, 체중, 가격 등의 가장 포괄적인 정볼ㄹ 제공하는 최상위 수준의 측정척도이다.

① 비율척도
② 소시오메트리척도
③ 리커트척도
④ 명목척도

정답▶ ①
해설▶ 비율척도에 대한 설명이다.

15. 자료를 측정함에 있어서 타당성 향상 방법에 대한 설명 중 옳지 않은 것은?

① 마케팅의 전반적인 영역 뿐 아니라 측정 대상인 구성개념이나 변수에 대해 정확하게 이해한다.
② 여러 측정 방법을 개발, 활용하기 보다는 한 가지 측정 방법만을 고수한다.
③ 상관관계가 낮은 항목들은 제거하고, 높은 변수만을 측정한다.
④ 측정 대상에 대하 명확하게 알고 있는 사람이 척도를 개발, 평가하도록 한다.

정답▶ ②
해설▶ 한 가지 측정 방법만을 사용하기보다 여러 측정 방법을 개발 활용한다.

텔레마케팅관리사
- 필기 -

제3과목

텔레마케팅 관리

Chapter 01 텔레마케팅 일반

반드시 알아야 할 *Key Concept*

- 텔레마케팅의 정의 · 분류
- CTI콜센터의 개념과 특징
- 국내 텔레마케팅 시장의 특성과 변화
- 텔레마케팅 도입 과정과 관련 용어

1. 텔레마케팅의 이해

(1) 텔레마케팅의 정의

텔레마케팅이란 텔레마케팅 커뮤니케이션과 마케팅의 합성어로 정보통신 매체를 활용하여 기업에서 생산한 제품 및 서비스를 고객에게 판매하는 수단을 일컫는다.

(2) 텔레마케팅의 목표

① 텔레마케팅은 최소의 경비로 편리하게 다양한 고객을 접촉할 수 있다는 장점이 있다. 적은 비용으로 경쟁사와 차별화된 마케팅 활동을 펼칠 수 있어, 비용은 절감하면서 효율은 극대화하는 것이 목표이다.

② 텔레마케팅은 고객과 기업 사이에 이루어지는 1:1마케팅 활동이다. 고객에게 정보를 제공하고, 마케팅 전략을 펼치기도 하지만 고객의 의견이나 정보, 불만 등에 반응할 수 있다는 장점이 있으며 고객의 욕구파악과 신속한 서비스를 제공하는 것이 목표이다.

③ 텔레마케팅 활동을 통해 시장 내에 기업의 이미지를 정확하게 파악하고 지속적인 커뮤니케이션을 통해 기업의 이미지 구축 및 새로운 시장개발을 통해 판매 전략 향상을 목표로 한다.

(3) 텔레마케팅 활용

① 고객 상담 서비스

기업의 상품 혹은 서비스를 구입한 기존고객들에 대한 사후 서비스의 개념으로 문의사항이나 의견, 불만 등을 상담해주는 활동을 하는 활동과 신규고객에게 판매 및 정보 제공을 위한 활동으로 이루어진다.

② 자료 수집 및 개발

①의 활동을 통해 수집된 정보는 차후 마케팅 활동에 적극적으로 활용할 수 있도록 데이터베이스화 하고, 이렇게 수집된 자료 및 정보들을 주기적으로 업데이트 하는 것이 중요하다.

③ 지속적인 고객 관계 구축

이탈 고객을 방지하고 고객과의 지속적인 관계를 위한 만족도 조사나 우수고객만을 위한 특별 이벤트를 진행할 때도 텔레마케팅이 활용된다.

④ 시장개발 및 판매 촉진

기업이나 상품에 대한 인지도를 조사하며 새로운 시장을 개발하거나, 휴면고객을 활성화시키는 활동을 한다. 또한 목표 시장에 대해 그동안 수집된 자료들을 바탕으로 판매 촉진 전략을 세우는 데 활용한다.

2. 텔레마케팅의 분류

(1) 대상 고객에 따른 분류

① 인바운드 텔레마케팅

가. 이미 구입한 상품들에 대해 불만, 상담, 의견 등을 가지고 고객이 직접 기업으로 전화를 걸면서 상담이 진행되는 텔레마케팅 방식이다.

나. 고객지향적인 서비스마인드가 절대적으로 요구되며, 경청과 공감의 자세로 고객의 문의사항 및 불만을 들어주는 자세가 필요하다.

다. 각 기업의 대표 고객 콜센터, 정부나 각종 민원 상담이 인바운드 고객상담의 대표적인 활용 분야이다.

② 아웃바운드 텔레마케팅

가. 신규고객 혹은 기존고객에게 판매나 정보 제공을 목적으로 기업에서 고객에게 전화를 걸면서 상담이 진행되는 텔레마케팅 방식이다.

나. 고객에게 호감을 주는 상담을 통해 판매로 유도할 수 있는 커뮤니케이션 능력이 요구되며, 적극적인 태도와 판매하고자 하는 상품에 대한 정확한 지식이 요

구된다.

　　다. 전화를 통한 보험 판매나 서비스 이용 고객들을 대상으로 하는 만족도 조사, 해피콜 등이 포함된다.

(2) 대상 고객에 따른 분류

① 소비자 텔레마케팅(B to C : Businesss to Consumer)

　　가. 일반 소비자를 대상으로 직접 진행되며, 고객의 통화 거부에 대해 적극성과 책임감을 가지고 통화할 수 있는 의사소통기술이 요구된다.

　　나. 판매 촉진, 시장조사, 고객서비스 제공 등을 목적으로 활용한다.

② 기업대상 텔레마케팅(B to B : Businesss to Businesss)

　　가. 일반 기업이나 단체를 대상으로 진행되며, 기업을 대상으로 활동하기 때문에 일반 소비자를 대상으로 하는 상담보다 더 전문적인 의사소통기술과 지식이 필요하다.

　　나. 자사의 상품 판매는 물론, 새로운 시장이나 유통 및 판매경로 확보 등을 위한 활동이다.

(3) 수행 주체에 따른 분류

① 사내 텔레마케팅(In-House Telemarketing)

　　가. 기업 본체에서 텔레마케팅 활동을 위한 여러 시스템과 인력, 공간을 가지고 활동하는 방식을 말한다.

　　나. 기업에서 직접 운영하기 때문에 소비자의 다양한 의견이나 반응을 신속하고 정확하게 파악할 수 있고, 유지가 안정적이라는 장점이 있으나 시스템 운영, 인력 채용 및 유지에 많은 비용이 소요된다는 단점이 있다.

　　다. 대부분의 고객 콜센터 등이 포함되며, 국내에서 사내 텔레마케팅 방식은 계속해서 감소하는 추세이다.

　　라. 장기적으로 텔레마케팅 활동을 할 계획이고 신규고객보다 지속적인 고객과 관계 구축을 바라는 기업, 텔레마케팅 관련 정보나 노하우를 축적하고 싶은 기업에게 적합하다.

② 외부대행 텔레마케팅(Agency Telemarketing)

　　가. 서비스 뷰로(Service bureau), 서비스 벤더(Service vendor), 텔레마케팅 에이전시 등으로 불린다.

나. 텔레마케팅 기획 및 운영, 관리 등을 전적으로 맡아 관리하는 텔레마케팅 대행 회사를 말한다.

다. 외부대행 텔레마케팅으로 운영할 경우, 초기 투입비용 절감과 전문성을 이용할 수 있으며, 신뢰성과 전문성을 등을 바탕으로 외부대행사를 선정해야 한다.

라. 텔레마케팅에 전문적인 지식과 인력이 부족하고, 시간이나 비용면에서 여유가 없는 경우, 비교적 대량의 콜을 수용해야 하는 경우, 텔레마케팅 활동을 비정기적·단기적으로 진행하려는 경우에 적합하다.

(4) CTI 콜센터

① CTI 콜센터의 개념 및 특징

가. CTI는, "Computer Telephony Integration"의 약자로 컴퓨터와 통신체계를 결합하여 텔레마케팅 활동을 펼치는 기술이다.

나. CTI 콜센터는 통합 콜센터라고도 하며, 인바운드 및 아웃바운드가 통합되어 효율적으로 콜센터를 운영할 수 있다.

다. 도입 이전에는 고객과 통화하며, 상담사가 고객의 인적사항 및 상담내용을 수기로 일일이 작성해야 했고, 고객과 통화하기 위해 기존 자료를 찾는 데 많은 시간을 할애해야 했다면 CTI 도입 이후에는 고객에게 전화가 걸려오면 자동으로 고객의 정보가 확인되어 시간 및 노력을 크게 요구하지 않게 되었다.

라. CTI 시스템의 도입으로 콜센터 인력 비용 절감 및 효율적인 관리가 가능해져서 상담원을 추가로 채용하지 않고도 콜을 수용할 수 있게 되었다.

마. 데이터베이스화 된 정보를 적극 활용하여 상세하고 정확한 마케팅 전략을 수립할 수 있게 되었다.

② CTI(Computer Telephony Integration)를 기반으로 하는 통합 콜센터

가. 기업에 발생하는 모든 콜의 양, 시간 등이 측정 가능하다.

나. 모든 착신번호 및 발신번호 저장이 가능하다.

다. 자동응답, 음성사서함, 상담원 연결 기능을 가지고 있다.

라. 통화품질향상 및 감독을 위한 제3자 통화나 통화 녹취가 가능하다.

마. 자료 전송 및 송신호에 대한 자동 정보제공 기능을 갖고 있다.

3. 국내 텔레마케팅 시장

(1) 텔레마케팅의 성공 요소

① 전문적인 텔레마케터의 채용 및 관리

모든 상담사는 각 기업을 대표하는 얼굴이라고 할 수 있다. 바른 인성은 물론 커뮤니케이션 능력을 갖춘 상담사를 채용하고, 기본적인 문제 해결 능력이나 전문적인 지식을 갖춘 상담사가 될 수 있도록 꾸준히 교육하며, 이직률이 높은 상담사의 직업 특성상 지속적인 동기부여로 인력을 관리하는 것이 필요하다.

② 데이터베이스 통합 및 활용

여러 도구 및 각종 조사로 수집되어 흩어져 있는 고객의 모든 자료를 모두 통합, 데이터베이스화 하고, 업무에 적합하게 활용하는 능력이 요구된다.

③ 전사적 텔레마케팅 전략 수립 및 활동

콜센터는 더 이상 고객의 문의나 민원을 상담하는 단순한 창구가 아니다. 신규고객 확보, 시장 개발, 전략적 마케팅 활동을 위한 핵심적인 역할을 하고 있으며 텔레마케팅을 통한 활동은 상담사 개인이 진행하는 것이 아닌, 기업의 전 부서와 직원이 가치를 깨닫고 활동하는 것이 필요하다.

④ 지속적인 고객과의 관계 구축

텔레마케팅의 가장 큰 목적은 고객과 지속적인 관계를 유지하면서 기업의 가치를 극대화하고 이미지를 구축하여 매출을 증대시키는 것이라고 할 수 있다. 고객에게 지속적인 접촉을 통해 만족감을 넘어선 즐거움을 주고 새로운 가치를 제공하며 고객의 충성도를 높여야 한다.

(2) 국내 텔레마케팅 시장의 변화

① 업무의 통합

최근 들어 인바운드와 아웃바운드의 업무를 모두 진행하는 통합 콜센터가 늘고 있으며 이는 CTI 기술의 도입으로 인한 결과로 업무의 효율성 및 생산성이 증가되었다.

② 외부대행 텔레마케팅(Out sourcing)의 증가

기업 자체에서 진행하는 In house 방식은 감소하고 있으며 비용 절감과 전문성을 위해 텔레마케팅 전문 대행사를 통하여 고객 콜센터를 운영하는 방식이 증가되면서 대규모의 전문 콜센터 대행사가 등장하고 있다.

③ 고객관리 구축의 집중화

고객생애가치[6]에 따른 지속적이고 관계지향적인 고객관리에 집중하고 있어서, 고객의 다양한 정보를 수집, 분석하는 데 많은 노력과 시간을 투자하고 있다.

④ 콜센터 전용 상품 개발

콜센터 전용 상품을 개발하여 판매활동을 강화하고 있다.

⑤ 데이터베이스 시스템 구축의 전문화

더욱 더 전문화된 데이터베이스 시스템을 구축하며 고객정보를 활용하고, 적극적인 판매활동을 전개하며, 이를 통해 생산성과 수익 증가를 이룬다.

4. 텔레마케팅 도입

(1) 텔레마케팅 도입 과정[7]

① 텔레마케팅의 목적 구체화

도입하고자 하는 텔레마케팅의 목적이 판매 촉진 수단인지, 고객상담 혹은 시장조사 등을 위한 수단인지 주목적을 구체적으로 설정해 보는 것이다. 기업의 텔레마케팅 목적에 따라 요구되는 인력 선발이나 필요한 시스템 및 데이터베이스가 다르므로 주목적을 먼저 구체화하도록 한다.

② 텔레마케팅으로 얻고자 하는 효과를 설정한다.

텔레마케팅을 도입하면서 얻고자 하는 효과를 정확하게 설정하는 단계이다. 매출증대, 신규고객 확보 등 궁극적으로 얻고자 하는 효과를 보다 정확하고 구체적으로 설정한다.

③ 예산을 검토한다.

외부대행사를 이용할 경우의 비용, 자체 콜센터 운영 시 필요한 시스템이나 공간확보, 인력 채용 및 교육에 필요한 예산을 검토하면서 소요되는 시간도 함께 고려한다.

④ 데이터베이스를 구축한다.

우선 1차 자료와 2차 자료를 통하여 고객리스트를 수집해야 한다. 수집된 고객리스트 등의 정보들이 텔레마케팅 목적에 적합한지, 최신의 것인지, 신뢰성이 있는 자료인지 점검하고 활용하도록 한다.

---

6) 고객생애가치(LTV)를 평가하기 위한 세부 구성요소
① 할인율 ② 공헌마진 ③ 마케팅비용
7) 일반적인 텔레마케팅의 전개 과정
기획 → 실행 → 반응 → 측정 → 평가

⑤ 텔레마케팅 전문 인력을 확보한다.

텔레마케팅의 성공 여부는 얼마나 전문적인 텔레마케터가 고객을 만나느냐에 달렸다고 해도 과언이 아니다. 선발과 채용에 관한 계획을 세우는 것은 물론이고, 텔레마케팅 전문 인력을 선발한 후에는 능력 향상을 위하여 꾸준한 교육 및 훈련을 실시해야 한다.

⑥ 텔레마케팅 체제 정비

고객상담에 필요한 스크립트를 작성하고, 센터 운영에 필요한 제품이나 서비스 매뉴얼, 텔레마케터 교육이나 훈련 매뉴얼을 제작해야 하는데, 이 때 실제 상담에 이용할 수 있도록 최대한 현장에 맞추어야 하며 업무나 시장의 변화 등에 따라 수정될 수 있어야 한다.

⑦ 시범운영 및 피드백

실제 운영 이전에 실제와 최대한 동일하게 시범적으로 운영해 보며 부족한 부분이나 문제점을 찾아내어 보완하고, 실제 운영으로 넘어간다.

(2) 텔레마케팅 관련 용어

- Abandoned Call(포기호)

통화량이 많은 상황으로 콜을 수용할 직원이 없을 때, 상담을 포기하고 전화를 끊는 것을 말한다.

- ACD(Automatic call Distribution)

상담원에게 균등하게 콜을 분배하는 기능으로, 자동 호(CAll) 분배 시스템이다.

- ARS(Automatic Response System)

자동응답시스템을 말하며, 24시간 연중 서비스가 제공될 수 있다.

- ANI(Automatic Number Identification)

착신된 전화번호를 자동으로 나타내주는 시스템으로 전화번호뿐 아니라 저장되어 있는 고객의 정보를 함께 신속하게 나타내주는 시스템이다.

- AID(Automatic Interaction Detection)

세분화되지 않은 다양한 리스트를 기준에 따라 세분화하기 위한 프로그램을 뜻한다.

- ADRPM(Automatic Dialing Recorded Message Player)

재프로그램화된 전화번호를 데이터베이스 기능에 의해 순차적으로 자동 다이얼링해서 녹음 메시지를 보내고 그 반응의 기록까지 처리하는 장치이다.

- Call Acount

  발신, 발신에 관한 모든 정보를 기록하고 제공하는 기능으로 전화번호, 통화 시간 등 모든 기록을 갖고 있다.

- Cold Call

  이전에 한번도 접촉이 없었던 대상에게 전화하여 상품을 판매하거나 홍보하는 것을 말한다.

- Call Routing

  지정된 전화번호로 자동 연결시키는 기능이다.

- List Cleaning

  수집한 고객 리스트의 최신성이 떨어지는 너무 예전의 자료이거나 변경된 부분이 많을 경우 수정, 보완하는 작업이다.

- List screening

  목적에 맞는 우량고객을 선정하는 작업을 의미한다.

- OR(Order Rate, 주문획득률)

  총 발신수 대비 주문 비율을 말한다.

- Order Processing(수주처리)

  텔레마케팅의 가장 핵심적인 업무로 전화 주문을 처리하는 것으로 교차판매, 업셀링 등을 진행한다.

- PBX(Private Branch Exchanger, 구내 전화교환기)

  사내에 조직별 혹은 개인별로 전화기와 번호 설정으로 내부, 외부 간 전화연결이 가능한 시스템이다.

- VMS(Voice Mail Service)

  상담사와 직접 연결이 안 되어도 메시지를 남길 수 있는 기능으로, 접수된 메시지는 상담사들에게 균등하게 배분된 후, 상담사가 고객과 통화 혹은 업무를 처리한다.

- IVR(Interactive Voice Response)

  콜이 인입되었을 때 자동으로 응답하고, 서비스가 시작되며, 고객 식별을 위한 정보를 입력하게 하는 기능을 한다.

- Screen Pop

  통화하는 고객의 정보가 조회되는 것으로 시간절약과 고객상담의 편의성을 제공한다.

- DIVA

  고객의 통화 목적에 맞게 전문상담사와 통화할 수 있도록 교환원이 없이도 연결해

주는 시스템이다.

- ACS(Automatic call Service)

    전화번호 저장과 다이얼링이 자동적으로 이루어지는 시스템 혹은 기기를 말하기도 한다.

- AAM(Automatic Answering Machine)

    자동응답장치로 메모리에 전화번호를 저장할 수 있다.

- Progressive Dial

    응대할 상담사가 있을 때 자동으로 전화 발신이 되어 상담사에게 연결하는 서비스 이다.

- WFMS(Work Force Management System)

    효율적인 업무를 위한 지원 시스템으로 콜 수요 예측과 인력계획을 기반으로 체계적인 업무 배분이 가능하도록 도와준다.

- FMS(Fax Mail Service)

    외부에서 전송된 팩스 문서를 상담사가 확인하고 고객의 업무를 처리하는 데 도움을 주는 서비스이다.

- Pre-call

    회원가입, 캠페인, 이벤트 등에서 사전에 보낸 메일을 수신한 고객에게 전화고지를 해서 개봉 촉진 또는 반응 효과를 향상시키기 위해 실시하는 것이다.

- Blocking Rate

    콜센터에서 이용 가능한 회선수가 충분치 않아 차단된 통화율을 의미한다.

- Wrap-up Time

    고객과 전화통화를 마친 후에 새로운 전화를 받아 처리할 때까지 이전 통화에서 일어났던 일을 마무리하는 데 필요한 평균시간을 나타내는 용어이다.

- Skill Based Call Routing

    상담원의 업무 숙련도에 따라 콜을 분배하는 기능으로 상담원의 직무능력을 평가하여 숙련도에 따른 등급을 책정하고 각각의 등급에 따라 적용하거나 콜센터의 특성에 맞게 활용한다.

1. CTI(computer telephony integration) 추가 기능 중 다음이 설명하고 있는 다이얼링 시스템은?

> 고객리스트가 데이터베이스로 형성되어 있어 상담원이 고객을 선택하면 자동적으로 전화를 걸어주는 기능이다. 이 기능은 전화통화를 하기 전에 고객의 전화번호뿐만 아니라 고객에 관련되는 고객속성, 이력정보 등을 컴퓨터 화면에 나타내 준다.

① 프리딕티브 다이얼링(predictive dialing)

② 프로그리시브 다이얼링(progressive dialing)

③ 프리뷰 다이얼링(preview dialing)

④ 트랜스퍼 다이얼링(transfer dialing)

> 정답▶ ③
> 해설▶ 상담사가 수동으로 전화를 하던 발신업무를 고객의 정보를 확인하고 자동으로 전화를 걸어주는 시스템을 프리뷰 다이얼링(preview dialing)이라고 한다.

2. 다음이 설명하고 있는 콜센터 시스템의 기능은?

> 상담원의 업무 숙련도에 따라 콜을 분배하는 기능으로 상담원의 직무능력을 평가하여 숙련도에 따른 등급을 책정하고 각각의 등급에 따라 적용하거나 콜센터의 특성에 맞게 활용한다.

① CTI 기능

② Call Blending 기능

③ 음성인식 기능

④ Skill Based Call Routing 기능

> 정답▶ ④
> 해설▶ Skill Based Call Routing 기능이 원활하게 이루어지기 위해서는 먼저 고객을 세분화하여 고객의 니즈를 파악한 후, 전담 상담사에게 연결되도록 한다. 시간의 절약과 서비스 수준 향상을 이룰 수 있다.

3. 고객과 전화통화를 마친 후에 새로운 전화를 받아 처리할 때까지 이전 통화에서 일어났던 일을 마무리하는 데 필요한 평균시간을 나타내는 용어는?

① Wrap-up Time
② Average Talk Time
③ Average Speed Answer
④ Average Handing Time

> 정답▶ ①
> 해설▶ ② Average Talk Time은 1명의 고객과 통화하는 평균 통화 시간을 뜻하며, ③ Average Speed Answer 는 얼마나 신속하게 전화를 받는지 신속성을 나타내는 것으로 평균응답속도를 말한다.

4. 텔레마케팅 운영방법 중 일반적으로 자체운영방식이 대행운영방식보다 더 비효율적인 경우는?

① 고객정보, DB의 외부유출 방지가 요구될 경우
② 텔레마케팅 교육 및 경험이 축적되어 있을 경우
③ 짧은 기간 집중적으로 고객과 통화해야 하는 경우
④ 새로운 고객이나 시장에 기술적인 상품을 아웃바운딩해야 하는 경우

> 정답▶ ③
> 해설▶ 3번의 경우에는 단기간에 상담원들이 고객들과 집중적으로 전담하여 상담하게 되는 것이므로 조직 자체 입장에서는 업무의 효율성이 떨어질 수 있다.
> 오히려 이런 경우에는 아웃소싱의 방식을 취하는 것이 적절하다.

5. 고객의 전화가 상담사에게 연결되는 동시에 상담사의 컴퓨터 화면에 고객 정보가 나타나는 기능은?

① 스크린 팝(Screen Pop)
② 음성 사서함(Voice Mail)
③ 다이얼링(Dialing)
④ 라우팅(Routing)

> 정답▶ ①
> 해설▶ 고객의 정보가 고객 연결과 동시에 나타나 확인할 수 있는 기능으로 고객의 일반적인 정보, 구입 이력, 기존 상담 내용을 확인할 수 있어 상담사는 정보들을 토대로 보다 신속하고 맞춤형 상담을 진행할 수 있다.

6. 텔레마케팅의 특성에 대한 설명으로 옳지 않은 것은?

① 공중통신망을 이용한 소극적 마케팅이다.
② 데이터베이스 마케팅 중심으로 수행한다.
③ 시스템과 유기적으로 결합해야 한다.
④ 고객의 LTV(Life Time Value)를 존중한다.

정답▶ ①
해설▶ 텔레마케팅은 전화 등의 통신수단을 활용한 적극적이고 역동적인 마케팅 수단이다.

7. 텔레마케팅 활용분야 중에서 아웃바운드 텔레마케팅에 해당하는 것은?

① 상품 판매
② 고객 불만 접수
③ A/S 접수
④ 전화번호 안내

정답▶ ①
해설▶ ②, ③, ④ 기존에 구입한 상품 및 서비스에 대한 일반 문의 등은 모두 인바운드 텔레마케팅 활동이다.

8. 회원가입, 캠페인, 이벤트 등을 실시할 때 사전에 보낸 메일을 수신한 고객에게 전화고지를 해서 개봉 촉진 또는 반응 효과를 향상시키기 위해 실시하는 것은?

① Pre-call
② Cold Call
③ Pay-per-call
④ Handled Call

정답▶ ①
해설▶ ② Cold Call은 기존에 접촉이 없었던 대상에게 처음으로 전화를 걸어 판매나 홍보를 하는 것이며 ③ Pay-per-call은 전화 연결 시, 건당으로 지불하는 방식을 말한다. ④ Handled Call은 중간에 끊기거나 포기하지 않고 상담사와 연결된 콜을 말한다.

9. 텔레마케팅(Telemarketing)에 관한 설명으로 옳지 않은 것은?

① 대중 마케팅을 목표로 한다.

② 원투원 마케팅을 지향한다.

③ 고객의 니즈를 충족하기 위해 쌍방향 커뮤니케이션을 진행한다.

④ 고객과의 관계유지에 중점을 둔다.

정답▶ ①

해설▶ 텔레마케팅은 대중(mass)이 아닌 개별 고객에게 초점을 맞춘다.

10. 텔레마케팅은 어떤 단어의 조합으로 만들어진 용어인가?

① Television + Marketing   ② Telephone + Marketing

③ Telecommunication + Marketing   ④ Tele-sale + Marketing

정답▶ ③

해설▶ Telemarketing은 Telecommunication과 Marketing의 합성어로, 전화기 등의 다양한 통신수단을 이용하여 판매촉진 등의 목적을 가지고 쌍방향으로 커뮤니케이션하는 활동을 말한다.

11. 다음 중 Agency Telemarketing의 특징이 아닌 것은?

① 막대한 고정 투자비가 소요된다.

② 짧은 기간 동안 많은 고객을 접촉해야 하는 기업이 채택하는 것이 바람직하다.

③ 텔레마케팅 활동의 전문성을 최대한 이용할 수 있다.

④ 서비스 뷰로 또는 서비스 벤더라고도 불리고 있다.

정답▶ ①

해설▶ 막대한 고정투자비는 In-house Telemarketing의 특징에 해당한다.

12. 다음이 설명하는 텔레마케팅 기능은 무엇인가?

> 콜이 인입되었을 때 자동으로 응답하고 서비스가 시작되며 고객 식별을 위한 정보를 입력하게 하는 기능을 한다.

① ACD
② IVR
③ Screen Pop
④ List Cleaning

정답▶ ②
해설▶ IVR에 관한 설명이다.

13. 사내 텔레마케팅에 관한 설명으로 옳지 않은 것은?

① 기업 본체에서 텔레마케팅 활동을 위한 여러 시스템과 인력, 공간을 가지고 활동하는 방식이다.
② 기업에서 직접 운영하기 때문에 소비자의 다양한 의견이나 반응을 신속하게 파악할 수 있다.
③ 신규고객보다 지속적인 고객과 관계 구축을 바라는 기업에게 적합하다.
④ 서비스 뷰로 또는 서비스 벤더라도 불린다.

정답▶ ④
해설▶ 외부대행 텔레마케팅에 대한 설명이다.

14. 텔레마케팅을 통한 판매 시 염두에 두어야 할 원칙 중 「80/20의 법칙」이란?

① 20%의 고객이 80%의 수익을 창출한다.
② 전화를 걸면 20%는 응답을 하고 80%는 거절을 한다.
③ 통화가 이루어진 고객 중 20%는 구매를 하고 80%는 구매를 하지 않는다.
④ 전체 판매용의 20%가 전화통화 비용의 80%를 차지한다.

정답▶ ①
해설▶ 파레토법칙이라고도 하며, 이탈리아 경제학자 발프레도 파레트가 처음으로 제시한 개념으로 경영에서 뿐만 아니라 정치, 사회 등 모든 분야에서도 적용된다.

15. 콜센터 개설 시 외부전문기관에 위탁하여 조직을 운영할 경우의 장점이 아닌 것은?

① 초기 투자비용이 적게 든다.

② 고객정보 보안이 용이하다.

③ 최신의 효과적인 기술을 제공받을 수 있다.

④ 전문업체인 경우 외국어 등 다양한 유형의 콜을 처리할 수 있다.

> 정답▶ ②
> 해설▶ 자사의 정보 및 거래 고객에 대한 정보를 제공해야 하기 때문에 외부 노출이 꺼려지는 경우에는 In −
> House 방식으로 운영하는 것이 바람직하다.

16. 고객 불편사항, 주문 접수 등을 수행하는 콜센터 형태로 가장 적합한 것은?

① 인바운드 콜센터   ② 아웃바운드 콜센터

③ 인소싱 콜센터   ④ 혼합형 콜센터

> 정답▶ ①
> 해설▶ 기존고객의 불편사항이나 문의, 불만, 주문 접수 등은 인바운드 콜센터의 업무이며 각 기업의 대표 고객
> 콜센터나 정부 등 각종 기관의 민원상담 등도 여기에 포함된다.

17. 텔레마케팅에 대한 설명으로 가장 적합한 것은?

① 텔레폰과 마케팅의 결합어이다.

② 무작위의 고객 데이터베이스를 사용한다.

③ 일방향의 커뮤니케이션이다.

④ 고객반응에 대한 효과측정이 용이하다.

> 정답▶ ④
> 해설▶ 텔레마케팅은 쌍방향 커뮤니케이션으로 일정한 기준에 의해 수집되고 세분화된 고객 데이터베이스를 바
> 탕으로 진행되며, 텔레마케팅은 텔레커뮤니케이션과 마케팅의 합성어이다.

18. 인바운드 콜센터의 전화상담 시 중요사항으로 맞는 것은?

① 고객문의 내용파악　　　　　　② 통화가능 여부 확인

③ 전화 건 목적 설명　　　　　　④ 통화 상대방 확인

> 정답▶ ①
>
> 해설▶ 기업에서 먼저 전화를 걸어 상담을 진행하는 아웃바운드 텔레마케팅의 경우 상담을 시작하기 이전에, 고객의 통화가능 여부 및 상대방 확인, 전화를 건 목적을 간략하게 설명한 이후 적극적으로 상담을 주도하는 것이 요구된다.

19. 콜센터 운영 시 고려해야 할 사항으로 틀린 것은?

① 주요 대상 고객의 데이터 확보와 관리방안이 필요함

② 직원 채용방법과 관리방안 마련이 필요함

③ 콜센터 운영에 따른 지속적 비용관리가 필요함

④ 초기운영은 전화 채널만을 이용하는 것이 바람직함

> 정답▶ ④
>
> 해설▶ 상품이나 시장의 특성에 맞도록 전화 외에 DM, 인터넷 등의 다양한 수단으로 운영하는 것이 바람직하다.

Chapter 02

조직관리

반드시 알아야 할 *Key Concept*

- 조직의 개념과 조직구조의 형태
- 조직의 활성화 · 변화 · 갈등
- 리더십의 개념과 유형
- 콜센터 조직과 리더

01. 조직의 구성

1. 조직의 개념

(1) 조직의 정의 및 특성

① 2명 이상의 공동목표를 가지고 있는 집단을 말한다.

② 공동의 목표를 달성하기 위해 조직원들은 서로 상호작용을 한다.

③ 조직은 외부의 환경과도 긴밀한 연결성을 가지고 있다.

(2) 조직화

① 조직의 목표를 달성하기 위하여 조직원들의 업무내용을 정확하게 분석하고, 또한 여러 업무와 관리 행위를 효과적으로 수행할 수 있도록 권한 및 책임을 분명하게 하는 과정을 뜻한다.

② 효과적인 조직화가 이루어진다면, 직무에 대한 일관성 있고, 명확한 방향을 제공해 주므로 더욱 효율적인 업무가 가능하다.

참고

부문화(Departmentalization)

기업 내 업무의 유사도와 관련성 정도를 분석하여 기능적으로 업무를 배열하는 것을 부문화라고 한다. 부문화를 통해 과업 수행 단계가 축소되고 이로 인해 업무의 효율성을 높일 수 있는 효과를 기대해 볼 수 있다. 주로 대기업에서 시행하며 인사팀, 재무팀 등이 그 예시이다.

2. 조직구조의 형태

(1) 기능식 조직구조

① 테일러가 창안한 조직구조로써 수평적인 분업 관계로 업무의 내용이 비슷하고 관련성이 있는 것들을 분류, 결합시킨 조직구조를 뜻한다.

② 유사한 업무를 결합시켜 놓았기 때문에 전문화된다는 장점이 있고, 경영면에서도 기술적인 향상이 가능하다.

③ 기능의 수가 적고, 좁은 지역에 적합하며, 구조의 효율성 및 감독을 능률화시킨다.

④ 환경이 급변하거나, 상호의존성이 증가되면 의사결정 상황이 증가되면서 조직관리가 어려워진다는 단점이 있다.

⑤ 명령을 한 사람이 내리는 명령 일원화의 원칙이 적용되지 않아 전체적으로 관리면에서 질서가 결여되기 쉽다.

⑥ 각 회사의 최고경영자 밑으로 재무부, 인사부, 영업부 등으로 구조화된 조직을 기능식 조직구조라고 할 수 있다.

(2) 사업부제 조직구조

① 기업이 다각화되고, 경영규모가 확대되면서 분권적 조직이 필요하게 되었고, 이에 따라 자주적이고 독립적인 구조로 변화하였다.

② 사업부나 지역별로 조직을 구성함으로써, 최고경영층은 기업전략에 집중할 수 있게 된다.

③ 불확실한 환경변화에서 능동적인 대처를 할 수 있는 구조이다.

④ 기능이 여러 사업부로 나뉘었기 때문에 기술의 전문화 및 표준화가 어려워 장기적으로 경쟁력이 약화될 가능성이 있고, 각 사업부별로 스태프 기능을 갖게 되어 비용이 발생된다.

⑤ 현재 대부분의 대기업에서는 사업부제 조직구조를 가지고 있다.

(3) 매트릭스 조직구조

① 소비자 중심의 시장환경 변화에 따라 다른 조직의 구조가 요구되기 시작하면서 등장하였다.

② 제품별 조직과 기능별 조직을 결합하여 구성된 조직형태로 이중명령체계와 책임, 평가가 이루어진다.

③ 명령통일의 원칙이 무시되고, 한 개인이 두 상급자로 인해 복수의 보고라인을 가지

고 있어 두 명의 상사를 갖는 직위에서는 갈등이 발생할 수 있다.

④ 조직원들의 창의성 및 역량을 더욱 폭넓게 계발할 수 있고, 변화에 대해 유연하게 대응할 수 있다는 장점이 있다.

⑤ 각 조직마다 목표로 하는 업무 성과가 상이할 수 있어 통일된 업무 성과를 이끌기 어렵다.

(4) 전략적 사업단위 구조(Strategic Business Unit:SBU)

① 독자적인 전략의 수립이 필요한 관련 사업들끼리 함께 묶은 조직을 전략 사업 단위 라고 부르며, 각 사업단위에 제한적으로 자율성을 제공하고, 효율적인 자원을 배분 하는 구조를 말한다.

② 책임경영을 통해 조정과 통제가 원활하다.

02. 조직의 활성화

1. 기업문화

(1) 조직문화의 정의

① 한 조직이 가지고 있는 신념, 의식, 언어, 전통 등을 포함하여 오랜 시간 축적되어 온 문화를 말한다.

② 조직을 이끌어 가는데 중요한 요인이며, 오랜 시간에 걸쳐 만들어지고, 조직원들에 게 학습된다.

(2) 조직문화의 중요성

① 조직문화는 효과적인 의사소통에 영향을 미치면서 조직의 집단 내의 갈등에 영향을 미친다.

② 조직문화는 생산성에 영향을 미치는데, 조직원들이 조직에 대해 충성심 향상이나 조 직의 목표 달성을 위해 노력할 수 있도록 한다.

③ 조직문화의 특수성은 조직원들에게 일체감과 소속감을 제공해줌으로써 서로 협력하 여 목표를 이루고자 할 때 도움을 준다.

④ 조직문화는 조직원들의 행위 기준을 제시하면서 유기적으로 결합시키고, 그들의 태도나 행위에 막강한 영향력을 미친다.

2. 조직의 변화

(1) 조직변화의 개념

① 조직의 생산성을 높이기 위해 실시된다.
② 조직의 변화를 도입하는 과정에서 저항이 생길 수 있다.

(2) 조직변화의 종류

① 자연적 변화

시간과 외부환경의 자연스러운 변경으로 인해 불가항력적으로 조직이 변화하는 것을 뜻한다.

② 계획적 조직변화

자연적 변화가 아닌, 어떠한 목적을 가지고 일어나는 변화를 말하며, 관리자 및 경영자가 조직, 기업의 목표를 달성하기 위해 변화를 계획하기도 한다.

(3) 공식조직과 비공식조직

① 공식조직

가. 의도적으로 계획된 구조를 공식구조라고 말하며, 권한과 책임을 명시하고 조직의 질서를 유지한다.

나. 공식적인 부분지도자가 있다.

② 비공식조적

가. 자연발생적으로 형성되고, 소집단의 성질을 가지고 있다.

나. 감정적 관계나 개인적 접촉 등의 밀접한 형태로 결합하며, 비공식적 조직 지도자가 존재한다.

다. 비공식조직도 가치관이나 규범, 목표를 가지고 있으며 집단 접촉 과정에서 나름대로의 역할이 정해져 있다.

3. 조직개발

(1) 조직개발의 정의

① 변화하는 환경변화에 따라 조직의 적응력을 기르기 위해 조직 자체의 변화, 조직원들의 행동을 개선하는 과정을 말한다.

② 버크(W.W. Burke)는 조직개발을 행동과학에서 개발된 기술, 신념, 가치, 구조를 변화시키도록 고안된 복합적인 교육전략이라고 정의하고 있다.

③ 조직개발은 내부 조직원들의 만족도 향상과 조직의 생산성이라는 효율성이 모두 중요하다고 여기는 곳에서부터 시작한다.

(2) 조직개발의 특성

① 조직개발 전문가 확보가 쉽지 않고, 조직개발에 시간과 비용이 소요된다.

② 조직원들에게 동기를 부여하여 역량을 발휘하도록 하며 업무를 향상시키는 데 집중한다.

③ 최고경영자를 비롯한 전사적인 참여와 노력이 요구된다.

④ 조직개발은 집단의 욕구를 충족시킬 수 있도록 개발되어야 한다.

4. 조직의 갈등관리

(1) 갈등의 개념

① 갈등은 어느 한쪽이 자신의 관심사를 다른 한쪽에서 좌절시키려고 한다고 지각할 때 시작된다.

② 자신이 원하는 것을 하지 못해 내적으로 좌절을 겪는 상황이다.

(2) 갈등의 순기능과 역기능

① 갈등의 순기능

가. 사회문제를 해결하고, 발전을 이룰 수 있다.

나. 조직원들의 동기부여에 도움을 준다.

다. 서로 갈등을 해결해나가는 과정에서 새로운 아이디어 등을 구할 수 있고, 서로 간의 응집력이 강화된다.

② 갈등의 역기능

가. 장기간 갈등이 해결되지 않을 경우, 조직원들의 스트레스 원인 및 사기저하로

이어질 수 있다.

나. 외부환경적인 요소 등을 무시한 채 조직 내의 문제에만 집중할 수 있다.

(3) 갈등 해결 방안

① 타협

갈등을 겪고 있는 집단이나 조직원들이 서로 일정부분 희생을 하거나 상호 교환을 하며 갈등을 해결하는 방식이다.

② 협조

타협이 너무 어려울 정도로 양쪽 모두의 관심사가 높거나 주장이 강할 때, 서로의 모든 관심사를 만족시키려는 갈등 해결 방식이다.

③ 수용

자신의 관심사는 무시하고, 상대 집단의 관심사를 충족시키는 갈등 해결 방식으로 상대 집단의 관심사가 더욱 중요하거나 상호적으로 신용을 얻고자 할 때 활용한다.

④ 회피

두 집단 모두의 관심사를 무시하는 갈등 해결 방식으로 조직원들을 조금 진정시키고 잠시 자신들의 주장을 되돌아볼 수 있도록 한다.

⑤ 경쟁

자신이 속한 집단의 관심사를 충족시키기 위해 상대의 힘을 압도해버리며 갈등을 해결하는 방식으로 결단력 있는 행동이 요구될 때 취한다.

03. 리더십의 이해

1. 리더십의 개요

(1) 리더십의 정의 및 특징

① 리더란 조직이나 팀의 통솔자를 말하는데 통솔력을 갖고 함께 목표를 달성하고자 동기부여를 해주고 현명한 의사결정을 하는 사람을 말한다.

② 리더십이란 공동의 목표달성을 위해 조직원들을 격려하며 영향력을 행하는 능력을 뜻한다.

③ 리더에게 주어진 권력을 조직원들에게 영향을 주는 것이 리더십이다.

④ 조직원들의 동기부여, 목표달성을 위해 리더십의 기술을 개발하는 것도 요구된다.

⑤ 리더십은 주어진 환경에서 효과적인 커뮤니케이션을 통해 구체적인 목표를 달성하려고 노력하는 과정이다.

(2) 리더십의 중요성

① 모든 경영활동은 조직원들의 동기와 역량이 드러난 결과로 조직원들을 통솔하는 리더의 역할로 조직의 성패가 좌우되기도 한다.

② 조직 구성원들에게 양과 질의 영향력을 미치는 사람이 바로 리더이고 그들의 잠재적 능력을 이끌어 줄 수 있는 지도자의 행동이고 태도이기 때문이다.

(3) 리더와 경영자의 특성 차이

① 리더가 장기적인 사고와 안목을 가지고, 미래지향적인 관점을 갖고 있다면, 경영자는 단기적이고 과거지향적이라고 할 수 있다.

② 리더는 조직원들에게 방향을 안내하고, 지도하는 방식을 사용하며, 경영자는 통제하거나 명령의 방식을 사용한다.

③ 리더가 유연한 사고로 수평적인 의사소통을 중시한다면 경영자는 경직된 사고로 수직적인 의사소통을 중시한다고 볼 수 있다.

⇒ 경영자는 공식리더에 포함되지만, 비공식리더로는 불가능하다는 뜻은 아니다. 리더십은 리더가 가지고 있는 개인적인 권력이나 능력에 의존하는 것보다 구성원들이 능동적이고 자주적으로 조직의 목표달성을 위해 노력할 수 있도록 영향력을 행사하는 능력이다.

(4) 권력의 개념

① 권력의 정의

권력은 리더십의 원천이며, 상대방에게 어떠한 행동을 하도록 혹은 하지 않도록 의지와 뜻을 관철시킬 수 있는 힘이나 능력을 뜻한다. 이러한 권력 행사에 대한 행동반응을 영향력이라고 할 수 있으며, 권력형사에 따라 성취된 결과이다.

② 권력의 원천

－프렌치(J.R.P. French)와 레이븐(B.H. Raven)의 분류

가. 보상적 권력

권력행사자의 보상능력에 기인하는 것으로 보상을 받는 사람에게 의미가 있는 것이어야만 한다.

나. 강압적 권력

권력행사자가 벌을 줄 수 있을 정도의 힘을 가지고 있다고 인식하는 데 기초를 두고 있다. 부작용이 일어날 수 있으므로 신중히 사용하는 것이 바람직하며 징계나 해고 등의 상황에서 사용하는 것이 바람직하다.

다. 준거적 권력

어떤 사람이 인품, 높은 도덕적 기준 등의 특별한 자질을 갖추고 있는 경우 다른 사람들이 그를 닮고자 할 때 생기며 권력행사자는 직위에 의한 권력을 갖고 있지 않아도 영향력을 미친다.

라. 전문적 권력

권력행사자가 특정 분야나 상황에 대한 전문적 지식이나 기술을 갖고 있다고 느낄 때 발생하며, 일반적으로 부하직원보다 상사, 관리자가 다양한 경험과 지식을 가지고 있어 전문적 권력을 행사할 수 있지만 절대적인 것은 아니다.

마. 합법적 권력

권력행사자의 행동이 정당하다고 인정하고, 상대방은 그것을 추종해야 할 의무가 있다고 여긴다. 이는 공식적 지위에 부여되는 것이며 권한(Authority)이라고도 부른다.

보상적 권력과 강압적 권력은 직위를 이용한 권력의 종류이며, 합법적·준거적·전문적 권력은 개인적 권력이라고 할 수 있다.

2. 리더십의 특성이론

(1) 리더십 특성이론의 개념

① 가장 오래된 리더십 연구 이론으로 1930년~1950년대까지 리더십 연구의 주류를 이루었던 이론이다.

② 리더라면 가지고 있어야 할 중요한 특성들이 있으며 이 특성들만 가지고 있으면 어느 환경이나 상황에서도 항상 리더가 될 수 있다고 주장한다.

③ 일반적으로 연령이나 신장, 체중, 용모 등의 신체적인 특성, 지식수준이나 결단력, 지능, 능동적이고 독립적인 성격과 감성, 책임감이나 통솔력 등의 관리능력을 리더의 중요 특성으로 꼽는다.

(2) 리더십 특성이론의 한계

① 리더십을 단순히 리더의 개인적인 특성으로 치부하다 보니 해당 조직원들의 특성 등의 상황적인 요인들을 모두 배제시킨 것은 이해하기 힘들다는 한계가 있다.

② 리더의 특성을 갖추었는지 확인하기 위한 개별적인 특성 파악뿐 아니라 결과 해석 단계에서도 문제가 발생할 수 있고, 리더십 발휘 간 상관관계에 대한 증거를 밝히지 못하는 한계가 있다.

3. 리더십의 행동이론

(1) 리더십 행동이론의 개념

① 러더십의 특성이론이 리더가 될 수 있는 특성들을 다룬 이념이라면, 리더십의 행동이론은 리더는 어떻게 행동하는가에 대한 효율성을 연구한 이론이라고 할 수 있다.

② 리더십 스타일을 찾아내어 각각에 대한 유효성을 검증하며, 리더가 무슨 일을 하는지가 리더십 과정에서 가장 중요한 전제이다.

(2) 리더십 행동이론의 연구

① 아이오와 대학 연구

리더의 행동을 중심으로 독재적·민주적·자유방임적으로 나누었다.

가. 독재적(권위적) 리더십

리더가 단독으로 의사결정을 하며 부하집단은 리더에 수동적이고 냉담한 경우가 많고 독재적 스타일의 리더가 있는 경우 집단은 공격적이고 노동 이동이 많다는 특성이 있다. 또한 리더의 부재 시 구성원들은 좌절감을 겪고 작업을 중단하는 사태가 발생하기도 한다.

나. 민주적 리더십

의사결정 과정에서 리더가 부하의 의견을 최대한 많은 참여가 이루어지도록 존중하며, 자율성을 존중해준다. 집단의 성과가 좋은 편이며, 리더에 대해서도 호의적이다. 안정적이고 응집력이 큰 것이 집단행동의 특성이며, 리더의 부재 시에도 구성원들은 변화 없이 작업을 계속해서 수행한다.

다. 자유방임적 리더십

리더가 부하들에게 최대한의 자유를 허용하면서 어떤 면에서는 리더의 역할을 전혀 하지 않는 상태라고도 할 수 있다. 생산성에 역기능적인 효과를 나타내어 성과가 나쁘며, 리더에 무관심한 편이다. 집단은 초조하고 불안해 하는 특성을 가지고 있다.

② 관리격자이론

가. 오하이오 주립대학의 구조주도적 리더십, 고려주도적 리더십의 유형과 유사하지만 조금 더 계량적인 방법을 사용했다고 할 수 있다. 수평축에는 생산에 대한 관심, 수직축에는 부하직원에 대한 관심의 영역으로 나눠 행동 경향을 5가지로 분류했다.

나. 5가지 행동 경향은 무관심형, 인기형, 과업형, 타협형, 이상형이다.

(3) 리더십 행동이론의 한계

① 리더십의 행동유형을 측정, 분류하는 데 타당하고 신뢰성있는 방법이 없다.

② 리더십 과정에서 발생하는 여러 상황적인 변수들에 대해서는 제외되고 있다.

4. 리더십의 상황이론

(1) 리더십 상황이론의 개념

① 상황이 리더를 만들어 준다고 주장하며, 리더십의 유효성을 상황과 연결시키는 이론이다.

② 리더가 만들어지는 중요 상황은 리더의 행동적 특성과 부하의 행동적 특성, 과업과 집단 구조, 조직체 요소 등 크게 3가지로 나뉜다.

(2) 리더십 상황이론의 특징

① 이론적으로 설명은 충실하지만 실제 현장에서 어떻게 적용해야 할지에 대한 연구가 더욱 필요하다.

② 리더십 상황이론의 발전으로 리더십 연구분야가 더욱 풍성해지고, 보다 유연한 이론 개발에 기여했다.

(3) 리더십 상황이론

① 피들러(Fiddler)의 상황적합 리더십

가. 기존의 리더십 연구들이 리더의 개인적인 특성이나 행동에 중점을 두었다면 피들러의 이론에서는 상황과 팔로어[8]에 대한 이해가 요구된다는 특징이 있다.

나. 상황에 따라 요구되는 리더의 특성과 행동이 달라지며, 어떤 상황에서 어떤 리더의 행동이 더욱 효과적인지 규명하고자 연구하였다.

다. 리더가 고려해야 할 상황을 리더와 부하의 관계, 과업 구조, 리더의 직위권한으로 나누었고 또한 리더나 구성원의 특성, 과업과 집단의 특성 등 일반적인 상황 변수들도 고려해야 한다고 주장하였다.

② 허쉬와 블랜차드의 상황적리더십

가. 리더십의 행동 유형은 팔로어의 성숙도에 맞추어야 한다고 주장했으며, 부하직원의 특성을 가장 중요하게 고려해야 한다는 이론이다.

나. 리더의 행동을 과업, 관계 행동의 2자 축으로 분류하고 상황요인을 추가하여 리더십의 스타일을 보여준다.

③ 하우스(House)의 경로-목표이론

가. 리더는 부하직원들에게 높은 목표를 세우게 하고 자신감을 가지고 수행하도록 도우며, 원하는 보상을 받을 수 있는 방법에 대해 명확히 해줘야 한다고 주장한다.

나. 리더의 행동과 부하직원의 만족도 및 업무성과 사이의 상관관계에 대한 연구가 출발점이었으며, 부하의 특성과 과업의 특성이라는 상황요인에 따라 달라진다고 나타났다.

다. 연구결과를 토대로 지시적 리더십, 후원적 리더십, 참여적 리더십, 성취지향적 리더십 4가지 유형의 리더십 행동들이 구성원들의 행동에 미치는 과정을 설명하였다.

(4) 브룸(Vroom)과 예튼(Yetton)의 의사결정 상황이론

① 상황변수로 의사결정의 중요성과 관련된 속성과 의사결정의 수용도와 관련된 속성들을 제시하였다.

---

[8] 팔로어십(Follower Ship)
   어떤 조직에서 맡은 역할을 의미하는데, 리더십과는 비교되는 사회적 상호작용 과정으로 개인이 지도자를 능동적으로 따르는 모습으로 이해할 수 있다.

② 리더십의 유형을 리더의 의사결정 형태에 따라 A I , A II , C I , C II , C III의 5가지로 구분하였다.

③ 각 상황별로 가장 적합한 리더십의 구분을 하지 못하였다는 한계점이 있다.

④ 상황속성을 yes와 no의 2분법으로 구분하였다는 한계점이 있다.

(5) 막스 베버(Max Weber)가 주장한 이상적인 관료조직(Bureaucracy)의 특징

① 과업의 성과가 일정하도록 일관된 규칙이 있어야 한다.

② 경영자는 표준화된 규칙으로 조직을 이끌어야 한다.

③ 조직구성원의 채용과 승진은 명문화된 규정과 규칙에 기초한다.

> 콜센터 조직구성 원칙 중 예외의 원칙은 콜센터를 운영함에 있어서 정형화된 의사결정과 일상적 업무처리는 하위자에게 권한을 위임하고, 관리자 자신은 특이사항이나 우발사항을 처리함을 말한다.

5. 리더십의 유형

(1) 거래적 리더십

① 거래적 리더십의 개념

　가. 전통적인 리더십 효과성에 관해서는 주로 거래적 리더십에 초점이 맞추어져 있다.

　나. 거래적 리더십은 부하직원의 노력에 대한 대가로 보상을 제공하는 것과 같은 교환과정을 기반으로 하고 있다.

② 거래적 리더의 조건

　가. 리더는 부하직원들이 목표를 달성하거나 과업을 수행했을 때 그에 대한 보상을 한다.

　나. 부하들이 필요로 하는 보상이 무엇인지를 인식하는 것이 중요하다.

　다. 부하들의 역할에 대해 명확하게 정립하는 것이 중요하며 목표달성을 위해 노력하도록 동기화시키는 것이 필요하다.

(2) 변혁적 리더십(Transformational Leadership)

① 변혁적 리더십의 개념

　가. 번즈(Burns)에 의해 처음 제시된 이론으로 기존의 리더십 이론은 리더와 부하직원과의 거래적 리더십에 치중되어 있어서 동기유발이나 목표달성을 위한 의지

를 높이기에는 무리가 있다고 주장하며 변혁적 리더십의 필요성을 강조했다.

나. 리더가 부하들로 하여금 신뢰와 존경, 충성심을 느끼도록 하여 부하들이 지대한 것 이상의 능력을 발휘할 수 있도록 동기화시키는 지도력을 말한다.

다. 과업 수행이 다소 장기간이거나, 기대 이상으로 높은 수준의 성과를 달성할 수 있도록 동기부여 하기에는 효율성이 떨어진다.

② 변혁적 리더의 조건

가. 리더에 대해 신뢰를 갖도록 카리스마를 가지고 있어야 한다.

나. 동기를 부여해주고 개인의 이익보다 조직의 비전에 몰입하도록 해야 한다.

(3) 서번트 리더십

① 서번트 리더십의 개념

가. 기본적으로 인간존중이라는 가치를 바탕으로 둔 리더십 이론으로 구성원들이 잠재력을 발휘할 수 있도록 도와준다.

나. 구성원들이 공동의 목표를 이루어 나갈 수 있도록 환경을 조성해주는 리더십 이다.

다. 거래적 리더십과 달리 부하와 리더는 수평적인 관계에 가깝고, 그들이 자율적으로 업무를 수행할 수 있도록 지지해주는 역할을 한다.

② 서번트 리더의 조건

가. 리더는 방향제시자 역할을 하며, 조직의 목표와 방향을 명확하게 제시해줄 수 있어야 한다.

나. 구성원들 간의 합의를 이끌어내기 위해 서로의 의견을 조율하는 역할을 할 수 있어야 한다.

다. 부하들에게 먼저 다가가서 그들의 일과 삶이 균형을 이룰 수 있도록 배려해주려는 조력자 역할을 해야 한다.

> **슈퍼리더십**
> 슈퍼리더십이란 자신 스스로가 리더가 될 수 있도록 셀프리더로서의 역할과 책임을 다 할 수 있도록 만드는 리더십을 말한다.

6. 리더십의 근원 권력

① 합법적 권력

공식적 지위로 인해 부하의 복종을 요구할 수 있는 리더의 권리를 말하며, 권한과 같은 개념으로 M.Weber가 관료제의 중요한 요소로 강조하는 권력의 원천이다.

② 강압적 권력

리더에 의해 통제된다고 믿는 처벌을 피하기 위해 따른다.

③ 보상적 권력

리더에 의해 통제된다고 믿는 보상(돈이나 상 등)을 얻기 위해 따른다.

④ 전문적 권력

권력보유자가 특수한 전문지식을 갖고 있다고 믿는다.

⑤ 준거적 권력

자신과 리더를 동일시하거나 찬양하며 그의 인정을 받기 원하기 때문에 따른다. 이는 우정이나 충성 등으로 나타난다.

⑥ 배경권력

리더가 유력인사와 연결되어 있다고 믿는다.

⑦ 정보권력

자신이 갖지 못한 정보를 통제하거나 보유한다는 믿음이나 의존성 때문에 따른다.

7. 콜센터의 조직과 리더

(1) 콜센터 조직의 특성[9)]

① 국내 콜센터 조직은 점차 대형화, 전문화, 시스템화 되어 가는 추세이다.

② 정규직과 비정규직 간, 혹은 상담사 간에 보이지 않는 커뮤니케이션 장벽 등이 발생할 확률이 높다.

③ 고객과 1:1 비대면 접촉이 일반화된 조직이다.

④ 고객 니즈에 신속하게 정보를 제공하는 신속성, 즉시성이 요구된다.

---

9) 콜센터 조직이 갖춰야 할 능력

① 고객지향성 : 콜센터는 고객을 중심으로 고객에게 편리함, 신뢰성, 편익을 제공할 수 있는 조직체이다.

② 유연성 : 고객과의 커뮤니케이션이 번번하게 일어나는 공간이므로 조직 구성원의 사고와 상황 대응 능력이 유연해야 한다.

③ 신속, 민첩성 : 콜센터의 생명은 고객 니즈에 부응하되, 얼마나 신속하게 대응하는지가 중요한 요소이다.

(2) 콜센터의 조직구조 설계 시 고려사항

① 상담사 교육과 상담품질관리를 전담으로 하는 전문 인력을 보유해야 한다.

② 관리자는 성과지표관리를 위한 인력운영계획을 수립하고 관리해야 한다.

③ 슈퍼바이저는 10~20명 정도의 상담사를 관리, 담당하도록 한다.

(3) 콜센터의 성공한 관리자의 속성

① 기업의 목적과 콜센터의 목적을 일치시킨다.

② 콜센터의 관리는 내·외부의 측정요소에 대한 즉각적인 접근을 필요로 한다는 것을 이해한다.

③ 서비스의 양뿐만이 아닌 서비스의 질을 강조한다.

(4) 콜센터 리더의 자질

① 장기적인 비전을 제시할 수 있어야 한다.

② 위험을 회피하기보다 감수할 수 있는 태도를 가져야 한다.

③ 창조적인 도전을 중시해야 한다.

④ 일과 사람 모두를 중요시하는 가치를 가져야 한다.

⑤ 직원 교육 훈련 능력 및 마케팅 전략수립 능력을 갖추어야 한다.

⑥ 끊임없는 자기개발 및 원만한 인간관계를 갖도록 노력해야 한다.

⑦ 해당업무에 대한 지식과 변화에 따른 유연한 사고방식을 취할 수 있어야 한다.

(5) 리더십 역량 측정 요소

① 명확성 : 의사소통 시 명확한 자신의 의사를 전달하여 부하직원이 혼란스럽거나 추측하지 않도록 해야 한다.

② 균형 잡힌 시각 : 전체 업무에 대한 왜곡되지 않는 시각을 견지하도록 하는 능력이다.

③ 참여 : 직원들이 그들의 일을 스스로 판단해서 할 수 있도록 허락할 수 있는 능력이다.

(6) 콜센터 리더십의 유형

① 지원형 리더십

직원에게 우호적이며 배려적인 리더십을 발휘하는 성향의 리더로 직원의 복지, 지위, 근로조건 및 근무환경 개선 등의 기대나 관심을 가져주는 리더이다.

② 경험적 리더십

콜센터의 현장경험은 곧 전문성과 연결된다. 콜센터의 조직뿐 아니라 업무 등에 있어 풍부한 경험으로 부하직원들에게 살아있는 정보와 지혜를 제공해주며 전문 지식과 기술적 지식을 제공해주는 리더의 유형이다.

③ 학습적 리더십

계속해서 변화하고 있는 시장, 고객, 상담사들에 대한 학습을 꾸준히 하며 부하직원들에게 전문 지식을 계속해서 제공해주고 그로 인해 변화를 이끌어내는 유형의 리더이다.

④ 코칭적 리더십

리더는 코치가 되어 부하직원을 코칭하게 되는데, 이를 통해 동기부여를 받을 수 있도록 직접적으로 대하며 격려와 열정을 불어넣어주는 리더의 유형이다.

1. 다음이 설명하고 있는 콜센터 리더의 유형은?

> 텔레마케터와 충분한 신뢰관계가 형성되어 있으며, 자발적인 활동을 허용하며 중요역할을 책임 지도록 하여 더 많은 경험을 축적하도록 이끌어 간다.

① 지시형 리더
② 위양형 리더
③ 지원형 리더
④ 참가형 리더

> 정답▶ ②
> 해설▶ ① 지시형 리더는 리더 혼자 결정하고, 결정된 사항을 부하직원들에게 일방적으로 업무를 처리하도록 지시하는 유형이다. ③ 지원형 리더는 부하직원에게 우호적이며 배려적인 리더십을 발휘하는 성향의 리더이며, 직원의 복지, 지위, 근로조건 및 근무 환경 개선 등의 기대나 관심을 가져주는 리더이다. ④ 참가형 리더는 어떤 결정을 내리기 전 반드시 부하직원들과 의논하며 직원들의 아이디어 및 제안을 중요시하는 리더의 유형이다.

2. 콜센터 조직의 목표를 효과적, 효율적으로 달성하기 위해 자원과 업무를 적절하게 배분하고 조정해 나가는 과정은?

① 효율화
② 부문화
③ 조직화
④ 전문화

> 정답▶ ③
> 해설▶ 공동의 목표를 가지고, 이를 달성하기 위해 효율적으로 자원과 업무를 적절히 배분하고 조정하는 과정을 조직화라고 한다.

3. 콜센터가 효율적인 조직화가 이루어질 경우 나타나는 현상으로 옳지 않은 것은?

① 구성원들이 무엇을 할 것인가의 역할이 명확해진다.
② 목표달성에 필요한 과업의 집중화가 발생한다.
③ 의견대립과 문제해결을 위한 의사소통 통로가 분명해진다.
④ 각 업무에 대한 책임이 명확해진다.

> 정답▶ ②
> 해설▶ 콜센터의 효율적인 조직화가 이루어질 경우 목표달성에 필요한 과업의 분업화가 발생되어 생산성있게 업무를 실행할 수 있다.

4. 콜센터 리더가 갖추어야 할 주요 자질로 가장 거리가 먼 것은?

① 경험적 리더십
② 평가진단 및 조직 재설계능력
③ 고객에게 친밀한 목소리
④ 학습적 리더십

> 정답▶ ③
> 해설▶ 콜센터 리더는 고객과 소통하는 시간보다 부하직원들과 소통하며 대화하는 시간이 더욱 많기 때문에 고객에게 친밀한 목소리는 콜센터 리더에게 요구되는 중요한 자질이라고 할 수 없다.

5. 다음 중 콜센터 관리자에게 요구되는 자질이 아닌 것은?

> A. 리더십
> B. 시스템 프로그래밍 능력
> C. 상황 대응 능력
> D. 예술적 감각
> E. 프레젠테이션 능력

① A, C
② B, D
③ C, E
④ D, E

> 정답▶ ②
> 해설▶ 콜센터 관리자는 부하직원을 이끌어 갈 수 있는 리더십과 다양한 조직 내 갈등 상황, 고객과의 갈등 상황에서 현명하게 대응해나가는 능력이 필요하며 이런한 상황들에 대해 함께 공유하는 태도가 필요하다.

6. 다음 중 콜센터 조직의 특성이 아닌 것은?

① 고객 지향적 조직이다.
② 고객과 간접적으로 접촉하는 조직이다.
③ 정보와 커뮤니케이션을 매개로 하는 조직이다.
④ 상황의 다양성, 집중성, 즉시성을 요구하는 대응 조직이다.

> **정답▶** ②
> **해설▶** 콜센터는 고객과 1:1로 직접 접촉하는 조직이다.

7. 리더십 역량 측정에 관한 용어의 설명으로 틀린 것은?

① 명확성 - 의사소통 시 명확한 자신의 의사를 전달하여 직원이 혼란스럽거나 추측하지 않도록 하는 역할
② 신뢰성 - 리더의 권력을 인정함으로써 그들이 리더와 자신의 일에 대해 신뢰하게 하는 역할
③ 균형 잡힌 시각 - 전체 업무에 대한 왜곡되지 않은 시각을 견지하는 역할
④ 참여 - 직원들이 그들의 일을 스스로 판단해서 할 수 있도록 허락하는 역할

> **정답▶** ②
> **해설▶** 리더는 그들의 권력을 인정받고, 지시나 명령을 하는 것이 아니라 리더가 직접 행동으로 보여줌으로써 자신의 일에 대해 신뢰하게 하는 역할을 신뢰성이라고 한다.

8. 리더십에 대한 설명으로 바람직하지 않은 것은?

① 그린리프는 새로운 리더십으로 서번트 리더십을 제시하였다.
② 두드러진 리더십의 특징은 조직구성원들의 행동을 통해 확인할 수 있다.
③ 리더는 자신의 약점을 보완하기 위해 70%의 시간과 노력을 투자해야 한다.
④ 리더십은 리더의 특성, 상황적 특성, 직원의 특성에 의한 함수관계에 따라 발휘되어야 한다.

> **정답▶** ③
> **해설▶** 리더는 자신의 약점을 보완하기보다 자신만의 장점을 내세워 직원들을 다스려주는 것이 바람직하며, 직원들의 장점과 단점을 파악하고 업무에 적용시키면서도 약점은 개선할 수 있도록 함께 노력해야 한다.

9. 콜센터 운영 시 고려해야 할 사항으로 틀린 것은?

① 주요 대상고객의 데이터 확보와 관리방안이 필요함
② 직원 채용방법과 관리방안 마련이 필요함
③ 콜센터 운영에 따른 지속적 비용관리가 필요함
④ 초기운영은 전화 채널만을 이용하는 것이 바람직함

> 정답▶ ④
> 해설▶ 운영 초기에는 고객 반응률 등을 정확하게 예측하기 어렵기 때문에 다양한 채널을 이용하고, 조직 및 기업과 적합한 채널을 선택하는 것이 가장 좋다.

10. 콜센터에서 성공한 관리자의 속성으로 틀린 것은?

① 기업의 목적과 콜센터의 목적을 일치시킨다.
② 콜센터의 관리는 내·외부의 측정요소에 대한 즉각적인 접근을 필요로 한다는 것을 이해한다.
③ 교육 훈련에 소요되는 비용을 없애기 위해 노력한다.
④ 서비스의 양뿐만이 아닌 서비스의 질을 강조한다.

> 정답▶ ③
> 해설▶ 관리자는 직원들의 역량 개발과 동기부여를 위해 지속적으로 교육 훈련에 투자해야 한다.

11. 콜센터 리더가 갖추어야 할 리더십으로 가장 거리가 먼 것은?

① 경험적 리더십　　　　　　　　② 코칭적 리더십
③ 지시적 리더십　　　　　　　　④ 학습적 리더십

> 정답▶ ③
> 해설▶ ③ 지시형 리더는 리더 혼자 결정하고, 결정된 사항을 부하직원들에게 일방적으로 업무를 처리하도록 지시하는 유형으로 피해야 할 리더십의 유형이다.

12. 텔레마케터 관리자에게 필요한 리더십이 아닌 것은?

① 반복되는 업무인 만큼 매너리즘에 빠지지 않도록 동기부여 방안을 마련한다.

② 고객감동이 실현될 수 있도록 고객지향적인 관점에서 업무 프로세스를 지속적으로 개선한다.

③ 텔레마케터의 경력개발을 위한 교육방향을 설정한다.

④ 비교적 이직률이 높은 조직인 만큼 우수 텔레마케터에 대해서만 집중관리를 한다.

> 정답▶ ④
> 해설▶ 콜센터는 이직률이 높은 조직이다. 이직률은 개인적인 원인뿐 아니라 조직의 여러 환경 및 문화에 의해 많은 영향을 받으므로 조직의 다양한 구성원뿐 아니라 조직문화에도 많은 관심을 가지고 개선해 나가도록 한다.

13. 다음은 어떤 리더십에 관한 설명인가?

> 추종자들에게 장기적 비전을 제시하고, 그 비전 달성을 위해서 함께 매진할 것을 호소하며, 비전 성취에 대한 자신감을 고취시킴으로써 조직에 대한 몰입을 강조하여 부하를 성장시키는 리더십

① 거래적 리더십   ② 변혁적 리더십

③ 전략적 리더십   ④ 자율적 리더십

> 정답▶ ②
> 해설▶ 조직구성원들로 하여금 리더에 대해 신뢰를 갖게 하는 카리스마를 갖추고 있는 리더의 유형이며 부하직원들의 가치체계의 변화를 통해 개인, 집단, 조직의 변화를 이끌어가고자 하는 특징이 있다.

14. 막스 베버(Max Weber)가 주장한 이상적인 관료조직(bureaucracy)의 특징을 올바르게 설명한 것은?

① 과업의 성과가 일정하도록 다양한 규칙이 있어야 한다.

② 경영자는 개인적인 방법과 생각으로 조직을 이끌어야 한다.

③ 조직구성원의 채용과 승진은 경영자의 지식과 경험에 기초한다.

④ 조직의 각 부서관리는 해당 업무의 전문가에 의해 이루어져야 한다.

> 정답▶ ④
> 해설▶ 관료제는 직무를 분업화, 전문화하는데 이들이 지나치면 반복적인 지루한 일들이 계속되어 인간의 생산성이 떨어질 수 있다는 역기능이 있다.

15. 텔레마케팅의 조직구조 설계에 있어서 고려사항으로 적합하지 않은 것은?

① 수퍼바이저는 10~20명의 상담사를 관리 담당하도록 한다.

② 상담사 교육과 상담품질관리를 전담하는 전문인력을 보유하여야 한다.

③ 관리자는 성과지표관리를 위한 인력운영계획을 수립하고 관리하여야 한다.

④ 상담사는 모든 상담내용을 직접 처리하도록 운영 설계되어야 한다.

> 정답▶ ④
> 해설▶ 상담사는 모든 상담 내용을 직접 처리하지 않으며, 각 업무별로 분업화되고 체계화되어 있어 상담 내용별
> 로 각 부서나 관리자의 도움 및 승인을 받아 처리할 수 있는 업무들로 구성되어 있다.

16. 다음이 설명하고 있는 콜센터 리더십의 유형은 무엇인가?

> 리더는 코치가 되어 부하직원을 코칭하게 되는데 이를 통해 동기부여를 받을 수 있도록 지거접적
> 으로 대하며 격려와 열정을 불어넣어주는 리더의 유형이다.

① 지원형 리더십   ② 경험적 리더십

③ 코칭형 리더십   ④ 학습적 리더십

> 정답▶ ③
> 해설▶ 코칭형 리더십에 대한 설명이다.

17. 리더십 상황이론에 대한 설명이 아닌 것은 무엇인가?

① 상황이 리더를 만들어 준다고 주장하며 리더십의 유효성을 상황과 연결시키는 이론
이다.

② 리더가 만들어지는 중요 상황은 리더의 행동적 특성과 부하의 행동적 특성, 과업과
집단 구조, 조직체 요소 등 크게 3가지로 나뉜다.

③ 이론적으로 설명은 충실하지만 실제 현장에서 어떻게 적용해야 할지에 대한 연구가
더욱 필요하다.

④ 리더십의 행동유형은 팔로어의 성숙도에 맞추어야 한다고 주장했으며 부하직원의 특
성을 가장 중요하게 고려해야 한다는 이론이다.

18. 다음 중 기능식 조직구조에 대한 설명이 아닌 것은 무엇인가?

① 수평적인 분업관계로 업무의 내용이 비스하고 관련성이 있는 것들을 분류, 결합시킨 조직구조를 뜻한다.

② 기능의 수가 적고, 좁은 지역에 적합하며, 구조의 효율성 및 감독을 능률화시킨다.

③ 소비자 중심의 시장환경 변화에 따라 다른 조직의 구조가 요구되기 시작하면서 등장하였다.

④ 명령을 한 사람이 내리는 명령 일원화의 원칙이 적용되지 않아 전체적으로 관리면에서 질서가 결여되지 쉽다.

반드시 알아야 할 *Key Concept*

- 인사 관리의 개념과 중요성
- 직무분석 방법 · 평가 · 설계
- 모집 · 선발관리
- 인적자원 개발 · 경력개발
- 콜센터 인적자원 관리

01. 인사관리의 의의

(1) 인사관리 개념

① 조직의 구성원들이 각자의 능력을 최대한으로 발휘하여 목적을 달성하도록 적극적으로 관리하는 일을 뜻한다.

② 조직의 발전과 개인의 안정, 발전도 달성하도록 하는 사람을 다루는 철학과 그것을 실현하는 제도, 기술의 체계를 말한다.

(2) 인사관리의 중요성

① 기업을 경영할 때 인사관리가 핵심이 되며, 인사관리에 따라 기업의 성과가 좌우된다.

② 인사관리는 기업의 목적뿐 아니라 개인의 행복을 위해서도 실시되며, 경영은 물건이 아닌 사람을 관리해야 하기 때문이다.

③ 인사관리는 인간성을 존중하며 정보화, 분업화 등으로 변화하는 환경에 대응할 수 있도록 도와주고, 생산능률의 향상을 가져올 수 있다.

(3) 인사관리 특성

① 인사관리의 대상은 인간이며, 인적관리의 주체 역시 인간이다. 인사관리는 이들 사이의 상호작용 관계라고 할 수 있다.

② 인사관리의 주요 기능으로는 모집 및 선발, 직무 분석과 설계, 보상, 훈련 및 개발 등이 있다.

③ 인사관리에서는 물질적인 보상뿐 아니라, 비물질적인 보상도 요구되며 인사관리 담당자는 높은 지도성으로 이들을 관리해야 한다.

④ 현대의 인사관리는 자발성과 자율성, 개인과 조직의 조화, 생산성과 인간성의 조화를 이루는 특징을 가지고 있다.

02. 인적자원의 계획과 충원

1. 직무분석

(1) 직무분석의 개념

① 직무를 분석하여 해당 업무의 성질과 과업을 결정하는 것으로 조직합리화의 기초작업이라고 할 수 있다.

② 직무를 구성하는 구체적인 과업을 설정하고 지식, 기술, 능력 등의 직무와 직무수행에 요구되는 기본 사항에 대한 정보를 수집, 분석, 정리하는 과정이다.

③ 인력 선발, 배치, 교육 훈련, 인사고과 등을 위한 기본이 직무분석이며, 인적자원들을 유효하게 이용하기 위한 활동이다.

④ 직무분석은 결과에 따라 직무기술서 또는 직무명세서를 작성한다.

⑤ 직무만족이란 구성원이 자신의 직무 평가 결과로 얻게 되는 만족스러운 느낌을 의미한다.

(2) 직무분석의 방법

해당 직무에 대하여 직원은 어떤 방법으로, 왜, 무엇을 해야 하는가에 대한 질문에 명확하게 하는 것이 좋다.

① 면접법

   가. 면접방식은 기존의 기술된 정보나 기타 사내 자료, 업무흐름표, 업무 분담표 등을 자료로 한다.

   나. 직무분석의 전문가적 신뢰성을 갖춘 숙련된 담당자가 개별 혹은 집단으로 면접

을 통하여 직무에 필요한 분석항목의 정보를 수집하는 방법이다.

② 질문지법

　가. 표준화된 질문지를 직원들에게 나누어 준 뒤, 직접 기입하게 하고 정리하여 분석하는 방법이다.

　나. 다른 조사 도구에 비해 시간과 비용이 절약되고 많은 양의 정보를 얻을 수 있다는 장점이 있다.

　다. 구조화된 질문지는 컴퓨터의 전산시스템이 필요한데, 이 시스템을 개발하는데 시간과 노력이 필요하다는 점과 대면적 조사로 얻게 되는 협조나 동기부여 효과를 보기 어렵다는 단점이 있다.

③ 관찰법

　훈련된 직무분석자가 직무를 수행하고 있는 직원을 직접 관찰하며 직무를 조사, 기술하는 방법이다.

(3) 직무기술서와 직무명세서

직무기술서와 직무명세서는 직무분석의 결과물이라고 할 수 있으며, 직무기술서가 해당 직무의 과업에 중심을 두었다면, 직무명세서는 인적 요인에 중심을 두고 있다고 할 수 있다.

① 직무기술서

　가. 일정한 양식에 직무분석의 결과를 토대로 직무수행과 관련된 과업 및 직무 행동을 작성한 문서를 말한다.

　나. 직무기술서에는 직무 명칭, 직무행동과 절차, 조명이나 소음 등의 물리적 조건, 작업시간이나 임금의 형태, 임금구조, 고용 조건 등이 포함된다.

　다. 직무기술서는 매우 구체적이고 명확해야 하며 단순해야 한다. 또한 직무담당자는 재검토를 하도록 한다.

② 직무명세서

　가. 일정한 양식에 직무분석의 결과를 토대로 직무수행에 필요한 직원의 기술이나 능력, 행동, 지식 등을 기록한 문서이다.

　나. 직원들의 인적특성에 초점을 맞춘 것으로 직무별 인적특성을 결정하는 것에 목표를 둔다.

　다. 직무명세서를 작성하는 가장 중요한 이유는 직원들의 인적특성이 직무의 성과를 예측할 수 있도록 하는 것이다.

(4) 직무분석의 한계

① 직무환경의 변화

해당 직무에 대해 명확하게 조사하고 분석했다고 하더라도, 직무환경은 계속해서 변화하므로 현재의 직무에 활용할 수 없다.

② 직원의 행동 변화

사람은 누구나 발달 단계를 거치면서 변화가 일어나고, 직무를 수행함에 있어 행동에 대한 변화도 함께 일어난다.

③ 부적절한 표본추출

직무의 중요한 부분들이 제외된 과업 영역을 조사함으로써 오류가 발생할 수 있다.

④ 반응세트(Response sets)

직무분석의 대상자들이 왜곡적 혹은 예상된 방법으로 질문에 대해 무성의하고, 일괄적인 답변을 할 때 발생하는 오류의 가능성이 있다.

2. 직무평가 및 설계

(1) 직무평가의 의의

① 직무평가란 각 기업이나 조직의 직무에 대하여 상대적인 가치를 결정하는 과정이다.

② 직무를 평가할 때는 위험도, 곤란도, 복잡도 등을 타 직무와 비교 평가하여 직무의 중요성이나 가치를 결정한다.

③ 직무평가는 동일한 가치를 가진 직무에 대해서는 동일한 임금을 지급하고, 높은 가치를 가진 직무에 대해서는 높은 임금을 지급하는 직무급제도의 기초가 된다.

(2) 직무평가의 방법

① 서열법(Ranking Method)

가장 오랫동안 사용해 온 방법으로 간단하다는 것이 가장 큰 장점이다. 최상의 직무와 최하위 직무를 결정하고, 다른 직무들은 각 직무를 두 개씩 비교하여 서열을 결정하는 방법이다.

② 분류법(Grading Method)

서열법을 개선한 방법으로 어떠한 기준에 따라 사전에 만들어 놓은 여러 등급에 각 직무를 맞추어 넣는 평가 방법이다.

③ 점수법(Point Method)

직무에 대해 숙련, 노력, 책임 등의 평가 요소를 정하고, 각 요소별로 등급을 마련한 후 등급에 대하여 정의를 규정하고 점수를 결정하는 방법이다.

④ 요소비교법(Factor-comparison Method)

많은 직무 중 조직 내의 가장 중심이 되는 직무를 기준 직무로 선정하고, 각 평가 요소를 5~7개 요소에 결부시켜 서로 비교하면서 조직 내에 직무별로 차지한 상대적인 가치를 분석적으로 평가하는 방법이다.

(3) 직무설계

① 직무설계의 의의

가. 조직에서 업무를 수행하는 과정에서 요구되는 다양한 경영과업들을 연결시키고 조직화하는 것을 말한다.

나. 조직 목표를 달성하기 위해 직원들에게 동기부여를 하기 위한 전략이다.

② 직무설계의 유형

가. 직무 확대

현재 수행하고 있는 업무의 난이도나 책임 수준이 비슷한 업무를 추가적으로 할당하는 방법으로, 직원은 업무량의 증가로 거부감을 느낄 수 있지만 추가적인 업무를 배정받음으로써 능력을 인정받았다고 여길 수 있다.

나. 직무 충실

현재 수행하고 있는 업무보다 난이도나 책임 수준이 높은 업무를 추가적으로 할당하는 방법으로, 직원의 특성에 따라 만족과 불만족으로 나뉜다.

다. 직무 순환

일정 근무 기간이 되면 근로자의 능력개발을 위해 다른 부서나 다른 직무로 이동시키는 방법이다. 전문화 수준이 떨어지고, 새로운 조직에 적응하는 것이 어려울 수 있다는 단점이 있지만 새로운 기술을 배우고, 동일 직무로 인한 실증이나 소외를 덜 느낄 수 있다는 장점이 존재한다.

3. 모집관리

(1) 모집관리 개념

① 조직에서 요구하는 유능한 인재를 선발하는 과정을 말하며, 인사관리의 첫 출발점이기도 하다.

② 조직의 내부, 외부로부터 새롭게 충원하거나 재배치에 의해서 이루어지며, 실질적인 인력을 조직으로 유인하는 과정이라고 할 수 있다.

(2) 사내 모집 방법

① 기업 자체에서 승진 또는 직무 순환을 통해 필요한 직원을 보충하는 방법이다.

② 직원들의 사기가 향상된다는 점과 기존 직원에 대한 인사고과기록을 가지고 있고, 해당 직원에 대한 자질이나 성격 등을 이미 잘 알고 있어서 해당 조직과 조화를 이룰지 미리 예측이 가능하다.

③ 학연, 지연 등의 파벌조성의 위험이 있고, 직무와 개인의 능력이 일치되지 않은 상태임에도 불구하고 충원이 될 경우 적개심이 발생할 수 있다.

(3) 사외 모집 방법

① 직무에 필요한 직원을 외부로부터 선발하는 과정을 말하며 주로 신문이나 홈페이지 등에 광고를 하거나 직업소개소나 교육훈련기관을 통해 모집한다.

② 빠른 속도로 변화하는 환경 속에서 적합한 인력을 내부적으로 충원하기 힘들거나 새로운 변화 등의 혁신이 필요한 경우 주로 이용한다.

③ 새로 선발한 직원이 조직과 잘 융합할 수 있는지 개인적인 특성에 대해 미리 알기 어렵고, 모집과 선발 과정에서 비용이 발생된다는 단점이 있다.

4. 선발관리

(1) 선발관리의 의의

① 지원자들 가운데 여러 가지 방법으로 평가하고, 직무에 가장 적합하다고 판단되는 사람을 최종 채용하는 과정이다.

② 선발이 잘못될 경우, 능력이 부족한 직원의 채용으로 조직 및 기업의 경쟁력이 약화되고, 인력채용이나 교육 등에 투입되는 비용이 낭비되기 때문에 신중하게 선발하는 것이 필요하다.

③ 선발도구로는 보통 시험 또는 면접이 있다.

(2) 시험

① 가장 먼저 학력, 기능, 역량 등의 선발 기준을 정하는 것이 중요하다.

② 선발 정보를 얻는 수단으로써 지원자에 관한 상황 정보를 얻을 수 있는 방법이다.

③ 전반적인 학습 능력을 평가하는 지능검사, 직무를 학습할 수 있는 개연성을 확인하기 위한 적성검사, 지원자가 가지고 있는 업무수행에 필요한 기술이나 지식을 측정하는 성취도검사, 응모자의 관심 사항을 확인할 수 있는 흥미검사 등을 진행한다.

(3) 면접

① 면접의 특징

가. 시험과 더불어 가장 많이 이용하는 방법으로, 최근 산업심리학이 발달하면서 면접기법이 더욱 개발, 발전하고 있으며 신뢰와 의존도도 높아지고 있다.

나. 사람을 대하는 면접평가 과정에서 학력이나 인상, 용모 등으로 지원자를 전체적으로 평가하는 후광효과나 자기대조오차 등의 오류를 범하지 않도록 면접관을 미리 훈련시켜야 한다.

② 면접의 종류

가. 지시적 면접

구조적 면접, 정형적 면접이라고도 부르며, 직무명세서를 기초로 미리 질문의 내용을 준비하고 면접 과정도 상세하게 정형화되어 있다.

나. 비지시적 면접

면접 내용이 사전에 구조화되어 있지 않고, 지원자에게 최대한 의사표시의 자유를 주면서 정보를 얻는 방법이다.

다. 스트레스 면접

특수 직무에 대해서 적용하는 방법이며, 대인적인 압박감이 많거나 어려운 직장 환경에서 직무를 원활히 수행할 수 있는지에 대한 부분을 평가하기 위한 방법이다. 경찰이나 첩보요원을 선발할 때 사용된다.

라. 패널 면접

다수의 면접자가 한 명의 지원자를 면접하는 방법으로 위원회 면접이라고도 부른다. 전문직이나 관리계층의 직원을 선발할 때 주로 이용되며 면접자가 다수이기 때문에 그만큼 다양한 평가와 의견을 교환할 수 있다.

마. 집단 면접

6~8명의 지원자들을 집단 단위별로 나누고, 쉽게 결론이 나오지 않거나 어려운 과제를 부여하여 집단별로 자유롭게 토론하는 과정을 통해 개별적으로 평가하는 방법이다.

03. 인적자원의 유지와 활용

1. 인사고과[10]

(1) 인사고과의 개념

① 직원들의 현재 및 미래의 능력과 성과를 평가하며 조직의 인적자원관리에 활용하는 것이다.

② 보통 인사고과는 직원들의 태도, 능력, 성과의 세 가지로 평가되는 것이 일반적이지만 업무나 업종의 특성에 따라 달라질 수 있다.

③ 기존의 인사고과가 과거지향적이었다면, 현재는 미래지향적으로 변화하고 있다.

④ 직무평가와 더불어 사용되는데 직무평가는 직무 한 부분에만 해당하는 평가를 말하며, 인사고과는 한 직원에 대한 전체적인 평가라는 데 그 차이가 있다.

(2) 인사고과의 목적

① 적절한 인사 배치

직원의 특성이나 능력 등을 최대한 구체적으로 그리고 정확하게 평가하여 능력이 최대한으로 발휘될 수 있는 적절한 부서에 배치시키기 위한 목적이 있다.

② 직원의 능력 개발

과거에는 임금관리를 위한 인사고과였다면, 최근에는 직원의 능력개발을 위한 인사고과로 변하고 있다. 직원의 능력을 평가하면서 잠재능력을 발견할 수 있고, 그로 인해 직원과 조직에 도움이 되는 훈련과 계발을 위한 프로그램을 진행하며 성장의 기회를 제공할 수 있다.

③ 공정한 처우

평가를 통해 급여, 상여, 승진, 승급 등에 반영함으로써 보다 객관적이고 공정한 처우를 실시할 수 있다.

④ 인재의 재발견

기존에 승진이나 승급 등에 기회를 갖지 못했던 조직원들을 계층과 직능별로 평가하면서 기업과 조직의 목표달성을 위해 필요한 인재들을 재발견할 수 있는 기회가 된다.

---

10) 인사관리자 : 변화를 성공적으로 주도하기 위해 변화가 일어날 수 있도록 추진하는 인사관리자는 촉진자의 역할을 담당한다.

⑤ 부적격자의 조기 발견과 제거

인사고과는 직무에 적격자가 근무를 하고 있는가, 어떤 태도와 어떤 방법으로 일하고 있는가가 매우 중요하다. 평가를 통해 조직원의 특성이나 능력과 다른 직무를 수행하는 직원이나 능력이 부족한 직원을 가려내는 데 도움을 준다.

(3) 인사고과기법에 의한 종류

① 전통적 고과기법

　가. 서열법

　　A. 순위법이라고도 하며, 평가하고자 하는 직원에게 1, 2, 3등의 순위 번호를 붙여놓고 평가하는 방법으로 가장 오래된 방법이다.

　　B. 평가를 실시하는데 비교적 간단하고 비용이 적게 든다는 장점이 있다.

　　C. 평가 인원이 너무 적거나 많으면 평가하기 곤란하고, 객관성이 부족하며, 능력개발의 목적에 효용이 없다.

　나. 평가 척도법

　　A. 여러 형태가 있으나 최근에는 숫자 척도나 평어법 등이 활용되며 가장 전형적인 인사고과의 방법이다.

　　B. 비교적 간단한 방법으로 가중치를 두고 계량화가 가능해서 분석적 고과를 할 수 있다는 장점이 있다.

　　C. 고과요인을 선정하고 구성하는 데 어렵고 고과자가 한쪽으로 치우쳐 고과해서 비교가 어렵다는 단점이 있다.

　다. 대조법

　　A. 평가자가 직원의 직무상 행동을 구체적으로 관찰하고 행동에서 볼 수 있는 항목들에 체크하는 방법으로 대조리스트법이라고도 부른다.

　　B. 모든 평가항목을 체크할 수 없고, 확신할 수 있는 항목에만 체크를 해야 한다.

② 현대적 고과기법

　가. 목표에 의한 관리(MBO, Management By Objectives)

　　A. 목표를 달성하고 계획하는 과정에서 직원 혼자 하는 것이 아니라 상사와 함께 진행하며, 업무를 모두 수행한 이후에 이전의 계획과 비교하며 문제점 및 개선점을 파악하는 것이다.

　　B. 인사고과가 과거 평가중심의 기법이었다면, 최근에는 직원중심의 기법으로 변화하고 있다.

나. 인적평정센터법(HAC, Human Assessment Center)

　　　　A. 중간경영층의 승진목적으로 개발된 고과방법으로, 승진목적으로는 어떤 기법보다 정확성이 높이 평가되고 있다.

　　　　B. 피고자를 며칠간 합숙시키며 각종 의사결정 게임이나 토의 등을 실시하여 여러 평가자와 심리학 전문가들에 의해 평가되는 방법이다.

　　다. 행위기준고과법(BARS, Behaviorally Anchored Rating Scale)

　　　　A. 기존의 전통적 인사고과 시스템의 한계를 극복하고자 개발되었으며, 실제로 수행하는 구체적인 행동을 토대로 평가하는 방법이다.

　　　　B. 평가양식의 개발에 인사부서 이외에 다른 부서의 직원도 참여가 가능하고, 결과를 빠르게 받을 수 있다는 장점이 있으나 측정도구개발에 시간과 비용이 많이 필요하다는 것이다.

(4) 인사고과의 한계

① 관대화 경향

조직에 우수한 사람이 많거나, 평가자가 편애하는 직원이 있을 경우, 혹은 낮은 점수로 평가하면 해당 조직의 리더인 평가자의 통솔력이 부족하다고 오해받을 수 있다는 이유로 실제보다 관대하게 평가하는 것을 말한다.

② 중심화 경향(집중화 경향)

평가방법을 제대로 이해하지 못했거나, 평가자가 능력이 없어 대충 중간점수로 평가하는 경우, 조직원을 제대로 잘 알지 못하거나 시간적 여유가 없는 경우 점수가 중심에 집중되는 것으로 집중화경향이라고도 한다.

③ 현혹 효과(후광 효과)

평가자가 중요하다고 생각하는 항목에 특출나게 우수한 직원이 있을 경우, 그 외 다른 항목에도 높은 점수로 평가하는 경향을 말한다.

④ 상동적 태도

어떤 사람이 속한 사회적 집단이나 특징만을 가지고 평가하는 편견적 태도이다.

⑤ 대비 오류

평가 시 기준에 준하지 않고 다른 대상과 대비(비교)함으로써 발생되는 오류를 말한다.

(5) 인사고가 개선 방안

① 공정성 실현

평가의 객관성과 수용성을 높이기 위한 공정성 실현이 가장 필요하고 공정성과 정확성을 높이기 위해 다면평가를 실시한다.

② 종합 능력 평가

직원을 평가할 때 능력과 성과, 태도 등 중요한 항목 중 어느 한 항목만 평가하는 것이 아니라 이 세 사지를 모두 종합적으로 판단한다.

③ 직원들의 의견수렴

인사고과의 성패를 좌우하는 것은 평가과정 및 결과가 다른 직원들로 하여금 수용할 수 있을 제도여야 한다. 그러기 위해서는 가능한 많은 직원들의 의견수렴을 거친 후 평가 기준 및 방법을 개선해야 한다.

2. 인사이동

(1) 인사이동의 목적

① 인사이동이란 조직에서 직위가 변경된다는 것을 의미하며, 각 직급의 적격자를 지속적으로 공급할 수 있다.

② 다른 조직원들의 승진욕구를 자극하여 동기부여가 되기도 한다.

③ 동일 직무의 정착화를 없애고, 직원들의 근무 의욕을 쇄신한다.

(2) 인사이동의 형태

① 생산상황의 이동

직무의 노동수요를 고려하여, 수요가 증가하는 직무나 공석이 발생한 직무에 대한 이동을 말한다.

② 배치전환을 위한 이동

조업률이 전체적으로 떨어진 경우 오래되고 숙련된 직원을 확보하기 위한 방법이다.

③ 감독자 양성을 위한 이동

추후 감독자를 육성하는 데 도움이 되는 방법으로 많은 일에 감독자를 양성하기 위해 행하는 이동이다.

④ 교대근무를 위한 이동

24시간 가동이 필요한 조직에서 두 개 이상의 교대직을 갖고 있는 경우, 하나의 교대직 근무의 동종 업무로 이동하는 것을 말한다.

⑤ 구체적인 이동

처음의 배치에 오류가 있었거나, 조직 내 다른 조직원들과 맞지 않는 경우 등 직무가 아닌 직원에 대한 여러 가지 이유에서 발생한다.

3. 승진관리

(1) 승진의 개념 및 특성

① 승진는 인사이동의 한 형태로 기존의 직급, 직위가 상승하는 것을 의미한다.
② 지위의 상승은 물론이고 책임과 권한이 확대되며 임금이 함께 상승된다.
③ 경영조직에 있어 수직적으로 실시되는 인사이동이다.
④ 임금이 높고, 좋은 직무는 되도록 외부고용보다 내부승진에 의해 채용되는 것이 좋다.
⑤ 인재의 효율적 확보와 배분을 위해 평가가 우수한 직원이 관심이 있고, 원하는 직무에 배치함으로서 개인과 조직 모두의 목표를 이룰 수 있다.

(2) 승진 방침

① 연공주의

조직원을 승진시킬 때 근무 경력 등 시간의 차이에 따라 평가하는 것으로 장기간 근무한 경력만큼 업무의 숙련도도 높을 것이라고 가정하며, 집단 중심의 연공 질서가 확립되고 객관적인 기준이 있다.

② 공리주의

조직원을 평가할 때 무엇보다 직원의 업무수행능력에 따라 승자에게 우선권이 있다.

개인 중심의 질서를 형성하고, 객관성 확보가 어렵다는 단점이 있지만 개인 중심의 경쟁질서가 형성된다.

*연공주의와 공리주의는 상호배타적인 관계가 아니다. 기업이나 조직의 여러 환경 속에서 각 상황에 맞는 방법을 설정하는 것이 바람직하다.

4. 보상

(1) 보상

① 기업에서 노동의 대가로 직원들에게 제공하는 모든 형태의 직접·간접적인 보수를

말한다.

② 기본적인 임금이나 인센티브 등의 경제적인 보상이 있으며, 교육훈련이나 승진 기회를 제공, 직무환경을 쾌적하게 해 주는 것은 비경제적 보상이라고 할 수 있다.

(2) 임금관리의 개념

① 「근로기준법」 제2조제1항제5호에 임금에 관한 규정이 명시되어 있다. "임금이란, 사용자가 근로의 대가로 근로자에게 임금, 봉급, 그 밖에 어떠한 명칭으로든지 지급하는 일체의 금품을 말한다." 여기서 말하는 금품이란 현금, 현물 모두 포함된다.

② 근로자 측면에서의 임금은 근로자뿐 아니라 부양가족의 생계수단이 되며, 근로자 자신에게는 자아실현의 수단이 될 뿐 아니라 사회적 신분을 규정한다.

③ 기업 측면에서는 근로자에게 지급하는 임금은 제품원가를 구성하는 비용이 된다.

(3) 임금관리의 내용

① 임금수준, 임금체계, 임금형태를 임금관리의 3대 과제라고 할 수 있으며, 내용과 목적은 취급 의도에 따라 변경된다.

② 임금관리의 목적은 크게 적정성, 공정성, 합리성이라고 할 수 있으며, 해당 목적에 따라 임금관리의 체계가 임금수준, 임금내용, 임금형태의 순으로 전개된다. 임금체계란 일반적으로 임금의 구성 내용을 말한다.

③ **임금수준**은 임금의 크기에 관한 것으로 경제적 환경요인이나 노동조합 등 기업의 외부환경과 기업 규모나 직무의 내용 등 기업의 내부환경, 직원의 학력이나 성과, 근속 등의 인적자원 수준을 포함하는 기업의 개별적 요인 등에 따라 결정된다.

④ **임금체계**는 기업 내 임금의 격차를 결정하는 기준에 대한 것으로 직원이 받는 구체적인 임금의 구성 내용을 말한다. 기본적인 기본금과 직무수당 등을 포함한 기준내임금과 초과근무수당이나 특별근무수당이 포함된 기준외임금, 상여금 등의 인센티브로 구성된다. 임금체계의 종류는 크게 연공급, 직능급, 직무급으로 나뉜다.

　가. 연공급

　　임금이 근속년수를 중심으로 변하는 것으로, 생활급적 사고 원리를 따르고 있다.

　나. 직능급

　　직원의 직무수행능력에 따라 임금의 사내 격차를 만드는 체계이다.

　다. 직무급

　　직무의 중요성과 곤란도에 따라 직무의 상대적 가치를 평가하고 그 결과에 따라 임금액을 결정하는 방식을 말하며, 노동의 질과 양에 따라 임금의 격차를 두는 체계로서 가장 이상적이다.

⑤ **임금형태**란 임금체계와는 다른 것으로 임금의 계산 및 지급방법에 관한 것이다. 기업의 임금형태는 가장 기본적으로 시간급제, 성과급제, 추가급제, 특수임금제 등으로 나뉘며 직원의 노력에 상응하는 적당한 임금인지, 기업의 업적에 따라 공정한 임금을 지급하는지 등에 따라 신중하고 합리적으로 임금형태를 결정해야 한다.

　가. 시간급제

　시간급제는 직원의 작업 양과 질에 관계없이 순수하게 근무한 시간을 기준으로 임금을 산정하고 지불하는 방식으로 일급, 주급, 월급, 연봉 등이 포함된다. 임금산정이 간편하고 공정하며, 일정액의 임금이 확정적이라는 장점이 있지만 작업능률이 오르기 어렵다는 점, 단위시간당 임금계산이 곤란할 수 있다는 점이 단점으로 작용한다.

　나. 성과급제

　직원의 노동 성과를 측정, 축적된 성과에 따라 임금을 산정하고 지급하는 제도이다. 근로자에게는 합리성과 공평함을 주고 작업능률을 자극할 수 있지만 정확한 작업량의 측정이 어렵다는 점, 근로자의 수입이 확정적이지 않다는 단점이 있다.

04. 인적자원의 개발

1. 교육훈련[11]

(1) 교육훈련의 의의

① 교육훈련은 직원의 지식이나 기능, 태도를 변화시켜 기업의 경쟁력 향상을 도모하는 전략적 행동을 뜻한다.

② 변화하는 환경에 적응하면서 경영성과를 위해 인력을 육성하고 개발을 강조하고 있으며, 교육훈련은 목표가 명확하지 않으면 노력과 비용이 낭비될 수 있으므로 철저하게 계획되어야 한다.

---

11) 일반적인 교육, 훈련의 평가 순서
　반응 → 학습 → 행동 → 결과수준

③ 교육훈련의 필요성은 잠재된 성과를 향상시킬 수 있을 것인가를 조직적 차원에서 결정하는 조직수준과 직무요건, 직원의 현재 능력과의 차이를 결정하는 직무수준, 직원 개인 단위로 훈련이나 개발의 결과를 분석, 평가하며 파악하는 개인수준에 따라 나뉜다.

④ 인적자원 관리의 목적은 인재확보, 인재개발, 근로조건 정비 등이다.

(2) 교육훈련 관리의 과정

필요성 분석 → 프로그램 설계 → 프로그램 실시 → 교육훈련의 평가 → 종합시스템과의 연계

① 필요성 분석

훈련의 필요성 혹은 목표에 따라 구체적인 내용이 달라지므로 정확하게 하는 단계와 그 필요성을 어떻게 분석할 것인지에 대한 단계이다.

② 프로그램 설계

교육훈련의 필요성 및 목표 분석 후 누구에게, 언제, 무엇을, 어떻게 교육을 할 것인지 설계하는 것이다.

③ 프로그램 실시

강사나 장소의 선정 등은 어떻게 할 것인가 등을 구체화시키는 단계이다.

④ 교육훈련의 평가[12]

프로그램 완료 후, 해당 성과나 전체과정에 대한 평가를 어떻게 진행할 것인가를 정한다.

⑤ 종합시스템과의 연계

완료된 교육훈련을 인사고과나 직무순환, 보상관리 등과의 연계성을 어떻게 할지 결정한다.

---

12) 커크패트릭의 교육훈련 평가의 네 가지 기준
① 반응기준 평가 : 네 가지 기준 중 효과성을 측정하기 가장 용이하며, 참여자들의 전반적인 느낌이나 만족도에 대한 평가다.
② 학습기준 평가 : 교육 목표의 달성 정도를 측정하는 것으로 사전, 사후 비교 검사 등의 방법을 이용한다.
③ 행동기준 평가 : 교육 참가자들의 성과 행동에 일어난 변화를 평가하는 것으로 주로 인터뷰나 관찰, 설문조사 등을 통해 평가한다.
④ 결과기준 평가 : 조직효과성의 변화 정도를 측정하는 것으로 생산성, 품질, 시간 등과 같은 구체적인 수치를 활용하여 교육 전후의 상황을 비교, 분석한다.

(3) 직장 내 훈련 OJT(On the Job Training)[13]

① 직원이 근무하는 과정에 감독자가 직접 실무 또는 기능에 관하여 훈련시키는 것을 말한다.

② 근무현장에서 이루어지기 때문에 모든것이 현실적이고, 교육장을 섭외하거나 이동할 필요가 없다. 또한 훈련과 생산이 직결되어 경제적인 것이 장점이다.

③ 감독자나 환경이 훈련에 명확히 도움이 되고 적합하다고 할 수 없으며, 작업수행에 지장을 가져오기도 한다. 또한 원재료가 낭비되는 단점이 있다.

④ 업적향상과 직원들의 인격형성을 위해서 진행되기 때문에 실무에 밀착된 내용이어야 하고, 업적에 직결된 것이어야 한다.

⑤ 즉흥적으로 진행되어서는 안 되며 계획적이고 중점적, 단계적으로 실행해야 한다.

(4) 직장 외 훈련 OJT(Off the Job Training)

① 보통 단체로 진행되고, 직장을 벗어난 환경에서 실시되는 훈련으로 여러 형태로 운영한다.

② 다수의 직원들에게 통일된 훈련을 실시할 수 있으며, 참가한 직원들은 서로에게 자극을 받고 자연스럽게 경쟁의식을 갖게 된다. 또한 전문적인 지도자의 지식과 정보를 가지고 새로운 환경에서 훈련에 전념할 수 있다.

③ 교육장소의 섭외 및 교육전문가, 교육으로 인한 공석 등의 비용이 발생되며 중소기업에서는 실제로 실시하기 어렵다는 단점이 있다.

④ 참가자들의 욕구에 밀착된 내용이 아니면 효과는 반감되므로 참가대상 및 교육목적을 명확하게 하는 것이 매우 중요하다.

⑤ 신입사원교육, 중견사원교육, 감독자교육, 경영자교육 등의 계층별 교육과, 영업 및 연구개발 등을 대상으로 한 직능별 교육 등으로 진행된다.

2. 경력개발

(1) 경력개발의 개념

① '경력'(career)이란, 개인이 일생동안 가지게 되는 일과 관련된 경험의 과정을 말하며, 경력개발은 경력(career)과 개발(Development)의 합성어이다.

---

13) 직장 내 훈련 OJT(On the Job Training)의 교육 단계
학습준비 → 업무 설명 → 업무 실행 → 결과 확인

② 경력개발은 경력 목표를 달성하기 위하여 개인, 조직이 참여하는 활동을 말한다.

③ 경력개발은 경력관리의 3요소 중 하나로 경력관리의 3요소는 경력계획, 경력개발, 경력목표이다.

(2) 경력개발의 목적

① 경력개발은 변화하는 사회에서 인간의 삶의 질 향상과 조직의 생산성 향상을 위한 과정이라고 할 수 있다.

② 더욱 능력있는 직원으로 성장할 수 있으며, 직원 개인과 조직의 유효성을 성취할 수 있도록 해준다.

③ 조직에서는 직원이 경력을 계획하고 개발할 수 있도록 도와주므로 이직률과 인사비용이 절감된다.

④ 앞으로 기술은 더욱 전문화되고 높은 수준의 전문성이 요구되기 때문에 조직에서는 보다 효율적인 인적자원이 필요하다. 경력개발을 통하여 보다 전문성있는 높은 수준의 인적자원들을 확보할 수 있다.

3. 콜센터의 인적자원 관리

(1) 콜센터의 구성원

① 슈퍼바이저

　가. 10~20명 정도의 텔레마케터를 관리하며, 보통 팀으로 운영이 되기 때문에 팀장이라고도 부른다.

　나. 텔레마케터에 대한 교육훈련 및 성과관리 업무를 수행하는 사람이다.

　다. 콜센터의 원활한 조직관리를 위해 슈퍼바이저가 관리하는 상담사의 수를 적정하게 유지하는 것이 좋다.

② QAA(Quality Assurance Analyst)

QAA는 텔레마케터들의 통화 내용에 대해 평가하고 개선점을 찾아내 개선할 수 있도록 도와주는 사람이다.

　가. QAA의 역할

통화품질 관리, 상담원 코칭, 상담내용 모니터링 등

　나. QAA의 자질

업무 지식, 객관적인 판단 능력 및 모니터링 평가 능력, 뛰어난 경청능력, 코칭과 교육 능력, 통화 품질 향상 능력이 요구된다.

참고

QAA의 기본적 자격요건
- 경청능력(가장 중요한 능력)
- 업무지식
- 기술
- 태도

(2) 콜센터의 인적자원 관리 방안

① 다양한 동기부여 프로그램을 준비한다.
② 콜센터 리더 육성 프로그램을 주기적으로 실시한다.
③ 상담원 수준별 교육 훈련 프로그램을[14] 준비한다.

(3) 콜센터의 인력관리 프로세스

과거 콜 데이터의 수집과 분석 → 콜 양의 예측[15] → 상담 인력의 계산 → 상담원의 스케줄 배정 → 일별 성과의 관리 및 분석

(4) 성과가 낮은 경우, 관리자의 점검 사항

① 텔레마케터가 근무 스케줄을 잘못 알고 있는지 점검한다.
② 신입직원에 대한 슈퍼바이저의 지원 및 코칭이 유용하지 않은지 점검한다.
③ 응대 준비의 중요성에 대한 직원교육 및 동기부여의 실패 여부를 점검한다.

(5) 콜센터의 높은 이직률 원인

① 관리자와의 커뮤니케이션 부조화로 인한 이직
② 불확실한 비전 및 커리어패스(Career path)
③ '끼리끼리' 문화에 익숙한 상담원들의 집단행동
④ 무분별한 행동을 하는 고객들로 인한 심각한 감정노동

---

14) 신입 상담원에게는 업무지식, 회사 전반적인 사항, 커뮤니케이션 스킬 교육 등이 적합하다.
15) 인입 콜을 예측하기 위한 요소 : 3년간의 콜 인입량, 비상담시간, 평균콜 처리시간.

(6) 콜센터의 이직을 줄이기 위한 방안

① 시장상황과 비교하여 직무 및 급여 수준을 파악한다.

② 상담사와 그룹 미팅을 수행한다.

③ 기존의 이직 관련 인터뷰를 분석해본다.

(7) 콜센터의 심리적 장애요인

① Burn-out(탈진증후군)

의욕적으로 업무를 하던 사람이 극도의 신체적, 정신적 피로감을 호소하며 무기력해지는 현상을 말한다.

② 콜센터 바이탈사인

콜센터 조직이 점차 커지고 활성화됨에 따라 상담원들의 반복적인 상담업무에서 비롯되는 권태감, 자책감, 음성피로와 장애 등으로 정신적, 육체적으로 보이는 이상 현상을 말한다.

③ '끼리끼리' 문화

평소 자신들과 친한 사람들끼리만 어울리며, 다른 집단이나 개인들을 배타적으로 보는 심리적 현상이다.

④ 뜨내기 문화

소속감의 부재로 약간의 급여 조건 변동 또는 이점이 있다면 쉽게 근무지를 이동하는 이직률이 높은 조직이다.

1. 상담사 교육 관리에 대한 설명으로 틀린 것은?

① 각 직무별 교육계획안은 부서에서만 작성한다.
② 교육생이 이수하지 못한 교과목은 이수 예정일을 기재한다.
③ 교육생이 이수한 교과목은 이수한 날짜를 양식에 표시한다.
④ 교육과정에 참여하기로 한 직원에게는 정기적(혹은 월별로) 통지서를 보낸다.

정답▶ ①
해설▶ 상담사 직무별 교육계획안은 해당 부서뿐 아니라 상담사의 역량을 평가하고 교육하는 부서와 관리자와
함께 작성하는 것이 바람직하다.

2. 다음 중 OJT(Off the job Training)에 대한 설명으로 옳은 것은?

① 보통 단체로 진행되고 직장을 벗어난 환경에서 실시되는 훈련으로 여러 형태로 운영
된다.
② 직원이 근무하는 과정에 감독자가 직접 실무 또는 기능에 관하여 훈련시키는 것을 말
한다.
③ 근무현장에서 이루어지기 때문에 모든 것이 현실적이고 경제적인 것이 장점이다.
④ 계획적, 중점적, 단계적으로 실행되어야 한다.

정답▶ ①
해설▶ 나머지 설명들은 모두 직장 내 훈련에 대한 설명이다.

3. 텔레마케터의 잦은 이직이 콜센터 운영에 미치는 영향과 가장 거리가 먼 것은?

　① 채용공고와 채용과정에서의 비용발생

　② 질적인 부분의 증대효과

　③ 기존인력을 대체한 신입인력의 생산성 감소

　④ 신입인력 교육기간 동안의 수입 감소

> 정답▶ ②
> 해설▶ 텔레마케터들의 잦은 이직은 질과 양 모두 감소되는데 영향을 미친다.

4. 다음 중 경력관리에 대한 설명으로 틀린 것은?

　① 적재적소, 후진양성에 필요하다.

　② 능력주의와 연공주의를 절충한다.

　③ 장기계획이다.

　④ 조직의 목표와 개인의 목표를 일치시킨다.

> 정답▶ ②
> 해설▶ 능력주의와 연공주의는 경력관리가 아닌 승진관리에 대한 설명이다.

5. 조직 내 직원의 직무만족은 심리적인 측면과 보상적인 측면으로 나눌 수 있는데 다음 중 심리적인 측면에 해당하는 것은?

　① 임금　　　　　　　　　　　② 승진기회

　③ 신념　　　　　　　　　　　④ 성과급

> 정답▶ ③
> 해설▶ 신념, 동기부여, 비전설계 등은 심리적인 측면이라고 볼 수 있다.

6. OJT(On the Job Training)를 실시할 때 지켜야 할 원칙이 아닌 것은?

① 업무와 직접 관련된 교육을 실시한다.

② 신입사원 입사 시에만 활용하는 교육이다.

③ 체계적이고 지속적이어야 한다.

④ 상담원의 능력을 극대화할 수 있는 방향으로 실시한다.

> 정답▶ ②
> 해설▶ OJT는 신입사원뿐 아니라 직급별, 업무별로도 나누어 현장에서 실시되는 교육이다.

7. 상담사에 대한 기본교육으로 가장 거리가 먼 것은?

① 회사에 대한 이해와 비전(Vision)

② 상담원에게 필요한 자질

③ 조직 및 인사관리

④ 테이프 녹음과 화법 연습

> 정답▶ ③
> 해설▶ 조직 및 인사관리는 고객상담을 주로 하는 상담사보다 관리자에게 적합한 교육이다.

8. 텔레마케터의 이직률을 줄이기 위한 방안으로 적절하지 않은 것은?

① 인적자원 중시   ② 정규직의 감소

③ 안정된 근로조건   ④ 심리공황의 방지책 강구

> 정답▶ ②
> 해설▶ 현재 국내 콜센터는 정규직이 아닌 계약직이나 파견사원이 대부분인 상황이며, 정규직으로 채용하고 처우를 개선한다면 이직률을 줄이는 데 도움이 된다.

9. 조직의 변화를 성공적으로 주도하기 위해 변화가 일어날 수 있도록 추진하는 인사관리자의 역할은?

① 설계자   ② 입증자

③ 중재자   ④ 촉진자

> 정답▶ ④
>
> 해설▶ 조직에서의 업무를 원활하게 수행하고, 회의나 교육을 통해 결국 변화를 이끌어내는 인사관리자는 촉진자의 역할을 담당한다.

10. 콜센터의 원활한 조직관리를 위하여 슈퍼바이저가 관리하는 상담사의 수를 적정하게 제한해야 한다는 원칙은?

① 관리일원의 원칙   ② 관리한계의 원칙

③ 관리명확의 원칙   ④ 관리제한의 원칙

> 정답▶ ②
>
> 해설▶ 슈퍼바이저는 보통 팀장을 말하며, 각 팀은 10~20명 내외로 구성되고, 상담수의 수를 적정하게 제한해야 하는데 이것을 관리한계의 원칙이라고 한다.

11. 다음 중 일반적인 교육·훈련 평가 순서를 바르게 나열한 것은?

① 반응 → 학습 → 행동 → 결과수준

② 반응 → 행동 → 학습 → 결과수준

③ 학습 → 반응 → 행동 → 결과수준

④ 학습 → 행동 → 반응 → 결과수준

> 정답▶ ①
>
> 해설▶ 교육, 훈련이 이뤄진 후, 조직원들의 지식이나 기술, 태도 등에 나타난 변화를 측정해야 하며, 그 변화가 조직의 성과 변화에도 전이가 되었는지 정확하게 파악할 수 있어야 한다. 이렇게 교육훈련을 평가할 때에는 '반응 → 학습 → 행동 → 결과수준' 순으로 실시한다.

12. 텔레마케터의 능력개발을 위한 교육방법으로 부적합한 것은?

① 신상품이 출시될 경우 스크립트를 개발하여 제공한다.

② 정기적인 모니터링을 통해 개인별 코칭을 실시한다.

③ 상담실습 및 훈련과정보다 업무지식 습득에 초점을 맞추어야 한다.

④ 업무에 따른 표준 매뉴얼을 제공한다.

> 정답▶ ③
> 해설▶ 텔레마케터는 고객과 상담을 직접 하는 업무를 주로 하므로 이론이나 업무지식 습득보다는 상담 실습 및 훈련과정에 초점을 맞추어야 한다.

13. 커크패트릭의 교육훈련 평가의 네 가지 기준 중 효과성을 측정하기가 가장 용이한 것은?

① 결과기준 평가　　　　　　　② 행동기준 평가

③ 학습기준 평가　　　　　　　④ 반응기준 평가

> 정답▶ ④
> 해설▶ 커크패트릭의 교육훈련 평가의 4가지 기준 중, 반응기준 평가는 프로그램에 대해 어떤지 묻고, 주관적, 객관적인 반응을 측정할 수 있으며, 측정하기 가장 편하다고 할 수 있다. 또한 학습프로그램이 가지고 있는 기술, 지식, 태도가 피훈련자들에 의해 획득되는 수준을 평가하는 것을 학습기준 평가라고 한다. 행동기준 평가란 실제 직무성과 학습의 전이 등을 측정하는 것을 말하며, 조직목표와 교육훈련 결과와의 관련성, 교육훈련의 조직에 이득을 주었는지 평가하는 것을 결과기준 평가라고 한다.

14. 성과주의 인사제도의 구성요소에 해당되지 않는 것은?

① 선별적 채용　　　　　　　　② 성과주의 평가

③ 공식적인 교육훈련　　　　　④ 연공서열 위주의 승진

> 정답▶ ④
> 해설▶ 연공서열 위주의 승진은 근무 연한에 따라 임금과 직급이 상승하는 연공제에 포함된다.

15. 직무분석(Job Analysis)의 결과물로 산출되는 것은?

① 직무관리서

② 직무기술서

③ 직무발전서

④ 직무개발서

> **정답▶** ②
> **해설▶** 직무기술서는 일정한 양식에 직무분석의 결과를 토대로 직무수행과 관련된 과업 및 직무행동을 작성한 문서를 말한다.

16. OJT(On the Job Training)의 설명으로 틀린 것은?

① OJT는 사내직업훈련이다.

② OJT 리더는 피교육자의 문제점, 건의사항을 수렴한다.

③ 실무에 투입되기 전 평가결과에 대해 피드백 한다.

④ 현장적응 훈련이다.

> **정답▶** ③
> **해설▶** OJT는 근무현장에서 직접 교육, 훈련이 이루어지는 형식으로 실무에 투입되어 하는 행동과 업무를 본 후 피드백을 한다.

17. 상담사에 대한 코칭의 목적이 아닌 것은?

① 상담사의 현재수준 인식과 목표관리

② 감독 일원화 및 전문화의 원칙 학습

③ 상담원의 역할 인식과 업무 집중화

④ 집중적인 학습과 상담품질 향상

> **정답▶** ②
> **해설▶** 상담사가 결과를 달성할 수 있도록 의욕을 고취시키고 잠재력을 최대한으로 개발할 수 있도록 돕기 위해 코칭을 실시한다. 그러나 감독 일원화 및 전문화의 원칙을 학습하기 위한 목적으로는 실시하지 않는다.

18. 교육훈련의 전달방법을 결정하는 요인과 가장 거리가 먼 것은?

① 비용
② 학습내용
③ 학습자의 선호도
④ 교육프로그램 개발자의 수준

> 정답▶ ④
> 해설▶ 교육훈련의 전달방법을 결정하는 데에는 비용과 학습내용, 학습자의 선호도가 중요하며 교육프로그램 개발자의 수준과는 상관이 없다.

19. 상담사 인사관리 및 교육 등에 대해 관련 직무분석을 활용한다. 다음 중 직무분석에 대한 설명으로 틀린 것은?

① 해당 직무의 모든 중요한 정보만을 수집하는 것이 직무분석이다.
② 해당 업무 프로세스 개선의 기초가 된다.
③ 상담원의 훈련 및 교육 개발의 기준이 된다.
④ 조직이 요구하는 일의 내용, 요건 등을 정리 · 분석한 것이다.

> 정답▶ ①
> 해설▶ 한 직원이 수행하는 일의 전체를 직무라고 하며, 해당 직무의 내용을 분석하는 것을 직무분석이라고 한다. 직무분석은 중요한 몇 가지 요소만을 분석하는 것이 아니라 직무의 내용은 물론 노동환경, 권한, 노동강도 등 직무에 해당하는 정보들을 모두 중요하게 여겨 수집하고 합리적으로 분석해야 한다.

20. 다음 교육훈련과정 개발을 위한 교수모형설계의 5단계 중 ( ) 안에 들어갈 알맞은 것은?

> (   ) → 설계 → 개발 → 실행 → 평가

① 전략
② 분석
③ 목표설정
④ 피드백

> 정답▶ ②
> 해설▶ 교육훈련은 다른 인적자원관리 활동과도 밀접한 연관성을 가지고 있다. 교수모형설계 5단계 '분석 → 설계 → 개발 → 실행 → 평가' 순으로 진행한다.

21. 동기부여 중심의 OJT 교육내용에 해당하지 않는 것은?

① 칭찬하기   ② 신뢰감 표시

③ 직무 축소   ④ 실패의 위로

> 정답▶ ③
>
> 해설▶ 동기부여 중심의 OJT에서는 상급자와 하급자 간의 상호 이해를 촉진하고 칭찬하며, 신뢰감 표시, 실패의
> 위로를 거친다.

22. 다음 중 임금 체계에 대한 설명으로 옳지 않은 것은?

① 연공급은 임금이 근속연수를 중심으로 변하는 것으로 생활급적 사고 원리를 따르고
있다.

② 직능급은 직원의 직무수행능력에 따라 임금의 사내 격차를 만드는 체계이다.

③ 직무급은 직무의 중요성과 곤란도에 따라 직무의 상대적 가치를 평가하고 그 결과에
따라 임금액을 결정하는 방식이다.

④ 직무급은 작업양과 질에 관계없이 순수하게 근무한 시간을 기준으로 임금을 산정한다.

> 정답▶ ④
>
> 해설▶ 시간급제에 대한 설명이다.

23. 다음이 설명하고 있는 인사고과의 한계 현상은 무엇인가?

> 평가자가 중요하다고 생각하는 항목에 특출나게 우수한 직원이 있을 경우 그 외 다른 항목들도
> 높은 점수로 평가하는 경향을 말한다.

① 상동적 태도   ② 중심화경향

③ 현혹효과   ④ 관대화경향

> 정답▶ ③
>
> 해설▶ 현혹효과에 대한 설명이다.

01. 콜센터 운영관리

1. 콜센터의 역할

(1) 콜센터

콜센터라고 하면 텔레마케터들이 근무를 하는 곳으로 과거에는 단순히 전화를 받는 곳이라고 인식되었으나 최근에는 컴퓨터와 전화기를 통합시킨 기술과 음성지원 등의 시스템을 갖추고, 고객의 데이터를 활용하여 마케팅 전략을 수행하는 고객 접촉 수단이라고 할 수 있다.

(2) 콜센터의 역할

① 최소의 마케팅 경비로 효율적인 마케팅력을 강화한다.
② 고객의 불만사항은 물론 신제품 도입이나 다양한 고객의 의견을 들을 수 있어 시장조사 및 판매 전략을 조정하는 데 도움을 준다.
③ 고객 서비스 경험을 극대화 시키는 것으로, 1:1 커뮤니케이션을 통해 고객과 관계를 맺고, 고객의 욕구파악은 물론, 서비스를 극대화시켜 기업의 이미지 개선 및 홍보에 막대한 역할을 한다.

(3) 콜센터의 역할 변화

① IT 기술로 인한 변화가 이루어지고 있다. 특히 스마트폰의 보급과 스마트 워크 등의

기술 개발로 고객 접촉 수단이 변하고 있으며 콜센터의 업무와 역할도 트렌드에 맞추어 변화를 주고 있다.

② 단지 판매를 지원해주는 단순한 역할을 하거나, 비용 절감의 차원에서 생산성만 강조하던 과거와는 다르게 수익을 창출하는 전략적인 실행 채널로서 고객관계 중심으로 운영되고 있다.

③ 소셜 네트워크의 등장으로 고객과의 새로운 소통 채널이 증가하며 고객 커뮤니케이션의 징검다리 역할을 하고 있다. 여러 소통 수단을 통해 고객의 목소리를 솔직하게 들을 수 있지만, 부정적인 내용도 순식간에 공유될 수 있기 때문에 이에 대응하는 역할에 대해서도 연구하고 있다.

④ 과거에는 콜센터하면 보통 기업이나 기관의 대표 민원센터 등으로 고객 불만 접수창구라는 인식이 강했으나, 아웃바운드뿐 아니라 인바운드에서도 교차판매나 상향판매 업무를 수행하며 전략적인 마케팅 채널로 그 영역이 확대되고 있다.

(4) 효과적인 콜센터 운영 방안

① 인력구성 및 인원

고객 상담을 전문적으로 할 수 있는 전문 인력을 배치하고 운영하는 것이 필요하다.

② 통신장비 구축

콜센터에 필요한 전화기, 각종 통신장비, 작업 공간 등을 구축하여 고객상담 품질을 높이고, 모든 자료들이 데이터화될 수 있도록 지지해준다.

③ 직원들에 대한 적절한 보상

우수 직원 및 부서에 적절한 보상을 제공하여 전 직원에게 동기부여가 될 수 있도록 하며 이는 인사고과에 반영되어야 한다.

④ 고객 정보 수집 활동 강화

지속적으로 고객의 정보를 수집하고 관리할 수 있도록 시스템 개발은 물론, 이를 토대로 경영활동에 적극적으로 반영하는 것이 좋다.

⑤ 고객의 니즈에 부합하기 위해 신속 정확한 서비스를 원스톱으로 제공하려고 노력한다.

⑥ 정기적인 고객 만족도 조사를 통해 더 나은 고객 서비스 전략을 연구한다.

2. 아웃바운드 콜센터

(1) 아웃바운드 텔레마케팅의 활용 분야

① 목표 고객에 대한 정확한 리스트 준비 후, 가망 고객을 획득하도록 한다.

② 구매 감사 인사 및 해피콜 등의 고객서비스 제공과 현장 판매를 지원한다.

③ 구매 동기, 브랜드 인지도 등의 소비자조사, 시장조사, 상품조사에 활용한다.

④ 휴면고객을 활성화하는 등 고객관계 관리에 활용한다.

(2) 아웃바운드 통화 시 유의사항

① 아웃바운드는 공격적인 '업체주도형'의 상담이라고 할 수 있다. 매출향상이나 판매촉진을 목적으로 고객과 통화하자마자 본론을 꺼내는 경우가 있으나, 먼저 고객에게 통화가 가능한지 문의한 후, 고객에게 전화를 건 목적과 이유를 말하며 관계를 형성하도록 한다.

② 면대면 상담이 아니라 전화를 통해 주문하고 상품 소개를 받고 있으므로 고객은 다소 거부감이 있을 수 있으므로 친밀감을 유도하는 말과 함께 고객에게 이익을 얻을 수 있다는 확신을 주어 판매 가능한 여건을 만든다.

③ 추후에 오해의 소지가 생기지 않도록 판매활동에 대해 확실한 확인 절차를 거쳐 신뢰성을 얻도록 유의한다.

④ 고객과 통화를 하면서 판매 가능성이 있는지 혹은 사후 관리가 필요한 고객인지 정확하게 판단한 후, 데이터에 기록하여 추후 마케팅 및 상담에 참고한다.

3. 인바운드 콜센터

(1) 인바운드 텔레마케팅의 활용 분야

① 가장 대표적인 업무는 고객의 문의사항과 불만사항 처리라고 할 수 있다. 인바운드는 고객지향형의 상담으로 고객에게 신속하고, 정확하며, 친절하게 응대함으로써 기업의 이미지를 제고할 수 있다.

② 주문, 예약 및 예매를 처리하며, 이 때 주문은 카탈로그, DM 등으로 고객에게 미리 발송한 후 주문을 받아주고 이 때 상담사는 몇 가지 추가질문 및 추가정보를 제공하며 교차판매나 업셀링을 하기도 한다.

(2) 인바운드 통화 시 유의사항

① 고객의 입장에서 전문용어나 기술적인 용어는 지양하고 고객이 이해하기 쉬운 용어로 설명한다.

② 고객의 니즈를 정확하게 판단할 수 있는 경청능력과 공감능력이 뒷받침되어야 하며, 이는 꾸준한 훈련을 해야 한다.

③ 친근한 말투뿐 아니라 호감 가는 음성, 발음 등에 유의하여 통화품질을 높이는 것은 물론, 고객에게도 인상 깊은 서비스가 될 수 있도록 한다.

4. 콜센터의 성과 관리

(1) 상담 통화 모니터링

① 모니터링의 평가 요소

　가. 음성의 친절성

　나. 업무의 정확성

　다. 응대의 신속성

② 모니터링의 핵심 성공요소

　가. 모니터링에 대한 공감대 형성

　나. 합리적 평가 지표 및 목표 설정

　다. 객관적인 평가 실시

　라. 코칭 및 사후 점검

③ 인바운드 모니터링 평가 기준

　가. 상품 지식 숙지도

　나. 컴플레인 처리 능력

　다. 끝맺음

④ 모니터링 평가 결과 활용 분야

　가. 통화 품질 측정

　나. 개별 코칭

　다. 보상과 인정

⑤ 모니터링의 이점

　가. 고객 : 지속적으로 개선된 상담 서비스를 제공받을 수 있고, 불필요한 시간 및 비용이 감소된다.

나. 회사 : 이미지 향상으로 고객 확보와 이익이 발생하며, 균일하고 표준화된 통화 품질을 유지할 수 있다.

다. 상담사 : 상담 능력이 향상되며 고객응대에 자신감이 생기고, 효율적이고 신속한 응대가 가능하다.

라. 모니터링 담당자 : 코칭 및 피드백 기술이 향상되며, 개별 상담원의 장단점을 파악하기 쉽다. 또한 대고객 서비스 문제점 및 개선사항 파악이 가능하다.

모니터링(Mornitoring)평가 방법

① 고객인척 가장하여 상담사의 통화 품질 수준을 평가하고자 할 때 사용되는 미스테리 콜 Mystery Call Mornitoring

② 상담사 옆에서 침묵한 채 상담 내용을 듣고 평가하는 Slient Mornitoring

③ 동료들끼리 서로 모니터링해주는 Peer Morntioring

④ 상담사 옆에 서서 상담 내용을 듣고 평가하는 Stand Mornitoring

⑤ 자신의 통화 품질을 스스로 평가하는 Self Mornitoring 등이 있다.

---

(2) 통화 생산성 측정 지표

① 평균 응대 속도

② 평균 콜 처리 시간

③ 통화 후 처리 시간

(3) 아웃바운드 성과 관리 지표

① 고객 DB 소진율 : 총 고객 DB 불출 건수 대비 텔레마케팅으로 소진한 DB 건수가 차지하는 비율

② 1콜 당 평균 전화비용 : 아웃바운드 텔레마케팅을 하였을 경우 1콜 당 평균적으로 소요되는 전화비용의 정도

③ 총 매출액 : 일정기간 동안 아웃바운드 텔레마케팅을 실행한 결과 발생하는 총매출액

④ 시간당 판매량

⑤ 평균 판매가치

⑥ 시간당 접촉 횟수

⑦ 판매건당 비용 : 1건의 반응을 얻는데 소요되는 비용

⑧ 콜 응답률 : 총 발신 수에 대한 반응 비율

⑨ 고객 DB 사용 대비 고객획득률 : 총 고객 DB 사용건수 대비 고객을 획득한 비율

(4) 인바운드 성과 관리 지표

① 평균 통화 처리 시간

② 평균 통화 시간

③ 표준작업일

④ 평균 통화 수

(5) 인바운드 콜센터의 인입 콜 데이터 산정 기준

① 퍼펙트 콜 수를 기준으로 산정한다.

② 인입되는 모든 콜은 시간별, 요일별 특성을 감안하여 산정한다.

③ 상담원의 결근, 휴식, 식사, 개인적 부재 등의 부재성을 배제한 상태에서 산정된 데 이터를 기준으로 한다.

④ 먼저 걸려온 전화가 먼저 처리되는 순서를 준수하여 보다 정밀하고 객관적으로 산정 되도록 한다.

참고

콜센터 성과분석 시의 고려사항

① 정성적인 평가는 구체화시켜야 한다.
② 정량적 및 정성적인 평가를 모두 해야 한다.
③ 정량적 평가는 조직의 목표와 연계시켜 평가해야 한다.

(6) 콜 예측을 위한 콜센터 지표

① 고객 콜 대기시간

② 평균 통화시간(초)

③ 평균 마무리 처리 시간(초)

④ 평균 통화 처리 시간

⑤ 평균 응대 속도

(7) 텔레마케팅 조직의 효과적인 성과보상 방법

① 텔레마케터의 성과지표는 조직의 성과지표와 연계되어 있어야 한다.

② 텔레마케터의 성과결과에 대한 정기적인 피드백이 필요하다.

③ 텔레마케터의 성과보상은 공정하게 이루어져야 한다.

④ 텔레마케터의 성과지표는 정성적, 정량적인 지표 모두 활용되어야 한다.

(8) SMART 성과 목표 설정 항목

① Specific - 최대한 구체적이어야 한다.

② Measurable - 측정할 수 있어야 한다.

③ Attainable - 달성 가능한 지표여야 한다.

④ Result - 전략과제를 통해 구체적으로 달성하는 결과물이 있어야 한다.

⑤ Time-bound - 일정한 시간 내에 달성 여부를 확인할 수 있어야 한다.

 **Chapter 04 핵심 예상문제**

1. **효과적으로 모니터링을 실행하는 방법으로 틀린 것은?**

   ① 모니터링의 평가기준을 텔레마케터가 충분히 숙지할 수 있도록 한다.
   ② 모니터링의 평가기준은 텔레마케터의 수준이 우선 고려되어야 한다.
   ③ 모니터링 평가결과에 따른 개별 코칭이 필요하다.
   ④ 모니터링 평가기준은 정기적으로 수정·보완해야 한다.

   > **정답▶** ②
   > **해설▶** 모니터링은 궁극적으로 통화품질을 향상시키는 것이 목적이다. 그렇기 때문에 더욱 객관적이고, 체계적으로 평가가 이루어져야 하며, 텔레마케터의 수준을 우선 고려하기보다 전체적인 텔레마케터들의 수준과 조직의 목표에 대한 부분이 먼저 고려되어야 한다.

2. **콜센터 성과측정 중 고객접근 가능성 여부를 측정하는 지표로 가장 거리가 먼 것은?**

   ① Service Level
   ② Response Rate
   ③ Average Speed of Answer
   ④ First-call Resolution

   > **정답▶** ④
   > **해설▶** ① Service Level은 목표시간 내에 응답한 콜의 비율을 말하며, ② Response Rate는 총 발신 수에 대한 반응 비율이다. ③ Average Speed of Answer는 상담사가 고객의 전화에 대해 응답하는 데까지 걸리는 평균 시간으로 평균 응답 속도를 말한다.

3. **인바운드 모니터링 평가기준으로 부적합한 것은?**

   ① 상품지식 숙지도
   ② 컴플레인 처리능력
   ③ 끝맺음
   ④ 의사결정자 파악능력

   > **정답▶** ④
   > **해설▶** ④ 의사결정자 파악능력은 아웃바운드 모니터링 평가기준으로 적합하다.

4. 모니터링의 핵심 성공요소가 아닌 것은?

① 모니터링에 대한 공감대 형성
② 합리적 평가지표 및 목표설정
③ 주관적 평가 실시
④ 코칭 및 사후점검

> 정답▶ ③
> 해설▶ 모니터링은 항상 객관적으로 이루어져야 한다.

5. 성과측정을 위한 인터뷰 시 발생하는 오류 중 한 가지 측면에서 뒤떨어질 경우 나머지 모두를 나쁘게 평가하는 것을 무슨 효과라 하는가?

① 각인효과(horn effect)
② 후광효과(halo effect)
③ 대조효과(contrast effect)
④ 상동효과(stereotype effect)

> 정답▶ ①
> 해설▶ 여러 가지 평가항목 중에서 한 가지 측면에서만 떨어진 경우임에도 이 상황이 큰 자극이 되어 전체를 모두 나쁘게 평가되는 것은 각인효과라고 할 수 있다. ② 후광효과는 한 대상의 두드러진 특성이 그 대상의 다른 세부 특성을 평가하는 데에도 영향을 미치는 현상을 말하며, ③ 대조효과는 둘 이상을 비교하면 조금이라도 우수한 것이 원래보다 더욱 큰 능력을 가지고 있는 것처럼 느껴지는 현상을 말한다.

6. 모니터링 성공요소가 아닌 것은?

① 대표성
② 주관성
③ 신뢰성
④ 유용성

> 정답▶ ②
> 해설▶ 모니터링은 신뢰성이 매우 중요하며, 주관성이 아닌 객관성이 요구되는 작업이다.

7. 사전에 준비를 철저히 하여 고객과의 대화 방식을 맨투맨으로 실제적으로 연습하는 것으로, 상담원이 무의식적으로 사용하는 나쁜 말이나 주의점을 찾아내 상황대응 능력을 제고할 수 있고, 상담 실무 적응력을 높이는 데 사용되는 훈련 방법은?

① 질의응답(Q&A) 　　　　② 데이터시트(Data Sheet)
③ 스크립트(Script) 　　　　④ 역할연기(Role Play)

> 정답▶ ④
> 해설▶ 상담원들에게 먼저 가상의 시나리오를 주고, 실제 상담하는 상황을 만들어서 그 상담을 어떻게 이끌어내는지 확인하는 작업으로 실제 상황이 아니더라도 상담원은 적당한 긴장을 가지고 실제처럼 행동하게 된다.

8. 다음이 설명하고 있는 것은?

> 상담원들의 고객상담 및 서비스 품질의 강점과 약점을 평가하고 측정하기 위해 고객과의 Call 상담내용을 듣거나 또는 Multimedia를 통한 접촉내용을 관찰하는 모든 활동 및 과정이다.

① QM(Quality Monitoring) 　　② 스크립트
③ 벤치마킹 　　　　　　　　④ 코칭

> 정답▶ ①
> 해설▶ 콜센터에서의 통화품질 모니터링은 매우 중요한 업무이다. 인바운드나 아웃바운드 등의 업무적 특성에 따라 모니터링 평가 항목 및 내용은 달라질 수 있다.

9. 고효율, 고성과를 창출하기 위한 콜센터 직무별 역할에 관한 설명으로 틀린 것은?

① 상담사는 높은 상담품질로 더 높은 성과달성에 기여한다.
② 슈퍼바이저는 코칭을 통해 상담사의 업무역량을 개발하여 더 높은 성과달성에 기여한다.
③ QAA는 불필요한 상담 프로세스를 제거함으로써 더 높은 성과달성에 기여한다.
④ 기술지원자(IT)는 적절한 스케줄 관리를 통해 오버타임 원가를 줄임으로써 더 높은 성과달성에 기여한다.

> 정답▶ ④
> 해설▶ 콜센터에서의 기술지원자(IT)는 고객과 원활한 상담을 하기 위해 이용되는 시스템에 이상이 생기지 않도록 하는 역할을 담당한다.

10. 텔레마케터의 성과관리 방법으로 가장 적절하지 않은 것은?

① 포상은 많은 텔레마케터가 함께 나눌 수 있는 보상방법이 더 효과적이다.
② 모니터링은 교육 및 동기부여를 위한 긍정적인 피드백으로 활용되어야 한다.
③ 개인의 성과는 팀의 성과에 연계되어 평가되어야 한다.
④ 성과에 따른 보상의 차등폭은 미미한 수준이어야 한다.

> 정답▶ ④
> 해설▶ 성과에 따른 보상은 텔레마케터들로 하여금 동기부여를 하는데 큰 도움이 된다. 미미한 수준이 아닌, 변화를 이끌어 낼 수 있는 수준이어야 한다.

11. 상담원의 통화품질을 평가할 때 고려사항이 아닌 것은?

① 나이, 출신학교, 신장
② 음성능력, 표현능력, 정확한 발음
③ 구술능력, 조직적응력, 목표의식
④ 음성능력, 청취력, 집중력

> 정답▶ ①
> 해설▶ 통화품질을 평가할 때에는 체계적으로 구성된 모니터링 평가표를 기준으로 실시하며, 상담원의 나이나 출신학교, 신장 등의 개인적인 특성은 전혀 고려되지 않는다.

12. 아웃바운드 텔레마케팅의 성과지표로 적합하지 않은 것은?

① 총 통화시간
② 평균 판매가치
③ 평균포기 콜
④ 판매건당 비용

> 정답▶ ③
> 해설▶ ③평균포기 콜은 아웃바운드 텔레마케팅의 성과지표에 해당하지 않는다.

13. 인바운드 콜센터의 콜량 예측을 위한 지표 설명으로 틀린 것은?

① 서비스레벨 - 기준목표시간 내 응답한 콜의 비율
② 평균통화 처리시간 - 평균통화시간과 평균마무리 처리시간을 합한 것
③ 총매출액 - 일정기간 동안 텔레마케팅을 실시한 결과 발생한 총매출액
④ 평균통화시간 - 상담원이 고객 한 사람과의 상담에 소요되는 평균적인 시간

> 정답▶ ③
> 해설▶ ③의 총 매출액은 아웃바운드 콜센터의 성과를 평가할 때 사용되는 지표이다.

14. 콜센터의 효율적 성과관리 원칙으로 거리가 먼 것은?

① 콜센터 성과지표를 사업목표와 연계
② 객관적이고 투명한 평가기반 마련
③ 성과결과에 대한 중간 점검
④ 평가결과에 대한 철저한 비밀보장

> 정답▶ ④
> 해설▶ 평가를 하는 목적은 더욱 효율성 있고, 통화품질 향상을 위한 고객만족에 있다. 평가결과는 공개되어 목적
> 의식을 갖고 함께 목표를 달성하기 위해 체계적으로 접근하는 것이 바람직하다.

15. 콜센터의 성과 향상을 위한 보상계획을 수립할 때 고려해야 할 사항으로 가장 거리가 먼 것은?

① 지속적이고 일관성 있는 보상계획을 수립해야 한다.
② 달성 가능한 목표수준을 고려해야 한다.
③ 직원을 참여시켜야 한다.
④ 팀보다 개인의 성과에 초점을 맞추어야 한다.

> 정답▶ ④
> 해설▶ 콜센터의 성과 향상을 위한 보상계획을 수립할 때에는 상담원 개인의 성과 및 역량보다 전사적으로 달성
> 할 수 있도록 팀과 조직 전체에 초점을 맞추어야 한다.

16. 콜센터 성과변수를 고객성과와 업무성과로 구분할 때 조직 내부의 업무수행과정에서 나타
    나는 업무성과에 해당하는 것은?

    ① 고객유지율 확립   ② 고객만족도 향상
    ③ 고객모니터링 기능 강화   ④ 고객획득률 증가

    > 정답▶ ③
    > 해설▶ ①, ②, ④는 고객성과이며, ③은 업무성과라고 할 수 있다.

17. 상담원을 모니터링 한 결과 중 적극적인 상담활동에 해당하는 것은?

    ① 제품에 대한 설명이 부족하다.
    ② 고객이 반대하면 바로 중단한다.
    ③ 고객의 말을 끝까지 듣지 않아도 원하는 것을 직감적으로 판단한다.
    ④ 가망고객과 계속 접촉을 시도한다.

    > 정답▶ ④
    > 해설▶ 가망고객을 놓치지 않고, 지속적으로 관심을 갖고 접촉하여 판매로 이끌어가려는 활동은 적극적인 상담에
    >   해당된다.

18. 콜센터에서 모니터링 담당자(QAA : Quality Assurance Administrator)의 역할에 대한
    설명으로 맞는 것은?

    ① 콜센터장을 보좌하여 텔레마케터들을 관리하고 현장을 지도하는 역할
    ② 콜센터에 사용되는 장비의 성능을 지속적으로 감시하고 관리하는 역할
    ③ 텔레마케터들의 통화 내용에 대해 평가하고 개선점을 찾아내 개선할 수 있도록 도와
       주는 역할
    ④ 일정 자격 수준을 갖춘 텔레마케터들을 채용할 수 있도록 관리하는 역할

    > 정답▶ ③
    > 해설▶ QAA는 통화 내용을 모니터링하고 평가하며 개선점을 찾아내어 더욱 높은 통화품질로 고객에게 서비스를
    >   제공하고, 상담사의 역량을 개선시켜주는 역할을 한다. 또한 전체 통화 내용의 흐름을 이해하고 적절한
    >   교육을 진행하기도 한다.

19. 텔레마케터의 성과관리를 위한 목표 결정 시 유의할 사항으로 적합하지 않은 것은?

① 목표를 구체적으로 기술한다.

② 목표 달성 시점이 명시되어야 한다.

③ 목표 달성 여부를 측정할 수 있어야 한다.

④ 목표는 아주 높은 수준으로 결정한다.

정답▶ ④

해설▶ 목표는 달성 가능한 것이어야 하며, 지나치게 높은 수준의 목표는 달성이 불가능할 것이라고 미리 짐작하고 시도조차 하지 않게 만든다.

텔레마케팅관리사
- 필기 -

제4과목

고객관리

Chapter 01

고객관계관리(CRM)의 기본적 이해

반드시 알아야 할 Key Concept

- CRM 등장 배경과 특징
- CRM 유형과 실행 프로세스
- CRM의 필요성 및 성공전략
- 고객 가치 측정방법

01. 고객관계관리(CRM)의 등장 배경

1. 시장의 변화

① 산업혁명기에는 공급이 너무나 부족하던 시기였기에 대량생산이 필요했고, 노동의 생산성이 가장 필요했던 시기였다. 하지만 진입장벽은 낮아지고 경쟁자는 증가하면서 공급이 수요를 초과하는 사태가 발생하였다.

② 공급량이 초과했던 판매자 시장에서 이제는 소비자 시장으로 변하면서 힘은 기업에서 고객에게로 이동했다.

③ 더 이상 가격과 품질로는 경쟁력을 갖추기 어려운 시장이 형성되었으며 보다 전문화되고, 세분화된 시장이 생기게 되었다.

2. 기술의 변화

① IT 기술의 발달로 인해 POS 시스템[16]이 도입되었으며, 이는 유통의 혁명이라고 일컬어진다. 유통기업에서 고객이 계산대에서 구입하는 상품 바코드를 스캔하면 기업에서는 금일 전체 매출 확인은 물론, 어떤 시간대에, 어느 요일에 얼마나 많은 물건이 종류별로 판매되고 있는지 바로 확인할 수 있다.

---

16) POS 시스템 (Point of sales system)
팔린 상품에 대한 정보를 판매 시점에서 즉시 기록함으로서 판매 정보를 집중적으로 관리하는 체계, 점포 판매 시스템이라고도 한다.

② 기술의 발달로 고객의 반응을 빠르게 확인한 정보들로 재고관리나 주문, 매장관리등을 통합적으로 이끌어 나갈 수 있으며, 효과적이고 효율적인 경영이 가능해졌다.

③ 빠르고 효율적인 시스템의 발달은 종업원의 능력을 향상시키며 생산성을 높이고, 서비스 품질을 향상시킴으로써 고객만족도 또한 높아져 경영혁신을 통한 경쟁력이 강화되었다.

3. 고객의 변화

① 고객 삶의 가치관이 변하면서 상품이나 서비스를 구입할 때, 선택의 폭과 질에 대한 높은 만족도를 원하며 고객들이 남겨놓은 정보와 의견들을 연결하여 그것들이 내포하고 있는 고객의 행동을 예측하고, 고객과의 지속적인 관계를 위한 노력이 필요했다.

② 개인적이고 특별한 서비스를 받기 원하는 고객의 특성에 맞추어 로열티 프로그램이나 맞춤별 서비스를 제공하기 위한 시스템의 도입이 필요했다.

참고

고객만족도 조사		
고객만족의 정의		– 어떤 대상에 대한 기대 수준과 실제 경험의 차이에서 발생하는 불일치 정도에 대한 주관적인 평가의 결과를 의미 – 고객의 요구와 기대에 부응하여 그 결과로서 상품 및 서비스의 재구입이 이루어지고 고객의 신뢰감이 연속되는 상태임 – 고객만족의 중요성이 부각되면서 기업에서는 고객만족경영을 위한 여러 전략과 투자를 아끼지 않고 있음
고객만족의 중요 요소	상품	가장 핵심적인 요소로 구입하려는 상품의 가격 및 품질, 인지도, 기능 등으로 인해 만족도가 결정됨
	서비스	고객만족을 결정하는 요소로 중요성이 더욱 부각되고 있으며, 상품을 구입하면서 이루어지는 과정에서 기분 좋고, 만족할 만한 서비스를 받는 것이 즐겁고 행복한 경험으로 이어져 만족감은 높아지고 지속적인 관계를 맺을 수 있음
	이미지	기업의 선호도 및 인지도, 사회적 이미지에 따라 고객만족도가 결정되는데, 특히 윤리적 고객일수록 기업의 사회적 책임이나 윤리성에 대한 관심이 높음

4. 마케팅 커뮤니케이션의 변화

(1) 마케팅 커뮤니케이션의 개념

① 마케팅 커뮤니케이션은 촉진믹스라고도 표현하며, 기업이 제품관리를 효과적으로 하기 위해서 목표시장에 대해 소비자들과 의사소통하는 활동을 말한다.

② 마케팅 커뮤니케이션 활동은 촉진수단의 활동으로 광고, 판매촉진, 인적판매, PR 등 4가지를 통해 이루어진다.

③ 이러한 활동은 결국 차별화된 제품을 소비자들에게 정보와 함께 제공하고, 수요를 자극시키며 지속적인 커뮤니케이션으로 판매를 안정화시키고 고객과의 관계를 유지하는 것이 목표이다.

(2) 마케팅 커뮤니케이션의 유형[17]

① 판매촉진

　가. 주로 신제품에 사용하는 유형으로 특정한 제품이나 서비스를 단기적으로 구매 유도하기 수월하게 설계되었다.

　나. 단기간에 수급조절이 가능하며, 즉각적인 반응을 유발할 수 있다는 장점이 있다.

② 인적판매

　가. 세일즈맨을 고용하고 그들이 직접 고객을 대면하고 정보를 제공하며 판매를 유도하도록 하는 유형이다.

　나. 소비자에게 맞추어 정확하고 다양한 정보를 제공해줄 수 있다는 장점이 있고, 즉각적인 피드백도 가능하다. 다만 비용이 많이 소요되는 편이고, 1차적으로 정보나 광고에 노출된 고객에게 더욱 효과적인 촉진수단이다.

③ PR

　가. PR은 'Public Relation'의 약자로 단순한 홍보를 뜻하는 것이 아니라, 기업과 소비자의 관계에 더욱 초점을 두고 실시한다.

　나. 통제가 곤란하다는 단점이 있지만 신뢰성이 높고, 비용이 들지 않는다는 장점이 있다.

④ 광고

　가. 대중들에게 제품이나 서비스의 정보제공 및 구매설득을 위하여 광고주가 유로

---

17) CRM을 위한 기업의 마케팅 커뮤니케이션 방식
　① 통합적 마케팅 커뮤니케이션 ② 광고와 실판매의 기능을 포괄하는 커뮤니케이션 ③ 프로모션의 효율성과 효과성을 제고할 수 있는 커뮤니케이션

로 대중매체를 이용하는 활동을 뜻한다.

나. 매체를 통해 정보를 제공할 수 있는 양이 제한되어 있고, 효과 측정이 어렵다는 단점이 있으나 신속하고 메시지를 통제할 수 있다는 장점이 있다.

정리 🔒

> CRM 도입 이유
> - 시장의 변화
> - 고객의 변화
> - 정보기술의 변화
> - 마케팅 커뮤니케이션의 변화-매스 마케팅의 비효율성

(3) 통합적 마케팅 커뮤니케이션 개념(IMC, Integrated Marketing Communication)

① 인적판매, 판매촉진, 광고 PR 등의 수단들을 따로따로 실행하는 것이 아니라, 통합적으로 모두 통합하고 확대하여 전체적으로 적용하며 새로운 시각으로 보고자 하는 활동이다.

② 온라인, 오프라인 등 직·간접적인 모든 수단을 통해 소비자에게 광고하는 것을 뜻한다.

③ 일방적으로 정보를 제공하기만 했던 기업에서 벗어나 고객과의 쌍방향 커뮤니케이션을 추구하는 기업이 늘어나고 있다.

02. 고객관계관리(CRM)의 이해

1. 고객관계관리(CRM)의 개념

(1) CRM은 고객으로부터 얻은 정보를 관계를 유치, 유지, 개선시킴으로써 고객만족도는 물론, 고객충성도를 향상시킬 수 있는 활동들을 말한다.

(2) CRM은 결국 기업의 모든 기능을 통합시키고 운영하여 고객과 지속적인 관계를 유지하며 수익성을 극대화시키려는 것이다.

(3) CRM은 일반 DB마케팅보다 더욱 다양하고 폭넓은 정보를 수집하고 이를 고객을 확보하고 유지하는 데 활용한다.

참고

CRM 도입에 따른 기대효과
- 고객서비스 프로세스 개선
- 고객 DB의 적극적인 활용
- 다양한 고객요구에 관한 적극적 대처

2. 고객관계관리(CRM)의 필요성[18]

(1) 기업의 수익성 극대화

기업은 매출을 높이고, 수익성을 극대화하기 위해서 CRM이 필요하다. 기업이 이익을 내기 위해서는 무엇보다 비용을 절감하는 게 중요한데, CRM을 통해 마케팅 비용이 감소하고, 서비스 제공 단계 또한 간소화하는 데 큰 역할을 한다.

(2) 고객 확보, 유지

잠재고객의 상품 구매를 유도하거나 거래가 중단된 고객, 고정고객에 대한 데이터베이스를 확보하여 고객활성화전략, 고객유지전략이 필요하다.

(3) 고객 세분화

더이상 무차별적으로 고객들을 만나 마케팅 전략을 펼치고, 상품을 판매할 수 없게 되면서, CRM으로 고객의 다양한 정보를 여러 기준에 따라 더욱 세분화시키고, 그들만의 차별화된 서비스를 제공할 수 있게 되었다.

3. 고객관계관리(CRM)의 특징

(1) 고객지향적, 관계지향적이다.

장기적인 관계와 이윤을 추구하는 동적인 경영방식을 취하며 모든 마케팅 제공물을 고객중심적으로 맞추어 진행한다.

---

18) CRM을 통한 기업의 핵심과제는 기업이 원하는 방법으로 고객가치를 충족시키는 것이다.

(2) 기존 우수고객 유지에 집중한다.

새로운 시장 및 고객을 확보하는 것보다 기존의 우수고객 유지를 목표로 전략을 세우며, 시장점유율보다 고객점유율에 더욱 초점을 맞추고 있다.

(3) 고객과 쌍방향 커뮤니케이션이다.[19]

고객과의 장기간 관계를 구축해나가고 강화시키기 위해 다양한 채널을 통해 고객과의 커뮤니케이션을 시도하며, 이러한 활동을 통해 얻은 고객의 정보들을 지속적으로 분석하고 마케팅 활동에 반영한다.

(4) 전사적인 관점이 필요하다.

전사적 관점에서 고객과 시장에 대한 정보를 서로 공유하게 할 수 있으며, 이는 기업에 신제품이나 신사업에 대한 아이디어를 제공해주고, 고객지원 시스템들을 개선시킬 수 있도록 도와준다.

(5) 정보통신 기술의 활용으로 CRM의 통합적 관리가 가능하다.

4. CRM의 목적

CRM의 목적은 신규고객을 확보함과 동시에 기존 고객을 유지(충성고객화)함으로써 고객 가치를 최대화하며 기업의 수익증대와 비용절감을 하는 것이다.

5. 고객관계관리(CRM) 실행 프로세스

(1) 환경 분석

경쟁사는 물론 고객의 전반적인 니즈 및 욕구 등의 외부환경과 기업의 전사적 사업 전략, 마케팅 전략, 고객 관리활동, IT 시스템 등에 대한 분석도 함께 이루어져야 한다.

---

[19] CRM에서 현실적인 관계형성을 위해 고객이 기업에 기대하는 관계 구축의 요소는 상호간의 신뢰, 공정한 대우, 장기적인 관계, 열린 대화 창구라고 할 수 있다.

(2) CRM 전략수립

① 고객 확보

이탈한 고객을 대상으로 하는 관계 회복 전략이나 새로운 고객을 확보하기 위한 활동이다. 고객 확보 단계에서는 수익성 향상보다는 고객과 관계를 맺는다는 것에 더욱 초점을 맞춘다.

② 고객 유지

고객 이탈을 방지하기 위하여 고객의 요구에 따라 세분화하고, 각 목표 집단을 대상으로 우수고객으로 만들기 위한 전략을 내세운다.

③ 교차 판매(Cross-selling)

소비점유율을 높일 수 있는 전략으로 매출 향상뿐 아니라 고객과의 거래 횟수가 늘어나고 거래폭이 넓어져 관계가 더욱 강화된다.

④ 수익성 분석

매출, 순이익, 특정 고객이 만드는 현재의 수익을 분석하고, 나아가 미래 상황에 대한 분석도 함께 실시한다.

(3) 고객 데이터 수집 및 세분화

CRM에서 고객 데이터는 매우 중요한 요소이다. 보통 기업의 내부 데이터와 외부 데이터로 나눌 수 있으며, 기업이 가지고 있는 고객의 기본 인적 데이터 및 고객의 접촉 기록 등이 모두 포함된다.

(4) CRM 분석 활동

RFM 분석 모델링을 통하여 우량 혹은 이탈고객 DB에 반영하여 추후 활동에 참고한다.

(5) 고객 반응 분석

고객 접점, 매체별 반응 분석, 판촉 반응과 성과를 분석한다. 이를 바탕으로 다시 새로운 전략을 수립하며 프로세스는 계속해서 순환된다.

(6) CRM의 전제 조건

① 마케팅, 판매, 고객 서비스 영역의 통합적 관리 → 고객 응대의 일관성
② 고객 정보의 통합 → 모든 부서가 고객 정보 공유 가능
③ 고객 접점 채널을 통해 동일한 메시지를 전달 가능하도록 프로세스 구축

6. CRM 시스템 아키텍처의 3가지 구성요소[20]

(1) 분석 CRM

① CRM 시스템의 기본이라고 할 수 있으며, 고객의 데이터를 획득, 관리, 분석하는 모듈을 말한다.

② 여러 채널을 통해 고객 관련 정보를 수집하고 분석하여 고객서비스 및 마케팅 전략을 개선하는 역할을 담당한다.

참고

분석 CRM에서 본질적 역할을 수행하기 위해 고려하는 요소
- 데이터 마트
- 데이터마이닝
- 데이터웨어하우스

(2) 운영 CRM

① 분석 CRM에서 분석된 고객정보를 활용하여 구체적인 CRM 프로세스 실행 전략을 기획하고 실행하는 영역을 말한다.

② CRM이 전사적 관점에서 중요해짐에 따라 ERP, SCM 등과 같은 전사적 정보시스템과 통합 및 연계하여 활용한다.

참고

운영 CRM 시스템에 포함되는 것
- 마케팅자동화 시스템
- 영어자동화 시스템
- 고객서비스자동화 시스템

(3) 협업 CRM

① 단순한 마케팅 채널들의 집합이 아닌, 고객과 기업 간의 커뮤니케이션을 포괄적인 관점에서 통제, 운영하는 시스템이다.

---

[20] 메타그룹의 산업보고서에서 처음 제안된 CRM 시스템 아키텍처의 3가지 구성요소이다. 조직의 CRM 전략 수행을 위해 필요한 업무와 정보, 정보기술 요소 등을 정의하고 관계를 논리적인 구조로 표현한 것이라고 할 수 있다.

② 기업 전체의 고객 관련 부서들의 업무 프로세스를 한 눈에 볼 수 있으며, 기업 내부 부서들 간의 협력과 고객정보의 공유를 효과적으로 지원해준다.

7. 고객관계관리(CRM)의 성공전략

(1) 신규 고객 확보 전략

거래 경험이 없는 잠재 고객에게 할인쿠폰이나 다양한 고객 이벤트를 제공하여 상품의 구매를 유도한다.

(2) 과거 고객 재활성화 전략

과거에 구매를 했으나 이탈한 고객 등 과거 데이터베이스를 통해 거래가 중단된 고객을 찾아 재거래를 유도하는 전략이다.

(3) 고객 유지 전략

이탈을 방지하고 지속적인 관계를 유지할 수 있도록 고객이 구매 후 부조화를 최소화할 수 있는 전략들을 구사한다. 예를 들어 A/S나 해피콜, DM 등을 발송하며 관심을 표현하는 방법 등이다.

(4) 고객 활성화 전략

인센티브나 특별 할인, 쿠폰 등의 판촉을 통해 구매를 활성화시키는 전략이다.

(5) 교차 판매(Cross-selling) 전략

특정 상품을 고객에게 판매할 때, 기존의 고객들에게 가격 혜택 등을 제공하면서 수익률도 높이고 고객들과 더욱 깊이 있는 관계를 맺을 수 있다.

(6) 고객 충성도 제고 전략

고정 고객 및 우수 고객들에게는 특별한 서비스를 제공하여 관계를 더욱 강화시킨다.

8. CRM 최적화를 위한 전략

① 기업의 내적, 외적 환경을 철저하게 분석한다.

② 시간의 효율성이 성공의 열쇠이기 때문에 신속하게 의사결정을 해야 한다.

③ 추상적인 경험이나 직관이 아닌 명확하고 객관적인 사실을 바탕으로 행동한다.

④ 예측이나 단순 추측이 아닌 수치와 상황을 정확하게 파악할 수 있어야 한다.

참고

고객관계관리(CRM) 실행 프로세스

① 환경 분석

경쟁사는 물론 고객의 전반적인 니즈 및 욕구 등의 외부환경과 기업의 전사적 사업 전략, 마케팅 전략, 고객 관리활동, IT 시스템 등에 대한 분석도 함께 이루어져야 함

② CRM 전략수립

- 고객 확보 : 이탈한 고객을 대상으로 하는 관계 회복 전략이나 새로운 고객을 확보하기 위한 활동인데, 고객 확보 단계에서는 수익성 향상보다는 고객과 관계를 맺는다는 것에 더욱 초점을 맞춤

- 고객 유지 : 고객 이탈을 방지하기 위하여 고객의 요구에 따라 세분화하고, 각 목표 집단을 대상으로 우수고객으로 만들기 위한 전략을 내세움

- 교차 판매 : 소비점유율을 높일 수 있는 전략으로 매출 향상뿐 아니라 고객과의 거래 횟수가 늘어나고 거래 폭이 넓어져 관계가 더욱 강화됨

- 수익성 분석 : 매출, 순이익, 특정 고객이 만드는 현재의 수익을 분석하고, 나아가 미래 상황에 대한 분석도 함께 실시함

③ 고객 데이터 수집 및 세분화

CRM에서 고객 데이터는 매우 중요한 요소인데, 보통 기업의 내부 데이터와 외부 데이터로 나눌 수 있으며, 기업이 가지고 있는 고객의 기본 인적 데이터 및 고객의 접촉 기록 등이 모두 포함됨

④ CRM 분석 활동

RFM 분석 모델링을 통해 우량 혹은 이탈고객 DB에 반영해 추후 활동에 참고함

⑤ 고객 반응 분석

고객 접점, 매체별 반응 분석, 판촉 반응과 성과를 분석하는데, 이를 바탕으로 다시 새로운 전략을 수립하며 프로세스는 계속해서 순환됨

9. 데이터마이닝(Data Mining)

(1) 데이터마이닝의 개념

① 고객과 관련된 방대한 정보들 속에서 숨겨진 질서 및 상관 관계를 발견하고 기업에 필요한 정보를 찾아내는 과정을 데이터마이닝이라고 할 수 있다.

② 기업이 고객의 유용한 정보를 찾아내어 고객을 더 잘 이해하면서 마케팅과 판매, 고객 지원 업무 등을 향상시키는 것이 데이터마이닝의 목표이다.

(2) 데이터마이닝 과정

① 샘플링

방대한 양의 데이터에서 표본과 같은 작은 양의 데이터를 추출하는 것을 말하며, 시간과 비용을 절감할 수 있어 효율적으로 작업을 진행할 수 있도록 해 준다.

② 탐색

데이터 모양을 면밀히 검토하여 정보화할 수 있는 기반을 잡아가는 과정으로 이미 알고 있는 사실을 확인하고 수치화하는 작업을 시작으로 보유하고 있는 많은 변수들의 관계를 살펴보는 단계이다.

③ 변환 및 조정

데이터가 가지고 있는 정보를 효율적으로 사용할 수 있도록 수량화, 그룹화, 변수변환과 같은 방법을 통해 데이터를 변형하고 조정하는 단계이다.

④ 모형화

주요 변수들을 사용하여 다양한 데이터마이닝 기법을 이용한 모델링을 적용하여 예측력이 가장 뛰어난 모형을 선택하는 단계로 데이터마이닝 과정에서 가장 중요한 단계이다.

⑤ 평가

가시성 있게 그래프 등의 형태로 나타내며, 선택 모형을 평가, 보고하는 단계이다.

정리

데이터 마이닝의 적용범위
- 고객유지 및 고객관리, 고객의 유치
- 수요 및 판매의 예측, 고객세분화, 텔레마케팅
- 마케팅 관리 및 위험관리, 카드도용의 방지
- 자동화된 검사 및 서비스 품질관리

빅데이터

① 빅데이터의 이해 : 빅데이터는 기존 데이터보다 너무 방대하여 기존의 방법이나 도구로 수집/저장/분석 등이 어려운 정형 및 비정형 데이터들을 의미함

② 빅데이터의 수집방법

위치	형태	종류	수집방법의 개념
외부	정형데이터	DBMS	DBMS 벤더가 제공하는 API를 통해 정형 데이터에 접근해 데이터를 수집하고 시스템에 저장
		이진파일	ftp 프로토콜을 사용해 파일을 수집 시스템에 다운로드하고 해당 파일의 API를 통해 데이터 처리
	반정형데이터	스크립트파일	http 프로토콜을 사용해 파일의 텍스트를 스크랩하고 데이터에 저장된 메타정보를 읽어 파일을 파싱해 데이터 처리
		이진파일	스트리밍을 사용해 파일의 텍스트를 스크랩하고 데이터에 저장된 메타정보를 읽어 파일을 파싱해 데이터 처리
	비정형데이터	이진파일	ftp 프로토콜을 사용해 파일을 수집 시스템에 다운로드하고 해당 파일을 API를 통해 데이터 처리
		스크립트파일	http 프로토콜을 사용해 파일의 텍스트를 스크랩하고 내부 처리에서 텍스트를 파싱해 데이터 처리
내부	정형데이터	DBMS	DBMS 벤더가 제공하는 API를 통해 정형 데이터에 접근해 데이터를 수집하고 시스템에 저장
		이진파일	ftp 프로토콜을 사용해 파일을 수집시스템에 다운로드 하고 해당 파일의 API를 통해 데이터 처리
	반정형데이터	스크립트파일	http 프로토콜을 사용해 파일의 텍스트를 스크랩하고 데이터에 저장된 메타정보를 읽어 파일을 파싱해 데이터 처리
		이진파일	스트리밍을 사용해 파일의 텍스트를 스크랩하고 데이터에 저장된 메타정보를 읽어 파일을 파싱해 데이터 처리
	비정형데이터	파일	ftp 프로토콜을 사용해 파일을 수집시스템에 다운로드 하고 해당 파일을 API를 통해 데이터 처리

③ 빅데이터의 처리기술
- 하둡 : 구글의 맵리듀스 인프라스트럭처에 대한 논문 발표 후 복제품으로 오픈 소스 프로젝트가 됨
- 피그 : 아파치 하둡 세부 프로젝트 중 하나, 정차적 데이터 처리 언어 프레임워크
- 하이브 : 피그와 같은 데이터 처리 기술로 아파치 하둡 프로젝트 중 하나임
- 캐스캐이딩 : 사용자들이 JVM기반의 언어를 활용하여 하둡 클러스터에서 데이터 프로세싱 워크플로우를 제작, 제작한 프로그램을 실행할 수 있도록 지원함

④ 빅데이터의 분석도구
- R : R은 통계 계산과 그래픽을 위한 프로그래밍 언어이자 소프트웨어 환경이며, 통계 소프트웨어 개발과 자료 분석에 널리 사용되고 있고, 패키지 개발이 용이하여 통계학자들 사이에서 통계 소프트웨어 개발에 많이 쓰인다. 또한, 연구 목적의 업무에 최적화되어 있지만, 웬만한 종류의 데이터 분석에도 매우 용이하다. 더불어 R을 활용해서 데이터 마이닝이 가능한데, 데이터 마이닝(Data Mining)은 의미 있는 패턴과 규칙을 발견하기 위해서 자동화되거나 반자동화된 도구를 이용해 대량의 데이터를 탐색하고 분석하는 과정임
- 파이썬(Python)
  C 언어를 기반으로 한 오픈소스 고급 프로그래밍 언어로, 초보자뿐만 아니라 전문가들까지 매우 다양한 사용자층이 이용하는데, 파이썬은 문법 자체가 다른 프로그래밍 언어에 비해 어렵지 않고, 표현하는 구조도 사람이 대화하는 형식을 이용하기 때문에 초보자도 쉽게 배울 수 있으며, 여러 운영체제에서 동작하는 거의 모든 것을 조작할 수 있고, 그 과정이 대체로 일관성 있고, 상대적으로 수월한 편임

⑤ 빅데이터 공통 특성 : 규모(Volume), 속도(Velocity), 다양성(Variery)

⑥ 크롤링(Crawling) : 빅데이터 수집 방법 중 웹로봇을 이용하여 조직 외부에 존재하는 소셜데이터 등 인터넷에 공개되어 있는 자료를 수집한다.

⑦ 빅데이터 처리의 순환 과정은 추출한 후 추출 내용을 저장하고 이를 분석하여 시각화(도식화)를 한다. 그리고 예측한 후 이를 적용하는 순이다.

⑧ 미래사회는 개인화, 인공지능, 지능화 서비스 제공의 확대로 빅데이터 활용이 기대된다.

⑨ 빅데이터를 수집할 때 기술적으로 고려해야 하는 사항 : 대용량 데이터의 수집 가능, 실시간 수집 가능, 수평적 확장의 용이성, 호환의 가능성 등

⑩ 빅데이터에서 유의미한 정보와 지식을 찾아내기 위해 데이터를 가공하거나 분석을 지원하는 과정을 빅데이터 처리 과정이라고 한다.

⑪ 컴퓨터를 인간처럼 학습시켜 스스로가 규칙을 만들고 정할 수 있도록 하는 인공 지능 분야를 머신 러닝이라고 한다

E-Business란

Electronic 상에서의 비즈니스이므로 거리, 시간의 장벽이 없으며 저렴한 비용으로 운영이 가능하다. 구매 - 제조 - 유통 - 판매 - 서비스로 이어지는 비즈니스 프로세스로 고객 성향 분석이 가능하며 전사적 네트워크와 정보 기술을 적용하여 경영 활동의 효율성을 높이고 새로운 시장 기회를 포착할 수 있는 마케팅 기법을 말한다.

1. 성공적인 CRM을 위한 전략으로 틀린 것은?

① 고객점유율보다는 시장 점유율에 비중을 둔다.

② 고객획득보다는 고객유지에 중점을 둔다.

③ 상품판매보다는 고객관계에 중점을 둔다.

④ 단기적인 안목보다는 장기적인 관점에서 접근해야 한다.

정답▶ ①

해설▶ CRM은 고객의 가치를 정확하게 계산하고, 시장점유율이 아닌 고객점유율 기반의 목표를 수립하여 고객과 장기적인 관계를 맺을 수 있도록 하기 위함이다.

2. 다음 ( ) 안에 들어갈 알맞은 것은?

컴퓨터의 저장용량 및 데이터 처리성능이 발전하면서 기업은 방대한 양의 고객관련 데이터를 (A)에 저장하고 (B)과(와) 같은 통계 프로그램을 활용하는 고객분석이 가능해짐에 따라 CRM이 등장할 수 있었다.

① A – 데이터웨어하우스, B – 데이터베이스

② A – 데이터마이닝, B – 데이터웨어하우스

③ A – 데이터베이스, B – 데이터마이닝

④ A – 데이터웨어하우스, B – 데이터마이닝

정답▶ ④

해설▶ 데이터베이스가 규칙없이 여기저기 흩어져 있는 데이터를 연결하여 관리하는 방법이라면, 데이터웨어하우스는 의사결정에 도움을 주기 위해 다양한 운영시스템에서 추출, 변환, 통합되고 요약되어 저장된 데이터베이스를 말한다. 또한 데이터마이닝은 데이터베이스 안에서 유용한 관계를 찾고 발견하도록 도와준다.

3. CRM의 특징에 대한 설명으로 틀린 것은?

① CRM은 고객지향적이다.

② CRM은 개별고객의 생애에 걸쳐 거래를 유지하고, 늘려나가고자 하는 것이다.

③ CRM은 정보기술에 기반한 과학적인 제반 환경의 효율적 활용을 요구한다.

④ CRM은 고객과의 간접적인 접촉을 통해 커뮤니케이션을 지속한다.

정답▶ ④

해설▶ CRM은 고객과의 직접적인 접촉을 통해 커뮤니케이션을 지속한다.

4. 다음 중 CRM을 통해 얻게 되는 기업 측면의 직접적 이익에 해당하는 것을 모두 고르면?

㉠ 판매 증진	㉡ 서비스품질 개선
㉢ 비용 감소	㉣ 종업원 확보

① (㉠)
② (㉠), (㉡)
③ (㉢), (㉣)
④ (㉠), (㉢), (㉣)

정답▶ ④

해설▶ CRM은 고객과 기업, 직원 측면에 이익을 제공해주며, 기업 측면의 직접적인 이익은 판매가 증진되어 매출이 향상되고, 지속적으로 고객이 유지되며 신규 고객 창출에 드는 비용이 감소된다는 것이다. 또한 안정적인 고객을 응대하며 내부고객인 종업원의 만족도가 높아져 종업원 확보에도 도움을 준다.

5. CRM 최적화를 위한 전략으로 가장 옳은 것은?

① 기업의 내적 환경만 분석하면 된다.

② 미래예측은 수치보다 상황을 설명하는 방향으로 해야 한다.

③ 시간의 효율성이 성공의 열쇠이기 때문에 신속하게 의사결정을 해야 한다.

④ 추상적인 경험이나 직관이 도움이 될 수 있다.

정답▶ ③

해설▶ CRM은 내적 환경뿐 아니라, 외적 환경을 모두 분석해야 하며, 이때에는 근거없는 추측보다 객관적인 정보를 토대로 정확한 수치나 상황을 설명해야 한다.

6. B2B(Business to Business) CRM의 설명으로 틀린 것은?

   ① 기업 대 기업의 판매는 본질적으로 기업이 아닌 실체적인 개별 인간과의 거래이므로 실체적 인간이 바라는 요구에 대응하는 것이 B2B CRM의 핵심이다.
   ② B2B 고객과의 관계 관리는 기억의 특성을 고려한 가치 있는 해법을 찾는 것이 과제이다.
   ③ B2B 프로그램의 경우 기업과 소비자 모두를 대상으로 하기 때문에 개별 소비자 프로그램에 비해 범위가 넓다.
   ④ B2B CRM은 B2C(Business to Consumer) CRM에 비해서 고려해야 할 범위가 일반적으로 좁다고 할 수 있다.

   > 정답▶ ④
   > 해설▶ B2B CRM은 B2C(Business to Consumer) CRM에 비해서 고려해야 할 범위는 크게 다르다고 할 수 없다.

7. 고객관계관리(CRM) 구축을 통한 기업의 핵심과제로 가장 거리가 먼 것은?

   ① 특정사업에 적합한 소비자 가치를 규명한다.
   ② 각 고객집단이 가진 가치의 상대적 중요성을 인지한다.
   ③ 고객에 대한 이해를 바탕으로 시스템을 구축한다.
   ④ 기업이 원하는 방법으로 고객가치를 충족한다.

   > 정답▶ ④
   > 해설▶ 고객관리 CRM은 기업이 일방적으로 원하는 방법으로 고객가치를 충족시키는 것이 아니라, 기업은 일정한 목표를 가지고 있되, 고객이 원하는 방법으로 고객가치를 충족시키는 것이 바람직하다.

8. 다음 중 조직 측면에서의 CRM 성공요인에 해당하지 않는 것은?

   ① 최고경영자의 관심과 지원   ② 고객 및 정보 지향적 기업문화
   ③ 전문 인력 확보   ④ 데이터 통합수준

   > 정답▶ ④
   > 해설▶ ④ 데이터 통합수준은 조직 측면이 아닌, 기술 측면에 해당한다.

9. 다음 CRM 시스템의 구성요소 중 고객정보 분석 부문에 해당하는 것은?

① 채널 관리자　　　　　　　　　　② 로직 저장소

③ 의사결정 지원도구　　　　　　　　④ 콜 분배기

> **정답▶** ③
>
> **해설▶** CRM의 구성요소 중 의사결정 지원도구는 고객의 다양한 정보를 하나의 데이터베이스로 통합하는 역할을 하며 고객정보 분석 부문에 해당한다.

10. 메타그룹이 산업보고서에서 처음 제안된 CRM 시스템 아키텍쳐의 3가지 구성요소가 아닌 것은?

① 통합 CRM　　　　　　　　　　② 운영 CRM

③ 협업 CRM　　　　　　　　　　④ 분석 CRM

> **정답▶** ①
>
> **해설▶** 메타그룹의 산업보고서에서 처음 제안된 CRM 시스템의 아키텍쳐 3가지 구성요소는 운영 CRM, 분석 CRM, 협업 CRM이다.

11. CRM에서 현실적인 관계형성을 위해 고객이 기업에게 기대하는 관계 구축의 요소로 틀린 것은?

① 상호간의 신뢰　　　　　　　　　② 공정한 대우

③ 단기적인 관계　　　　　　　　　④ 열린 대화 창구

> **정답▶** ③
>
> **해설▶** CRM의 현실적인 관계형성을 위해서는 상호간의 신뢰를 가지고 서로 공정한 대우를 주고 받으며, 자유롭게 열린 대화 창구를 이용하여 소통하고 결국, 고객과의 장기적인 관계를 추구하는 것이 중요하다.

12. CRM의 성공요인 중 조직 측면적인 요인으로 볼 수 없는 것은?

① 최고경영자의 지속적인 지원과 관심이 있어야 한다.

② 고객지향적이고 정보지향적인 기업의 성향이 높을수록 CRM의 수용도도 높아진다.

③ CRM은 시스템의 복합성 때문에 여러 부서의 참여보다는 마케팅 부서의 단독 실행이 더 효과적이다.

④ 평가 및 보상은 CRM의 성공적 실행에서 반드시 극복해야 할 장애물임과 동시에 조직 변화를 유도하는 필수적인 요소이다.

> 정답▶ ③
> 해설▶ CRM은 마케팅 부서의 단독 실행으로 전략이 실행되기보다 기업의 경영전략과 연계한 전사적 활동으로 이루어지는 것이 바람직하다.

13. 관계마케팅의 목표에 대한 설명으로 틀린 것은?

① 신규고객 유치 시 고객의 질보다 고객 확보수가 중요하다.

② 고객만족의 궁극적 목적은 반복구매를 유도하는 것이다.

③ 기본적으로 신규거래보다는 기존거래 기업과의 관계 유지를 선호한다.

④ 대고객관계 증진의 목표는 충성고객의 확보이다.

> 정답▶ ①
> 해설▶ 관계마케팅의 목적은 고객에 대한 다양한 정보를 수집, 분석해서 그들의 욕구를 충족시켜 주고 고객들과 오랫동안 만족스러운 관계를 지속하는 것이다. 따라서 고객의 확보 수나 시장점유율보다 고객의 질이 더욱 중요하다.

14. CRM의 등장배경이 된 주요 시장의 변화현상으로 틀린 것은?

① 제품차별화의 희석　　　　　② 시장세분화

③ 고객 확보 경쟁의 증가　　　④ 대중마케팅의 효율성 대두

> 정답▶ ④
> 해설▶ 마케팅 초기에는 대중마케팅(Mass Marketing) 전략을 펼쳤으나, 최근에는 1:1 마케팅 등 고객 맞춤 마케팅 및 서비스를 원하는 고객들이 많아지면서 고객들의 다양한 정보수집이 필요했고, 이를 분석하고 적절하게 활용하기 위해 CRM이 등장하게 되었다.

15. CRM을 통해 충성도가 제고된 고객들에게서 기대되는 행동이 아닌 것은?

① 타인추천

② 재구매

③ 긍정적 구전광고

④ 전환비용 및 위험감수

> 정답▶ ④
>
> 해설▶ CRM을 통해 기업과 안정된 관계를 유지하고 있는 고객들은 지속적으로 재구매를 하고, 스스로 다른 고객들에게 기업의 제품을 홍보해준다.

16. 고객의 이익 극대화와 이를 통해 기업의 수익성을 극대화하는 것이 CRM의 목적이다. 목적 달성을 위한 CRM의 특성이 아닌 것은?

① 목표시장과 목표고객에 대한 고객관계의 집중화에 노력한다.

② 고객을 유지하는 것보다는 다양한 상품 및 할인정책을 제시하여 보다 더 많은 고객을 획득하는 것을 주목적으로 한다.

③ 고객이 원하는 상품을 만들고 고객관계에서 고객의 욕구를 파악하여 고객이 원하는 제품을 공급하는 것에 중점을 두어야 한다.

④ 기존고객 및 잠재고객을 위한 마케팅 전략을 통해 고객점유율을 높이는 전략이 필요하다.

> 정답▶ ②
>
> 해설▶ CRM은 신규고객 확보보다 우수한 고객을 유지하는 데 더욱 초점을 맞추며, 고객데이터의 세분화를 실시한다. 또한 우수고객을 유지하고 고객 가치를 증진시키며 평생고객화를 위한 목적을 가지고 있다.

17. CRM 연구에서 메타그룹(Meta Group)의 CRM 활동 중 운영적 CRM의 설명으로 옳은 것은?

① 프런트 오피스(Front Office)의 고객 접점, 마케팅 및 콜센터 고객서비스를 연계한 거래 업무를 지원한다.

② 운영업무에서 발생하는 데이터를 이용하여 마케팅 분석과 판매 분석 등의 작업을 지원한다.

③ 고객과 기업, 기업 내의 조직간의 업무 일원화와 커뮤니케이션을 목적으로 활동한다.

④ 상호 연관 서비스를 어플리케이션으로 고객과의 접점 관리 및 지원 활동을 한다.

18. 다음 중 CRM 시스템 아키텍처의 3가지 구성요소가 아닌 것은?

① 통합 CRM   ② 분석 CRM
③ 운영 CRM   ④ 협업 CRM

정답▶ ①
해설▶ 통합 CRM은 해당되지 않는다.

19. 빅데이터의 처리 기술에 해당하는 것은?

구글의 맵리듀스 인프라스트럭처에 대한 논문 발표 후 복제품으로 오픈 소스 프로젝트가 되었다.

① 피그   ② 캐스캐이딩
③ 하이브   ④ 하둡

정답▶ ④
해설▶ 하둡에 대한 설명이다.

20. 데이터 마이닝의 적용범위가 아닌 것은?

① 고객유지 및 고객관리, 고객 유치
② 수요 및 판매 예측, 고객 세분화
③ 자동화된 검사 및 서비스 품질관리
④ RFM모델링 분석

정답▶ ④
해설▶ RFM모델링 분석은 데이터마이닝의 적용범위와 관련이 없다. 이외에도 마케팅 관리 및 위험관리, 카드 도용 방지등이 데이터 마이니의 적용범위에 해당된다.

Chapter 02

고객상담기술

01. 효율적인 상담을 위한 기술

1. 의사소통능력

(1) 언어적 의사소통

① 언어는 의사소통의 주 요소로, 내가 전하고 싶은 메시지를 전달하고자 할 때 이용한다.

② 언어적 의사소통은 음성으로 내가 전달하고자 하는 바를 분명하게 전달할 수 있다는 장점이 있다.

③ 화자는 청자에게 제한된 정보만을 제공하는 경우도 있어 비언어적 의사소통보다 정확하다고 표현할 수 없다.

(2) 언어적 의사소통의 주의사항

① 상대방의 입장을 고려하여 적절한 언어를 구사한다.

② 너무 심한 사투리 등은 삼가도록 한다.

③ 오해가 생기거나 원활한 의사소통을 막는 발음은 주의한다.

④ 비속어, 은어, 유행어 등의 사용은 말하는 사람의 품위를 떨어뜨린다.

⑤ 상대방의 말을 가로막지 않는다.

⑥ 대화 중 임의대로 화제를 바꾸지 않는다.

⑦ 여러명이 함께 대화할 경우, 누구도 대화에서 소외되지 않도록 말할 기회를 제공하고 질문하며 모두가 대화에 참여할 수 있도록 한다.

(3) 비언어적 의사소통

① 언어를 이용한 의사소통 외에 다른 수단으로 이루어지는 의사소통을 말한다.
② 바디랭기지라고 불리는 몸짓언어가 대표적이며 의사언어와 신체적인 외양 모두 포함된다.
③ 상대방과의 거리나 물리적인 환경도 비언어적 의사소통에 포함된다.
④ 의도하지 않은 무의식의 행동이 드러날 수 있기 때문에 신뢰성이 높은 의사 전달 수단이 된다.

(4) 비언어적 의사소통의 주의사항

① 의사소통의 93%가 비언어적 채널로 구성되어 있어 매우 중요하므로 신체언어, 의사언어, 신체적 외양 모두 주의한다.
② 주위를 두리번거리는 등의 엉뚱한 곳을 응시하는 경우, 실례가 되므로 시선은 상대방을 향한다.
③ 의사소통에 도움이 되지 않는 신체언어는 매우 많다. 다리 떨기, 손톱 깨물기, 몸 흔들기, 팔짱 끼기, 다리 꼬기 등은 하지 않는다.
④ 목소리의 너무 높은 톤은 경박스러워보일 수 있고, 너무 낮은 톤은 무거운 분위기를 낼 수 있다.

2. 첫인상효과

① 초두효과
'첫인상효과'라고도 하며, 가장 먼저 제시된 정보가 그 이후의 정보보다 더욱 강한 영향을 미치는 것을 의미한다. 첫인상이 나쁘면 다음에 아무리 노력해도 쉽게 좋은 이미지로 바꾸기 어렵다는 의미이다.
② 후광효과
'광배효과'라고도 하며, 한 사람이 가지고 있는 우수한 능력이나 매력, 장점으로 인해 그 외에 다른 부분들도 좋게 평가되는 것을 말한다. 예를 들어, 입사 성적이 우수한 직원은 대인관계나 모든 조직 생활에서도 우수할 것이라고 기대하고 평가되는 것 등이 포함된다.

③ 최근효과

초두효과와는 반대의 개념으로, 가장 마지막에 각인된 정보, 즉 최근에 받은 이미지가 그 사람을 평가할 때 가장 중요한 역할을 하는 것으로, 우리가 흔히 말하는 '유종의 미'를 보여주며 마지막에 좋은 결과로 맺는 것이 최근효과에 큰 도움이 된다. 첫인상만큼 마지막 인상도 중요하다는 의미이다.

④ 부정성효과

어떠한 사실들을 바탕으로 이미지를 평가할 때 긍정적인 것보다 부정적인 특성에 더욱 비중을 둔다는 의미이다. 개인이 10개의 긍정적인 특성과 1개의 부정적인 특성을 가지고 있을 때 1개의 부정적인 특성을 더욱 기억에 두고 인상을 평가하게 된다.

⑤ 맥락효과

초두효과와 유사한 개념으로 처음에 제시된 정보들은 나중에 들어오는 정보를 평가하는 데 전반적인 맥락을 제공한다는 개념으로 처음에 들어온 정보를 긍정적으로 판단했다면 이후의 정보들도 긍정적으로 받아들이게 되고, 처음에 들어온 정보를 부정적으로 판단했다면 이후의 정보들도 부정적으로 받아들이게 된다는 것이다.

02. 고객을 이해하기 위한 기술

1. 고객의 욕구파악

(1) 매슬로우의 욕구 5단계

미국의 철학자이자 심리학자인 매슬로우는 인간의 욕구를 5단계로 나누어 설명했다. 인간이 살아가는 데 가장 기본이 되는 '생리적 욕구'에서부터 최상의 단계인 '자아 실현의 욕구'까지 총 5단계이며 상위 단계로 오르기 위해서는 아래에 있는 욕구들이 충족되어야 한다고 설명하였다.

① 1단계 : 생리적 욕구

기본이 되는 가장 하위의 단계로 사람이 삶을 살아가기 위해 필요한 기초적인 의·식·주 등이 포함된다. 생존을 영위하기 위해 꼭 필요한 것들이 해결된 이후에 다음의 단계로 나아갈 수 있다.

② 2단계 : 안전의 욕구

위험이나 사고, 질병, 빈곤 등에서 벗어나고자 하는 욕구를 말한다. 사람이 살아가며 마주하게 되는 여러 위험요소들로부터 자신을 보호하고 불안으로부터 회피하고자 하는 욕구를 말한다.

③ 3단계 : 사랑과 소속감의 욕구

사회적으로 어느 집단이나 조직에 소속이 되고, 가정을 이루는 등의 상호작용을 거치면서 원활한 인간관계를 유지하고자 하는 단계이다. 애정, 귀속, 우정, 사랑 등을 포함하는 욕구 단계이다.

④ 4단계 : 존경의 욕구

타인으로부터 인정받고 권위와 권력으로 타인을 지배하고자 하는 욕구 단계이다. 이 단계에서 해당 욕구가 충분히 충족되지 못할 경우에는 열등감이 생기고 불안감이나 무력감 또한 느낄 수 있다.

⑤ 5단계 : 자아실현의 욕구

인간의 욕구 중 가장 상위 단계로써 자아실현을 위해 지속적으로 역량을 쌓고, 잠재력과 능력을 발휘하려고 하며, 인간의 성취욕과 관련이 깊다.

(2) 질문기법

고객에게 질문을 하면서 정보는 물론, 고객의 욕구 또한 수집할 수 있는 효과가 있다. 또한 대화의 초점이 흐려졌을 때에도 주의를 환기시키는 데 큰 도움이 되며, 질문의 종류는 크게 개방형 질문, 패쇄형 질문, 확인형 질문으로 나뉜다.

① 개방형 질문

　가. 폭넓은 주제에 관해 다양한 응답을 자유롭게 끌어내기 위해 사용하는 질문이다. 보다 적극적이고 풍부한 아이디어나 느낌 등을 알고 싶을 때 이용한다.

　나. 고객으로 하여금 적극적인 참여를 유도할 수 있으며, 고객의 생각과 느낌을 명확하게 이해할 수 있다는 장점이 있다.

　다. 예) "실례지만, 가족 관계가 어떻게 되시나요?"

② 폐쇄형 질문

　가. 고객에게 "네", "아니오" 등의 답을 얻기 위한 간단한 형태를 띠는 질문으로 정보를 얻기 위한 가장 기본적인 질문의 형태라고 할 수 있다.

　나. 짧은 시간에 정보 수집이 가능하며, 고객의 답변에 대해 이중 의미로 해석할 가능성이 거의 없다는 장점이 있다.

다. 예) "고객님, 잠시 메모 가능하십니까?"

③ 확인형 질문

　가. 고객의 말을 그대로 복창하거나 다시 한 번 확인함으로써 대화를 촉진할 때 주로 사용한다.

　나. 상대방이 말을 명확하게 말을 이해했는지 확인하기 위해 사용되며, 고객의 답변에 초점을 맞춘다.

　다. 예) "고객님, 지난주에 가입해주신 보험 상품의 증권이 필요하다는 말씀 맞으시죠?"

2. 고객의 특징 및 분류

(1) 고객의 개념

① 고객이란 기업의 상품 및 서비스를 제공받는 사람들을 말하며, 대가를 지불하는지 여부는 상관없다.

② 앞으로 상품 및 서비스를 구입, 사용할 가능성이 있거나 이미 사용하는 사람은 물론이고, 거래처, 하청업체, 주주 및 직원 등 모두 고객에 포함된다.

③ 고전적 개념의 경영목적이 이윤추구에 있다면, 현대적 개념의 경영목적은 고객만족에 있다고 할 수 있다. 만족한 고객이 구매를 하고, 구매 시 만족을 통해 재구매와 좋은 고객의 확대, 재생산이 된다.

④ 고객의 선택 폭이 넓어짐에 따라 고객들은 서비스 품질의 고급화를 요구하고, 늘 존중받고 싶어한다.

⑤ 고객은 자신이 투자한 시간과 비용만큼 서비스 받기를 기대하며, 특별한 응대 받기를 원한다.

(2) 고객의 범주

현대 마케팅의 관점으로 고객을 4가지 범주로 나눌 수 있는데 소비자와 구매자, 구매 승인자, 구매 영향자이다. 소비자뿐 아니라 구매 영향자와 요소들에 대하여 적극적으로 대처하고 체계적으로 관리해야 한다.

① 소비자
제품이나 서비스를 최종적으로 사용하는 사람

② 구매자

제품을 직접 사는 사람

③ 구매 승인자

구매를 허락하고 승인하는 사람

④ 구매 영향자

구매의사 결정에 직·간접으로 영향을 미치는 사람

(3) 참여 관점에 따른 고객의 분류

① 직접고객(1차 고객)

기업 등 제공자로부터 제품이나 서비스를 직접 구입하는 사람

② 간접고객(개인 또는 집단)

최종소비자 또는 2차 소비자

③ 내부고객

회사의 내부 직원 및 그들의 가족, 주주

④ 공급자집단

제품과 서비스를 제공하고 반대급부로부터 돈을 지급받는 자

⑤ 의사결정고객

직접 돈을 지불하거나 구입하는 사람은 아니지만, 직접고객(1차고객)의 선택에 큰
영향력을 제공하는 개인이나 집단

⑥ 의사선도고객

제품이나 서비스를 직접 구매하기보다 제품의 품질이나 평판, 심사, 모니터링 등으
로 영향을 주는 집단을 말하며 주로 소비자보호단체나 기자, 전문가 등이 포함된다.

⑦ 경쟁자

전략이나 고객관리 등에 중요한 인식을 심어주는 고객

⑧ 법률규제자

소비자보호나 관련 조직의 운영에 적용되는 법률을 만드는 의회나 정부를 말한다.

⑨ 한계고객

기업의 이익 실현에 방해가 되는 고객들을 말하며 이들을 대상으로 디마케팅을 실
시하기도 한다. 고객 명단에서 제외하거나 해약을 유도하여 고객의 활동이나 가치
를 중지시킨다.

⑩ 체리피커

실질적으로 기업의 상품이나 서비스는 구입하지도 않으면서 자신의 실속만 차리는 것에 관심을 두는 고객을 말하며 신 포도 대신 체리만 골라 먹는다고 해서 붙여진 명칭이다.

⑪ 단골고객

지속적으로 기업의 상품이나 서비스를 구입하지만, 다른 고객을 추천할 정도의 충성도는 없는 고객

⑫ 옹호고객

충성도를 갖고 지속적으로 구입하는 단골고객을 말한다.

03. 효과적인 고객상담기술

1. 불만 발생의 원인

① 인적 서비스와 관련된 불만

대체적으로 고객의 불만은 서비스와 관련된 불만이 많으며 약속 미이행, 직원의 태도 및 언행, 직원의 실수, 무례함, 미숙한 업무 등으로 인해 발생한다.

② 상품 및 서비스 품질의 불만

비용을 지불하고 구입한 상품에 대한 불만으로 물리적 상황에 대한 불만 또한 포함된다. 호텔이나 숙소, 여행, 음식점의 메뉴, 가전제품 기술 결함 등이 포함되며 이는 핵심적인 역할에 대한 불만이다.

③ 고객의 지나친 심리적 기대

제품이나 서비스에 대해 지나치게 기대를 하고 있는 경우, 고객은 왕이라는 우월감이나 고객의 개인적인 열등의식 등으로 인해 불만이 발생하는 경우이다. 그렇다고 해서 고객 불만을 개별적인 사항으로 치부하거나 무시해서는 안 된다.

2. 불만고객의 특징

① 자신의 의견이 존중 받기를 바라며 문제해결을 위해 전화 등을 통해 접촉을 시도했을 때에는 자신의 요구조건을 상담사나 담당자가 들어주길 원한다.

② 고객 성향에 따라 표현하는 방법이 다르지만, 극단적이고 비이성적으로 욕설을 하거나 거친 말투를 사용하기도 한다.

③ 자신의 시간을 투자하여 불만을 제기하는 고객은 그만큼 제품과 서비스에 관심이 많은 고객이므로 특별하게 대우 받고 싶어한다.

3. 불만 처리의 중요성

① 서비스에 만족한 고객은 8명에게 소문을 내지만, 불만족한 고객은 22명에게 좋지 않은 평가를 하고 다니며 빠른 시간에 퍼지면서 여러 고객을 잃게 된다. 한 명의 신규 고객을 만드는 일보다, 1명의 불만고객을 만족시켜 주는 것이 중요하다.

② 고객이 불만을 갖고 평가하는 사항들을 토대로 기업은 고객만족을 위해 개선해야 할 사항들에 대해 반응하고 수용함으로써 더욱 발전된 경영을 기대할 수 있고, 이에 따라 서비스 품질을 향상시킬 수 있는 좋은 기회가 된다.

③ 불만고객 중 침묵하는 고객의 50%는 재구매율이 9%이지만, 불만을 제기한 고객은 재구매율이 19%가 된다는 연구 결과가 있다. 이는 기업에 불만을 제기하고, 만족스러운 처리과정을 겪은 고객이 침묵하는 고객보다 오히려 기업과 지속적인 관계를 맺는다는 것을 알 수 있고, 그만큼 고객유지율도 증가되면서 매출을 높일 수 있는 전략이다.

4. 불만 처리 과정

(1) 문제파악

① 고객의 불만 내용과 원하는 사항을 먼저 정리하며 문제를 파악하는 단계이다. 불만에 대해 기업을 대표하여 즉시 사과하도록 한다.

② 문제를 파악하기 위해서는 가장 중요한 것이 경청이다. 고객의 말 속에 문제의 발생 원인이나, 고객의 욕구 등이 모두 포함되어 있다. 집중하여 듣고 있음을 표현하고, 가능하면 메모를 하면서 고객의 말을 놓치지 않고 들어야 한다.

(2) 자료수집 분석

① 내부 사정으로 인한 이유로 고객의 불만 처리가 어렵다는 표현을 한다면 고객은 더욱 화를 내게 된다. 기존에 유사한 불만 접수건은 없었는지 다양한 자료를 먼저 수집하도록 한다.

② 선입견을 갖고 있거나, 감정적으로 상황을 바라보면 적절한 자료수집이 어렵다. 보다 냉정하고 이성적으로 자료를 수집하고 분석하도록 한다.

(3) 대안 찾기

① 불만 내용의 원인 및 고객의 요구 사항을 처리해 줄 수 있는 대안을 찾는 단계이다.
② 이 과정에서 시간이 지나치게 소요되면 또 다른 불만을 만들 수 있으니 최대한 신속하게 찾는다.

(4) 대안 평가

① 고객의 불만을 해결하고, 만족을 줄 수 있는 여러 대안들을 놓고 평가하는 단계이다.
② 상담사 자신이 아닌, 고객의 성격 유형과 입장을 바탕으로 대안들을 바라보는 자세가 중요하다.

(5) 결정 내리기

① 여러 대안 들 중 한 가지 대안을 가지고 고객에게 전하는 단계이다.
② 고객에게 대안을 제시한 이후 고객의 의견을 물어 수긍했다면, 거듭 사과의 말과 감사 표현을 잊지 않도록 한다.

5. 불만 처리 원칙

(1) 고객 존중

① 기본적으로 고객을 존중하는 태도를 갖는다.
② 고객의 입장에서 충분히 공감해주고, 성의 있게 행동한다.
③ 고객의 태도나 행동에 대해 책망하지 않는다.

(2) 이성적 판단

① 감정적인 판단이나 노출을 피하도록 하며, 고객과 논쟁하거나 변명을 하지 않는다.
② 고객의 불만 내용을 주관적인 입장에서 판단하는 것이 아니라, 객관적인 사실만으로 명확히 한다.
③ 개인적인 편견이나 선입견을 갖지 않도록 한다.

(3) 책임감 있는 태도

① 내가 잘못한 것이 아니더라도 기업을 대표로 고객의 불만을 접수, 처리하고 있다고 생각하고, 고객에게 사과하도록 한다.

② 불만 처리 과정에서 실수가 없도록 꼼꼼하게 처리하되, 되도록 신속하게 마무리 짓는다.

③ 고객과 마지막으로 통화하며 처리를 완료할 때도 다시 한 번 사과하고 시간 내어 연락해주고, 개선할 점을 알려준 부분에 대해서도 꼭 감사의 표현을 하도록 한다.

6. 클레임과 컴플레인

고객 불만 사례가 발생할 경우, 클레임과 컴플레인이라는 용어를 사용한다. 두 가지 용어 모두 고객이 기대한 욕구가 충족되지 않아 만족스럽지 않은 상태를 의미하지만 차이점이 있다.

(1) 클레임(Claim)

① 상대방의 잘못된 언행으로 인한 시정 요구를 말하며, 어느 고객이든 제기할 수 있는 객관적인 문제점에 대한 고객의 지적이라고 할 수 있다.

② 고객의 불만사항에 대한 수정은 물론 '당연한 것으로서 권리, 유산 등을 요구 혹은 청구하다'는 뜻을 내포하고 있다. 초기의 적절한 클레임 처리가 되지 않을 경우, 고객에게 물질적, 정신적, 법적으로 보상을 하며 해결해야 한다.

③ 예를 들어 제조과정에서 잘못된 물건으로 인해 불편이나 위험한 상황이 발생했다거나, 식당에서 주문한 음식에서 이물질이 들어있는 경우 불만을 표하는 행위를 클레임이라고 할 수 있다.

(2) 컴플레인(Complian)

① 상대방의 잘못된 언행으로 인한 불만족스러움을 표현하는 것으로, 고객의 주관적인 관점에서 서비스나 상품에 대해 평가하고 불만을 갖는 것을 말한다.

② 고객의 감정이 개입되는 부분으로 고객 성향에 따라 평가가 달라질 수 있다. 컴플레인이 발생했을 경우에는 진심 어린 사과로 빠른 시간에 해결하도록 노력해야 한다.

③ 예를 들어 고객을 응대하는 직원이 웃지 않는다거나, 지나치게 사무적이며, 친절하지 못한 태도 등을 지적하고 사과를 요구하는 형태가 포함된다.

04. 상담처리의 순서 및 방법

1. 서비스의 개념

(1) 서비스의 정의

① 우리 사회에서 '서비스'라는 용어는 매우 다양하게 사용되고 있으며 서비스가 무엇인지, 어떤 특성을 가지고 있는지 파악해야 고객이 원하는 서비스를 제공할 수 있다.

② 코틀러(P. Kotler, 1988)는 '서비스란 상대방에게 제공될 수 있는 행위 또는 효익'으로 기본적으로 무형적이고, 소유권 이전이 불가능하며, 유형재와 결부되는 경우도 있다고 정의하였다.

③ 시간을 두고 여러 학자와 연구기관에서 서비스에 대한 정의를 내리고 있는 만큼 서비스의 개념을 정확하게 정의하기는 매우 어렵다.

(2) 서비스의 4대 특성

① 무형성

　가. 상품은 눈으로 확인할 수 있는 형태를 가지고 있지만 서비스는 눈으로 보이지 않는다는 무형성을 가지고 있다.

　나. 유형의 상품은 특허를 내어 인정받을 수 있지만 서비스는 형태가 없어 특허를 낼 수 없다는 특징이 있다.

② 소멸성

　가. 한번 구입하면 여러 번 이용할 수 있는 유형의 상품과는 다르게 서비스는 생산과 동시에 소비되어 소멸된다.

　나. 소비되지 못한 서비스는 재고로 저장해두었다가 다시 판매하거나 이용할 수 없다. 적절한 서비스의 수요와 공급 능력이 필요한 이유이다.

③ 비분리성

　가. 서비스는 생산과 동시에 소비가 이루어진다. 또한 대부분의 서비스 공급 과정에 고객이 참여하여 이루어진다.

　나. 서비스의 비분리성과 고객의 참여로 상품을 생산할 때처럼 사전에 품질을 미리 확인하거나, 통제하기 어렵고 대량생산체제를 구축하기는 더욱 어렵다.

④ 이질성

　가. 서비스는 상품처럼 기계화되어 있지 않고, 직원이 직접 행하는 경우가 많아 서비스의 품질이 늘 일정할 수 없다는 것이다. 또한 서비스의 생산과정에 참여하

는 고객 또한 인간이기에 늘 똑같을 수 없어 항상 똑같은 서비스를 제공하기가 매우 어렵다.

나. 기업에서는 어느 일정 수준 이상의 서비스를 제공하기 위해 표준화된 서비스를 마련하는 것이 필요하다.

2. 고객만족

(1) 고객만족의 정의

① 고객만족이란 어떤 대상에 대한 기대 수준과 실제 경험의 차이에서 발생하는 불일치 정도에 대한 주관적인 평가의 결과를 뜻한다.

② 고객의 요구와 기대에 부응하여 그 결과로서 상품 및 서비스의 재구입이 이루어지고 고객의 신뢰감이 연속되는 상태이다.

③ 고객만족의 중요성이 부각되면서 기업에서는 고객만족경영을 위한 여러 전략과 투자를 아끼지 않고 있다.

(2) 고객만족의 중요 요소

① 상품

가장 핵심적인 요소로 구입하려는 상품의 가격 및 품질, 인지도, 기능 등으로 인해 만족도가 결정된다.

② 서비스

고객만족을 결정하는 요소로 중요성이 더욱 부각되고 있다. 상품을 구입하면서 이루어지는 과정에서 기분 좋고, 만족할 만한 서비스를 받는 것이 즐겁고 행복한 경험으로 이어져 만족감은 높아지고 지속적인 관계를 맺을 수 있다.

③ 이미지

기업의 선호도 및 인지도, 사회적 이미지에 따라 고객만족도가 결정된다. 특히 윤리적 고객일수록 기업의 사회적 책임이나 윤리성에 대한 관심이 높다.

(3) MOT 마케팅

① 스칸디나비아 항공의 얀 칼슨 사장이 처음 만든 용어이며, 현재는 텔레마케팅이나 CRM에 널리 쓰이는 개념이다.

② 고객이 기업과 만나는 모든 장면에서 결정적인 순간을(Moment of truth) 의미하며, 해석 그대로 '진실의 순간' 또는 '결정의 순간' 이라는 의미로 쓰인다.

③ 고객이 종업원이나 기업의 특정 자원과 접촉하는 순간을 말하며, 기업에서는 이러한 순간에 고객들에게 긍정적인 인상을 심어줌으로써 제품 및 서비스, 기업의 이미지를 긍정적으로 이끌어 나가는 마케팅 전략을 말한다.

3. 고객의 반론

(1) 고객이 반론을 제시하는 원인

① 제시하는 상품이나 서비스의 혜택이 만족스럽지 못할 때
   기존의 상품 혹은 경쟁사의 것과 비교해서 차별성을 느끼지 못했거나, 고객이 얻을 수 있는 이점 위주의 설명이 부족했을 때 고객은 반론을 제기한다.

② 고객이 알고 있는 정보와 다를 때
   정보의 홍수라고 불리는 시대에 살고 있는 소비자들은 직원들보다 더욱 많은 정보를 가지고 있을 수 있고, 잘못된 정보를 가지고 있는 경우도 있다. 고객 본인이 알고 있는 정보와 다를 때 고객은 반론을 제시하고 믿기 어려워한다.

③ 신뢰감이 부족한 상담사를 만났을 때
   고객은 상담사가 제시하는 정보뿐 아니라, 그의 전문적인 태도, 친밀감 등을 토대로 신뢰감을 형성하고 내용을 이해하는데, 신뢰감이 형성되지 못한 상담사를 만났을 때는 반론을 제시하며 정보를 믿기 어려워한다.

④ 추가적인 정보를 필요로 할 때
   상품과 서비스에 관심을 갖고 단순히 추가적인 정보가 필요할 때 반론을 제시하기도 한다.

(2) 효과적인 고객 반론 극복법

① 고객 반론의 원인이 무엇인지 파악한다.

② 고객 반론의 구체적인 요소가 무엇인지 알아내는 것이 두 번째이며, 고객의 니즈를 집중적으로 분석하여 관심을 유도한다.

③ 아무리 성가신 상황에서도 능숙하게 대처하고 결코 짜증을 내거나 화를 내지 않는다.

④ 효과적인 반론 극복을 위해서는 공감 → 탐색 → 이점부각 → 동의 순으로 진행한다.

⑤ 상담사는 거절이나 반론에 대한 두려움을 없애고 인간의 신뢰성으로 설득한다.

개인정보보호 관련 규정		
개인정보보호 원칙 〈개인정보 보호법 3조〉	① 개인정보처리자는 개인정보의 처리 목적을 명확하게 하여야 하고 그 목적에 필 요한 범위에서 최소한의 개인정보만을 적법하고 정당하게 수집하여야 함 ② 개인정보처리자는 개인정보의 처리 목적에 필요한 범위에서 적합하게 개인정보 를 처리하여야 하며, 그 목적 외의 용도로 활용하여서는 아니 됨 ③ 개인정보처리자는 개인정보의 처리목적에 필요한 범위에서 개인정보의 정확성, 완정성 및 최신성이 보장되도록 하여야 함 ④ 개인정보처리자는 개인정보의 처리 방법 및 종류 등에 따라 정보주체의 권리가 침해받을 가능성과 위험 정도를 고려해 개인정보를 안전하게 관리해야 함 ⑤ 개인정보처리자는 개인정보 처리방침 등 개인정보의 처리에 관한 사항을 공개하 여야 하며, 열람 청구권 등 정보주체의 권리를 보장하여야 함 ⑥ 개인정보처리자는 정보주체의 사생활 침해를 최소화하는 방법으로 개인정보를 처리하여야 함 ⑦ 개인정보처리자는 개인정보의 익명처리가 가능한 경우에는 익명에 의하여 처리 될 수 있도록 하여야 함 ⑧ 개인정보처리자는 규정하고 있는 책임과 의무를 준수하고 실천함으로써 정보주 체의 신뢰를 얻기 위하여 노력하여야 함	
정보주체의 권리 〈개인정보 보호법 4조〉	① 개인정보의 처리에 관한 정보를 제공받을 권리 ② 개인정보의 처리에 관한 등의 여부, 동의 범위 등을 선택하고 결정할 권리 ③ 개인정보의 처리 여부를 확인하고 개인정보에 대하여 열람을 요구할 권리 ④ 개인정보의 처리 정지, 정정·사게 및 파기를 요구할 권리 ⑤ 개인정보의 처리로 인하여 발생한 피해를 신속하고 공정한 절차에 따라 구제받 을 권리	
개인 정보 노출 방지 대책	관리적 측면	① 홈페이지 개인 정보 노출 예방 관련 매뉴얼 수립 ② 홈페이지 개인 정보 노출 예방 교육 실시(철저한 보안) ③ 업무용 파일 암호화 및 업로드 시 새 파일 작성
	기술적 측면	홈페이지 및 웹서버 취약점 점검, 업데이트 등이 있다.

개인정보보호법 제10장 제70조 : 다음에 해당하는 자는 10년 이하의 징역 또는 1억 이하의 벌금에
처한다.
① 공공기관의 개인정보 처리업무를 방해할 목적으로 공공기관에서 처리하고 있는 개인정보를 변경하거
나 말소하여 공공기관의 업무수행의 중단·마비 등 심각한 지장을 초래한 자
② 거짓이나 그 밖의 부정한 수단이나 방법으로 다른 사람이 처리하고 있는 개인 정보를 취득한 후 이를
영리 또는 부정한 목적으로 제3자에게 제공한 자와 이를 교사 알선한 자

소비자 권리(소비자 기본법(제4조))

① 물품 또는 용역으로 인한 생명 신체 또는 재산에 대한 위해로부터 보호받을 권리
② 물품 등을 선택함에 있어서 필요한 지식 및 정보를 제공받을 권리
③ 물품 등을 사용함에 있어서 거래 상대방 구입 장소 가격 및 거래 조건 등을 자유로이 선택할 권리
④ 소비 생활에 영향을 주는 국가 및 지방자치단체의 정책과 사업자의 사업 활동 등에 대하여 의견을 반영시킬 권리
⑤ 물품 등의 사용으로 인하여 입은 피해에 대하여 신속 공정한 절차에 따라 적절한 보상을 받을 권리
⑥ 합리적인 소비 생활을 위하여 필요한 교육을 받을 권리
⑦ 소비자 스스로의 권익을 증진하기 위하여 단체를 조직하고 이를 통하여 활동할 수 있는 권리
⑧ 안전하고 쾌적한 소비 생활 환경에서 소비할 권리

소비자의 책임(소비자 기본법(제5조))

① 소비자는 사업자 등과 더불어 자유 시장 경제를 구성하는 주체임을 인식하여 물품 등을 올바르게 선택하고 제4조의 규정에 따른 소비자의 기본적 권리를 정당하게 행사하여야 한다.
② 소비자는 스스로의 권익을 증진하기 위하여 필요한 지식과 정보를 습득하도록 노력하여야 한다.
③ 소비자는 자주적이고 합리적인 행동과 자원 절약적이고 환경 친화적인 소비 생활을 함으로써 소비 생활의 향상과 국민 경제의 발전에 적극적인 역할을 다하여야 한다.

4. 인바운드 상담 기술

(1) 상담 기술의 특징

① 고객에게 집중하는 서비스 자세

인바운드 상담은 고객주도형 상담으로 문의나 불만사항을 가진 고객이 직접 전화를 한다. 따라서 고객의 말을 정확하게 듣고 원인 및 문제를 파악하여 정확하게 처리할 수 있어야 한다.

② 통화 효율 향상

대부분의 인바운드 상담에서는 상담사들과의 통화를 기다리며 대기하고 있는 고객들이 있기 때문에 한 고객하고만 장시간 통화를 하게 되면 여러 고객에게 불편을 미칠 수 있다. 인바운드 상담사는 개별 전화 통화 품질에도 신경을 써야 하지만 전체적인 통화 수와 콜센터의 효율적인 업무진행에도 주의해야 한다.

③ 불만에 대한 적절한 대응 필요

인바운드 상담에서 가장 많고 힘든 부분이 바로 불만 처리에 관한 부분이다. 처리 과정에서 상담사가 개인적으로 스트레스를 받거나 업무에 부담을 가질 수 있기 때문에 꾸준히 고객 유형에 대한 공부를 하는 것이 필요하다. 불만을 토로하는 고객과

함께 논쟁을 벌이는 일은 절대 없어야 하며, 충분한 경청과 공감으로 고객의 마음을 먼저 헤아려 줄 수 있어야 한다.

(2) 인바운드 상담의 장애 요소

① 자신의 상품에 대한 확신감 결여

판매하고 있는 상품 및 서비스에 대한 확신감이 부족할 경우, 말끝을 흐리거나 명확하게 이야기할 수 없다. 고객 또한 이러한 상담사의 태도에 따라 신뢰를 갖지 못하고 원하는 상담으로 이어갈 수 없다.

② 똑같은 내용 반복에 대한 권태감

주로 질문하거나, 마주친 상황들이 고객에게는 처음이지만 상담사들에게는 하루에도 동일한 답변을 수 차례 하게 되면서 권태감이 들고, 매너리즘에 빠지기 쉽다.

③ 목소리 느낌만으로만 상대방을 판단하려는 선입관

상대방의 표정 등을 볼 수 없기 때문에 목소리만으로 고객을 판단하려고 하는데, 그렇게 되면 이미 선입관을 가지고 고객의 말을 듣기 때문에 사실 그대로를 받아들이지 않고, 오해가 발생해서 고객의 문의 사항을 원활하게 처리해주기 어렵다.

5. 아웃바운드 상담 기술

(1) 상담 기술의 특징

① 관계 형성

아웃바운드 상담의 성공 열쇠는 통화 도입 부분에 있다고 할 수 있다. 고객과의 통화 초반에 칭찬 등으로 친밀감을 형성하고 관계를 시작하는 것이 바람직하다.

② 긍정적인 표현

아웃바운드 상담은 기업주도형의 통화로 상담사가 먼저 긍정적인 표현으로 대화를 이끌어 나가야 고객 또한 긍정적인 대답을 할 수 있다.

③ 혜택 제공

고객의 관심을 끌 만한 혜택을 상황에 맞게 부드럽게 제안하도록 한다. 이때 고객이 알아듣기 쉽고, 이해가 빠른 용어들로 설명해주는 것이 좋다.

(2) 아웃바운드 상담의 장애 요소

① 고객의 거부감 및 두려움

아웃바운드로 전화를 시도하면 반갑게 전화를 받아주는 고객보다 전화 자체를 경계하는 고객이 많다. 그 이유는 상품 판매를 목적으로하는 전화이기 때문이 아니라, 통화를 하다가 예상에 없던 상품이나 서비스를 구입하게 될까 스스로의 결정이 두렵기 때문이기도 하다. 또한 최근 늘어나고 있는 보이스피싱 등으로 인해 나의 정보를 알고 먼저 전화를 하는 마케팅 활동에도 거부감을 갖고 있는 고객이 많아지고 있다.

② 불필요한 고객과의 만남

상담사가 소개하는 상품이나 서비스에 대해 관심이 없는 경우 필요성도 인지하지 못하고 무성의하게 답을 하거나, 통화에 집중하지 않는 고객들이 많다. 이럴 경우에는 상담사가 고객의 욕구를 적극적으로 일깨워 주는 것이 필요하다.

③ 상담사의 부족한 역량

상담사 스스로 만들어 낸 장애 요인으로 세일즈 능력 부족, 자신감 결여, 거절 고객에 대한 두려움 등으로 무성의한 태도로 상담을 진행하는 것이다. 이러한 자세로 통화를 하면 고객은 계속해서 통화를 거부하게 되고, 점점 더 자신감이 결여되며, 두려움은 커지므로 악순환이 반복된다. 상담사는 셀프리더십을 발휘하여 목표를 달성하고자 하는 태도가 요구된다.

참고

고객유형별 상담기술

① 과묵한 유형의 고객 상담 기술
- 얌전하고 말이 없는 과묵한 유형으로 자신의 욕구를 표현하지 않으므로 상담하기 어려운 고객이다. 질문을 잘 하지 않기 때문에 간혹 고객이 오해를 하는 경우도 있음
- 말이 없다고 해서 고객이 만족했다고 단정할 수 없으며, 고객의 특성에 맞추어 최대한 정중하고 온화하게 응대하고 빈틈없이 일을 처리해야 함

② 우유부단한 고객
- 결단력이 없고 선택에 많은 시간이 소요되며, 타인의 의사결정을 기다리기도 하는 유형임
- 고객이 가지고 있는 갈등 요소가 무엇인지 시킬 수 있는 질문을 통해 고객의 솔직한 생각을 들어보는 것이 중요하며, 도움을 받아도 될 것이라고 여길 수 있도록 신중하고 전문적인 모습을 보이는 것이 좋음

③ 말이 많은 고객
- 고객이 스스로 먼저 말을 하므로, 그들의 욕구나 감정을 파악하기 쉽지만, 다른 고객을 함께 응대하거나 계속해서 같은 말만 되풀이하는 경우 상담이 원활하게 진행되지 않으며 또한, 말이 많은 만큼 기분 변화도 쉽게 변화하기 때문에 주의해야 함
- 말 중에서 계속해서 반복되는 어휘나 욕구를 찾아 간단히 요약하고 폐쇄형 질문을 통해 결론을 짓도록 해야 함
- 같은 말을 되풀이하면서 말이 많은 고객은 자아가 강한 사람일 확률이 높으므로 인내심을 가지고 먼저 들어주도록 하며, 회피하려거나 집중하지 않는 듯한 인상을 준다면 상담이 더 길어질 수 있으니 경청하고 있음을 계속해서 표현해주어야 함

④ 소리치거나 욕을 하는 고객
- 원하는 방향으로 일이 처리되지 않을까봐 두렵고 불안한 마음으로 시작되며, 본인이 알고 있는 감정 표현 방법 중 가장 익숙하고 바른 "화"라는 감정을 이용하여 상황을 처리하려고 하는 고객의 유형임
- 상담사는 고객이 욕설과 소리를 치는 모습에 겁을 먹거나 위축될 수 있으나, 고객은 내가 아닌 회사에 화가 난 것이고, 항의를 하는 것이므로 상담사 개인적인 일로 받아들이지 않는 것이 가장 중요하며, 함께 화를 내거나, 소리를 치는 일이 없도록 해야 함
- 장소나, 담당자를 바꾸어 상담을 진행하는 것도 좋은 방법이며, "고객님, 일단 진정 하세요"등의 제재하는 말보다는 고객이 스스로 감정을 조절할 수 있도록 편안한 분위기를 유도하는 것이 좋음

⑤ 빈정대고, 트집 잡는 고객
- 사사건건 트집을 잡고, 빈정대며 불평을 하는 고객유형으로 보통은 이런 트집을 잡아서 고객이 유리한 방향으로 일을 처리하려는 목적을 가지고 있는 경우가 많음
- 열등감이나 허영심이 강한 사람들로, 보통 작은 문제들에 대하여 집착하는 경우가 많으며, 상대방이 말한 내용의 본질보다 사용한 단어 하나에 트집을 잡고 빈정대는 경우가 발생되므로 신중한 언어 선택이 요구됨

⑥ 자기과시형 고객
- 전문가형이라고도 할 수 있으며, 이미 모든 것을 다 알고 있다는 태도로 상담을 진행하며 자신이 가지고 있는 확신에 대한 고집을 절대 꺾지 않으려고 하며, 권위적인 느낌으로 상대방을 제압하려는 특성도 가지고 있음
- 기본예절이나 겸손한 듯한 행동을 하면서도 강한 우월감을 갖고 언행하므로 다소 거만하다고 느껴짐
- 경청해주고 고객의 전문 지식 등을 높이 평가하는 칭찬과 감탄을 하면서 고객을 인정해주는 것이 가장 중요하며, 고객의 말에 반론을 제기하거나 자존심을 건드리는 행위는 절대 하지 않도록 주의해야 함

⑦ 의심이 많은 고객
- 직원들의 친절이나 설명을 의심하며, 객관적인 자료나 많이 알려진 사실에도 의심을 품고 질문을 하는 고객으로, 기존에 신중하지 못한 구매나 선택으로 인해 많은 불편이나 피해를 경험한 사람일 경우도 있음

- 지나친 친절이나 호의는 더 큰 의심을 불러일으키기 때문에 자신감 있는 태도와 간결한 응대가 요구되며, 분명한 증거 등을 제시하며 고객 스스로 확신을 가질 수 있도록 도와줌
- "제가 앞서 말씀드렸잖아요," 여기 자료에 쓰여 있듯이"... 등의 표현은 삼가도록 해야 함

참고

텔레마케터의 고객 유형별 상담의 필요성

- 고객의 유형에 따른 응대 포인트를 사전에 학습하면 고객과 불필요한 마찰을 감소시킬 수 있고, 보다 자신감 있게 응대할 수 있음
- 고객 유형별 특성을 명확하게 이해하고 있으면 고객의 돌발적인 반응에도 침착하게 응할 수 있는 예측가능성이 생겨서 안정감 있는 응대가 가능함
- 자사 상품 및 서비스에 대한 고객의 다양한 유형들을 파악하여 이를 매출과 연계시켜 매출 향상에 도움을 줄 수 있음

6. 스크립트의 개념 및 활용

(1) 스크립트의 정의 및 필요성

① 스크립트는 고객 응대에 가장 기본이라고 할 수 있으며, 고객에게 제공해야 할 정보 및 문의사항에 대한 안내 방법 등이 대화체로 자연스럽게 작성되어 있고, 보통 배우들이 대사를 외우고 연기를 하는 것과 같은 역할을 한다.

② 스크립트는 균등한 대화를 사용하여 정확한 효과를 측정하고 효율적인 운영체제를 구축한다.

③ 스크립트는 통화의 목적과 어떻게 대화를 이끌어 갈 것인가의 방향을 잡아준다.

④ 스크립트는 텔레마케터가 객관적으로 표준화된 서비스를 제공하기 위해서 작성한다.

⑤ 스크립트는 상담원의 능력과 수준을 일정 수준 이상으로 유지시켜 준다.

(2) 스크립트의 특성

① 잠재고객 또는 고객과 통화를 할 때 사용하는 대본과 같은 것으로 고객과의 원활한 대화를 돕는다.

② 스크립트는 통화 목적과 방향 설정이 명확해야 하고 효과적인 통화시간을 관리할 수 있다.

③ 다양한 고객을 접하게 됨에 따라 스크립트는 지속적인 보완을 해야 한다. 효과적인 통화를 위해서는 되도록 스크립트에 명시되어 있는대로 통화를 하며 표준화된 서비스를 제공하는 것이 좋지만, 상담사는 다양한 고객의 유형에 맞추어 고객응대를 하는 것이 중요하다.

(3) 인바운드 스크립트의 특징

① 상품의 판매나 주문으로 결부시켜 나가기 쉬워야 한다.
② 기업의 이미지 향상 및 고객 만족 향상에 크게 공헌할 수 있어야 한다.
③ 인바운드 스크립트는 주어진 상황을 잘 반영해야 한다

(4) 아웃바운드 스크립트의 특징

① 비교적 짧은 시간 내에 고객에게 정보를 제공 및 설득해야 하므로 문장이 짧고 간결해야 한다.
② 고객에게 전화한 목적과 소개하는 상품 및 서비스에 대한 명확한 정보 및 이점이 스크립트에 꼭 포함되어야 한다.
③ 스크립트에 작성된 표현 외에도 상황에 따라 수정한다.
④ 고객 반론이 있을 수 있으므로 반론 극복을 위한 내용도 미리 작성해 놓아야 당황하지 않고 끝까지 매끄러운 상담을 진행할 수 있다.

(5) 텔레마케팅 스크립트의 적절한 활용 방법

① 스크립트를 사전에 충분히 숙지하여 응대한다.
② 고객과의 상담 흐름에 따라 조절하여 사용한다.
③ 스크립트에 작성된 표현 외에도 상황에 따라 수정한다,
④ 스크립트는 정기적으로 검토하여 수정 및 보완한다.

05. 불만 고객의 처리 프로세스

1. 고객의 불만 접수 방법

고객들은 불평, 불만을 호소할 때, 일반적으로 비공식적인 단계(가까운 지인이나 가족들

에게 토로하기) → 공식적인 단계(직접 방문, 전화, 팩스 등) → 법적인 호소의 순서로 진행한다.

(1) 직접 방문

① 직접 기업을 방문하여 제품이나 서비스 등에 대한 불만을 접수하는 방법이다.
② 면대면으로 직접 상담이 이루어지기 때문에 접객 서비스가 매우 중요하며, 상담실의 인테리어나 조명 등 물리적인 환경 구성 또한 중요한 역할을 한다.
③ 상대방의 언어적, 비언어적 수단을 활용하여 표현하는 불만을 들을 수 있다는 장점이 있고, 상담사가 바로 문제를 해결해나가는 과정을 직접 눈으로 확인할 수 있어 고객은 불안하지 않다. 또한 여러 문제나 질문을 할 수 있다.
④ 한 번에 두 명 이상의 고객 응대가 어렵고, 다른 업무를 중간에 하기 어려우며, 상담 시간에 한계가 있으며, 고객의 방문으로 시간과 비용이 발생된다는 단점이 있다.

(2) 고객센터 전화

① 기업의 각 고객 콜센터로 전화하여 불만을 접수하거나 상담을 하는 방법으로 대체적으로 가장 많이 이용하는 방법이다.
② 비대면으로 대화가 이뤄지기 때문에 음성과 음조 등의 음성연출과 전화예절이 매우 중요하며, 고객의 입장에서는 비교적 빠르고 간편하게 상담할 수 있는 수단이다.
③ 고객의 입장에서는 직접 방문하지 않아도 전화로 편하게 상담할 수 있어 시간과 비용이 절약되지만 시각적으로 제한되어 있고, 간혹 의사소통의 장애로 잘못 전달될 수 있다는 단점이 있다.

(3) 인터넷 및 게시판

① 최근 들어 기업의 인터넷 홈페이지, 채팅방, SNS, 어플리케이션 등을 통하여 접수하는 고객들이 많이 늘어나고 있다.
② 홈페이지 게시판 등은 모두 개방된 채널로 다른 고객들도 이미 접수된 불만 내용을 확인할 수 있어 다른 고객들의 불만이나 문제 사항을 미리 확인하고 자신의 문제도 해결해 나갈 수 있다. 객관적인 사실이 아닌 내용으로 다른 고객들이 오해가 발생되는 단점이 있다.
③ 이메일, 인터넷으로 접수된 불만 접수건은 실시간으로 확인할 수 있기 때문에 기업의 반응이 빠르다는 점, 24시간 시간에 제한없이 이용할 수 있다는 장점이 있지만

익명성이 보장되므로 고객의 인적사항이나 구매행동 특성을 정확하게 파악하기 어렵다는 단점이 있다.

(4) 법적인 호소

① 소비자보호원, 법률기관 등에 공식적으로 호소하고 처리를 요청한다.
② 1차적으로 방문이나 전화 등으로 상담을 받고, 불만 접수를 하였음에도 불구하고 처리가 원만히 되지 않을 때 찾게 된다.

(5) 편지 등 문서

① 불만을 팩스, 편지 등의 문서로 접수하는 방법으로 증거를 남기기 위한 방법으로 사용한다.
② 고객이 불만 내용과 문제를 서면으로 비교적 정확하게 작성하여 발송하기 때문에, 한 눈에 문제 파악이 쉽고 오해없이 정확하게 전달된다.
③ 전화나 인터넷 등을 통해 접수된 상담에 비해 확인기간이 길어지며 때로는 접수된 서류가 분실되는 경우도 있다.

2. 불만 고객의 처리 프로세스

(1) 1단계 - 경청

고객의 욕구를 정확하게 파악하기 위해서는 고객의 말을 먼저 집중하여 듣는 경청의 단계가 필요하다. 특히 불만을 품고 화가 난 고객은 상담사가 성의를 가지고 열심히 경청을 해주는 것만으로도 감정이 누그러질 수 있으며, 정확한 상담을 할 수 있어 효율적인 상담과 처리가 가능하다.

(2) 2단계 - 감사와 공감 표현

기업의 서비스가 가진 문제점을 알려준 고객에게 감사한 마음을 표현하며, 고객의 입장에서 마음을 헤아리며 듣는 공감의 자세가 필요하다.

(3) 3단계 - 사과

고객에게 불편을 제공한 부분에 대해 진심 어린 사과를 한다. 상담사 본인의 실수나 잘못이 아니더라도 회사를 대표하여 역지사지의 마음을 갖고 고객에게 사과를 한다.

(4) 4단계 - 해결 약속

고객이 불만을 제기한 것은 단순히 사과를 받고 마무리하기보다는 개선될 모습을 기대하고 문제를 해결해주기를 원하기 때문이다. 현 문제에 대한 불만을 처리해줄 것이라고 고객에게 신뢰감을 제공해주는 단계이다.

(5) 5단계 - 정보 파악 및 대안 제시

고객 불만의 원인이 무엇이었는지, 고객이 원하는 것은 무엇인지, 기업에서 제공해줄 수 있는 수준의 요구를 하는지 정확하게 확인하고 불만의 원인을 제거, 고객을 만족시킬 수 있는 대안들에 대하여 고객에게 제시한다.

(6) 6단계 - 신속 처리

대부분의 접수된 불만은 초기에 신속하게 완벽한 처리를 한다면 큰 문제가 발생하지 않는다. 하지만 처리를 미루거나 집중하지 않는다면 불만 처리 과정에서 또 한 번 고객의 불만이 생기기 때문에 최대한 신속하게 처리하도록 한다.

(7) 7단계 - 처리 확인과 사과

처리를 완료한 이후 고객에게 재확인하고 마지막으로 다시 한 번 사과를 하는 단계이다. 이 단계에서 고객은 해당 기업과 지속적인 관계를 맺고 구입을 할 것인지 결정하므로 마무리 단계까지 성의있고, 정중한 태도가 요구된다.

(8) 8단계 - 피드백

불만 처리 내용은 전사적으로 공개하여 담당자가 불만의 원인을 제거하고, 서비스 제공 과정을 개선할 수 있도록 한다.

3. MTP 법칙

고객불만처리 요령 중 하나로 신속하고 효율적인 고객 응대를 할 수 있도록 도와주는 역할을 한다. MTP를 신속하게 정하는 것이 중요하며, 처리가 늦어진다면 이 세 가지 요소를 바꾸는 것이 불만 처리에 도움이 된다.

(1) MAN : 누가 처리할 것인가?

응대하는 직원을 정하는 것으로 불만의 상황과 고객 성향에 따라 상담사나 책임자 등의 상급자가 응대할 것인가를 신속하게 판단한다.

(2) TIME : 어느 시간에 처리할 것인가?

고객에게는 마음을 가라앉히는 시간이 필요할 수 있고 문제와 대안을 파악하기 위한 시간이 필요함을 고객과 상의한다.

(3) PLACE : 어느 장소에서 처리할 것인가?

다른 고객의 이동이 많은 곳보다는 조용한 응접실 등에서 고객과 상담을 하는 것이 좋으며, 이때 차가운 차보다는 따뜻한 차를 고객에게 제공하는 것이 심리적으로 안정을 취하는 데 도움이 된다.

참고

고객 유형별 불만 처리 방법

① 의심이 많은 고객
- 성격 특성상 의심이 많은데, 기대한 상품이나 서비스에 대해 불만족스러움을 느꼈기 때문에 불만을 처리하는 과정에도 의심을 품고 계속해서 확인하려고 함
- 고객에게 믿음을 주고, 고객만족을 이루어 내기 위해 상담사가 말을 많이 하는 경우가 있는데, 이런 상황에서는 지나치게 자세한 설명도 의심의 이유가 될 수 있으므로 객관적인 근거를 제시하며 고객에게 확신을 갖도록 유도해야 함

② 같은 말을 되풀이 하는 고객
- 자신의 불만 내용과 요구 사항을 상담사가 제대로 이해했을지 불안하고 두려운 마음으로 같은 말을 계속해서 되풀이 하는 유형임
- 고객이 말을 마치면 상담사는 따라서 복창을 하면서 고객의 말을 정확하게 잘 듣고 있음을 알리는 것이 필요함

③ 신중한 성격의 고객
- 성격이 신중하다 못해 지나치게 깐깐한 성격으로 전 과정을 하나하나 확인하는 고객으로, 우선 정중하고 친절하게 응대해야 함
- 마음에 들지 않는 부분이나, 기업이나 직원의 잘못된 부분을 계속해서 지적하면서 불만을 제기할 때에는 먼저 감사하다고 표현하고 겸허히 받아들이려는 태도를 보이는 것이 바람직함
- 매사를 분석하고 판단하므로, 정보를 제공할 때에는 객관적이고 과학적인 증거가 제시된 충분한 자료를 가지고 상담하는 것이 좋으며, 애매한 일반화는 피하도록 해야 함

④ 성격이 급한 고객
- 무조건 빨리 처리해 달라고 요청하는 고객이다. 고객 성격 자체가 급하기 때문에 불만, 요청사항도 빠르고 정확하게 표현하는 고객임
- 부연 설명 등의 군더더기 없이 간결한 설명으로 빠르게 처리를 완료해주는 것이 중요함

⑤ 무리한 요구를 하는 고객
- 금전적인 보상 등의 무리한 요구를 하며 떼를 쓰는 고객으로 인내심을 가지고 응대하는 것이 가장 중요함
- 고객의 요구가 지나치게 무리한 요구임을 고객이 납득할 수 있도록 설명해주고, 터무니없다는 듯의 언행은 절대하지 않도록 주의해야 함

⑥ 쉽게 흥분하는 고객
- 쉽게 흥분하면서 소리를 치거나 물건을 던지는 등의 다소 폭력적인 행동을 하는 고객의 유형으로 다른 고객들에게도 불편을 주는 유형임
- 상담사도 흥분된 목소리나 과장된 표현을 할 경우, 고객을 더욱 자극시킬 수 있으므로, 목소리는 조금 낮추고 천천히 말하도록 한다. 또한, 고객 스스로가 몹시 흥분한 상태임을 스스로 알아차릴 수 있도록 해야 함

⑦ 소극적인 고객
- 직원의 과도한 친절이나 관심을 부담스러워 할 수 있으며, 도움이 필요할 때는 언제든 문의할 수 있도록 안내하고, 여유를 갖고 기다려줘야 함
- 천천히 부드러우며 조용한 목소리로 응대하는 것이 중요함

⑧ 나이가 많은 고객
- 호칭에 신경을 쓰고 말의 속도는 천천히 맞추어 응대해야 함
- 공손하게 응대하고 질문이나 불만에 정중하게 답하며, 고객의 의견을 존중해야 함

4. 고객을 응대하는 상담사의 필수 역량

(1) 신뢰성과 고객 존중

기본적으로 고객을 존중하는 태도를 가지며, 어떠한 선입견도 가지지 않고 고객의 입장에서 성의 있는 자세로 임한다.

(2) 긍정적인 태도와 적극성

고객의 말을 적극적으로 경청하고 공감해주고, 잘못된 점은 솔직하게 사과하며, 적극성은 고객의 문제에 대해 최대한 신속하게 해결해주려는 자세로 드러난다.

(3) 창의력과 원만한 대인관계

친절하고 상냥하며 침착한 태도로 응대하며, 원만한 관계와 고객만족을 위해 논쟁이나 변명은 피한다.

06. 의사소통의 구성요소

(1) 의사소통(Communication)의 개념

① 커뮤니케이션은 공통, 공유라는 뜻을 가지고 있는 라틴어 '커뮤니스(communis)'에서 유래된 것으로 다른 사람과 함께 나눈다, 공유한다는 의미가 내포되어 있다.
② 하나 혹은 그 이상의 유기체 간에 서로 상징을 통해 의미를 주고 받는(공유하는) 과정을 말한다.
③ 의사소통은 인간의 모든 생각과 생활에 영향을 미치고 인간관계를 구성하는 근본요소이며, 개인이 사회적 존재가 될 수 있도록 만드는 수단이나 도구라고 할 수 있다.
④ 공통적으로 이해할 수 있는 의미를 전달하기 위해 언어, 비언어적인 수단을 통한 상호 노력하는 과정을 말한다.
⑤ 의사소통은 시작과 끝이 보이는 선형적인 것이 아니라, 순환적이고 역동적이며 계속해서 이어지는 하나의 과정이라고 할 수 있다.

(2) 의사소통의 특징

① 일반적으로 어느 누구도 의사소통을 하지 않고 살아갈 수는 없다.

② 일련의 의사소통은 연속된 상호작용으로 간주될 수 있다.

③ 의사소통이란 생각이나 사고의 언어적 상호 교환이며 불확실성을 감소시킨다.

④ 의사소통을 하는 과정에서 오류와 장애가 발생할 가능성이 있다.

⑤ 의사소통은 대인 관계에서 필수적이지만, 순기능과 더불어 역기능도 가지고 있다.

(3) 의사소통의 기능

① 정보 소통의 기능

　가. 의사결정에 필요한 정보를 제공하거나, 대안을 확인하고 평가하기 위한 자료를 전달한다.

　나. 의사소통은 단순히 정보전달 이상의 의미를 가지고 있으며, 상호간에 의미와 이해를 만들어가는 과정이라고 할 수 있다.

② 동기 부여의 기능

　가. 목표를 설정하고, 실행하는 단계에서 피드백이 이루어지면서 동기를 부여하며 목표를 달성할 수 있도록 돕는다.

　나. 다른 사람으로부터 긍정적인 기대를 받으면 이 기대에 부응하기 위해 노력하게 되며 그 결과 한층 성장할 수 있다.

③ 영향력 행사

　가. 조직은 직원들이 따라야 할 권력구조와 공식 지침이 있고, 다양한 커뮤니케이션이 이를 통제하는 영향력을 행사한다.

　나. 자신이 원하는 방식대로 상대방이 행동해주기를 바라기 때문에 의사소통을 하기도 한다.

④ 자신의 감정 및 욕구 표현

　가. 말이나 표정 등으로 현재 나의 감정이나 기분 상태를 표현할 수 있다.

　나. 상대방의 말을 들으면서 그 반응을 표현하고, 자신의 의사에 반영하는 태도를 개발하기도 한다.

(4) 커뮤니케이션의 원칙

① 커뮤니케이션은 신뢰성을 중시한다.

② 커뮤니케이션은 메시지를 통해 내용을 전달한다.

③ 커뮤니케이션은 수신자에게 유용한 경로로 접촉한다.

(5) 의사소통의 구성요소

① 전달자(Source)

커뮤니케이터라고도 하며, 메시지를 주는 사람을 말한다.

② 메시지(Message)

전달하고자 하는 내용을 수신자에게 언어, 문자, 몸짓 등 기호로 바꾼 것을 말한다.

③ 채널(Channel)

메시지 전달의 통로나 매체로 TV, 라디오, 인터넷 컴퓨터 등의 매스컴 채널이 되기도 하며, 사람이 직접 말하는 경우에는 목소리가 채널이 된다.

④ 수신자(Receiver)

메시지를 받는 사람

⑤ 효과(Effect)

커뮤니케이션의 결과로 의도적일 수도 있고, 비의도적일 수도 있다.

⑥ 피드백(Feedback, 환송효과)

전달자가 이미 보낸 메시지에 대한 수신자의 반응을 전달자가 받게 되는 정보를 말하며, 피드백은 커뮤니케이션 과정을 계속해서 반복, 순환하게 하는 요소가 된다.

참고

수신자에 의한 커뮤니케이션 장애요인
- 선입견
- 선택적 청취
- 반응 및 피드백 부족
- 평가적 경향

발신자에 의한 커뮤니케이션 장애요인
- 발신자의 목표의식 결여
- 발신자의 신뢰성 부족
- 타인에 대한 민감성 부족
- 커뮤니케이션 기술 부족

(6) 의사소통 활동을 저해하는 요소[21]

① 왜곡 및 생략

② 준거 틀의 차이

③ 적절하지 않은 양의 커뮤니케이션

④ 수용성과 타이밍

커뮤니케이션의 유형

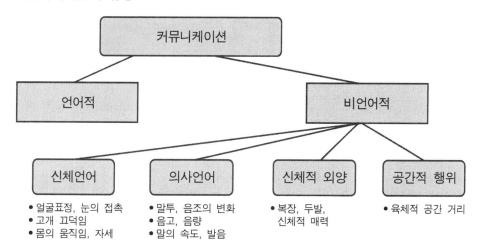

07. 언어적 의사소통

(1) 언어를 통한 의사소통

① 대체적으로 '의사소통' 하면 언어를 통한 의사전달 과정을 생각한다.

② 사용하는 언어에 표현하고자 하는 실체나 사실을 반영한다.

③ 사람의 생각이나 느낌을 주로 말이나 글을 통해 표현한다.

(2) 효과적인 언어적 의사소통

① 너무 심한 사투리, 속어, 비어, 유행어 사용은 억제하는 것이 좋다.

---

21) 커뮤니케이션 과정에서 전달과 수신 사이에 발생하며 의사소통을 왜곡시키는 요인을 "잡음"이라고 한다.

② 상대방의 연령 및 개인의 특성을 반영하여 단어 선택에 유의하도록 한다.

③ 적절한 질문을 주고받으며, 긍정적이고 동조의 의미를 담은 언어를 사용하도록 한다.

08. 비언어적 의사소통

(1) 비언어적 언어를 통한 의사소통

① 말이나 글을 제외한 수단으로 생각이나 느낌, 정보를 표현하는 일을 말한다.

   (예 : 음성의 고저, 표정, 몸짓, 자세, 눈치 등)

② 언어는 비교적 조작이 쉽고 가능한 편이지만, 비언어로 표현되는 것들은 대부분 무의식이 반영되어 조작이 어렵다.

③ 비언어적 의사소통의 수단들은 사회문화적 환경에 따라 차이가 있어 특히 외국인들과 대화 시 주의해야 한다.

(2) 비언어적 의사소통의 종류

① 신체언어

   A. 얼굴 표정, 눈의 접촉, 고객 끄덕임, 다리 떨기나 자세 등의 몸의 움직임, 바디랭귀지 등이 포함된다.

   B. 언어적 의사소통을 도와주는 경우도 있으나, 사실을 은폐하는 경우에 사용하기도 한다.

② 의사언어

   A. 말투, 음조의 변화, 음고, 음량, 말의 속도나 발음 등이 포함된다.

   B. 기존에 텔레마케터들은 밝고 환영하는 상담 분위기를 위해 높은 억양으로 상담을 하도록 교육되었으나, 최근에는 고객들에게 오히려 부담을 준다는 의견을 반영하여 자연스럽게 보이는 억양을 선택하여 상담을 진행한다.

③ 신체적 외양

   가. 복장, 두발 등의 신체적 외양을 통해 드러나는 것을 말하며, 이미지를 통해서도 자신의 생각이나 의견, 정보를 나타낼 수 있다.

   나. 깔끔한 복장과 정돈된 두발 등은 그 사람으로 하여금 신뢰감을 갖도록 해 주며, 대화의 몰입도 및 분위기에 큰 역할을 한다.

④ 공간적 영역

심리학자 에드워드 홀은 보디존과 대인관계의 친밀도를 4개의 공간 영역으로 나누어 분석했다. 공간이 넓어짐에 따라 친밀도는 감소되며, 사람은 무의식중에 자신과 상대방과의 심리적 거리를 설정하고 그다지 친하지 않은 상대방이 보다 가까이 접근하면 무의식적으로 후퇴하는 등 수동적인 방어 자세를 취한다.

가. 친밀한 거리(0~45cm)

연인이나 가까운 친구, 부모에게 안겨있는 어린아이 등에서 찾아볼 수 있다.

나. 개인적 거리(45~80cm)

파티에서 편안하게 이야기할 수 있고 파트너와 쉽게 접촉할 수 있는 거리이다.

다. 사회적 거리(80~1.2m)

소비자나 서비스를 제공하는 사람에게 이야기할 때와 같이 주로 대인 업무를 수행할 때 사용된다.

라. 대중적 거리(1.2~3.7m)

연설이나 대중들에게 이야기하는 공연장, 교실 같은 공간의 거리를 말한다.

(3) 효과적인 비언어적 의사소통

① 텔레마케터는 신체언어 등의 다른 비언어적 의사소통 수단을 활용해도 고객이 알기 어렵기 때문에 단어 사용 등의 언어적인 수단에 집중해야 하며, 음조나 발음 등의 의사언어를 주의하도록 한다.

② 언어보다 무의식적으로 행동하기 때문에 의사소통 수단은 훨씬 신뢰감을 줄 수 있으므로 바른 태도나 자세를 유지하도록 노력한다.

③ 언어와 비언어적인 수단들이 서로 달라서 충돌하는 경우가 있다. '언행일치'라는 사자성어처럼 말과 행동 및 태도가 일관되도록 한다.

09. 효과적인 의사소통

(1) 의사소통의 장애 요인

① 발신자 측면의 요인

가. 메시지 명확화 능력

전달하고자 하는 정보의 내용을 얼마나 명확하게 할 수 있는가 하는 능력이다.

나. 전달능력 및 커뮤니케이션 스킬

자신의 메시지를 정확하고 신속하게 전달할 수 있는 매체를 선정하고 이를 활용할 수 있는 능력을 말한다.

다. 개인적 특성

전달자의 감정과 태도 또는 가치관이나 내향성인가 또는 외향성인가, 지배성향이 강한가 또는 약한가 등에 따라 커뮤니케이션의 효과는 달라질 수 있다.

② 수신자 측면의 요인

가. 선입견

개인적으로 가지고 있는 편견이나 선입견 등으로 전달자의 메시지를 제대로 이해하지 못하는 경우가 발생된다.

나. 선택적인 청취

발신자의 메시지를 처음부터 끝까지 집중하여 듣지 않고, 마음에 와닿는 단어 몇 가지만을 선택적으로 듣고 전체 메시지를 대충 지레짐작하여 의사소통에 장애가 발생한다.

다. 평가적인 경향

발신자의 메시지를 전달 받으면서 자신의 기준에서 옳다, 잘못 됐다 등의 평가를 하면 메시지의 핵심을 이해할 수 없을 뿐만 아니라 발신자는 자신에 대한 평가가 이루어지는 상황에서 방어를 위한 자세를 취하며 효과적인 의사소통이 어렵게 된다.

라. 반응과 피드백의 부족

전달자의 메시지를 정확히 이해했는지 피드백을 보내는 것은 의사소통에서 매우 중요하다. 수신자의 피드백과 반응이 부족한 소극적인 의사소통에서는 결국 장애가 발생한다.

(2) 효과적인 상담을 위한 경청의 기술

① 끝까지 듣기

고객의 말이 상담사의 생각과 다르더라도 인내심을 갖고 끝까지 듣는 것이 중요하다. 특히 고객의 말을 중간에 끊지 않고, 중간중간 고객의 말을 요약하고 복창하며 적극적으로 듣고 있음을 표시하는 것도 중요하다.

② 맞장구치며 듣기

고객의 말에 관심을 갖고, 집중하여 듣고 있음을 표현하는 것이다. 또한 중간 중간 이해의 폭을 넓히기 위해 정보를 구하는 자세로 질문을 하는 것도 큰 도움이 된다.

③ 공감하며 듣기

상담사의 입장에서 문제를 평가하기보다 고객의 입장에서 문제를 보려고 노력하고, 어떤 마음인지 공감하며 듣는 것이 중요하다. 이러한 공감적 경청은 고객에게 감정의 표출, 기분 발산, 비판 없이 이해 받는 느낌을 주며 심리적인 여유를 제공해 준다.

④ 고객의 메시지에 집중하며 듣기

고객이 전달하는 메시지의 내용이나 관련 개념, 느낌 등에 대해 관심을 갖고 듣는 것이 필요하며, 고객 상담을 하는 공간 또한 중요하므로 산만해질 수 있는 수 있는 환경 요소는 제거한다.

(3) 경청을 방해하는 듣기 오류

① 무시하기

다른 생각을 하면서 아예 고객의 말을 듣지 않는 상황이다.

② 듣는 척하기

"네, 네~" 등의 건성으로 맞장구를 치면서 듣는 척을 하지만 말하는 사람과 내용에는 정작 관심이 없는 상태이다.

③ 골라서 듣기

고객이 이야기하려는 전체적인 내용이나 불편사항 등에 대해 관심이 없고, 듣고 싶은 부분만 골라서 듣는다.

④ 단어만 듣기

단어만 집중해서 듣기 때문에 고객의 의도를 정확하게 파악할 수 없다.

⑤ 자기중심적 듣기

모든 것을 상담사의 기준으로 듣기 때문에 고객의 불편사항이나 욕구를 공감해주기 어렵다.

⑥ 물리적 환경

소음 공해, 노크, 전화벨 등의 물리적 환경에 의한 경청 방해 요인도 있다.

(4) 효과적인 의사소통을 위한 전략

① 의사소통의 목적을 파악하고 그 목적에 맞는 의사소통을 해야 한다.

의사소통은 자신이 하고 싶은 말을 쏟아내는 작업이 아니다. 전하고자 하는 내용이 무엇인지 명확하게 목적을 파악하고, 목적에 맞게 메시지를 쉽고 정확하게 이해할 수 있도록 그림이나 도표 등의 보조 자료를 사용해도 좋다.

② 서로 나누는 의사소통에 진실이 담겨 있어야 한다.

서로 간의 행동이나 제안을 숨겨 놓고 다른 목표를 성취하기 위한 것이 아닌 솔직한 마음으로 진술한 의사소통을 해야 한다. 솔직한 의사소통은 스스로를 방어하려는 본능의 장벽이 무너지고 마음의 문이 열리면서 이해의 폭을 넓히려는 노력을 하게 된다.

③ 서로에게 말하고자 하는 의도가 분명히 드러나도록 한다.

커뮤니케이션의 가장 첫 단계는 명확하게 목표를 설정하는 일이다. 말하고자 하는 의미가 정확하게 정해져 있고, 커뮤니케이션을 통해 얻고자 하는 목표를 확실히 하는 것이 효과적인 커뮤니케이션에 많은 도움이 된다.

④ 적절한 커뮤니케이션 수단 활용

전달하고자 하는 내용과 목적을 확실하게 정한 후, 중요한 것은 전달하고자 하는 메시지를 전달하는 방법에 있다. 언어적, 비언어적 수단을 일치시키고, 수신자가 오해 없이 메시지를 받아들일 수 있도록 가장 적절한 매체를 이용하여 전달하는 것이 필요하다.

⑤ 평가와 관찰을 구분한다.

의사소통 과정에서 상대방이 전하는 메시지를 통해 받은 느낌을 해석하고 상대방을 평가하게 되면, 대화의 초점은 서로간에 무엇이 잘못되었다고 생각하는지로 바뀌어 효과적인 의사소통을 할 수 없다. 상대방이 전하고자 하는 메시지와 내가 느낀 바를 그대로 관찰하는 자세가 필요하다.

(5) 성공적인 상담 진행을 위한 의사소통 전략

① 소비자의 이름을 사용한다.

기계화되고 자동화되고 있는 사회에서 고객의 이름을 직접 불러주면 존중받고 있다는 느낌과 더불어 특별한 서비스를 받고 있는 듯한 인상을 갖게되며 공감적인 관계가 형성된다.

② 간결하고, 고객이 알아듣기 쉬운 용어를 사용한다.

자칫 전문가의 모습을 보여주기 위해 어렵고, 전문적인 용어를 사용하는 경우가 있다. 이는 고객으로 하여금 자칫하면 불쾌감을 불러일으킬 수 있기 때문에 고객이 이해하기 쉬운 용어를 사용하도록 한다.

③ 긍정적인 내용은 "나" 혹은 "우리"라는 메시지를 사용한다.

효과적인 상담을 위해서는 상담사와 고객 상호간에 관계를 형성하는 것이다. 서로를 신뢰하고 있다는 것을 "나, 우리"라는 단어를 이용하여 보여준다.

④ 대화내용에 대한 피드백을 주고받는다.

텔레마케터는 메시지가 정확하게 잘 전달되었는지, 오류없이 이해하고 있는지 고객을 통해 확인하는 작업이 필요하며, 가장 좋은 방법은 고객이 반응을 보일 수 있는 기회를 주는 것이다.

(6) 텔레마케팅 고객 응대의 특징

① 언어적, 비언어적 수단을 모두 사용한다.

텔레마케팅은 전화상으로 이루어지는 비대면 커뮤니케이션이다. 눈으로 보여지는 시각적인 요소는 상대적으로 적다. 언어만으로 메시지를 사용한다고 여길 수 있지만 발음, 속도, 음색, 톤 등의 비언어적 의사소통 수단도 사용한다.

② 쌍방향의 커뮤니케이션으로 이루어진다.

전화는 상담사와 고객 간의 통화로 이루어지고, 메시지 발신자와 수신자 역할을 각각 해내며 쌍방향으로 의사소통이 이루어진다.

③ 상호 피드백이 신속히 이루어진다.

우편이나 다른 수단보다 피드백이 메시지가 신속히 전달되며, 피드백 또한 신속하게 이뤄진다.

④ 고객 반응별 상황 대응능력이 중요하다.

전화상으로 만나게 되는 다양한 고객의 유형에 따라 상담사에게 요구되는 능력이 중요하다.

 Chapter 02 핵심 예상문제

1. 불만족 고객의 심리상태에 관한 설명으로 틀린 것은?

① 자신의 말을 들어주길 원한다.

② 감정적이고 분노하고 있다.

③ 모든 것에 대해 수용적이다.

④ 심리적으로 보상받기를 원한다.

> 정답▶ ③
> 해설▶ 고객은 자신의 욕구가 충족되지 않아 불만족스러운 상황에 있을 때, 수용적이지 못하고 거부감, 저항적인
>   태도를 보인다.

2. 고객유형별 상담스킬에 대한 설명으로 옳지 않은 것은?

① 주도형 고객은 결과보다 과정을 중요시하는 만큼 과정에 대한 상세한 설명이 필요하다.

② 사교형 고객은 일의 심각성을 느낄 수 있도록 문제의 심각성에 대해 주의를 환기시켜
   줄 필요가 있다.

③ 온화형 고객은 의사결정을 주도적으로 하지 못하는 만큼 의사결정을 위한 촉진이 필
   요하다.

④ 분석형 고객은 구체적인 데이터를 요구하는 만큼 정확한 정보제공이 필요하다.

> 정답▶ ①
> 해설▶ 주도형 고객은 주장이 강한 편이며, 자신의 생각과 행동에 강한 자신감을 보인다. 주도형 고객과 상담을
>   할 때는 세세한 과정보다 결론부터 명확하게 먼저 이야기하는 것이 좋으며, 모든 의사결정은 스스로 할
>   수 있도록 배려하는 것이 중요하다.

3. 효율적인 전화상담을 위해 필요한 사항으로 옳지 않은 것은?

① 상대의 말하는 속도에 보조를 맞춘다.

② 목소리의 높이는 높게 할수록 긍정적인 이미지를 준다.

③ 정확한 발음으로 메시지를 전달한다.

④ 상담사는 건강한 목소리 유지를 위해 적절한 휴식시간을 갖는다.

정답▶ ②

해설▶ 상담사의 목소리 높이는 상담의 전체적인 분위기를 좌우하는데 큰 역할을 한다. 무조건 높은 목소리가 긍정적인 이미지를 주는 것은 아니며, 상황과 고객의 성향에 맞추어 조절하는 것이 필요하다.

4. 다음 중 화법의 기능으로 틀린 것은?

① 설득 기능　　　　　　　　　② 설명 기능

③ 환담 기능　　　　　　　　　④ 기호 기능

정답▶ ④

해설▶ 화법의 여러 기능 중 상대방을 설득하여 어떤 사실을 믿게 하거나, 행동의 변화를 목적으로 하는 기능을 ① 설득 기능이라고 하며, 화자가 알고 있는 새로운 사실 등을 이해시키기 위한 기능을 ② 설명 기능이라고 한다. 또한 상대방과 친교적 기능을 유지하기 위한 목적으로 하는 것을 ③ 환담 기능이라고 한다.

5. 고객이 기업과 만나는 모든 장면에서 결정적인 순간을 의미하며 텔레마케팅이나 CRM에 널리 쓰이는 개념은?

① MOT　　　　　　　　　　　② CSP

③ LTV　　　　　　　　　　　④ CTI

정답▶ ①

해설▶ MOT(Moment of truth)는 '진실의 순간'이라는 뜻으로 고객과의 접촉하는 순간순간이 기업의 이미지를 결정하는 데 중요한 진실의 순간이 된다는 개념이다. 기업은 그 결정적인 순간을 어떻게 관리하고 디자인할 것인지 명확한 프로세스를 만드는 것이 매우 중요하다.

6. 텔레마케팅을 통한 고객응대 시 다양한 고객유형에 따른 경청방법이 잘못 연결된 것은?

① 번거롭게 빙 돌려서 말하는 고객 – 질문의 형식으로 대안이나 반대의 의견을 말한다.

② 완고하고 고지식한 고객 – 성실하고 진지한 태도로 듣는다.

③ 쾌활하고 자기표현을 잘하는 고객 – 같이 즐기며 듣는다.

④ 말이 없고 까다로운 고객 – 조용하고 느긋하게 듣는다.

정답▶ ①

해설▶ 번거롭게 빙 돌려서 말하는 고객의 경우, 상담원이 대화를 회피하거나 재촉하면 고객의 기분이 상할 수 있다. 고객의 문제나 욕구를 파악할 수 있도록 고객의 말에 더욱 집중하고, 내용을 요약하여 정확하게 이해했다는 것을 표현한다. 고객과 반대 의견이나 질문의 형식으로 대안을 제시할 경우, 다시 말을 돌려서 핵심 내용이 없이 상담시간만 지체될 수 있다.

7. 인바운드 상담원이 가져야 할 자질과 가장 거리가 먼 것은?

① 직업의식과 인내력　　　　　② 듣기와 말하기 능력

③ 문제 상황에 대한 대처 능력　　④ 다른 사람에 대한 통제적 성향

정답▶ ④

해설▶ 인바운드 상담은 고객주도형의 상담 방식이다. 다른 사람에 대한 통제적 성향을 가진다면, 여러 고객들의 불만이나 상담 내용에 대해 공감과 친절함을 내세우며 통화하기 곤란하다.

8. 고객에게 전달할 내용을 선정할 때 유의할 사항으로 틀린 것은?

① 상황에 알맞은 내용을 선정한다.

② 텔레마케터가 충분히 알고 있는 내용을 선정한다.

③ 텔레마케터의 수준에 맞는 내용을 선정한다.

④ 상대방에 대한 정보를 바탕으로 하여 내용을 선정한다.

정답▶ ③

해설▶ 고객에게 어떠한 상황이나 사실을 전달할 때에는 텔레마케터의 수준이 아닌, 고객의 성향이나 나이, 기본적인 수준에 맞추어 내용을 선정하고 전달하는 것이 필요하다.

9. 경청(Listening)에 대한 설명으로 적절하지 않은 것은?

① 경청은 수동적이며 인지적인 과정이다.
② 경청의 과정은 언어적 측면, 음성적 측면 모두에 집중하는 것이다.
③ 경청이 어려운 이유 중 하나로 집중력의 부족이 있다.
④ 심리적 잡음은 경청의 방해요소가 된다.

> 정답▶ ①
> 해설▶ 경청은 소극적이거나 수동적으로 들으며, 질문하거나 반박하는 것이 아닌 말하는 사람의 상황과 마음 속
> 으로 깊이 들어가서 그 사람의 입장에서 메시지를 이해하는 것이다.

10. 고객의 구체적 욕구를 알아내기 위해 질문을 할 때 적절하지 않은 것은?

① 상대방의 말을 비판하지 않고 인정하며 수용하는 분위기를 조성한다.
② 가급적이면 긍정적으로 질문을 한다.
③ 질문을 구체화, 명료화시킨다.
④ 고객이 원하는 바를 찾아내기 위한 것이라 해도 추가적인 질문을 하지 않도록 한다.

> 정답▶ ④
> 해설▶ 고객의 욕구를 보다 정확하게 파악하기 위한 방법으로 질문기법은 매우 중요하며, 상담에 꼭 필요하다.
> 이 때 고객의 성향이나, 상황을 분석하여 개방형 질문을 할 것인지, 폐쇄형 질문을 할 것인지 결정하는
> 상담원의 노하우가 매우 중요하다.

11. 고객과의 상담과정에서 재진술의 목적 또는 효과와 가장 거리가 먼 것은?

① 고객의 이야기를 적극적으로 듣고 있다는 신뢰감을 줄 수 있다.
② 재진술을 통해 고객의 문제 또는 욕구를 명확하게 이해할 수 있다.
③ 재진술 과정을 통해 텔레마케터가 잘못 이해했던 부분을 발견할 수 있다.
④ 텔레마케터가 재진술함으로써 고객은 더 이상 자신의 문제나 욕구를 설명할 필요가
　없게 된다.

> 정답▶ ④
> 해설▶ 고객과의 상담 과정에서 재진술은 매우 중요하다. 먼저 고객의 말을 경청하고 있음을 나타내주며, 고객의
> 말을 정확하게 이해하고 있음을 표현하는 수단이다. 또한 텔레마케터가 재진술을 하면 고객은 자신이 가
> 지고 있는 정확한 감정이나 그 안에 숨어 있는 욕구를 드러내는 데 큰 도움이 된다.

12. 고객응대 시 지켜야 할 사항으로 가장 거리가 먼 것은?

① 고객에게 무관심한 모습은 보이지 않는다.

② 동료와의 사담, 웅얼웅얼하는 소리는 삼간다.

③ 고객에게 항상 감사하는 마음가짐을 갖는다.

④ 고객응대 상황에 관계없이 항상 같은 답변만 반복한다.

정답▶ ④
해설▶ 고객응대 시 고객의 유형과 고객이 현재 당면해 있는 각각의 상황에 맞추어 답변할 수 있도록 스크립트를 미리 준비해놓고 훈련하는 것이 중요하다.

13. 커뮤니케이션에 대한 설명으로 가장 적합한 것은?

① 커뮤니케이션을 통해 고객 불만이 증가된다.

② 의사결정을 하는 데 있어 혼란을 초래한다.

③ 고객으로부터 정확한 정보를 얻기 위한 수단이다.

④ 원만하고 친밀한 인간관계의 형성은 커뮤니케이션의 역기능이다.

정답▶ ③
해설▶ 커뮤니케이션은 일방적으로 이루어지는 것이 아닌, 전달자와 수신자가 만나 쌍방향으로 이루어진다는 특성이 있다. 고객과의 상담에서 커뮤니케이션을 일방적으로 고객으로부터 정보를 얻기 위한 수단으로 활용하는 것이 아닌 서로 정보를 주고 받으며 관계가 성립되기 위한 수단으로 활용한다.

14. 발신자에 의한 커뮤니케이션 장애요인이 아닌 것은?

① 반응과 피드백 부족

② 커뮤니케이션 스킬 부족

③ 발신자의 신뢰 부족

④ 타인에 의한 민감성 부족

정답▶ ①
해설▶ ① 반응과 피드백 부족은 수신자에 의한 커뮤니케이션 장애요소라고 할 수 있다.

15. 전화상담 시 호감을 주는 표현의 예로 거리가 먼 것은?

① 긍정일 때 - 잘 알겠습니다.
② 맞장구 칠 때 - 저도 그렇게 생각하고 있습니다.
③ 거부할 때 - 회사 방침에 따라야 합니다.
④ 분명하지 않을 때 - 어떻게 하는 것이 좋겠습니까?

> **정답▶** ③
> **해설▶** 고객의 무리한 요구나 방침상 거부를 표현해야 할 때가 있다. 그런 상황에서는 더욱 더 정중한 표현을 사용해야 하며, 단순히 회사 방침으로 인해 불가하다는 표현은 책임을 회피하는 것으로 보여져 고객으로 하여금 더욱 큰 불만을 만들 수 있어 적절하지 않다.

16. 고객상담의 필요성이 증가하는 요인으로 거리가 먼 것은?

① 고객욕구의 복잡화와 다양화
② 소비자불만과 소비자피해의 양적 증가
③ 소비자권리에 대한 소비자의식 향상
④ 제품 공급 부족 현상의 심화

> **정답▶** ④
> **해설▶** 현재 시장 상황에서는 수요보다 제품의 공급이 넘치는 현상이 일어나며, 기업은 이러한 시장 상황에서 더욱 높은 서비스를 제공하여 고객을 만족시키고, 지속적으로 재구매를 할 수 있도록 노력하고 있다.

17. 고객의 일반적인 욕구에 대한 설명으로 적합하지 않은 것은?

① 개인적으로 알아주고 관심과 정성이 담긴 서비스를 제공받기를 원한다.
② 소비자가 원할 때 적시에 서비스를 제공받기를 원한다.
③ 책임 당사자인 제3자에게 업무를 넘겨서 처리해 주기를 원한다.
④ 자신의 문제에 대해 공감을 얻고 공정하게 처리되기를 원한다.

> **정답▶** ③
> **해설▶** 고객은 일반적으로 자신의 요구사항이 신속하게 처리되는 것을 원한다. 고객의 말을 경청하여 상황을 정확하게 파악하고 서로 합의점을 찾아 신속하게 처리하는 것이 중요하다. 책임 당사자인 제3자에게 업무를 넘겨서 처리하게 되면 시간도 지체될 뿐 아니라 책임을 회피하려는 태도로 여겨질 수 있으니 신중해야 한다.

18. 고객의 이야기를 효율적으로 듣는 것을 방해하는 개인적인 장애요인이 아닌 것은?

① 편견

② 청각장애

③ 사고의 속도

④ 정보과잉

정답▶ ④
해설▶ 효율적인 상담을 위해 듣는 것을 방해하는 개인적인 장애요인으로는 편견과 청각장애, 사고의 속도 등이 포함된다.

19. 상담사의 효과적인 의사소통이 아닌 것은?

① 적극적인 경청자세를 취하며 열심히 듣는다.

② 감정적인 말들을 판단하고 그것에 얽매이지 않는다.

③ 말에 나타난 것 이외의 내용을 이해한다.

④ 어려운 주제는 피하고 가벼운 주제를 찾아서 다룬다.

정답▶ ④
해설▶ 상담사는 대체적으로 고객들이 쉽게 이해할 수 있는 용어를 사용하는 것이 바람직하나 이는 고객 성향에 따라 변동될 수 있으며 무조건 가벼운 주제만 찾아서 다룬다면 자칫 상담사의 전문성이 결여된 것처럼 보여지고, 고객은 자신을 무시한다고 여길 수 있다.

20. 고객 니즈 탐색을 위한 폐쇄형 질문유형으로 적합하지 않는 경우는?

① 고객의 민감한 부분의 확인이 필요할 때

② 보다 구체적인 정보를 필요로 할 때

③ 고객의 이해정도를 확인하고자 할 때

④ 고객으로부터 자유로운 의사타진이나 대답을 원할 때

정답▶ ④
해설▶ 자유로운 의사타진이나 대답을 원할 때에는 개방형의 질문을 하는 것이 좋다. 개방형 질문에는 정답이 없으므로 고객의 다양한 의견과 답변을 듣고자 할 때 활용한다.

21. 지속적인 상품구매를 유도하기 위한 고객응대 시 상담원의 올바른 자세가 아닌 것은?

① 설득력 있는 대화와 유용한 정보 제공을 통해 고객의 구매 의사 결정에 도움을 주어야 한다.
② 자신 있는 태도와 말씨, 전문적인 상담을 통해 고객의 신뢰를 획득해야 한다.
③ 수익을 많이 올릴 수 있도록 고객들에게 물건을 높은 가격에 판매하도록 노력해야 한다.
④ 상품의 판매뿐만 아니라 고객의 관리를 위해 고객정보를 수집하고 고객과의 지속적인 관계 유지를 위한 노력을 기울여야 한다.

> **정답▶** ③
> **해설▶** 지속적으로 상품 구매를 유도한다면 고객에게 더욱 신뢰가는 행동과 마음을 가지고 판매하는 것이 좋다. 당장의 수익보다 고객과 지속적으로 관계를 맺기 위해 고객의 특성과 상황을 판단하여 가장 적합할 것이라고 판단되는 제품을 추천하고 판매해야 한다.

22. 고객응대 시 제공하는 서비스의 특징에 해당되지 않는 것은?

① 서비스는 형태가 없는 무형의 상품으로 객관적으로 볼 수 없는 형태로 되어 있어 측정하기 매우 어렵다.
② 동질의 서비스를 제공하면 고객 개인별로 서비스를 평가하는 기분은 동일하다.
③ 서비스는 생산과 동시에 소멸되는 성격을 가지고 있다.
④ 서비스를 제공하는 장소, 인적 자원에 따라 서비스의 품질이 달라진다.

> **정답▶** ②
> **해설▶** 서비스는 이질성을 가지고 있어 서비스를 제공하는 입장에서 늘 똑같은 서비스를 제공하기 어렵다. 또한 그것을 받아들이는 고객의 입장도 모두 다르기 때문에 서비스를 평가하는 기분은 모두 동일하다고 볼 수 없다.

23. 다음 중 고객이 반론을 제시하는 원인이 아닌 것은?

① 제시하는 상품이나 서비스의 혜택이 만족스럽지 못할 때
② 고객이 알고 있는 정보와 다를 때
③ 신뢰감이 부족한 상담사를 만났을 때
④ 더 이상의 추가정보를 제시하지 않을 때

> **정답▶** ④
> **해설▶** 상품과 서비스에 관심을 갖고 단순히 추가적인 정보가 필요할 때 반론을 제시하기도 한다.

24. 고객 특성에 따른 고객응대로 적절하지 않은 것은?

① 과장되게 말을 잘하는 사람은 콤플렉스를 감추고 있는 사람으로 어디까지가 진의인지 파악하고 말보다 객관적인 자료로 대응하는 것이 적합하다.

② 빈정거리기를 잘하는 사람은 열등감과 허영심이 강한 사람이므로 자존심을 존중해 주면서 대한다.

③ 생각에 생각을 거듭하는 사람은 신중하나 판단력이 부족하므로 먼저 결론을 내는 화법이 적절하다.

④ 말의 허리를 자르는 사람은 이기적 성격의 소유자로 반론하지 말고 질문식 설득화법으로 대응한다.

정답▶ ④
해설▶ 말의 허리를 자르는 사람은 성격이 급하고, 말이 많은 고객으로 질문식 설득화법으로 대응하면 고객이 주도권을 잡는 데 장애가 생겼다고 생각하고 불만을 가질 수 있다. 고객과 충돌하지 않도록 주의하며 신속하고 정확하게 처리하는 것이 중요하다.

25. FAQ(Frequently Asked Question) 작성 시 유의해야 할 점이 아닌 것은?

① FAQ는 전문적이고 고도화 된 답변만을 엄선하여 올린다.

② FAQ는 반복적이고 잦은 질의응답에 대해서 답변하는 응답코너를 제시한다.

③ FAQ는 네티즌이나 고객이 쉽게 이해할 수 있도록 분류하여 제시하면 더욱 효과적이다.

④ FAQ는 적절한 질문, 부적절한 질문 등의 검증을 거쳐 등록한다.

정답▶ ①
해설▶ FAQ는 모든 고객들이 보편적으로 가질 수 있는 답변으로 구성하고, 쉽게 확인하고 이해할 수 있도록 해야 한다.

26. 다음의 고객관련 내용을 토대로 고객의 커뮤니케이션 유형을 진단할 때 이 고객과의 상담을 성공적으로 이끌기 위해 표현되는 응대화법으로 가장 적절한 것은?

> 고객 : 그 회사 상품 중 몇 가지 구입하고 싶은 게 있어서 전화했어요….
> 　　　물건을 빨리 받아 봤으면 좋겠어요….
> 　　　그런데 저는 전화로 신용카드번호를 불러주고 결제하는 건 좀 내키지 않는데….

① "카드결제가 가장 빠르지만 내키지 않으시면 온라인으로 송금을 해주시거나 직접 방문하셔서 구입하시는 방법도 있습니다."
② "다른 방법은 전화주문만큼 빠르지 않습니다. 카드결제를 하셔야 빨리 상품을 받으실 수 있으니 카드결제를 하시기 바랍니다."
③ "요즘은 거의 모든 고객들이 전화로 신용카드 번호를 불러주십니다. 문제없습니다."
④ "그러면 좀 더 생각해 보시고 다시 전화 주시기 바랍니다."

정답▶ ①
해설▶ 고객은 현재 빠르게 결제하고 물건을 받고 싶어하는 상황이지만, 카드번호를 공개하는 부분에 대해 불안함을 가지고 있다. 이 부분을 공감해주고, 카드 외에 현금으로 결제할 수 있는 대안에 대해 제시하는 것이 필요하다.

27. 고객의 구체적 욕구를 파악하기 위한 질문기법이 아닌 것은?

① 고객의 틀린 말은 즉각적으로 바르게 고쳐주거나 평가해준다.
② 가능하면 긍정적인 질문을 한다.
③ 구체적으로 질문한다.
④ 더 좋은 서비스를 제공하기 위해 소비자가 확실히 원하는 것을 찾아내는 질문을 한다.

정답▶ ①
해설▶ 고객과 상담을 할 때 고객이 잘못 알고 있거나, 틀린 말을 할 때가 있다. 이 때에는 즉각적으로 반응한다면 고객이 기분을 상해할 수 있으므로 긍정적인 질문을 이용하여 정확한 사실에 대해 안내해 주도록 한다.

28. 화가 난 고객과의 상담 시 적합한 응대 요령이 아닌 것은?

① 고객의 문제가 이미 상담원이 잘 알고 있는 문제라 하더라도, 고객이 충분히 말할 수 있도록 고객을 방해하지 않는다.

② 고객이 말하는 사실보다 고객의 감정을 헤아리며 공감적 표현을 전달한다.

③ 일상적인 불만으로 해결이 가능하더라도 바로 처리하기보다는 그 고객만을 위한 특별한 배려임을 강조하며 시간을 끈다.

④ 문제와 고객의 불만 정도에 따른 적절한 사과를 잊지 않는다.

정답▶ ③

해설▶ 화가 난 고객은 보다 신속하게 자신의 불만사항이 처리되고, 개선되기를 바라는 마음이 있다. 고객만을 위한 특별한 배려는 언어와 태도로 표현할 수 있으며, 시간을 끌지 말고 최대한 신속하게 처리하도록 한다.

29. 고객불만 처리에 대한 설명으로 적합하지 않은 것은?

① 경청 : 선입관을 버리고, 끝까지 잘 들어준다.

② 공감 : 고객의 입장에서 기분을 이해하고 공감한다.

③ 설득 : 제품 또는 서비스에 잘못이 없음을 정확하게 알린다.

④ 사과 : 회사를 대표해서 정중하게 사과한다.

정답▶ ③

해설▶ 고객불만 처리 과정에서의 설득은 고객의 불만을 해결할 목적으로 제시한 대안들에 대해 고객이 이해할 수 있도록 이야기하는 것을 말한다.

30. 통화량 폭증으로 인해 고객이 전화연결을 기다려야 하는 경우의 가장 바람직한 전화대기 전략은?

① 대략 얼마나 기다려야 하는지, 현재 통화가 얼마나 밀려 있는지 알려준다.

② 대기하는 동안 회사 제품과 서비스 광고를 틀어준다.

③ 클래식이나 대중음악의 한 소절을 따서 들려준다.

④ 추억의 헤비메탈 음악을 틀어놓은 사내방송을 들려준다.

31. 고객에게 걸려온 전화를 다른 사람에게 돌려주어야 하는 경우 취해야 할 행동으로 옳지 못한 것은?

① 전화를 다른 사람에게 돌려야 하는 이유와 받을 사람이 누구인지 말해준다.

② 전화를 받을 사람에게 전화를 돌려도 괜찮은지 물어본다.

③ 전화를 돌려준 후 신속히 끊는다.

④ 전화를 돌려받을 사람에게 전화를 건 사람의 이름과 용건을 말해준다.

32. 상담사의 고객응대 서비스 자세로 옳은 것은?

① 규칙에 입각한 입장을 강조한다.

② 모든 불만사항의 책임을 고객에게 전가한다.

③ 고객의 입장에서 일을 처리한다.

④ 고객에게 다음에 전화하라고 한다.

33. 성공하는 텔레마케터가 되기 위해 가져야 할 태도로 적합하지 않은 것은?

① 항상 고객의 문제를 도와주고 해결해주는 전문가라는 자긍심을 갖는다.

② "고객과의 약속은 반드시 지킨다."라는 철학을 갖고 업무에 임한다.

③ 자신의 상담능력을 향상시키기 위해 자기개발에 최선을 다한다.

④ 고객불만의 수용과 처리에 있어 상담자 자신의 권한이 제한되어 있으므로 실제적인 처리보다는 일차적인 응대에만 최선을 다한다.

> 정답▶ ④
> 해설▶ 텔레마케터는 기업을 대표로 고객과 상담을 진행하는 사람이다. 자신의 권한 내에서 해결할 수 있는 방법들을 찾아보고, 자신의 권한이 제한되어 도움을 줄 수 없는 사항이라면 고객의 불만을 처리해줄 수 있는 담당자에게 신속하게 전달하여 처리되는 과정을 책임지고 최선을 다하여 응대하도록 한다.

34. 비언어적 의사소통에서 사람이 무의식적으로 다른 사람과 상호작용을 할 때 사용하는 영역에 대한 설명으로 틀린 것은?

① 친밀한 거리의 영역은 연인이나 가까운 친구, 부모에게 안겨있는 어린아이 사이에서 찾아볼 수 있다.

② 개인적 거리의 영역은 파티에서 편안하게 이야기할 수 있고 파트너와 쉽게 접촉할 수 있는 거리이다.

③ 대중적 거리의 영역은 접촉이 없이 비교적 사적인 이야기들을 주고받을 수 있는 절친한 직장동료 사이의 관계이다.

④ 사회적 거리의 영역은 소비자나 서비스를 제공하는 사람에게 이야기할 때와 같이 주로 대인업무를 수행할 때 사용된다.

> 정답▶ ③
> 해설▶ 의사소통을 할 때, 공간거리는 매우 다양한 메시지를 전달하는 수단이 된다. 대중적 거리는 1.2m~3.7m 정도의 거리를 말하며 연설이나 대중들에게 이야기하는 공연장, 교실 같은 공간의 거리를 말한다.

35. 주문접수 처리업무의 특성에 대한 설명으로 틀린 것은?

① 편리한 주문접수 처리 기능은 인바운드 텔레마케팅의 대표적인 업무이다.

② 통화성공률을 높이는 것이 절대적으로 요구된다.

③ 대금결제의 안정성 보장을 위해 VAN사업자를 통한 업무제휴가 필요하다.

④ 전산으로 처리되는 업무가 증가하고 있기 때문에 상담사 교육의 중요성은 과거보다 감소되고 있다.

> **정답▶** ④
>
> **해설▶** 정보통신 기술의 발달로 전산으로 처리되는 업무는 점차 증가하고 있지만, 친절하고 정확한 서비스를 받고자 하는 고객들의 요구도 높아지고 있다. 이런 고객의 상황에 대해 더욱 친절하고 신속한 서비스를 제공하여 고객의 만족스러운 구매 경험으로 이어지도록 상담사 교육의 중요성 또한 증가되고 있다.

36. 고객에게 긍정적인 이미지를 심어주기 위한 텔레마케터의 능력과 관련이 없는 것은?

① 자신감

② 전문성

③ 신뢰감

④ 우월감

> **정답▶** ④
>
> **해설▶** 텔레마케터의 경우 고객들로부터 친근감 및 신뢰감을 심어줄 수 있도록 상냥하면서도 차분해야 하고, 동시에 고객들의 반응에 대해서도 견뎌낼 수 있는 강인함을 필요로 한다.

37. 고객응대 시 요구되는 지식 중 구매고객층, 구매목적, 구매시기 등의 내용이 포함된 것은?

① 고객시장에 관한 지식

② 고객의 구매심리에 관한 지식

③ 제품 및 서비스 지식

④ 생산, 유통과정과 품질에 관한 지식

> **정답▶** ②
>
> **해설▶** 고객의 구매 목적이나, 시기를 파악한다는 것은 고객의 욕구를 판단하는 데 중요한 내용으로 고객의 구매심리에 대한 지식이라고 할 수 있다.

38. 텔레마케팅을 통한 고객응대의 특징이 아닌 것은?

① 고객과 텔레마케터 간의 쌍방향 커뮤니케이션이다.

② 전화장치를 활용한 비대면 중심의 커뮤니케이션이다.

③ 텔레마케팅에서는 비언어적인 메시지를 사용하지 않는다.

④ 고객 상황에 맞추어 융통성 있는 커뮤니케이션이 가능하다.

> 정답▶ ③
>
> 해설▶ 고객을 응대할 때의 음성이나 음량, 톤 등은 모두 비언어적인 메시지라고 할 수 있다.

39. 고객지향마케팅에 대한 설명으로 옳은 것은?

① 상품의 시장점유율을 중심으로 마케팅 전략을 수립한다.

② 상품의 특징 및 장점 등을 중심으로 마케팅 전략을 수립한다.

③ 고객 서비스 중심으로만 마케팅 전략을 수립한다.

④ 고객이 의사결정의 기준이 되고, 고객관점에서 마케팅 전략을 수립한다.

> 정답▶ ④
>
> 해설▶ 고객지향마케팅은 시장점유율이 아닌, 고객점유율을 중심으로 마케팅 전략을 수립하며, 기업에서는 고객이 의사결정의 기준이 되고, 고객 관점에 초점을 두고 마케팅 전략을 수립하지만, 고객 서비스 중심으로만 전략을 수립하지는 않는다.

40. 효과적인 의사소통이 이루어지기 위해 지켜져야 하는 사항으로 틀린 것은?

① 의사소통의 목적을 파악하고 그 목적에 맞는 의사소통을 해야 한다.

② 의사소통 시 최대한 많은 양의 정보를 제공하는 것이 좋다.

③ 서로 나누는 의사소통에 진실이 담겨 있어야 한다.

④ 서로에게 말하고자 하는 의도가 분명히 드러나도록 한다.

> 정답▶ ②
>
> 해설▶ 무조건 많은 양의 정보를 전달한다고 해서 효과적인 의사소통이라고 할 수 없으며, 수신자와의 상황을 파악한 후 필요한 정보만을 제공하는 것이 적절하다.

41. 텔레마케팅 스크립트의 활용 방법으로 적합하지 않은 것은?

① 스크립트를 사전에 충분히 숙지하여 응대한다.

② 고객과의 상담 흐름에 따라 조절하여 사용한다.

③ 스크립트에 작성된 표현 외에는 절대 사용하지 않는다.

④ 스크립트는 정기적으로 검토하여 수정 및 보완한다.

> **정답▶** ③
>
> **해설▶** 표준화된 서비스를 제공하고, 생산성을 높이는 데 스크립트는 매우 중요한 역할을 하지만 상담 중에는 고객의 상황에 따라서 스크립트에 작성되지 않은 표현도 적절하게 사용하는 것이 필요하다.

42. 효과적인 질문을 하기 위한 방법과 가장 거리가 먼 것은?

① 질문의 목적을 미리 숙지한다.

② 질문의 이유를 설명한다.

③ 질문할 내용과 순서를 미리 준비한다.

④ 질문보다는 상품설명을 자세히 한다.

> **정답▶** ④
>
> **해설▶** 질문을 통해 고객의 니즈와 욕구를 분석하고 상품설명을 하는 것이 바람직하다.

43. 고객응대의 범위에 대한 설명으로 가장 거리가 먼 것은?

① 상담은 주로 대면적 접근이 많지만 전화상담이나 인터넷상담 등과 같이 비대면적 접근도 포함된다.

② 고객응대란 상담자와 내담자 쌍방 간의 커뮤니케이션이라고 볼 수 있다.

③ 고객응대로는 내담자가 안고 있는 문제의 상황, 문제의 심각성 등을 이해할 뿐 해결해 줄 수는 없다.

④ 고객응대는 언어나 문자 등으로 전달이나 대화의 도구라고 할 수 있는 메시지가 있어야 한다.

> **정답▶** ③
>
> **해설▶** 고객의 문제를 들을 때는 책임감을 가지고 이 문제를 해결할 수 있는 대안을 정확히 제시할 수 있어야 한다.

44. 고객이 불평, 불만을 호소하는 일반적인 단계를 바르게 나열한 것은?

① 비공식적인 단계 → 공식적인 단계 → 법적인 호소
② 법적인 호소 → 비공식적인 단계 → 법적인 호소
③ 비공식적인 단계 → 법적인 호소 → 공식적인 단계
④ 법적인 호소 → 공식적인 단계 → 비공식적인 단계

정답▶ ①
해설▶ 고객의 불평·불만의 호소단계는 다음과 같다.
　　　비공식적 단계 → 공식적 단계 → 법적 호소

45. 화가 난 고객을 응대하는 방법과 가장 거리가 먼 것은?

① 고객에게 가능한 것보다는 불가능한 것을 말한다.
② 화가 난 고객을 부정해서는 안 되며, 고객의 감정 상태를 인지해야 한다.
③ 문제 해결을 위해 객관성을 유지한다.
④ 고객과 해결책을 협의하도록 한다.

정답▶ ①
해설▶ 고객에게 불가능한 것보다는 가능한 것을 제시한다.

46. 불만을 제기한 고객에 대한 응대 원칙이 아닌 것은?

① 우선 사과를 한다.
② 신속하게 해결을 한다.
③ 불만 원인을 파악한다.
④ 고객이 틀린 부분은 논쟁한다.

정답▶ ④
해설▶ 불만을 제기한 고객이 혹시라도 잘못 알고 있는 부분이 있거나, 틀린 이야기를 할 때에는 먼저 고객의
　　　오해가 생긴 원인에 대해서 사과를 한 다음, 사실에 대해서 정확하고 정중하게 알려줘야 한다.

47. 텔레마케터의 효과적인 의사소통에 필요한 사항으로 가장 거리가 먼 것은?

① 같은 수준의 음량, 음조, 스피드로 말함으로써 고객이 집중해서 들을 수 있도록 한다.

② 말하는 동안 미소를 지음으로써 온화하고 성실한 분위기가 조성되어 친밀감을 형성할 수 있다.

③ 대화를 하는 가운데 가끔씩 잠깐 멈춤으로써 상담사는 숨을 돌릴 수 있고, 고객에게는 생각할 시간을 줄 수 있다.

④ 단어를 분명하고 명확하게 발음함으로써 메시지를 정확하게 고객에게 전달할 수 있다.

정답▶ ①

해설▶ 동일한 수준의 말은 고객이 쉽게 식상해 하므로 말의 스피드, 음량, 음조에 대한 고저를 적절하게 조절해야 한다.

■ 참고문헌

『아웃바운드 텔레마케팅』, 송현수, 새로운 제안

『텔레마케팅 실무』, 송현수, 새로운 제안

『콜센터 상담 성공노하우와 비전 설계』, (주)그린, (주)그린CS컨설팅/한국생산성본부

『관리적 접근 서비스 마케팅』, 안대희, 두남

『마케팅조사』, 이학식, 집현재

『마케팅조사론』, 최이규, 무역경영사

『전사적 관점의 마케팅』, 이수동, 박상준, 김주영, 이형재, 학현사

『마케팅 통계조사분석』, 한광종, 백산출판사

『인적자원관라』, 김원중, 차종석, 하성욱, 한경사

『조직행동』, 류태모, 박재희, 정동섭, 송경수, 삼영사

『혁신적 인적자원관리』, 김성수, 탑북스

『고객관계관리』, 채명수, 조준서, HUFS BOOKS

『크리에이티브 마케터』, 이문규, 갈매나무

『서비스학개론』, 조영대, 현학사

『시사상식사전』, 박문각

전산용어사전편찬위원회

두산백과

Basic 중학생을 위한 사회 용어사전

매일경제

시사상식사전

손에 잡히는 IT 시사용어

심리학용어사전

한경 경제용어사전

텔레마케팅관리사
- 필기 -

기출예상문제
1회~4회

최근 출제된 기출 내용을 토대로 기출예상문제를 구성하였습니다.

1과목 - 판매관리

1. 다음 중 제품의 수명주기에 대한 설명 중 틀린 것은?

① 제품이 처음 시장에 등장하는 시기부터 사라지기까지의 단계를 말한다.

② 도입기 → 성장기 → 성숙기 → 쇠퇴기의 단계를 거친다.

③ 4단계는 모두 동일한 순서와 기간에 따라 작용한다.

④ 간혹 성숙기 후기를 포화기로 따로 구분하기도 한다.

2. 아웃바운드 텔레마케팅에 대한 설명으로 옳은 것은?

① 광고에 대한 문의 설명을 주로 한다.

② 과거에 이야기할 수 있는 공통적인 화제를 찾아 관계를 형성한다.

③ 공격적이고 수익지향적인 마케팅 전략을 구사한다.

④ 각종 문의·불만사항 대응 업무를 한다.

3. 아웃바운드 상담 시 상담사가 갖추어야 할 특성에 대해 바르지 않은 것은?

① 인사는 밝고 친근감 있게 한다.

② 어린이 목소리인 경우 "부모님 좀 바꿔줄래" 하고 반말을 해도 상관없다.

③ 해피콜, 앙케이트 조사 등을 진행할 때 순서나 용어에 대해 임의대로 변경하지 않는다.

④ 고객과는 단순 고객창구 역할을 하였으나 점점 다양한 분야에서 활용되고 있다.

4. 아웃바운드 상담 흐름을 바르게 나열한 것은?

① 소개 및 전화 건 목적 전달 → 정보제공 및 고객의 니즈 탐색 → 설명과 설득 → 고객 확답 → 종결 → 끝인사

② 소개 및 전화 건 목적 전달 → 고객 확답 → 정보제공 및 고객의 니즈 탐색 → 설명과 설득 → 종결 → 끝인사

③ 소개 및 전화 건 목적 전달 → 정보제공 및 고객의 니즈 탐색 → 고객 확답 → 설명과 설득 → 종결 → 끝인사

④ 소개 및 전화 건 목적 전달 → 설명과 설득 → 정보제공 및 고객의 니즈 탐색 → 고객 확답 → 종결 → 끝인사

5. 다음 중 소비자의 구매 행동을 연구하는 분석 방법에 대한 설명으로 틀린 것은?

① AIDA : 고객의 주목, 흥미, 욕구, 구매 행동을 주로 활용하여 고객의 구매심리 과정을 분석한다.

② AIO : 고객의 행위, 관심, 의견 등을 주로 활용하여 라이프스타일을 분석한다.

③ RFM : 고객의 구매에 대한 최신성, 빈도, 구매금액을 대상으로 분석한다.

④ BCG : 고객의 행동, 비용, 상품 등을 대상으로 분석한다.

6. 아웃바운드를 활용한 판매 분야의 활동이라고 볼 수 없는 것은?

① 단순 문의 및 불만 접수
② 내방객 유치
③ 계약 갱신
④ 기존 고객에 대한 교차판매

7. 인바운드 텔레마케팅 특성으로 옳지 않은 것은?

① 기존고객보다 신규고객과의 관계를 위주로 진행한다.
② 문의사항 스크립트(Q&A 스크립트) 활용도가 높다.
③ 고객주도형 텔레마케팅 형태이다.
④ 상담을 할 때에는 투철한 책임감과 인내심이 필요하다.

8. 다음 중 가격세분화의 전제조건이라고 할 수 없는 것은?

① 정부의 규제   ② 경쟁자 상황
③ 집단의 동질성   ④ 원가 구조

9. 다음 중 BCG 메트릭스에 대한 설명으로 옳지 않은 것은?

① BCG 매트릭스는 1970년대에 보스턴컨설팅 그룹에 의해 개발된 분석 도구이다.
② Cash COW는 제품 수명주기상 쇠퇴기에 해당된다.
③ 평가하는 요소가 상대적 시장점유율과 시장 성장율 단 두 가지뿐이므로 오류에 빠지기 쉽다는 단점이 있다.

④ Question mark는 시장점유율을 높이기 위해 현금 자산을 투자하는 전략을 펼친다.

10. 고객충성도를 높이는 전략으로 마일리지 등의 단골고객 보상제도를 뜻하는 것으로, 고객의 정보를 저장하고 추후 마케팅에 활용하기 좋은 판매촉진 전략은 무엇인가?

① 쿠폰(Coupon)
② 컨티뉴어티(Continuity)
③ 가격할인
④ 보너스 팩

11. 인바운드 텔레마케팅의 중요성에 대한 설명으로 가장 거리가 먼 것은?

① 거래마케팅에서 관계마케팅으로의 변화에 대응
② 기업서비스 형상으로 고객요구에 대한 신속한 대응
③ 광고, 경험, 구전 등에 의한 고객 기대가치의 대응
④ 서비스 및 상품 이용 고객의 만족 여부의 정확한 확인

12. 다음 중 인바운드 텔레마케팅 활용 분야가 아닌 것은?

① 국가 및 정부기관 민원 상담
② 홈쇼핑 주문전화, DM이나 신문 등을 이용한 주문 전화
③ 대금 회수
④ 위기가정이나 청소년상담 전화

13. 마케팅에서 판매촉진 비중이 증가하게 된 주된 원인으로 볼 수 없는 것은?

① 광고노출 효과
② 소비자 가격 민감도
③ 기업 간 경쟁의 완화
④ 기업 내 판매성과 측정

14. 다음 중 침투가격에 대한 설명으로 적절하지 않은 것은?

① 저가격을 내세우며 시장침투를 하려는 전략이다.
② 매출보다는 높은 시장점유율을 목표로 마케팅할 때 사용한다.
③ 수익은 적지만, 매출은 빠른 속도로 증가한다.
④ 규모의 경제효과를 통한 이득이 미미할 때 활용한다.

15. 다음 중 시장세분화의 요건에 해당하지 않는 것은?

① 내부적 동질성과 외부적 이질성
② 접근 가능성
③ 모형화 가능성
④ 실행 가능성

16. 다음 중 텔레마케팅에 대한 설명으로 옳지 않은 것은?

① 텔레마케팅은 효과 측정이 용이하며, 피드백이 빠르다.
② 상담사의 자질이나 기술보다 IT기술의 도입이 중요하다.
③ 텔레마케팅은 통신수단을 활용한 비대면 커뮤니케이션이다.
④ 데이터베이스 마케팅을 접목시켜 과학적이다.

17. 다음 중 고객생애가치(Life Time Value)의 평가 구성요소에 포함되지 않는 것은?

① 공헌 마진
② 허용구간
③ 마케팅 비용
④ 할인율

18. 다음 상황에서 직원은 어떤 마케팅 전략을 사용했다고 할 수 있는가?

> 커피숍에서 커피를 한 잔 주문한 고객에게, 직원은 "고객님, 이번에 새로 나온 아몬드 쿠기도 함께 드셔보시겠어요?"라며 추가 상품 판매를 권유하였다.

① 리피팅(Repeating)
② 업셀링(up-selling)
③ 교차판매(Cross-selling)
④ 묶음판매(Budling)

19. 제조업자가 중간상들로 하여금 제품을 최종사용자에게 전달, 촉진, 판매하도록 권유하기 위해 자사의 판매원을 이용하는 유통경로전략은?

① 푸쉬(push)전략
② 풀(pull)전략
③ 집중적 경로전략
④ 전속적 경로전략

20. 다음 중 유통경로의 기능에 해당하지 않는 것은?

① 장소효용(Place utility)

② 패션기능(Fashion utility)

③ 형태효용(Form utility)

④ 소유효용(Possession utility)

21. 소비자가 제품이나 서비스를 구매한 이후, 구매를 후회하며 구매결정을 취소할 수 없을 때 발생하는 현상을 무엇이라고 하는가?

① VOC

② 구매 후 부조화이론

③ 관여도

④ 허용구간

22. 마케팅 관리자가 의사결정이 필요한 상황이나, 의사결정의 효과성을 높이기 위해 사용하는 사용자 중심적인 시스템을 무엇이라고 하는가?

① 마케팅의사결정 지원시스템

② 고객정보 시스템

③ 마케팅 인텔리전스 시스템

④ 마케팅조사 시스템

23. 마케팅 믹스에 대한 설명으로 바르지 않은 것은?

① 마케팅믹스는 제품(Product), 유통조직(Place), 가격(Price), 촉진(Promotion) 총 4가지 요소로 구성된다.

② 마케팅믹스 중 제품(Product)을 고객지향적으로 바꾼다면, Convenience(편의성)이라고 할 수 있다.

③ 기업의 입장에서 제시한 4P에서 고객의 입장에서 제시하는 4C로 바꾸어야 한다는 주장도 있다.

④ 마케팅믹스란 기업의 마케팅 목표를 달성하기 위해 활용하는 가장 중요한 수단이라고 할 수 있다.

24. 텔레마케팅에 대한 설명으로 옳지 않은 것은?

① 고객을 일일이 방문하는 것은 비용이 많이 소요되므로 통신매체를 이용해서 판매하는 것이다.

② 바쁜 고객에게는 전화에 의한 구매가 더 편리할 때가 있다.

③ 고객의 불만 사항을 전화로 접수하고 이를 시정하는 것도 텔레마케팅이다.

④ 텔레마케팅은 개인고객에게만 가능하고 기업고객에게는 성립하지 않는다.

25. 서비스의 4가지 특성에 해당하지 않는 것은?

① 무형성   ② 이질성

③ 분리성   ④ 소멸성

2과목 - 시장조사

26. 다음 중 확률표본추출법에 해당하지 않는 것은?

① 편의표본추출
② 단순무작위표본추출
③ 층화표본추출
④ 군집표본추출

27. 조사자의 임의성이 배제되고, 통계적인 방법으로 표본을 추출하며 전수조사에 비해서 적은 비용이나 시간, 노력으로 전수조사 결과의 결과나 가치와 근사한 결과를 얻을 수 있는 표본추출방식은 무엇인가?

① 할당표본추출
② 확률표본추출
③ 주관에 의한 표본추출
④ 임의표본추출

28. 다음 중 유통경로 설계절차가 바른 것은?

> ㄱ. 유통경로의 목표 설정
> ㄴ. 소비자 욕구 분석
> ㄷ. 유통경로의 대안 평가
> ㄹ. 유통경로의 대안 확인

① ㄱ→ㄴ→ㄷ→ㄹ
② ㄱ→ㄴ→ㄹ→ㄷ
③ ㄴ→ㄱ→ㄹ→ㄷ
④ ㄴ→ㄱ→ㄷ→ㄹ

29. 다음 중 설문조사법(Survey research)에 대한 설명으로 옳은 것은?

① 조사 대상자들에게 설문지의 질문을 통해 자료를 수집하는 방법이다.
② 비구조화된 자료수집 방법이라고 할 수 있다.
③ 설문조사를 진행할 때 가장 많이 사용하는 형태는 인터넷 조사이다.
④ 설문지 개발이 쉬워 시간을 절약할 수 있다는 장점이 있다.

30. 다음 중 시장조사에 대한 설명으로 맞는 것은?

① 조사가 이루어지는 순서는 예비조사 → 사전조사 → 본 조사 순이다.
② 시장조사를 통해 얻고자 하는 가장 궁극적인 목적은 시장점유율 확대라고 할 수 있다.
③ 자료 수집 이후 자료 분석 순서는 코딩(Coding) → 편집(Editing) → 입력(Key-in)이다.
④ 조사를 시행하기 전에 가장 중요한 것은 기업의 증상을 파악하는 단계라고 할 수 있다.

31. 설문지의 질문 유형 중 개방적 질문에 대한 설명 중 바르지 않은 것은?

① 응답자에게 폐쇄형 질문보다 더 심리적 부담을 줄 수 있다.
② Pilot Study 또는 탐색적 조사에 쓰인다.
③ 개방형 질문의 유형으로는 자유응답형, 문자완성형, 투사기법 질문 등이 있다.
④ 규모가 큰 조사에 더욱 적합하다.

32. 회사가 제품에 대한 가격을 결정할 때 제품의 저가전략이 적합한 경우가 아닌 것은?

① 경쟁사가 많을 때
② 시장수요의 가격탄력성이 낮을 때
③ 소비자들의 수요를 자극하고자 할 때
④ 경쟁기업에 비해 원가우위를 확보하고 있을 때

33. 온라인 조사의 장점에 해당하는 것은?

① 깊이있고 심도있는 의견을 다양하게 들을 수 있다.
② 조사의 융통성이 많아 다양한 상황에 적용하기 좋다.
③ 빠른 시간 내에 조사를 마칠 수 있고 비용을 절약할 수 있다.
④ 답변의 성실도가 전화와 면접, 우편의 방식과 비교했을 때 가장 높다고 할 수 있다.

34. 다음 중 기준타당성에 관련된 설명으로 옳은 것은?

① 측정도구를 이용하여 측정하고자 하는 개념이 있을 때, 개념들을 포괄적으로 다양하게 포함하고 있는가에 대한 부분이다.
② 타당성이 높은 측정도구라면, 측정도구에 의해 나타난 결과가 이미 검증된 다른 기준과의 타당성도 상관관계가 있다는 것이다.
③ 기준타당성 정도는 주관적으로 판단할 수밖에 없기에 구성개념과 이해가 있는 전문가가 판단을 내리도록 한다.
④ 전문가가 주관적으로 판단을 내리기도 한다.

35. 조사 목적을 분명하게 정의하기 어렵거나, 어떤 정보가 필요한지 불문명한 경우 사용하는 조사 방법으로 문헌조사, 전문가 의견조사, 사례조사, 표적집단면접법으로 진행하는 조사 방법은 무엇인가?

① 인과조사
② 기술조사
③ 종단조사
④ 탐색조사

36. 다음 자료수집방법 중 비용이 가장 많이 소요되는 조사는?

① 우편조사
② 면접조사
③ 인터넷조사
④ 전화조사

37. 다음 중 횡단조사에 대한 설명으로 옳은 것은?

① 종단조사는 횡단조사보다 적게 시행된다.
② 횡단조사의 종류로는 패널 조사, 코호트 조사, 추세 조사 등이 있다.
③ 횡단조사는 일정기간에 반복적으로 관찰, 분석하는 조사를 말한다.
④ 횡단조사는 관심이 없는 집단에서 주로 표본을 추출하여 진행한다.

38. 다음 중 우편조사의 장점이라고 할 수 없는 것은?

① 최소 경비와 노력
② 응답자의 시간 자율성
③ 접근 가능성
④ 높은 회수율

39. 다음 중 전수조사에 관한 설명으로 옳지 않은 것은?

① 집단을 이루는 모든 개체들을 조사하는 것이다.
② 전수조사의 표적인 사례는 인구 전수조사(census)가 있다.
③ 빠르고 정확하며, 비용이 적게 든다는 장점이 있다.
④ 정밀도에 중점을 두고 상자 모두를 조사하는 방식이라고 할 수 있다.

40. 다음 중 표준화 면접의 특성으로 볼 수 없는 것은?

① 조사자는 준비된 해당 계획에 따라 면접을 진행하는 방식이다.
② 신뢰도와 객관성이 높다는 장점이 있다.
③ 신축성과 융통성이 높아 새로운 사실이나 아이디어 발견의 가능성이 높다.
④ 조사자의 행동에 일관성이 높다.

41. 항목별로 각 응답에 해당하는 숫자나 기호를 부여하는 과정을 뜻하며, 전산처리에 의한 분석을 편리하도록 하는 활동을 무엇이라고 하는가?

① 코딩
② 편집
③ 입력
④ 분석

42. 외부 기관이나 자료 등에서 임의로 수집된 고객 리스트 혹은 시간이 오래 경과 되었거나, 반송된 리스트의 주소, 성명, 전화번호 등을 변경된 자료로 교환하는 작업을 무엇이라고 하는가?

① 리스트 스크리닝
② 리스트 클리닝
③ 모형화
④ 샘플링

43. 다음 중 시장조사의 역할로 볼 수 없는 것은?

① 여러 불확실성을 줄여주어 올바른 의사결정을 하도록 도와주며, 마케터의 책임부담을 줄어주는 역할도 한다
② 보다 객관적이고 과학적인 방법으로 문제를 해결할 수 있도록 돕는다.
③ 시간이나 비용 소모가 없어 매우 효율적이다.
④ 고객만족이라는 현 기업이 지향해야 하는 시장조사의 궁극적 목표에 달성할 수 있도록 도와주는 역할을 한다.

44. 다음 중 우편조사의 회수율을 높이는 방법에 해당하지 않는 것은?

① 표지 등의 디자인에 신경을 써서 가시성을 높인다.
② 질문의 분량을 늘려 신뢰성을 높인다.
③ 대상자에게 선물을 제공해준다.
④ 예비조사를 통해 회수율을 사전 예측하고 추가 계획을 수립한다.

45. 단순히 다른 속성들을 갖는 변수를 기술하는 측정수준을 말하며 남녀 성별, 결혼 여부, 운동선수 등 번호 등에 활용되는 척도는 무엇인가?

① 평정척도
② 명목척도
③ 비율척도
④ 서열척도

46. 마케팅 조사 시 조사자가 지켜야 할 사항과 가장 거리가 먼 것은?

① 조사자의 능력이 부족할 경우 다른 전문기관에게 수행시킬 수 있다.
② 연구조사를 수행하는 과정에서 본 조사에 영향을 미칠 수 있는 기증, 사례, 계약 등은 자제한다.
③ 연구조사를 수행하는 과정에서 조사의 방향이나 내용에 영향을 미칠 수 있는 연구업무의 수행은 자제해야 한다.
④ 자료를 제공해준 응답자의 자료가 심각한 사적 침해를 하지 않는다고 개인적으로 판단되는 경우 재정적 지원 기관에게 공개할 수 있다.

47. 설문지의 개발에 대한 설명으로 옳지 않은 것은?

① 필요한 정보의 종류, 조사의 목적, 정보의 원천을 미리 파악한다.
② 설문지의 순서나 용어 선택의 잘못으로 조사 자체가 무효가 될 수 있다는 사실을 기억한다.
③ 설문지란 응답자에게 물어볼 문항의 목록을 말한다.

④ 설문지 작성 순서는 "질문서 작성의 예비조사 → 질문·응답형태의 선택 → 질문서의 구조와 질문내용의 파악 → 질문순서의 결정 → 질문용어의 선택 → 예비조사와 질문서의 보완"이다.

48. 측정의 신뢰성에 대한 설명으로 바르지 않은 것은?

① 동일한 개념을 반복 측정했을 때, 일관성 있는 결과를 보일 가능성을 뜻한다.
② 신뢰성이 높다고 해도 반드시 타당성도 높다는 것은 아니다.
③ 신뢰성을 높이기 위해서는 측정 항목의 수, 척도점의 수를 많이 늘린다.
④ 응답자의 무성의한 응답, 일관성이 없는 응답이라도 배제시킬 경우 신뢰성이 낮아진다.

49. "금일 받으신 서비스 중, 어떤 점이 가장 인상 깊으셨나요?"라는 질문의 특성에 대한 설명 중 바른 것은?

① 주관식 질문으로 제한받지 않고, 다양하고 자유롭게 응답할 수 있다는 장점이 있다.
② 신뢰성 있는 응답 확보가 가능하다.
③ 응답하거나, 생각하기 난감한 주제에 보다 적합하다.
④ 대규모 조사에 적합한 질문이다.

50. 마케팅 정보시스템에 관한 설명으로 옳지 않은 것은?

① 마케팅 정보시스템은 경영 정보시스템의 상위 시스템이다.

② 기업 내부 자료, 외부 자료와 정보를 체계적으로 관리한다.

③ 경영자의 마케팅 의사 결정에 사용할 수 있도록 하는 정보관리 시스템이다.

④ 마케팅을 보다 효과적으로 수행하기 위하여 관련된 사람, 고객의 정보, 기구 및 절차, 보고서 등을 관리하는 시스템을 말한다.

3과목 - 텔레마케팅 관리

51. 다음은 허시와 블랜차드의 상황이론 중 어떤 유형에 관한 설명인가?

- 자신들이 책임을 지고 의사결정을 행하지만, 부하들에게 확신을 심어주고 동기를 부여하는 쌍방적 대화를 행하는 경우에 적합하다.
- 이 유형은 부하들에게 높은 확신감을 부여하여 더욱 열정적으로 일을 하게 하는 분위기의 유지가 필요할 때 유용하다.

① 지시형 　　② 코치형

③ 후원형 　　④ 위임형

52. 다음 중 변혁적 리더의 조건으로 볼 수 있는 것은?

① 기본적으로 인간존중이라는 가치를 바탕으로 행동한다.

② 리더는 조직원들과 수평적인 관계에 가깝다.

③ 부하들에게 먼저 다가가서 그들의 일과 삶에 균형을 이룰 수 있도록 배려해 주려는 조력자 역할을 해야 한다.

④ 동기를 부여해주고 개인의 이익보다 조직의 비전에 몰입하도록 해야 한다는 것이다.

53. 효과적인 콜센터 운영 방안이라고 할 수 없는 것은?

① 탄력적인 인력구성 및 인원 배치

② 일괄적이고 연공주의 중심의 보상 체계

③ 통신 장비 구축

④ 고객 정보 수집 활동 강화

54. 텔레마케팅에 대한 설명으로 바른 것은?

① 신체언어 등의 비언어적 커뮤니케이션은 사용하지 않는다.

② 일반적인 텔레마케팅의 전개 과정은 '기획 → 반응 → 실행 → 측정 → 평가'라고 할 수 있다.

③ 텔레마케팅(telemarketing)은 텔레커뮤니케이션(telecommunication)과 마케팅(marketing)의 합성어이다.

④ 인바운드 형태로 신상품에 대한 관심도 조사 등을 진행하기도 한다.

55. 콜센터의 통화 생산성 측정에 관한 지표에 해당하지 않는 것은?

① 콜센터 상담사들의 평균 모니터링 점수

② 평균 콜 처리 시간

③ 평균 응대 속도
④ 통화 후 처리 시간

56. 다음 중 아웃바운드 텔레마케팅 성공 요소가 아닌 것은?

① 서비스 및 브랜드에 대한 불신
② 전문적인 텔레마케터의 채용 및 훈련
③ 체계적인 사전준비 및 스크립트
④ 효율적인 고객관리

57. 다음 중 모니터링의 평가 요소만 나열된 것은?

① 음성의 친절성, 주관적인 평가, 선택적 청취
② 코칭 결과, 피드백, 객관적인 응대
③ 음성의 친절성, 업무의 정확성, 응대의 신속성
④ 정량적 평가, 정확한 데이터, 상담원의 근태

58. 인바운드 콜센터의 인입콜 데이터 산정 기준에 대한 틀린 설명은?

① 고객DB 소진율, 대비 1콜당 평균 전화비용을 적절하게 활용한다.
② 먼저 걸려온 전화가 먼저 처리되는 순서를 준수하여 보다 정확하고 객관적으로 산정되도록 한다.
③ 상담원의 결근, 휴식, 식사, 개인적 부재 등의 부재성을 배제한 상태에서 산정된 데이터를 기준으로 한다.
④ 퍼펙트 콜 수를 기준으로 산정한다.

59. 기업에서 인사관리의 중요성에 대한 설명으로 옳지 않은 것은?

① 인사관리는 기업의 목적뿐 아니라 개인의 행복을 위한 것이기도 하다.
② 경영은 물건이 아닌 사람을 관리해야 하는 것이다.
③ 기업을 경영할 때는 판매관리가 핵심이며, 그것을 관리하는 사람이 기업의 직원들이기 때문에 할 수 밖에 없다.
④ 인사관리는 인간성을 존중하며 정보화, 분업화 등으로 변화하는 환경에 대응할 수 있도록 도와주고, 생산 능률의 향상을 가져올 수 있다.

60. 인바운드 성과관리 지표에 해당하지 않는 것은?

① 시간당 접촉 횟수
② 평균 통화 처리 시간
③ 평균 통화 시간
④ 평균 통화 수

61. 텔레마케팅의 종류 중 그 분류기준에 따라 잘못 짝지어진 것은?

① 인바운드 텔레마케팅 – 아웃바운드 텔레마케팅
② 인하우스 텔레마케팅 – 에이전시 텔레마케팅
③ B to B 텔레마케팅 – B to C 텔레마케팅
④ 인하우스 텔레마케팅 – 아웃하우스 텔레마케팅

62. 아웃바운드 텔레마케팅 상담사에게 요구되는 태도 및 자질이라고 할 수 없는 것은?

① 상품 및 서비스에 대한 사전지식 숙지
② 객관적인 평가와 모니터링 결과로 인한 적절한 코칭 실시 능력
③ 고객에게 호감을 줄 수 있는 경청자세기법 숙달
④ 뚜렷한 목표의식과 시간관리 능력

63. 유형성, 공감성, 신뢰성, 반응성, 공감성으로 구성된 서비스 품질을 측정하기 위한 도구로 사용되는 것을 무엇이라고 하는가?

① AIDA
② SMART
③ MOT
④ SERVQUAL 모형

64. 다음 중 고객의 입장에서 본 모니터링의 장점은 무엇인가?

① 모니터링 평가 능력과 코칭 능력이 향상된다.
② 콜센터의 전체적인 서비스의 표준화를 실시할 수 있다.
③ 늘 발전된 서비스를 받을 수 있다.
④ 상담에 자신감이 생기고 강점을 키우고 약점을 개선시킬 수 있다.

65. 콜센터의 원활한 조직관리를 위해 슈퍼바이저가 관리하는 상담사의 수를 적정하게 유지하도록 하는 것은 무엇과 관계가 있는가?

① 비용최소화의 원칙
② 명령일원화의 원칙
③ 표준화의 원칙
④ 관리한계의 원칙

66. 조직의 기능식 조직구조에 대한 설명 중 맞는 것은?

① 수평적인 분업 관계로, 업무의 내용이 비슷하고 관련성이 있는 것들을 분류, 결합시킨 조직구조를 뜻한다.
② 소비자 중심의 시장환경 변화에 따라 다른 조직의 구조가 요구되면서 등장하였다.
③ 기업이 다각화되고, 경영규모가 확되면서 분권적 조직이 필요하게 되었고, 이에 따라 자주적이고 독립적인 구조로 변화하였다.
④ 독자적인 전략의 수립이 필요한 관련 사업들끼리 함께 묶은 조직을 전략사업 단위라고 할 수 있다.

67. OJT(Off the Job Training)에 대한 설명으로 옳지 않은 것은?

① 보통 단체로 진행되고, 직장을 벗어난 환경에서 실시되는 훈련으로 여러 형태로 운영한다.
② 근무 현장에서 이루어지기 때문에 모든 것이 현실적이다.
③ 전문적인 지도자의 지식과 정보를 가지고 새로운 환경에서 훈련에 전념할 수 있다.
④ 참가자들의 욕구에 맞추어진 내용이 아니면 효과는 반감될 수 있다.

68. 리더십 특성이론에 대한 설명으로 옳지 않은 것은?

① 가장 오래된 리더십 연구이론이다.

② 리더십 스타일을 찾아내어 각각에 한 유효성을 검증하며, 리더가 무슨 일을 하 는지가 리더십 과정에서 가장 중요한 전제이다.

③ 해당 조직원들의 특성 등의 상황적인 요인들을 모두 배제시킨 것은 이해하기 힘들다는 한계가 있다.

④ 리더라면 가지고 있어야 할 중요한 특성들이 있는데 특성들만 가지고 있으면 어느 환경이나 상황에서도 항상 리더가 될 수 있다고 주장한다.

69. 다음 중 스크립트에 대한 설명으로 옳지 않은 것은?

① 아웃바운드 스크립트는 고객에게 정보를 제공 및 설득해야 하므로 되도록 긴 시간에 활용할 수 있도록 작성한다.

② 스크립트는 통화 목적과 방향 설정이 명확해야 하고 효과적인 통화시간을 관리 할 수 있다.

③ 스크립트는 상담원의 능력과 수준을 일정수준 이상으로 유지시켜 준다.

④ 스크립트는 고객응대에 가장 기본이라고 할 수 있다.

70. 커크패트릭의 교육훈련 평가의 네 가지 기준에 해당하지 않는 것은?

① 반응기준 평가   ② 학습기준 평가
③ 결과기준 평가   ④ 통합기준 평가

71. 국내 텔레마케팅 시장의 변화라고 볼 수 없는 것은?

① 업무의 통합

② 콜센터 전용 상품 축소

③ 데이터베이스 시스템 구축의 전문화

④ 외부행 텔레마케팅(Out sourcing)의 증가

72. 콜센터에 대한 인식 변화에 관한 설명으로 틀린 것은?

① 마케팅 수단에서 고객불만의 접수창구로의 변화

② 수익성 중심에서 고객과의 관계 중심으로 변화

③ 거래보조 수단에서 세일즈 수단으로 변화

④ 고객서비스 수단에서 고객의견조사의 수단으로 변화

73. 직무를 구성하는 구체적인 과업을 설정하고 지식, 기술, 능력 등의 직무와 직무수행에 요구되는 기본사항에 대한 정보를 수집, 분석, 정리하는 과정을 무엇이라고 하는가?

① 직무평가   ② 직무순환
③ 직무분석   ④ 직무개발

74. 권력은 리더십의 원천이 된다고 할 수 있다. 다음 중 어떤 사람이 인품, 높은 도덕적 기준 등의 특별한 자질을 갖추고 있을때, 다른 사람들이 그를 닮으려고 할 때 생기며 권력행사자는 직위에 의한 권력을 갖고 있지 않아도 영향력

을 미치는 권력을 무엇이라고 하는가?

① 강압적 권력　　② 합법적 권력
③ 보상적 권력　　④ 준거적 권력

75. 콜센터 조직이 갖춰야 할 능력에 해당하지 않는 것은?

① 부정성　　② 고객지향성
③ 유연성　　④ 신속성

4과목 - 고객관리

76. 다음 중 CRM의 등장배경이라고 할 수 없는 것은?

① 시장의 변화
② 기술의 변화
③ 마케팅 커뮤니케이션의 변화
④ 산업 경쟁의 완화

77. 다음 중 고객 유형별 바른 응대가 아닌 것은?

① 과장되게 말을 잘하는 사람은 콤플렉스를 감추고 있는 사람으로 어디까지가 진의인지 파악하고 말보다 객관적인 자료로 응대하는 것이 적합하다.
② 우유부단한 고객에게는 갈등사항이 무엇인지 파악할 수 있도록 신속하게 말하고, 최대한 빠르게 갈등을 해결해 주어야 한다.

③ 생각에 생각을 거듭하는 사람은 신중하나 판단력이 부족하므로 먼저 결론을 내는 화법이 적절하다.
④ 빈정거리기를 잘하는 사람은 열등감과 허영심이 강한 사람이므로 자존심을 존중해 주면서 응대한다.

78. 다음 중 고객관계관리(CRM)의 특징으로 볼 수 없는 것은?

① 고객지향적, 관계지향적이다.
② 고객과 쌍방향 커뮤니케이션이다.
③ 대중마케팅과 동일한 전략을 사용한다.
④ 전사적인 관점이 필요하다.

79. 주요 변수들을 사용하여 다양한 데이터마이닝 기법을 이용한 모델링을 적용하여 예측력이 가장 뛰어난 모형을 선택하는 단계로 데이터마이닝 과정에서 가장 중요한 단계는 무엇이라고 할 수 있는가?

① 모형화　　② 샘플링
③ 탐색　　④ 변환 및 조정

80. 다음 중 마케팅 커뮤니케이션에 대한 유형에 포함되지 않는 것은?

① 인적판매　　② PR
③ 가격　　④ 광고

81. 다음 중 아웃바운드 전용상품의 요건으로 해당하지 않는 것은?

① 브랜드 인지도는 크게 상관없다.
② 대중들에게 신뢰도가 높은 상품이어야 한다.
③ 사후관리가 용이한 상품이어야 한다.
④ 타 제품과 차별되는 구체적인 전략이 있어야 한다.

82. 언어적 의사소통의 주의사항에 해당하지 않는 것은?

① 상대방의 입장을 고려하여 적절한 언어를 구사한다.
② 대화 중 임의로 화제를 바꾸지 않는다.
③ 비속어, 은어, 유행어 등의 사용은 말하는 사람의 품위를 떨어뜨린다.
④ 상대방과의 거리나 물리적인 환경도 포함된다.

83. MOT(Monents of truth)와 관계없는 것은?

① 스위스 항공사의 사장 한셀이 주창
② 기업의 생존이 결정되는 순간
③ 고객과 기업이 접촉하여 그 제공된 서비스에 대해 느낌을 갖는 15초 간의 진실의 순간
④ 우리 회사를 선택한 것이 가장 현명한 선택이었다는 사실을 고객에게 입증시켜야 할 소중한 시간

84. CRM 전략을 수립할 때 고객 이탈을 방지하기 위하여 고객의 요구에 따라 세분화하고, 각 목표집단을 대상으로 우수고객으로 만들기 위한 전략을 내세우는 것은 어느 전략에 포함되는가?

① 고객 확보   ② 고객 유지
③ 교차 판매   ④ 수익성 분석

85. 다음 중 의사언어에 포함되지 않는 것은?

① 억양   ② 말의 속도
③ 끊어 읽기   ④ 바디랭기지

86. 일반적인 불만 고객의 특징이라고 할 수 없는 것은?

① 자신의 의견이 존중 받기를 바란다.
② 한번 불만이 생겼을 경우, 아무리 원만하게 처리가 된다고 해도 더 이상의 재구매나 서비스를 이용하지 않게 된다.
③ 극단적이고 비이성적으로 욕설을 하거나 거친 말투를 사용하기도 한다.
④ 특별하게 대우받고 싶어한다.

87. RFM 분석에 관한 설명으로 맞는 것은?

① 원리가 매우 복잡하고 시간이 소요되어 실질적으로 많이 활용되지 않는다.
② 고객이 기업의 물건이나 서비스 구매에 있어 보인 최신성, 빈도, 구매 금액을 기준으로 평가하는 방식이다.

③ 거래관계가 없는 잠재고객에 대해서도 직접 적용이 가능하다.

④ 반응률은 낮은 편이다.

88. 이미지메이킹에 관한 사항으로 바른 설명이 아닌 것은?

① '이미지메이킹'이란 어떠한 목표나 상황을 이미지화하고 실제로 실현시킬 수 있도록 도와주는 것이다.

② 지극히 개인적인 성찰에서 비롯되지만, 타인에게 나에 대한 정보를 알려주는 매체로 커뮤니케이션의 수단이 된다.

③ 가치관, 신념, 지적수준 등은 내적 이미지에 해당한다.

④ 내적 이미지와 외적 이미지는 상쇄관계이다.

89. 커뮤니케이션 과정을 계속해서 반복, 순환하게 하는 요소가 되는 것으로 전달자가 이미 보낸 메시지에 한 수신자의 반응을 전달자가 받게 되는 정보를 뜻하는 것은 무엇인가?

① 메시지(Message) ② 효과 (Effect)
③ 피드백(Feedback) ④ 채널(Channel)

90. 고객의 의견이나 부탁에 대해 주로 사용하는 화법으로, 고객의 말을 먼저 수용해준 다음, 자신의 의견과 생각을 표현하는 특징을 가진 응대화법을 무엇이라고 하는가?

① 부메랑 화법 ② Yes/But 화법
③ 아론슨 화법 ④ I message 대화법

91. 다음 중 의사소통의 기능에 해당하지 않는 것은?

① 단순한 정보 전달
② 정보 소통의 기능
③ 동기 부여의 기능
④ 영향력 행사

92. 고객상담 시 상담사가 고객의 입장에서 고객의 기분과 감정을 이해하며 듣는 것을 무엇이라고 하는가?

① 공감적 경청 ② Listening
③ 재진술 ④ 123화법

93. 고객에 대한 다양한 정보를 수집, 분석해서 그들의 욕구를 충족시켜 주고 고객들과 오랫동안 만족스러운 관계를 지속하는 것을 목표로 하는 마케팅 기법으로 고객의 확보 수나 시장점유율보다 고객의 질이 더욱 중요한 것은 무엇을 뜻하는가?

① 매스마케팅 ② 1:1마케팅
③ 바이러스마케팅 ④ 관계마케팅

94. 다음 중 CRM 시스템 아키텍처의 3가지 구성요소에 해당하지 않는 것은?

① 분석 CRM ② 운영 CRM
③ 통합 CRM ④ 협업 CRM

95. 다음 중 텔레마케팅 스크립트의 적절한 활용 방법이라고 할 수 없는 것은?

① 스크립트는 정기적으로 검토하여 수정 및 보완한다.

② 고객과의 상담 흐름에 따라 조절하여 사용한다.

③ 스크립트를 사전에 충분히 숙지하여 응대한다.

④ 스크립트에 작성된 표현 외에는 수정할 수 없다.

96. 효과적인 의사소통을 위한 전략이라고 할 수 없는 것은?

① 의사소통의 목적을 파악하고 그 목적에 맞는 의사소통을 해야 한다.

② 가까운 사이에서는 피드백이 생략되어도 상관없다.

③ 서로에게 말하고자 하는 의도가 분명히 드러나도록 한다.

④ 적절한 커뮤니케이션 수단을 활용하는 것이 중요하다.

97. 다음 중 에드워드 홀의 공간적 영역에 대한 설명으로 틀린 것은?

① 친밀한 거리는 파티에서 편안하게 이야기할 수 있고 파트너와 쉽게 접촉할 수 있는 거리를 뜻한다.

② 공간이 넓어짐에 따라 친밀도는 감소된다고 할 수 있다.

③ 사람은 무의식중에 자신과 상대방과의 심리적 거리를 설정한다.

④ 공간적 영역은 비언어적 커뮤니케이션에 해당한다.

98. 고객만족의 중요 요소 3가지에 해당하지 않는 것은?

① 서비스

② 이미지

③ 고객의 개인적인 편견

④ 제품

99. CRM 최적화를 위한 전략이라고 할 수 없는 것은?

① 기업의 내적, 외적 환경을 철저하게 분석한다.

② 시간의 효율성이 성공의 열쇠이기 때문에 신속하게 의사결정을 해야 한다.

③ 추상적인 경험이나 직관이 도움 된다.

④ 예측이나 단순 추측이 아닌 수치와 상황을 정확하게 파악할 수 있어야 한다.

100. 감정노동에 관한 설명으로 틀린 것은?

① 감정노동이란 말투나 표정 등 드러나는 감정 표현을 직무의 한 부분으로 연기하기 위해 자신의 감정을 억누르고 통제하는 일이 수반되는 노동을 의미한다.

② 주로 고객 등을 직접 대면하거나 음성대화 매체 등을 통하여 상대하면서 상품을 판매하거나 서비스를 제공하는 고객응대업무 과정에서 발생한다.

③ 최근에는 공공서비스나 민원처리 업무까지 광범위하고 다양한 직업군에서 수행하고 있다.

④ 백화점 · 마트의 판매원, 호텔직원 등은 간접대면 직업군으로 분류된다.

2회 기출예상문제

1과목 - 판매관리

1. 서비스는 상품처럼 기계화되어 있지 않고, 직원이 직접 행하는 경우가 많아 서비스의 품질이 늘 일정할 수 없다는 것은 서비스의 어떠한 특성과 관련이 있는가?

① 무형성
② 소멸성
③ 이질성
④ 비분리성

2. 고객과 관련된 방대한 정보들 속에서 숨겨진 질서 및 상관관계를 발견하고 기업에 필요한 정보를 찾아내는 과정을 무엇이라고 하는가?

① 데이터웨어하우스
② 데이터베이스
③ 데이터마이닝
④ 마케팅 인텔리전스 시스템

3. 회원가입, 캠페인, 이벤트 등을 실시할 때 사전에 보내진 메일을 수신한 고객에게 전화고지를 해서 개봉 촉진 또는 반응 효과를 향상시키기 위해 실시하는 것을 무엇이라고 하는가?

① Pre-call
② Progressive Dial
③ AID
④ IVR

4. 다음 중 반론 극복과 관계없는 설명은?

① 고객 반론의 원인이 무엇인지 파악하는 것이 중요하다.
② 상품에 관심이 없거나 잘 모르는 고객이 반론을 가장 많이 제시한다.
③ 상담사는 거절이나 반론에 대한 두려움을 없애고 인간의 신뢰성으로 설득한다.
④ 효과적인 반론 극복을 위해서는 공감 → 탐색 → 이점 부각 → 동의 순으로 진행한다.

5. 다음 중 아웃바운드 상담기술의 특징에 해당하지 않는 것은?

① 전문적인 상담사로 보이도록 해야 하므로 전문용어나 기술적인 용어를 대화 중간에 적절히 사용한다.
② 통화 초반에 칭찬 등으로 친밀감을 형성하고 관계를 시작하는 것이 바람직하다.
③ 고객의 관심을 끌 만한 혜택을 상황에 맞게 부드럽게 제안하도록 한다.
④ 상담사가 먼저 긍정적인 표현으로 대화를 이끌어 나가야 한다.

6. 다음 중 데이터베이스 마케팅의 역할로 볼 수 없는 것은?

① 마케팅 비용 증가
② 매출 증가
③ 고정고객 확보 및 고객 가치 극대화
④ 무형의 마케팅정보 자산 확보

7. 집약적 유통경로에 대한 설명으로 옳지 않은 것은?

① 가능한 취급 점포를 최대한으로 높이는 경로이다.
② 중간상이 적어 유통비용이 절감된다.
③ 제조업자의 통제력이 낮다는 단점이 있다.
④ 대표적으로 라면, 치약, 세제 등의 소비재가 포함된다.

8. 유통경로의 설계과정에 대한 설명으로 틀린 것은?

① 소비자 욕구 분석 단계에서는 소비자들이 원하는 가치가 무엇인지를 먼저 파악하는 것이다.
② 유통경로의 목표 설정 단계에서는 기업과 상품의 특성, 중간상의 특성, 환경적 요소, 경쟁기업의 경로 등을 먼저 고려하여 목표를 설정한다.
③ 특정 지역이나 장소를 의미하는 유통집중도는 크게 3가지로 나뉜다.
④ 순서대로 나열하면 고객 욕구 분석 단계가 가장 마지막이다.

9. 다음 중 포지셔닝에 관한 설명으로 바르지 않은 것은?

① STP 전략의 가장 마지막 단계이다.
② 제품이 유용하게 사용될 상황을 묘사하며 포지셔닝하는 방법이 있다.
③ 목표한대로 포지셔닝이 되었다면, 재포지셔닝을 진행한다.
④ 포지셔닝이 이뤄지지 않으면 소비자는 제품이나 서비스에 대해 명확한 지각을 할 수 없다.

10. 시장세분화의 장점이 아닌 것은?

① 시장기회의 탐지가 가능하다.
② 보다 명확한 시장목표설정이 가능하다.
③ 대량생산에 의한 규모의 이익을 향유할 수 있다.
④ 시장의 구매동기, 소비자 욕구 등을 정확하게 파악할 수 있다.

11. 시장을 구분하기 용이해서 가장 많이 활용되고 있는 변수로 연령, 성별, 소득, 직업, 교육, 인종 등이 활용되는 것은 어떤 것과 관련이 있는가?

① 심리 분석적 변수로 인한 세분화
② 행동 변수로 인한 세분화
③ 지리적 변수로 인한 세분화
④ 인구통계적 특성 변수로 인한 세분화

12.다음 괄호 안에 들어갈 알맞은 것은?

( )는 기업의 경영 활동에 있어서 고객들이 기업의 서비스에 반응하는 각종 문의, 불만, 제안 등을 의미한다.

① 고객충성도
② 고객의 수요
③ 고객의 니즈(needs)
④ 고객의 소리(VOC)

13. 다음 중 시장세분화와 관련된 설명이 아닌 것은?

① 기업의 마케팅 활동에 대한 고객들의 반응과 선호분석에 의한 동질적인 고객 분류로 고객지향적인 전략이다.
② 시장세분은 너무 작지 않아야 하고, 시장별로 이질적인 마케팅 전략을 구사해야 한다.
③ 세분시장은 이윤을 창출할 만큼의 규모가 있어야 한다.
④ 시장은 내부적 이질성과 외부적 동질성을 갖추고 있어야 한다.

14. 인바운드 텔레마케팅 상담사에게 요구되는 태도로 바르지 않은 것은?

① 커뮤니케이션 능력 중 가장 중요한 것은 경청이라고 할 수 있다.
② 투명한 윤리의식을 갖추어야 한다.
③ 적극성과 주도적인 성격으로 고객의 반론에도 공격적으로 극복해야 한다.
④ 투철한 책임감과 서비스마인드를 갖추고 있어야 한다.

15. 기회나 문제를 분별하고 마케팅 전략을 계획, 정의, 평가하며 마케팅 성과를 측정하며, 마케팅 과정에 대한 이해를 높이기 위해 활용하는 시스템을 무엇이라고 하는가?

① 내부정보 시스템
② 마케팅 의사결정지원 시스템
③ 마케팅 조사 시스템
④ 마케팅 인텔리전스 시스템

16. 다음 중 RFM 분석에 대한 설명으로 틀린 것은?

① 가망고객들을 대상으로 잠재력을 예측하는 도구로 활용된다.
② RFM은 R(Recency-최근에), F(Frequency-얼마나 자주), M(Monetary Value-얼만큼)에 따라 예측, 분석하는 것으로 고객의 추후 구매 행위를 예측하는 도구이다.
③ RFM 분석에서 보통은 M이 가장 중요한 요소이나 상황에 따라 3가지 중 임의로 가중치를 부여하고 있다.
④ 고객의 추후 구매 행위를 예측할 때, 과거 구매내용을 활용하는 시장 분석 기법을 말한다.

17. 다음 중 데이터베이스 마케팅에 관한 설명으로 틀린 것은?

① 고객에 대한 정확한 정보를 바탕으로 장기적인 관계를 목표로 한다.
② 쌍방향 의사소통으로 이루어지고 고객의 데이터베이스화를 이룬다.
③ 고객의 정보를 데이터베이스화 하며, 축적된 정보는 전사적 활용이 가능하다.
④ 단기적인 매출 향상을 목표로 진행한다.

18. 다음 중 서비스의 특성에 대한 설명으로 옳은 설명은?

① 서비스는 특허를 낼 수 없다는 소멸성이 있다.
② 한 번 구입하면 여러 번 이용할 수 있는 유형의 상품과는 다르게 서비스는 생산과 동

시에 소비되어 소멸된다는 것은 서비스의 소멸성과 관련 깊다.

③ 서비스는 생산하는 직원과 소비하는 고객의 서로간의 배려가 필요하다는 것은 서비스가 가진 이질성에 관한 부분이다.

④ 서비스에도 정확한 예측과 공급이 필요한 것은 서비스의 비분리성 때문이다.

19. 포지셔닝 전략수립 시 각 분석에서 얻을 수 있는 정보가 바르지 않은 것은?

① 가격탄력도 : 수요 및 공급 관계
② 시장분석 : 소비자의 욕구 및 요구 파악
③ 경쟁분석 : 경쟁사의 브랜드 이미지 분석
④ 기업내부분석 : 조직구조 및 시스템의 시장 지향성 여부

20. SERVQUAL의 5가지 차원에 해당하지 않는 것은?

① 공감성 ② 무형성
③ 확신성 ④ 신뢰성

21. 선매품에 대한 설명으로 바르지 않은 것은?

① 주로 소비자의 사회적 지위를 강조하여 마케팅을 펼치기도 한다.
② 기업에서는 차별성과 우수성을 내세운 광고를 이용한다.
③ 편의품보다는 관여도, 가격이 높은 편이다.
④ 냉장고, 가구 등이 포함된다.

22. 마케팅의 내부 정보로 가장 거리가 먼 것은?

① 매입·매출 금액
② 판매상황 정보
③ 수요예측 시장 정보
④ 외상매출금

23. 아웃바운드 텔레마케팅의 특성으로 옳지 않은 것은?

① 신규고객 혹은 기존고객에게 판매활동을 한다.
② 고객에게 호감을 주는 상담을 통해 판매로 유도할 수 있는 커뮤니케이션 능력이 요구된다.
③ 이미 구입한 상품들에 대해 불만, 상담, 의견 등을 가지고 고객이 직접 기업으로 전화를 하면서 상담이 시작된다.
④ 적극적인 태도와 판매하고자 하는 상품에 대한 정확한 지식이 요구된다.

24. 효율적인 인바운드 고객응대를 위해서 실시할 수 있는 방법이 아닌 것은?

① 콜센터(call center)의 설치운영
② 일률적인 성과급제
③ 고객대응창구의 일원화
④ 24시간 전화접수 체제 구축

25. 제품수명주기를 순서대로 바르게 나열한 것은 어느것인가?

① 도입기 → 성장기 → 포화기 → 성숙기
② 도입기 → 성장기 → 성숙기 → 포화기
③ 도입기 → 성장기 → 성숙기 → 쇠퇴기
④ 도입기 → 성장기 → 포화기 → 성숙기 → 쇠퇴기

2과목 - 시장조사

26. 코딩(Coding) 과정과 상관없는 것은 무엇인가?

① 다양한 의견이 나오는 폐쇄형 질문의 경우 코딩이 어려워 따로 배제시킨다.
② 항목별로 각 응답에 해당하는 숫자나 기호를 부여하는 과정이다.
③ 코딩이 끝나면 컴퓨터에 파일로 입력을 하고 외부저장 매체(CD 등)에 저장한다.
④ 제외되거나 중복되는 부분이 없이 모든 응답들이 포함되어야 한다.

27. 표준화 면접에 대한 설명으로 옳지 않은 것은?

① 면접조사표에 의해 질문의 내용이나 순서가 일관성 있게 미리 준비되어 있다.
② 대부분 폐쇄형 질문이 사용된다.
③ 반복적인 면접으로 조사자 훈련이 비교적 용이한 편이다.
④ 숫자화 측정 등 결과 분석이 용이하지 않다.

28. 관찰조사에 대한 특징으로 틀린 것은?

① 조사원이 직접 또는 기계장치를 사용한다.
② 변수들의 조작을 통해서 인과관계를 파악하는 방법이다.
③ 조사자로부터 발생하는 오류를 차단할 수 있다.
④ 설문지에 비해 비용이 많이 소요된다.

29. 같은 표본을 시간적 간격을 두고 반복적으로 측정하는 조사로, 패널 조사, 코호트 조사, 추세 조사 등으로 활용되는 조사방법은 무엇이라고 할 수 있는가?

① 리커트척도법　　　② 서베이법
③ 횡단조사　　　　　④ 종단조사

30. 인과관계를 규명하는 모형에 포함된 변수에 해당하지 않는 것은?

① 독립변수　　　　　② 종속변수
③ 대체변수　　　　　④ 매개변수

31. 등간척도의 특성으로 옳은 것은?

① 절대 "0"의 개념이 있다.
② 숫자간의 차이는 절대적인 의미를 갖고 있으며 각 숫자는 범주, 서열, 거리에 대한 정보를 가지고 있다.
③ 응답 안에 임의적으로 숫자를 부여하는 척도이다.
④ 순서척도, 순위척도라고도 한다.

32. 다음 중 측정의 타당성 관련한 속성으로 바르지 않은 설명은 무엇인가?

① 타당성은 반복 측정하였을 때 나타나는 일관성 정도를 나타낸다.

② 측정하려는 현상을 얼마나 잘 반영하고 있는지에 대한 정도를 말한다.

③ 측정 도구와 방법에 관한 개념이다.

④ 신뢰성과 함께 좋은 측정 도구가 갖추어야 할 가장 중요한 기준이 된다.

33. 다음 중 설문지 작성 요령으로 옳지 않은 것은?

① 한 문항에 2가지 이상의 질문으로 효율성있게 시간을 활용한다.

② 질문의 순서는 응답에 큰 영향을 미친다.

③ 응답자가 답하기 곤란한 질문들에 대해서는 직접적인 질문을 피하는 것이 좋다.

④ 일정한 응답을 유도, 강요하는 질문은 피해야 한다.

34. 자료를 필요로 하는 기업 등에 판매하기 위해 주기적으로 조사하여 얻은 자료로, 영리적인 목적으로 판매하는 기관의 자료를 뜻하며 조사를 진행하고 자료를 수집, 분석, 실시하여 맞춤 자료를 제공받을 수 있는 자료를 무엇이라고 하는가?

① 옴니버스조사 자료

② HUT

③ 갱서베이

④ 신디게이트 자료(syndicate)

35. 2차 자료의 유용성과 관련 없는 내용은?

① 조사방법에 대한 전문 지식이나 기술이 요구된다.

② 기존에 만들어진 자료를 이용하는 것으로 자료수집에 투입되는 시간과 노력이 적다.

③ 대외비 등의 직접 수집하기 어려운 자료를 입수할 가능성이 있다.

④ 기존 자료로 문제에 대한 접근방법이 확실해질 수 있다.

36. 설문결과를 코딩지에 기록할 때 유의사항이 아닌 것은?

① 한 칸에는 단지 하나의 숫자가 기록되어야 한다.

② 응답의 세분화된 수를 고려하여 항목별 칸의 수를 결정하여야 한다.

③ 항목을 분석 가능한 숫자로 표현한다.

④ 취득하지 못한 자료를 처리할 경우에는 A, B와 같은 알파벳을 이용하여 구분을 명확하게 한다.

37. 설문지 작성과정으로 옳게 나열된 것은?

① 질문서 작성의 예비조사 → 질문서의 구조와 질문내용의 파악 → 질문·응답형태의 선택 → 질문순서의 결정 → 질문용어의 선택 → 예비조사와 질문서의 보완

② 질문서의 구조와 질문내용의 파악 → 질문·응답형태의 선택 → 질문서 작성의 예비조사 → 질문순서의 결정 → 질문용어의 선택 → 예비조사와 질문서의 보완

③ 질문서의 구조와 질문내용의 파악 → 질문서 작성의 예비조사 → 질문순서의 결정 → 질문용어의 선택 → 질문·응답형태의 선택 → 예비조사와 질문서의 보완

④ 질문·응답형태의 선택 → 질문서 작성의 예비조사 → 질문서의 구조와 질문내용의 파악 → 질문순서의 결정 → 질문용어의 선택 → 예비조사와 질문서의 보완

38. 다음 중 시장조사 과정에서 조사자가 지켜야 할 사항에 해당하지 않는 것은?

① 조사 대상자의 존엄성과 사적인 권리를 존중해야 한다.
② 응답자에게 미리 조사의 거부권이 없다는 사실을 인지하도록 한다.
③ 조사의 목적을 성실히 수행하여야 하며, 조사결과의 왜곡, 축소 등은 회피하여야 한다.
④ 자료의 신뢰성과 객관성을 확보하기 위해 자료원은 반드시 보호해야 한다.

39. 다음 질문문항이 부적합한 이유는?

> 귀하는 자장면과 짬뽕을 좋아하십니까?
> 예 ( ) 아니오( )

① 유도신문이기 때문이다.
② 적합성이 떨어지기 때문이다.
③ 한 번에 두 개의 질문을 하기 때문이다.
④ 응답자의 의견을 묻고 있기 때문이다.

40. 누적척도의 일종으로 E. S. Bogardus가 여러 형태의 사회집단 및 추상적 사회가치의 사회적 거리를 측정하기 위해 개발한 방법을 말하며, 사회집단 등의 대상에 대한 친밀감 및 무관심의 정도를 측정하는 데 사용되는 척도는 무엇인가?

① 서스톤 척도법　② 평정척도
③ 거트만 척도법　④ 보가더스 척도법

41. 다음이 설문에서 사용된 척도는?

> 귀하는 어느 지역에서 오셨습니까?
> (1) 서울, (2) 부산, (3) 대전, (4) 대구

① 순위척도　② 비율척도
③ 평정척도　④ 명목척도

42. 다음 우편조사의 특성 중 바르지 않은 것은?

① 최소 경비와 노력 : 최소 경비와 노력으로 조사 진행이 가능하다.
② 조사자의 편견 개입이 불가하다.
③ 질문지 회신기간 통제가 불가능하다.
④ 상세한 정보 획득이 가능하다.

43. 전화면접자의 장점으로 보기 어려운 것은?

① 지역의 한계를 극복하고, 전국적으로 조사가 가능하다.
② 일반 인터넷조사보다 금액이 저렴하다는 장점이 있다.
③ 우편조사와 비교했을 때 응답률이 높고, 융통성이 높다.
④ 응답자는 무방문으로도 쉽게 조사에 응할 수 있어 편리성이 수반된다.

44. 다음 설명 중 바르지 않은 것은?

① 모집단의 대표성이 없는 표본을 추출해서 발생하는 오류를 표본오류라고 한다.
② 응답자의 응답 거부나 무응답은 무응답 오류에 해당한다.
③ 척도 자체가 잘못되어 발생하는 오류를 비체계적 오차라고 한다.
④ 측정상의 실제 값과 측정값 사이의 차이를 측정오차라고 한다.

45. 응답자들을 일정 시간 조사장소에 자유롭게 방문하도록, 혹은 지나가는 사람들을 무작위로 진행하는 방법이다. Hall Test라고도 불리우며 시제품, 광고 카피 등을 통해 소비자 반응을 조사하는 방법을 무엇이라고 하는가?

① 갱서베이
② HUT(Home Use Test)
③ CLT(Central Location Test)
④ 옴니버스조사

46. 직접 질문하기 힘들거나 직접한 질문에 타당한 응답이 나올 가능성이 적을 때에 어떤 자극상태를 만들어 그에 대한 응답자의 반응으로 의도나 의향을 파악하는 방법을 무엇이라고 하는가?

① 투사법
② 온라인 조사
③ 표적집단면접(FGI)
④ 심층면접법(in-depth interview)

47. 다음 중 정성조사와 정량조사에 관한 설명으로 틀린 것은?

① 정량조사는 구조화적 질문지를 활용한다.
② 보통의 면접조사, 우편조사, 전화조사는 정량조사에 포함된다.
③ 정성조사는 정량조사에 비해 적은 표본을 사용한다.
④ 정량조사는 주관적 해석이 이루어진다.

48. 고객의 고정 데이터를 보완 및 범위를 결정할 수 있으며, 전화상 데이터의 설정 및 리스트업 기능을 한다. 또한 마케팅 실행 이후에 반응데이터를 체크할 수 있으며 수익과 효과를 창출할 수 있는 활동은 무엇인가?

① 리스트 스크리닝
② 리스트 클리닝
③ 코딩
④ 펀칭

49. 어떠한 상황에서 변하거나 바뀔 수 있는 수를 말하며, 어떠한 개체의 속성이나 특성을 가지고 있다. 계량화시킨 개념으로 측정이 가능한 것을 무엇이라고 하는가?

① 통제　　　　　② 변수
③ 모집단　　　　④ 표본추출

50. 다음 중 시장조사를 진행하는 조사 업체가 지켜야 할 사항에 해당하지 않는 것은?

① 조사를 통해 알게 된 고객, 기업의 중요한 정보를 누설하지 않아야 한다.
② 정보 제공자의 익명성은 필히 지킨다.
③ 조사의 한계점 대신 조사의 유익성에 대한 부분만을 이야기한다.
④ 조사 과정에 비전문가를 투입시키는 행위는 하지 않는다.

3과목 - 텔레마케팅 관리

51. SMART 성과 목표 설정에 관한 설명 중 틀린 것은?

① Attainable - 목표는 최대한 높아야 한다.
② Time-bound - 일정한 시간 내에 달성 여부를 확인할 수 있어야 한다
③ Specific - 최대한 구체적이어야 한다.
④ Result - 전략과제를 통해 구체적으로 달성하는 결과물이 있어야 한다.

52. 이전에 한번도 접촉이 없었던 대상에게 전화하여 상품을 판매하거나 홍보하는 것을 무엇이라고 하는가?

① Cold Call   ② Screen pop
③ ARS   ④ PBX

53. 달성 가능성이 높은 목표를 세우기 위해 SMART기법을 사용한다. "SMART" 용어에 대한 표기가 잘못된 것은?

① S : Special   ② M : Measurable
③ A : Achievable   ④ T : Timely

54. 텔레마케팅 활용분야 중에서 아웃바운드 텔레마케팅에 해당하는 것은?

① 고객불만 접수   ② A/S 접수
③ 해피콜   ④ 전화번호 안내

55. 텔레마케팅에 대한 설명으로 틀린 것은?

① 텔레마케팅은 통신수단을 활용한 비대면 커뮤니케이션이다.
② 고객을 만나기 위한 이동 비용이나 시간 등을 절약할 수 있어 효율적이다.
③ 텔레마케팅은 telephone과 marketing의 합성어라고 할 수 있다.
④ 데이터베이스 마케팅을 접목시켜 과학적이다.

56. 텔레마케팅 조직의 효과적인 성과보상 방법에 대한 설명으로 틀린 것은?

① 텔레마케터의 성과지표는 조직의 성과지표와 연계되어 있어야 한다.
② 텔레마케터의 성과보상은 공정하게 이루어져야 한다.
③ 텔레마케터의 성과지표는 정성적, 정량적인 지표 모두 활용되어야 한다.
④ 텔레마케터의 성과는 최대한 빠르게 달성하는 것이 좋다.

57. 부하직원의 노력에 대한 대가로 보상을 제공하는 것과 같은 교환과정을 기반으로 하고 있으며 전통적인 리더십 효과성에 관해서 초점이 맞추어져 있는 것은 무엇인가?

① 변혁적 리더십
② 서번트 리더십
③ 거래적 리더십
④ 슈퍼 리더십

58. 다음 중 발신자에 의한 의사소통 장애요인으로 옳지 않은 것은?

① 목적이나 목표의식 부족
② 반응과 피드백의 부족
③ 준거의 틀 차이
④ 타인에 대한 민감성 부족

59. 커크패트릭의 교육훈련 평가의 네 가지 기준 중 생산성, 품질, 시간 등과 같은 구체적인 수치를 활용하여 교육 전과 후의 상황을 비교, 분석할 수 있는 것은 어떤 기준에 의한 것인가?

① 반응기준 평가　　② 행동기준 평가
③ 학습기준 평가　　④ 결과기준 평가

60. 2명 이상의 공동목표를 가지고 있는 집단을 말하며, 공동의 목표를 달성하기 위해 서로 상호작용을 하면서 서로 긴밀한 연결성을 갖춘 집단을 무엇이라고 하는가?

① 조직　　　　　　② 준거집단
③ 모집단　　　　　④ 동질집단

61. 다음 중 콜 예측을 위한 콜센터 지표에 해당하지 않는 것은?

① 고객 콜 대기시간
② 평균 통화 처리 시간
③ 평균 판매가치
④ 평균 응대 속도

62. 다음 중 모니터링 평가 결과 활용 분야로 옳지 않은 것은?

① 통화 품질 측정
② 개별 코칭
③ 보상과 인정
④ 이직인터뷰 시 사용

63. 기업 본체에서 텔레마케팅 활동을 위한 여러 시스템과 인력, 공간을 가지고 활동하는 방식을 말하며, 장기적으로 텔레마케팅 활동을 할 계획이고, 신규고객보다 지속적인 고객과 관계구축을 바라는 기업에 적합한 구조는 무엇인가?

① 서비스 벤더(Service vendor)
② 사내 텔레마케팅(In House)
③ 서비스 뷰로(Service bureau)
④ 외부대행 텔레마케팅(Out sourcing)

64. 다음 중 교육훈련 관리의 과정에 대해 바르게 나열한 것은?

① 교육훈련의 평가 → 필요성 분석 → 프로그램 설계 → 프로그램 실시 → 종합시스템과의 연계

② 필요성 분석 → 프로그램 설계 → 프로그램 실시 → 교육훈련의 평가 → 종합시스템과의 연계

③ 필요성 분석 → 교육훈련의 평가 → 프로그램 설계 → 프로그램 실시 → 종합시스템과의 연계

④ 필요성 분석 → 교육훈련의 평가 → 종합시스템과의 연계 → 프로그램 설계 → 프로그램 실시

65. 콜센터의 인적자원 관리 방안에 해당하지 않는 것은?

① 다양한 동기 부여 프로그램을 준비한다.
② 콜센터 리더 육성 프로그램을 주기적으로 실시한다.
③ 상담원 수준별 교육훈련 프로그램을 준비한다.
④ 정기적인 QA 부서와의 이직 관련 미팅을 진행한다.

66. 콜센터 조직이 점차 커지고 활성화됨에 따라 상담원들이 반복적인 상담업무에서 비롯되는 권태감, 자책감, 음성피로와 장애 등으로 정신적, 육체적으로 보이는 이상 현상을 무엇이라고 하는가?

① Burn-out
② 철새둥지
③ '끼리끼리' 문화
④ 콜센터 바이탈사인

67. 다음 중 효과적인 불만 처리 원칙이 중요한 이유에 해당하지 않는 것은?

① 한 명의 신규고객을 만드는 일보다, 한 명의 불만고객을 만족시켜 주는 것이 중요하기 때문이다.
② 고객이 불만을 갖고, 평가하는 사항들을 토대로 경영에 반영하여 더욱 발전할 수 있다.
③ 기업에 불만을 제기하고, 만족스러운 처리 과정을 겪은 고객은 침묵하는 고객보다 구매율이 높다.
④ 적절한 불만 처리로 고객유지율은 증가되지만 매출과는 큰 관련이 없다.

68. 아웃바운드 상담의 장애요소에 해당하지 않는 것은?

① 고객의 거부감 및 두려움
② 똑같은 내용 반복에 대한 권태감
③ 불필요한 고객과의 만남
④ 상담사의 부족한 역량

69. 다음 중 콜센터의 조직구조 설계 시 고려사항에 해당하지 않는 것은?

① 상담사 교육과 상담품질 관리를 전담으로 하는 전문인력을 보유해야 한다.
② 관리자는 성과지표 관리를 위한 인력운영계획을 수립하고 관리해야 한다.
③ 모니터링 담당자는 정기적으로 시스템 및 전산 보안에 대해 점검해야 한다.
④ 슈퍼바이저는 10~20명 정도의 상담사를 관리, 담당하도록 한다.

70. 다음 중 조직문화에 대한 설명으로 틀린 것은?

　① 조직문화는 효과적인 의사소통에 영향을 미치면서 조직의 집단내 갈등에 영향을 미친다.
　② 조직문화는 생산성에 영향을 미치는데, 조직원들이 조직에 대해 충성심 향상이나 조직의 목표달성을 위해 노력할 수 있도록 한다.
　③ 직원들의 용모복장 상태는 조직문화와 상관없으며 생산성과 가장 깊은 연관이 있다.
　④ 조직문화의 특수성은 조직원들에게 일체감과 소속감을 제공하며 서로 협력면서 목표를 이루고자 할 때 도움을 준다.

71. 콜센터 시스템 중 ACD의 기본 기능에 해당하지 않는 것은?

　① 인입된 고객의 정보를 상담사 화면에서 확인할 수 있도록 해준다.
　② 대기하고 있는 고객을 상담이 종료된 상담사에게 바로 연결해준다.
　③ 대량의 콜 처리가 가능하다.
　④ 균등한 콜 분배가 가능하다.

72. 직원의 지식이나 기능, 태도를 변화시켜 기업의 경쟁력 향상율 도모하는 전략적 행동으로 변화하는 환경에 적응하면서 경영성과룰 위해 인력을 육성하기 위해 진행하는 것은 무엇인가?

　① 직무평가　　　② 임금관리
　③ 직무분석　　　④ 교육훈련

73. 콜센터에서 행하는 콜 모니터링의 방법에 해당하지 않는 것은?

　① Call taping
　② Blinde monitoring
　③ Peer monitoring
　④ Mystery monitoring

74. 고객의 불만사항을 접수하고 처리 완료할 때까지의 처리과정을 관리하는 시스템으로 고객으로부터 상품에 대한 중요한 정보를 수집할 수 있고, 신속한 불만 처리로 회사의 이미지를 상승시키는 시스템을 무엇이라고 하는가?

　① VOC(Voice Of Customer)
　② WFMS (Work Force Management System)
　③ IPCC
　④ ADRPM

75. 상담원들의 이직관리에 대한 사항으로 틀린 것은?

　① 상담원에게 콜센터의 비전을 제시하고 동기를 부여한다.
　② 상담원을 제외한 관리자와 스텝의 말만 충분히 고려한다.
　③ 행복한 일터, 즐겁게 일하는 콜센터 분위기를 조성한다.
　④ 이직의 원인을 지속적으로 모니터링하고 개선한다.

4과목 - 고객관리

76. 올바른 상담태도로 알맞은 것은?

　① 상담 시 시청각자료는 쓰지 않는다.
　② 고객의 의견을 진지하게 경청하도록 한다.
　③ 텔레마케터의 권위를 높이기 위해 전문적인 용어를 쓴다.
　④ 텔레마케터는 전문가이므로 자신의 의견을 일방적으로 설득시키는 것이 좋다.

77. CRM 도입으로 인한 기대효과 중 기업의 관점이 아닌 것은?

　① 안정적이고 지속적으로 고객과의 관계를 유지할 수 있다.
　② 서비스 요청 단계가 간소화된다.
　③ 기존의 고객 이탈을 방지할 수 있다.
　④ 기업의 이미지 제고 및 종업원의 이직이 감소된다.

78. CRM 마케팅의 특성으로 맞지 않는 것은?

　① 데이터베이스화 된 정보를 바탕으로 신속하게 고객의 욕구를 충족시켜 줄 수 있다.
　② 기존 고객과의 관계를 중심으로 신뢰를 쌓으려고 다양한 활동을 펼친다.
　③ CRM 마케팅이 성공하기 위해서는 기업의 전사적인 관점이 필요하다.
　④ 신규고객 확보가 가장 중요하다.

79. 다음 중 고객충성도를 향상시킬 수 있는 방법으로 적절하지 않은 것은?

　① 마일리지 및 포인트 지급으로 실질적 혜택을 제공한다.
　② 우량고객 전용 커뮤니티를 만들고 활동을 지원한다.
　③ 우량고객에게는 항상 고가격의 제품과 서비스를 추천한다.
　④ 우수고객 특별 관리 및 이벤트를 시행한다.

80. 참여 관점에 따라 고객을 나눌 때, 제품이나 서비스를 직접 구매하기보다 제품의 품질이나 평판, 심사, 모니터링 등으로 영향을 주는 집단을 말하며 주로 소비자보호단체나 기자, 전문가 등이 포함된 고객을 무엇이라고 하는가?

　① 공급자집단
　② 한계고객
　③ 의사 선도 고객
　④ 의사 결정 고객

81. 커뮤니케이션 과정에서 전달과 수신 사이에 발생하며 의사소통을 왜곡시키는 요인을 무엇이라고 하는가?

　① 의사언어
　② 신체언어
　③ 잡음
　④ 준거 틀의 차이

82. 다음 중 효과적인 비언어적 의사소통이라고 보기 어려운 것은?

① 텔레마케터는 고객과 시각적인 요소의 제한으로 단어 사용 등의 언어적인 수단에만 집중해야 한다.
② 직접 고객이 보지 못하더라도, 바른 태도나 자세를 유지하도록 노력한다.
③ 늘 말과 행동 및 태도가 일관되도록 한다.
④ 음조나 발음 등의 의사언어를 주의하도록 한다.

83. 다음 중 효과적인 커뮤니케이션을 방해하는 요소가 아닌 것은?

① 동료 상담사의 지나치게 큰 목소리
② 자기중심적 듣기
③ 소음공해, 노크, 전화벨 등의 물리적 환경
④ 고객이 전달하는 메시지의 내용이나 관련 개념, 느낌에 집중하며 듣기

84. 서비스의 획일화, 셀프 서비스의 증가, 인간성 부족 등으로 발생하며 경제적으로 윤택해지고, 서비스가 더욱 다양해졌음에도 불구하고 고객의 만족도는 더욱 낮아지고, 불만이 증가하는 현상을 무엇이라고 하는가?

① 서비스 혁명　　② 서비스 실패
③ 서비스 회복　　④ 서비스 패러독스

85. 고객이 불평, 불만을 호소하는 일반적인 단계 중 가까운 지인이나 가족들에게 토로하고 이야기하는 것은 어느 단계라고 할 수 있는가?

① 비공식적인 단계
② 공식적인 단계
③ 법적인 호소
④ 대안찾기

86. 고객 상담 시, 적절한 표현이라고 하기 어려운 것은?

① 방문하셔야 돼요. → 번거로우시더라도 직접 방문 부탁드립니다.
② 안 됩니다. → 규정상 해드릴 수 없습니다.
③ 잠깐만 기다리세요. → 죄송합니다만, 잠시만 기다려 주시겠습니까?
④ 주소 불러 드릴게요. → 주소 말씀드리겠습니다. 메모 가능하신가요?

87. 유형별 고객을 상담할 때 적절하지 않은 것은?

① 다른 고객들 앞에서 큰 소리를 치며 욕을 하는 고객은 더 큰 목소리로 응대하며 제압하도록 한다.
② 분석형 고객은 구체적인 데이터를 요구하는 만큼 정확한 정보제공이 필요하다.
③ 사교형 고객은 일의 심각성을 느낄 수 있도록 문제의 심각성에 대해 주의를 환기 시켜 줄 필요가 있다
④ 주도형 고객과 상담을 할 때는 세세한 과정보다 결론부터 명확하게 먼저 이야기 하는 것이 좋다.

88. 분석 CRM의 본질적인 역할을 수행하기 위해 고려해야 하는 요소가 아닌 것은?

① 데이터마트
② 데이터마이닝
③ 데이터웨어하우스
④ 데이터베이스마케팅

89. CRM의 등장배경으로 볼 수 없는 것은?

① 고객욕구·요구의 다양화
② 고객생애가치(LTV)의 중요성
③ 시장의 대중화
④ 정보기술의 급격한 발전

90. 기업 전체의 고객 관련 부서들의 업무 프로세스를 한눈에 볼 수 있으며, 기업 내부 부서들간의 협력과 고객정보의 공유를 효과적으로 지원하는 CRM은 어느 영역인가?

① 통합 CRM
② 운영 CRM
③ 분석 CRM
④ 협업 CRM

91. 다음 중 언어적인 메시지에 해당하지 않는 것은?

① 말
② 억양
③ 편지
④ 메일

92. 홈페이지 개인정보 노출 방지대책으로 틀린 것은?

① 기관에서 운영 중인 홈페이지는 주기적으로 현황 조사를 실시하여 관리할 수 있도록 해야 한다.
② 로그인은 하지 않는 페이지더라도 소스코드, 파일, ULR에 개인정보 포함여부를 점검한다.
③ 관리자 페이지는 기본적으로 외부에서 접근이 용이하도록 운영한다.
④ 노출 발생 시 원인 분석 및 외부 유출여부 확인을 위해 웹서버 로그를 일정기간 동안 보관한다.

93. 듣기의 일반적인 과정으로 옳은 것은?

① 듣기 → 평가 → 해석 → 응답
② 듣기 → 해석 → 평가 → 응답
③ 듣기 → 응답 → 해석 → 평가
④ 듣기 → 해석 → 응답 → 평가

94. 수신자에 의한 장애요인으로 볼 수 없는 것은?

① 선입견
② 목적이나 목표의식 부족
③ 반응과 피드백 부족
④ 선택적인 청취

95. 콜센터의 고객응대에 대한 설명으로 옳지 않은 것은?

① 상담사가 비대면 방식으로 하는 커뮤니케이션이다.
② 고객의 욕구 파악을 위해서는 부정적인 질문과 비판도 중요하다.
③ 고객응대 시 성의, 창의, 열의 등 기본적인 마음가짐이 있어야 한다.
④ 대화예절이 수반되어 각종 정보 숙지, 애로사항, 불만사항의 문제해결 관련 상담 전문성이 중요하다.

96. 고객과의 상담 중 질문은 매우 중요하다고 할 수 있다. 질문을 적절하게 하는 것이 중요한 단계로 문제와 더불어 고객의 니즈를 평가할 수 있고 상황, 문제, 시사, 욕구 등 4가지의 조화로운 질문을 하는 비법을 무엇이라고 하는가?

① MTP
② 아론슨 화법
③ SPIN 기법
④ 부메랑 화법

97. RFM 분석에 대한 설명으로 틀린 것은?

① R(Recency) : 고객이 얼마나 최근에 구입했는지를 나타낸다.
② F(Frequency) : 제품 또는 서비스를 얼마나 자주 구입했는지를 나타낸다.
③ M(Moneytary) : 고객이 구매한 평균 금액이 얼마인지를 나타낸다.
④ 가격의 탄력도 및 시장성장율을 분석하는데 도움이 된다.

98. 다음 중 인바운드 텔레마케팅의 성공요인 중 조직적인 요인이라고 볼 수 없는 것은?

① 탄력적인 인력 배치
② 이직률을 낮추기 위한 지속적인 관리자의 미팅
③ 관계마케팅 지향
④ 책임감과 인내심

99. 고객이 기업과 만나는 모든 모든 순간이 아주 중요한 결정적인 순간이라는 의미로 쓰이며 텔레마케팅이나 CRM에 널리 쓰이는 이것은 무엇인가?

① MOT
② VOC
③ Pilot study
④ Case study

100. 심리학자 에드워드 홀은 보디존과 인간관계의 친밀도를 4개의 공간 영역으로 나누어 분석하였다. 그 중에 포함되지 않는 것은?

① 친밀한 거리
② 개인적 거리
③ 사회적 거리
④ 은밀한 거리

1과목 - 판매관리

1. 다음 중 인바운드 고객상담의 설명으로 옳은 것은?

① 인바운드 고객상담은 고객밀착형이다.
② 세일즈나 세일즈 리드(Sales leads)를 창출할 수 있다.
③ 인바운드 고객상담은 주로 질문형의 문의상담 기능이 강하다.
④ 고객에게 오는 전화이니 만큼 대기시간은 줄이는 것이 중요하다.

2. 시장을 세분화 할 때 결혼 여부나 가족, 연령, 성별, 소득별로 나누는 것은 어떠한 변수를 적용했다고 볼 수 있는가?

① 지리적 변수
② 인구통계학적 변수
③ 심리묘사적 변수
④ 소비자 행동적 변수

3. 포지셔닝 전략의 수립과정에서 가장 먼저 수행하는 시장분석을 통해 얻을 수 있는 정보가 아닌 것은?

① 현재와 미래의 시장내의 경쟁구조
② 시장내 수요의 전반적인 수준 및 추세
③ 세분시장의 크기와 잠재력
④ 시장내 소비자의 지리적 분포

4. 유통경로에 도매상이 개입되면 소매상의 대량 보관기능을 분담한다는 개념으로 상품의 보관 총량은 감소시키면서도, 소매상은 최소량만을 보관하게 되어 재고부담을 줄이게 된다는 유통경로의 원칙은 무엇인가?

① 집중준비의 원칙
② 변동비 우위의 원칙
③ 분업의 원칙
④ 총거래 수 최소화의 원칙

5. 데이터베이스 마케팅의 역할이라고 볼 수 없는 것은?

① 기업과 상품의 이미지 개선 효과
② 고객과의 장기적 관계 구축
③ 고객점유율 확대
④ 매출 감소

6. 인적판매, 판매촉진, 광고 PR 등의 수단들을 따로따로 실행하는 것이 아니라, 통합적으로 모두 통합하고 확대하여 전체적으로 적용하고 새로운 시각으로 보고자 하는 활동을 무엇이라고 하는가?

① 통합마케팅 커뮤니케이션(IMC)
② 고객생애가치(LTV)
③ 제품수명주기(PLC)
④ CTI

7. 촉진수단 중 인적판매에 관한 설명으로 적절하지 않은 것은?

① 주로 산업재를 판매할 때 이용된다.
② 도매상이 소매상에게 적용하는 판매 방식이다.
③ 인적판매의 과정은 "준비 → 거래 → 설득"의 3단계로 이루어진다.
④ 판매원이 직접 고객과 접촉하며 제품과 서비스를 판매하는 활동을 말한다.

8. 소비자들에게 잘 알려지지 않은 혁신제품, 인지하고는 있으나 구매를 고려하지 않고 있는 제품 또는 당장에 필요하지 않아 구매를 고려하고 있지 않은 제품을 무엇이라고 하는가?

① 핵심제품   ② 비탐색품
③ 확장제품   ④ 유형제품

9. 시장세분화를 할 때 사회계층, 생활양식, 개성 등이 사용되며 일반 인구통계적 변수보다 더욱 구체적인 정보를 제공해주는 것은 무엇인가?

① 행동 변수 세분화
② 지리 분석적 세분화
③ 심리 분석적 세분화
④ 인구 통계적 세분화

10. 시장의 요구가 크게 다르지 않고, 공통적이라는 전제 하에 단일제품과 단일마케팅 전략을 사용하는 경우를 무엇이라고 하는가?

① 관계 마케팅
② 집중적 마케팅

③ 비차별화 마케팅
④ 차별화 마케팅

11. 표적시장을 선정하기 위해서는 여러 측면의 매력도가 평가되어야 한다. 그 기준에 해당하지 않는 것은?

① CEO의 신념
② 세분시장 구매력
③ 성장가능성
④ 세분시장의 규모

12. 시장세분화의 장점이라고 볼 수 없는 것은?

① 고객 집단별 차별화된 마케팅의 전개
② 이탈 고객을 허용함으로써 마케팅 비용 증가
③ 마케팅기회를 파악, 비교하는 데 용이하다.
④ 시장을 세분화해 놓으면 마케팅 프로그램과 소요되는 예산을 예측, 수립할 수 있다.

13. 데이터베이스 마케팅의 중요성에 해당하지 않는 것은?

① 최대한 많은 대중에게 일괄적으로 통일된 메시지를 제공할 수 있다.
② 고객 이탈을 막고 고객유지를 할 수 있다.
③ 고객 데이터를 이용하여 1:1 관계구축이 가능하다.
④ 최적의 구매환경을 제공하여 고객생애가치를 증대시킨다.

14. 포지셔닝 전략의 유형 중 특정 제품을 주로 사용하는 주 사용자, 사용계층을 이용하여 포지셔닝하는 것을 무엇이라고 하는가?

① 속성에 의한 포지셔닝
② 이미지 포지셔닝
③ 경쟁제품에 의한 포지셔닝
④ 사용자에 의한 포지셔닝

15. 통화량이 많은 상황으로 콜을 수용할 직원이 없을 때, 상담을 포기하고 전화를 끊는 것을 무엇이라고 하는가?

① Handed Call
② Pre-call
③ Unattended Call
④ Abandoned Call

16. 다음 중 기업을 둘러 싸고 있는 외부환경이라고 볼 수 없는 것은?

① 나라의 경제적 환경
② 사회 문화
③ 경쟁사의 전략
④ 마케팅 목표

17. 자신의 기억 또는 내면에 저장되어 있는 관련된 정보에서 의사결정에 도움이 되는 것을 끄집어내는 과정을 무엇이라고 하는가?

① 대안 평가
② 외부탐색
③ 비보완적 평가
④ 내부탐색

18. 다음 중 재포지셔닝을 해야 하는 상황이 아닌 것은?

① 성장율과 시장점유율 모두 높은 경우
② 이상적인 위치를 달성하고자 했으나 실패한 경우
③ 새로운 시장 및 기회를 발견하게 되었을 경우
④ 포지션이 잘못 되었다고 판단되는 경우

19. 아웃바운드 텔레마케팅 상담 5단계로 옳은 것은?

① 자기소개와 첫인사 → 도입 → 상담진행 → 반론극복 → 마무리 및 끝인사
② 자기소개와 첫인사 → 상담진행 → 도입 → 반론극복 → 마무리 및 끝인사
③ 자기소개와 첫인사 → 반론극복 → 상담진행 → 도입 → 마무리 및 끝인사
④ 도입 → 자기소개와 첫인사 → 상담진행 → 반론극복 → 마무리 및 끝인사

20. 인바운드 텔레마케팅과 상관없는 것은?

① 업체 주도형의 상담이다.
② 빈번한 질문에 대한 예상 답변을 마련해야 한다.
③ 조직적으로는 탄력적인 인력을 배치하는 것이 중요하다.
④ 기존 고객과의 관계를 유지하기 위한 여러 서비스 마케팅을 진행한다.

21. 제품이용도를 제고하고자 이탈고객을 대상으로 거래단절의 원인을 조사하여 이에 대한 대책을 수립하는 마케팅 전략은?

① 관계마케팅(Relationship marketing)
② 유지마케팅(Retention marketing)
③ 내부마케팅(Internal marketing)
④ 데이터베이스마케팅(Database marketing)

22. 마케팅믹스의 4가지 요소 중 가격의 중요성에 대한 설명으로 틀린 것은?

① 예기치 않은 상황에 의해 가격이 결정될 수 있다.
② 한번 결정하면 변경하기 매우 어렵기 때문에 처음부터 신중하게 결정해야 한다.
③ 수요가 탄력적인 시장상황에서 매우 쉽게 변동될 수 있는 요인이다.
④ 기업의 이익이나 소비자의 구매 및 정부의 정책결정에 중요한 역할을 한다.

23. 다음 중 인바운드 상담절차를 바르게 나열한 것은?

① 업무 전 상담준비 → 문의에 대한 해결 → 반론의 극복 → 통화내용의 재확인 → 전화상담 → 문의내용의 파악 → 통화의 종결 및 끝인사
② 업무 전 상담준비 → 전화상담 → 문의내용의 파악 통화내용의 재확인 → 문의에 대한 해결 → 반론의 극복 → 통화의 종결 및 끝인사
③ 업무 전 상담준비 → 전화상담 → 문의내용의 파악 → 문의에 대한 해결 → 반론의 극복 → 통화내용의 재확인 → 통화의 종결 및 끝인사
④ 전화상담 → 문의내용의 파악 → 업무 전 상담준비 → 문의에 대한 해결 → 반론의 극복 → 통화내용의 재확인 → 통화의 종결 및 끝인사

24. 다음 중 아웃바운드 스크립트의 특성으로 볼 수 없는 것은?

① 문장이 짧고 간결해야 한다.
② 스크립트에 작성된 표현 외에도 상황에 따라 수정할 수 있다.
③ 전화한 목적과 소개하는 상품 및 서비스에 대한 명확한 정보 및 이점이 스크립트에 꼭 포함되어야 한다
④ 빈번한 질문에 대한 Q&A 스크립트를 꼭 미리 작성해 놓아야 한다.

25. 시장에 처음 등장했기 때문에 아직 경쟁자가 적은 편이며, 신제품 연구 및 시장도입으로 인해 투자가 이루어져서 가격은 높은 편이다. 신규고객을 끌어들여야 하기 때문에 고객 당 촉진비 또한 높은 것은 제품수명주기상 어느 단계에 해당하는가?

① 쇠퇴기
② 성숙기
③ 성장기
④ 도입기

2과목 - 시장조사

26. 다음 중 설문지 작성 요령에 해당하지 않는 것은?

① 질문의 순서는 응답에 큰 영향을 미친다는 것을 알아야 한다.

② 전문가 집단을 대상으로 진행할 때에는 되도록 척도수를 적게 만든다.

③ 응답자가 대답하기 곤란한 질문들에 대해서는 직접적인 질문을 피하도록 한다.

④ 질문은 짧고 간단해야 한다.

27. 집단을 이루는 모든 개체들을 조사하여 모집단의 특성을 측정하는 방법을 말하며, 표적인 사례는 인구조사(census)가 해당된다. 이는 어떤 조사를 말하는 것인가?

① 표본조사　　　② 전수조사
③ 전화조사　　　④ 인과조사

28. 다음은 어떤 유형의 응답형태에 해당하는가?

> "실례지만, 가족 관계가 어떻게 되시나요?"
> "지금 기분이 어떠신가요?"
> "이 그림을 보셨을 때 어떤 감정을 느끼셨나요?"

① 개방형 질문　　② 척도형 질문
③ 다지선다형　　　④ 양자택일형

29. 조사자가 속한 조직이나 기업의 내부자료가 아닌 다른 외부기관의 자료를 뜻하며, 컴퓨터 DB, 정부 통계자료, 학계자료 등의 자료를 무엇이라고 하는가?

① 2차자료　　　　② 내부자료
③ 신디케이트자료　④ 1차자료

30. 좋은 측정 도구가 갖추어야 할 가장 중요한 두 가지 기준은 무엇인가?

① 타당성과 신뢰성
② 민감성과 차별성
③ 동질성과 이타성
④ 차별성과 타당성

31. 다음 중 일반기업에서 이루어지는 시장조사의 필요성과 관련 없는 것은?

① 전략경영의 실행
② 고객에 대한 이해
③ 한정된 자원의 효율적 활용
④ 마케터의 책임부담 증가

32. 다음 중 비율척도에 관련한 사항과 관계 없는 것은?

① 절대 "0"의 개념은 없다.
② 소득, 시간, 체중, 가격 등이 포함된다.
③ 가장 포괄적인 정보를 제공하는 최상위 수준의 측정척도다.
④ 대상의 직접적인 상태를 측정하는 것이다.

33. 현재 당면한 문제를 해결하기 위한 목적으로 수집한 자료를 말하며, 목적에 적합한 자료를 직접 수집하기 때문에 신뢰도, 타당성이 높은 자료는?

① 2차자료　　　　② 내부자료
③ 1차자료　　　　④ 탐색자료

34. 다음 중 탐색조사의 방법에 포함되지 않는 것은?

① 표적집단면접　　② 사례조사
③ 종단조사　　　　④ 전문가의견조사

35. 다음 중 가장 비용이 많이 드는 조사 방법은?

① 전화조사　　　　② 면접조사
③ 우편조사　　　　④ 인터넷조사

36. 다음에서 설명하는 면접기법은?

> 비공개적이며, 설문지를 이용하지 않으면서 소수의 응답자들을 일정한 장소에 모이게 한 후 자유로운 분위기와 상황속에서 의사를 표시하는 면접기법이다.

① 표준화면접법(Standardized interview)
② 전화면접법(telephone interview)
③ 개별방문면접법(face to face interview)
④ 표적집단면접법(focus group interview)

37. 다음 중 코딩(Coding)에 관한 설명 중 바르지 않은 것은?

① 코딩이 끝나면 컴퓨터에 파일로 입력을 하고 외부저장 매체(CD 등)에 저장한다.
② 항목별로 각 응답에 해당하는 숫자나 기호를 부여하는 과정이다.
③ 제외되거나 중복되는 부분이 없이 모든 응답들이 포함되어야 한다.
④ 다양한 의견이 나오는 폐쇄형 질문의 경우 편집과정에서 따로 분류한다.

38. 설문조사 과정 중 조사자로 인한 오류의 발생이라고 할 수 없는 것은?

① 조사자의 인상이나 태도 등의 비언어적인 요소로 인해 응답자의 반응이 달라질 수 있는 오류
② 표본이 잘못 설정된 경우
③ 조사자 임의대로 설문에 있는 내용을 변경한 경우
④ 조사자가 질문의 순서를 변경한 경우

39. 다음 중 신뢰도 검증방법에 해당하지 않는 것은?

① 갱서베이　　　　② 재질문법
③ 반분법　　　　　④ 복수양식법

40. 다음 중 조사과정에서 조사자의 편견이 가장 많이 개입되는 방법은?

① 전화조사 ② 면접조사
③ 우편조사 ④ 인터넷조사

41. 조사자가 응답자에게 질문지의 내용을 읽어주고, 응답자가 답변한 사항을 조사자가 대신 기록하는 방법으로 지역의 한계를 극복하고, 전국적으로 조사가 가능한 장점을 가지고 있는 조사 방법은?

① 면접조사 ② 우편조사
③ 표적집단면접 ④ 전화조사

42. 다음 중 우편조사의 장점이라고 볼 수 없는 것은?

① 최소 경비와 노력
② 높은 회신율
③ 접근 가능성
④ 조사자의 편견 및 개입 불가

43. 구성원간의 친화와 반발을 조사하며 주로 소집단 내에서 사람들 사이에 맺어지는 인간관계 측정 시 많이 이용되며, 주로 심리학이나 사회학 분야에서 이용되는 척도는 무엇인가?

① 소시오메트리 척도
② 리커트 척도
③ 거트만 척도
④ 평정척도

44. 많은 정보를 반복적으로 조사하는 단점을 보완하기 위해 하나의 조사에 여러 기업들이 함께 참여하는 규모 표본조사를 무엇이라고 하는가?

① 옴니버스 조사
② 회장법(CLT)
③ 갱서베이 조사
④ 소비자 패널 조사

45. 다음 중 종단조사에 해당하지 않는 것은?

① 코호트 조사
② 사례 조사
③ 패널 조사
④ 추세 조사

46. 다음 중 면접자가 지켜야 할 사항 및 사전 준비 내용이 아닌 것은?

① 비표준화면접의 경우 면접조사표를 가지고 해당 지침을 지키며 면접을 진행하도록 한다.
② 응답자의 답을 잘못 기재하거나 조작하는 행위는 절대 해서는 안 된다.
③ 면접원은 설문 전, 먼저 설문내용 및 설문지 구조를 파악해 놓아야 설문 과정에서 혼란을 줄일 수 있다
④ 면접자가 조사를 실시하면서 알게 된 내용은 절대 누설하지 않아야 한다.

47. 모든 인터넷 서비스를 이용하여 컴퓨터나 모바일상에 설문지를 제공하고 답을 하도록 하는 것이다. 온라인 게시판이나 온라인 좌담회 등을 통한 정성조사를 하는 것을 무엇이라고 하는가?

① 온라인조사　　② 소비자패널조사
③ 신디케이트조사　④ 옴니버스조사

48. 다음 중 내적타당도를 저해하는 요인이 아닌 것은?

① 특정사건의 영향
② 사전검사의 영향
③ 조사대상자의 차별적 선정
④ 반작용 효과(reactive effrcts)

49. 다음 중 확률표본추출방법의 종류에 해당하지 않는 것은?

① 단순무작위 표본추출
② 층별 표본추출
③ 할당 표본추출
④ 군집별 표본추출

50. 전화조사에서 가장 적절하지 않은 질문 유형은?

① 양자택일형　　② 다지선다형
③ 척도형질문　　④ 자유응답형

3과목 - 텔레마케팅 관리

51. 고객과 상담원의 통화내용을 모니터링하는 목적이라고 볼 수 없는 것은?

① 통화품질 관리 및 향상
② 텔레마케터 교육 및 능력 향상
③ 높은 서비스 제공으로 고객 확보와 이익 발생
④ 단기적 매출의 극대화 전략

52. 리더는 구성원들을 셀프리더로 성장할 수 있도록 스스로 판단하고 행동하도록 하고, 결과도 스스로 책임질 수 있도록 만드는 리더십을 무엇이라고 부르는가?

① 서번트 리더십　② 슈퍼 리더십
③ 변혁적 리더십　④ 거래적 리더십

53. 다음 중 텔레마케팅 커뮤니케이션의 성공요건이라고 할 수 없는 것은?

① 전문적인 텔레마케터
② 공감적 경청의 적용
③ 판매량과 판매가치 향상을 최우선으로 하는 조직 목표
④ 체계적으로 작성된 스크립트

54. 고객이 상담원과 연결되기까지 기다린 시간을 무엇이라고 하는가?

① ACR　　　　② 고객 콜 대기시간
③ 불통률　　　④ 고객처리시간

55. 콜이 인입되었을 때 자동으로 응답하고 서비스가 시작되며 고객 식별을 위한 정보를 입력하게 하는 기능을 하면서, 콜 포기율인 사용 중인 포트의 비율을 알 수 있도록 해주는 기능을 무엇이라고 하는가?

① WFMS
② Abandoned Call
③ ARS
④ IVR

56. 피들러의 상황 적합 리더십에 대한 설명으로 옳은 것은?

① 연구결과를 토대로 지시적 리더십, 후원적 리더십, 참여적 리더십, 성취지향적 리더십 4가지 유형의 리더십 행동들이 구성원들의 행동에 미치는 과정을 설명하였다.
② 상황에 따라 요구되는 리더의 특성과 행동은 달라지며, 어떤 상황에서 어떤 리더의 행동이 더욱 효과적인지 규명하고자 연구하였다.
③ 리더의 행동과 부하직원의 만족도 및 업무성과 사이의 상관관계에 대한 연구가 출발점이었으며, 부하의 특성과 과업의 특성이라는 상황요인에 따라 달라진다고 나타났다.
④ 리더의 행동을 과업, 관계 행동의 2자 축으로 분류하고 상황요인을 추가하여 리더십의 스타일을 보여준다.

57. 아웃바운드 콜센터의 성과분석 관리지표로 활용되며, 총고객 DB 불출 건수 대비 텔레마케팅으로 소진한 DB 건수가 차지하는 비율을 무엇이라고 하는가?

① 고객 DB 사용대비 고객획득률

② 판매건당 비용
③ 평균 판매가치
④ 고객DB 소진율

58. 다음 중 콜센터 조직의 특성이라고 보기 어려운 것은?

① In-House 방식보다 외부대행 텔레마케팅의 방식으로 주로 운영되고 있다.
② 정규직과 비정규직 간, 혹은 상담사 간에 보이지 않는 커뮤니케이션 장벽 등이 발생할 확률이 높다.
③ 타직종에 비해 이직률이 낮은 편이다.
④ 국내 콜센터 조직은 점차 대형화, 전문화, 시스템화 되어 가는 추세이다.

59. 직원에게 우호적이며 배려적인 리더십을 발휘하는 성향의 리더이며, 직원의 복지, 지위, 근로조건 및 근무환경 개선 등의 기대나 관심을 가져주는 리더는 콜센터 리더십의 어느 유형에 속하는가?

① 지원형 리더십
② 경험적 리더십
③ 학습적 리더십
④ 코칭적 리더십

60. 업무의 특성에 따라 특성 월에 반복적으로 콜량의 변화가 있을 때 이것을 예측하기 위한 콜 예측 요인을 무엇이라고 하는가?

① 시간요인
② 상황요인
③ 변화요인
④ 계절요인

61. 인바운드 콜센터의 운영 성과측정지표에 관한 설명으로 옳지 않은 것은?

① 품질평가는 "목표 서비스 기간 내에 총 인입된 콜의 몇 %를 응답했는가?"를 측정하는 항목이다.

② CPH(Call Per Hour)는 "텔레마케터가 시간당 인입콜을 얼마나 많이 처리하였는가?"를 측정하는 항목이다.

③ 스케줄 고수율은 (콜 처리시간 + 콜 처리 준비가 되어 있는 시간)/업무를 하도록 스케줄된 시간을 측정하는 항목이다.

④ 고객 만족도는 고객이 콜센터에 대해 느끼는 만족도를 측정하는 항목이다.

62. 한 고객으로부터 평생동안 얻게 될 이익의 합계를 현재 가치로 환산하는 개념을 말하며, 이것이 클수록 해당 기업에 많은 이익을 줄 것이라 예상되며 매우 중요한 고객이라고 할 수 있다. 이것을 무엇이라고 하는가?

① 고객충성도
② 고객생애가치
③ 고객옹호도
④ RFM분석

63. 자체 운영방식으로 텔레마케팅을 진행할 경우 적용되는 장점은?

① 고객정보, DB의 외부유출 방지에 안전하다.
② 단기적으로 콜센터를 운영하고자 할 때 효율적이다.
③ 전문가와 전문기술을 활용할 수 있다.
④ 콜센터 설치, 운영, 유지 비용을 절감할 수 있다.

64. 조직의 목표를 달성하기 위하여 조직원들의 업무내용을 정확하게 분석하고, 또한 여러 업무와 관리행위를 효과적으로 수행할 수 있도록 권한 및 책임을 분명하게 하는 과정을 무엇이라고 하는가?

① 분업화
② 기능화
③ 통합화
④ 조직화

65. 텔레마케팅에서 대화 대본 역할을 하며 도입에서 상담, 진행, 마무리 감사 등의 절차와 구성을 통해 텔레마케팅 상담 및 고객 설득 능력을 숙달하고자 할 때 사용하는 것을 무엇이라고 하는가?

① QA
② 서비스품질
③ 스크립트
④ 데이터시트

66. 콜센터의 성공한 관리자의 속성이라고 볼 수 없는 것은?

① 기업의 목적과 콜센터의 목적을 일치시킨다.
② 수준 이상의 목표를 설정하고 카리스마 있게 달성하도록 동기부여 한다.
③ 서비스의 양만이 아닌 서비스의 질도 함께 강조한다.
④ 콜센터의 내·외부의 측정요소에 대한 즉각적인 접근을 필요로 한다는 것을 이해한다.

67. 콜센터 조직 특성으로 적합하지 않은 것은?

① 현재 비정규직 중심으로 근무형태가 주종을 이루고 있으며, 타 직종에 비하여 이직률이 높은 편이다.

② 정규직과 비정규직간 혹은 상담원간에 보이지 않는 커뮤니케이션 장벽 등이 발생할 확률이 높다.

③ 국내의 콜센터 조직은 점차 대형화, 전문화, 시스템화 되어가는 추세이다.

④ 콜센터 조직의 가장 큰 특징은 다른 어떤 직종보다 인력의 전문성을 크게 요구하지 않는다는 것이다.

68. 직무분석의 결과물이라고 할 수 있으며, 과업 중심이 아닌, 해당 직무를 하는 직원의 인적 요인에 중심을 두고 작성된 것을 무엇이라고 하는가?

① 직무명세서   ② 직무기술서
③ 직무설계서   ④ 직무분석서

69. 다음 중 일반적인 교육훈련 평가 순서로 바른 것은?

① 반응 → 행동 → 학습 → 결과수준
② 반응 → 행동 → 결과수준 → 학습
③ 결과수준 → 반응 → 학습 → 행동
④ 반응 → 학습 → 행동 → 결과수준

70. 직무의 중요성과 곤란도에 따라 직무의 상대적 가치를 평가하고 그 결과에 따라 임금액을 결정하는 방식을 말하며, 노동의 질과 양에 따라 임금의 격차를 두는 체계로 가장 이상적이라고 할 수 있는 임금체계는 무엇인가?

① 직무급   ② 직능급
③ 연봉제   ④ 연공급

71. 가장 오래된 리더십 연구 이론과 관련 없는 설명은?

① 리더가 갖추어야 할 특성들만 가지고 있으면 어느 환경이나 상황에서도 항상 리더가 될 수 있다고 주장한다.

② 일반적으로 연령이나 신장, 체중, 용모 등의 신체적인 특성, 지식수준이나 관리능력 등을 특성으로 꼽는다.

③ 리더가 행동으로 모든 상황에서 리더십을 발휘할 수 있다는 이론이다.

④ 해당 조직원들의 특성 등의 상황적인 요인들을 모두 배제시킨 것은 이해하기 힘들다는 한계가 있다.

72. 20%의 고객이 80%의 수익을 창출한다는 의미이다. 텔레마케팅을 통한 판매에서 염두해 두어야 할 원칙으로, CRM을 통해 기존의 우량고객과의 장기적인 관계를 형성해나가는 것이 중요하다는 것을 뒷받침 해 주는 것은 무엇을 말하는가?

① 파레토법칙   ② 롱테일법칙
③ MOT법칙   ④ SERVQOAL

73. 갈등의 순기능에 대해 인정하면서 갈등 자체를 수용하는 것으로, 갈등은 조직에 자연적으로 발생되는 현상이며 조직에 성과를 가져다주는 순기능도 한다는 것으로 바라보는 관점은 어느것인가?

① 전통적 관점
② 상호작용주의적 관점
③ 행위론적 관점
④ 갈등해악론

74. 텔레마케팅 상담원의 재택근무 시 장점이 아닌 것은?

① 우수직원을 유인하고 유지할 수 있다.
② 시간관리 조절이 가능하다.
③ 오피스 근무보다 근태 통제가 용이하다.
④ 설비 비용을 절약할 수 있다.

75. 텔레마케팅에 대한 설명으로 틀린 것은?

① 텔레마케팅은 비용 효율적이다.
② 텔레마케팅은 쌍방향 커뮤니케이션이다.
③ 비대면상담으로 친밀한 관계형성은 거의 불가능하다.
④ 텔레마케팅은 효과측정이 용이하다.

4과목 - 고객관리

76. 콜센터 조직이 점차 커지고 활성화됨에 따라 상담원들은 반복적인 상담업무에서 비롯되는 권태감, 자책감, 음성피로와 장애 등으로 정신적, 육체적으로 보이는 이상 현상을 무엇이라고 하는가?

① Burn-out
② 끼리끼리 문화
③ 콜센터 바이탈사인
④ 철새둥지

77. QAA에게 요구되는 자질로 보기 어려운 것은?

① 시스템 장애 시 신속한 처리 능력
② 객관적인 판단 능력
③ 코칭과 교육 능력
④ 전문적인 지식

78. 어떤 대상에 대한 기대수준과 실제 경험의 차이에서 발생하는 불일치 정도에 대한 주관적인 평가의 결과를 뜻하는 것을 무엇이라고 하는가?

① 허용구간
② 고객만족경영
③ 고객가치
④ 고객만족

79. 인바운드에서 주로 활용되며, 고객과의 대화에서 발생할 수 있는 각종 질의 응답사항들을 적은 문답집을 무엇이라고 하는가?

① 데이터시트
② Q&A 스크립트
③ 모니터링 시트
④ FAQ

80. 다음 중 아웃바운드 상담의 장애요소라고 보기 어려운 것은?

　① 고객의 거부감 및 두려움
　② 불필요한 고객과의 만남
　③ 상담사의 부족한 역량
　④ 불만고객에 대한 두려움

81. 호기심 많은 행동스타일의 소비자상담 전략 중 틀린 것은?

　① 감정에 호소하는 의사소통기법을 사용한다.
　② 제품에 관련된 고객의 배경이나 경험에 대해 구체적인 개방형 질문을 해야 한다.
　③ 고객의 결정을 강요하지 말고 계약을 할 때까지 계속 설득해야 한다.
　④ 미리 세부사항과 정보가 준비되도록 하고 그들과 철저히 친숙하여야 한다.

82. 다음 중 고객관계관리(CRM)의 필요성이라고 할 수 없는 것은?

　① 기업의 수익성 극대화
　② 비차별적 마케팅에 활용
　③ 고객 확보, 유지
　④ 고객 세분화

83. 데이터마이닝의 과정 중 방대한 양의 데이터에서 표본과 같은 적은 양의 데이터를 추출하는 것을 말하며, 시간과 비용을 절감할 수 있어 효율적으로 작업을 진행할 수 있도록 해 주는 단계는 무엇인가?

　① 모형화　　　　　② 탐색
　③ 변환 및 조정　　④ 샘플링

84. CRM이 등장하게 된 원인과 거리가 먼 것은?

　① 업체 간 과다경쟁
　② 고객욕구의 다양화
　③ 고객데이터축적의 어려움
　④ 라이프스타일의 다양화

85. 고객이 편지 등 문서를 통해 불만을 접수할 경우 단점은 무엇인가?

　① 전화 등의 수단에 비해 확인 기간이 길어지며 때로는 접수된 서류가 분실되는 경우도 있다.
　② 상담사 입장으로는 한 번에 두 명 이상의 고객응대가 어렵다는 단점이 있다.
　③ 비용이 절약되지만 시각적으로 제한되어 있다.
　④ 고객의 인적사항이나 구매 행동 특성을 정확하게 파악하기 어렵다는 단점이 있다.

86. 고객이 반론을 제시하는 이유에 해당하지 않는 것은?

　① 제시하는 상품이나 서비스의 혜택이 만족스럽지 못할 때
　② 추가적인 정보를 필요로 할 때
　③ 고객이 알고 있는 정보와 다를 때
　④ 신뢰감을 확신한 상담사를 만났을 때

87. 구매 전 여러가지 대안들을 놓고 평가할 때 사용하는 비보완적 방식에 대해 틀린 설명은?

① 각 상표에 있어 어떤 속성의 약점을 다른 속성의 강점에 의해 보완되지 않는 평가 방식을 말한다.

② 사전 편집식, 순차적 제거식 등의 방법이 있다.

③ 각 항목별로 모두 합계를 내고 가장 높은 점수를 얻은 대안을 선택하는 방식이다.

④ 여러 기준 중 가중치가 가장 높은 성능 기준에서 가장 점수가 높은 대안을 선택하는 방식이다.

88. 고객의 입장에서 본 모니터링의 장점은 무엇인가?

① 이미지 향상으로 고객확보와 이익이 발생한다.

② 균일하고 표준화된 통화 품질을 유지할 수 있다.

③ 코칭 및 피드백 기술이 향상된다.

④ 지속적으로 개선된 상담 서비스를 제공받을 수 있고, 불필요한 시간 및 비용이 감소된다.

89. 다음 중 라포(Rapport)에 대한 설명으로 옳지 않은 것은?

① 고객과 상담원 간의 신뢰와 친근감이 형성되는 것이다.

② 상대방에 대한 관심을 가짐으로써 형성될 수 있다.

③ 상담 마무리 부분에서 매우 중요한 과정이다.

④ 성공적인 상담을 이끌어가기 위해 라포 형성은 매우 중요하다.

90. 불만을 가지고 있는 고객의 특성이라고 볼 수 없는 것은?

① 자신의 의견이 존중 받기를 바란다.

② 불만처리가 원활하게 이루어진 고객은 불만에 대해 침묵한 고객보다 재구매율이 더욱 낮다.

③ 제품과 서비스에 관심이 많은 고객이므로 특별하게 대우받고 싶어 한다.

④ 극단적이고 비이성적으로 욕설을 하거나 거친 말투를 사용하기도 한다.

91. CRM 구축의 목표라고 할 수 없는 것은?

① 기업이 원하는 방법으로 고객가치를 충족시키는 것

② 대중마케팅을 원활하게 진행하는 것

③ 고객 데이터베이스를 확보하여 고객 활성화, 고객을 유지하는 것

④ 마케팅 비용을 감소시키는 것

92. CRM 시스템 분류 유형에 해당하지 않는 것은?

① 운영 CRM   ② 협업 CRM

③ 분석 CRM   ④ 통합 CRM

93. 다음 중 비언어 의사소통에 해당하는 것은?

① 문자메시지   ② 바디랭기지

③ 대화   ④ 편지

94. 나이가 많은 고객을 응대할 때 적절한 상담 기법이라고 할 수 없는 것은?

① 명확한 발음을 하도록 주의한다.
② 할아버지, 할머니라는 호칭을 쓰면서 친밀감을 형성한다.
③ 정확한 발음으로 메시지를 전달한다.
④ 말하는 속도를 조금 천천히 한다.

95. 다음 중 CRM 마케팅과 MASS 마케팅에 대한 설명으로 바르지 않은 것은?

① CRM 마케팅은 개별고객과의 관계를 중요시한다.
② CRM 마케팅은 고객가치를 높이는 것을 기반으로 한다.
③ MASS 마케팅은 고객과의 관계를 기반으로 한다.
④ MASS 마케팅은 전체 고객에 대한 마케팅의 관점을 중요시한다.

96. 말이 많은 고객과 상담할 때 알아야 할 사항으로 적절하지 않은 것은?

① 대화 중간에 스스로 감정 변화가 일어난다.
② 개방형 질문을 많이 사용하여 욕구를 파악해야 한다.
③ 귀찮거나, 듣기 싫은 표현은 참는 것이 좋다.
④ 고객의 니즈, 욕구를 파악하기가 다소 어렵지 않은 편이다.

97. 고객과 상담할 때 지켜야 할 기본 대화매너에 포함되지 않는 것은?

① 관찰보다 평가를 습관화하기
② 대화의 첫마디를 미리 준비하기
③ 긍정적으로 표현하기
④ 칭찬하기

98. '첫인상 효과'라고도 하며, 가장 먼저 제시된 정보가 그 이후의 정보보다 더욱 강한 영향을 미치는 것을 말하며 첫인상이 나쁘면 다음에 아무리 노력해도 쉽게 좋은 이미지로 바꾸기 어렵다는 의미로 쓰이는 것은 무엇인가?

① 부정성 효과
② 후광 효과
③ 초두 효과
④ 피그말리온 효과

99. 고객의 3Fs 욕구에 해당하지 않는 것은?

① 선두적 욕구(First)
② 실용적 욕구(Fuction)
③ 사회적 욕구(Fashion)
④ 체험적 욕구(Fun)

100. CRM을 위한 기업의 마케팅 커뮤니케이션 방식에 해당하지 않는 것은?

① 통합적 마케팅 커뮤니케이션
② 메시지 채널을 통합하는 비차별적 커뮤니케이션
③ 프로모션의 효율성과 효과성을 제고할 수 있는 커뮤니케이션
④ 광고와 실판매의 기능을 포괄하는 커뮤니케이션

4회 기출예상문제

1과목 - 판매관리

1. 마케팅믹스 4P's와 관련 없는 것은?

① 제품(Product) : 소비자의 구매 행동에 따라 편의품, 선매품, 전문품으로 나뉜다.

② 가격(Price) : 상대적으로 비중은 낮아지고 있으나 4가지 중 가장 중요한 요소가 된다.

③ 유통조직(Place) : 전통적인 유통경로는 생산자 → 소매상 → 도매상 → 소비자이다.

④ 촉진(Promotion) : 제품을 판매하기 위한 프로모션 활동들을 말한다.

2. 상품을 구입한 이후 구매를 취소할 수 없는 상황에서 자신의 의사결정에 관해 잘한 것인지 불안해하는 상황을 무엇이라고 하는가?

① 비탐색품   ② 대안의 선택

③ 구매 후 부조화   ④ 관여도 하락

3. 고객의 추후 구매행위를 예측할 때, 과거 구매 내용을 활용하는 시장 분석 기법을 말하며, R(Recency-최근에), F(Frequency-얼마나 자주), M(Monetary Value-얼만큼)에 따라 예측, 분석하는 기법을 무엇이라고 하는가?

① AIDA   ② AIO

③ WFMS   ④ RFM

4. 마케팅 정보시스템의 특성이 아닌 것은?

① 경영정보시스템의 상위 시스템이다.

② 마케팅 경영자의 마케팅 의사결정에 사용할 수 있도록 한 시스템이다.

③ 기업 내·외부자료를 체계적으로 관리한다.

④ 정성적 데이터와 정량적 데이터로 구분하여 관리하다.

5. 다음은 어떤 가격조정전략에 해당하는가?

> A대형마트에서는 B사의 오디오 제품 가격을 300000원에서 299000원으로 조정하였다.

① 세분화 가격결정   ② 심리적 가격결정

③ 촉진적 가격결정   ④ 지리적 가격결정

6. 자사의 상품판매는 물론, 새로운 시장이나 유통 및 판매 경로 확보 등의 활동을 주로 하면서 일반기업이나 단체를 대상으로 진행하는 텔레마케팅 방식은?

① B2C   ② Out sourcing

③ In-House   ④ B2B

7. 소비자의 행동에 영향을 주는 심리적 요인에 포함되지 않는 것은?

① 동기   ② 지각

③ 라이프스타일   ④ 학습

8. 소비자가 구매의사결정 단계 중 대안의 평가에서 진행하는 것으로 나름대로 평가 기준을 마련한 뒤, 우선시하는 기준별로 가중치를 주고 총 합계를 내어 가장 큰 점수를 가진 상품으로 구입을 결정하는 방식을 무엇이라고 하는가?

① 보완적 방식　　② 비보완적 방식
③ 분리식 방식　　④ 결합식 방식

9. 이전에 한번도 접촉이 없었던 대상에게 전화하여 상품을 판매하거나 홍보하는 것을 무엇이라고 하는가?

① Call Acount　　② Cold Call
③ OR　　④ VMS

10. 인바운드 텔레마케팅에 대한 설명으로 바르지 않은 것은?

① 인바운드 상담사에게는 문제 상황에 대한 대처 능력이 필요하다.
② 소비자의 불만접수나 문의 상담을 진행한다.
③ 주로 신제품 홍보 및 내방객 유치 업무를 진행한다.
④ 고객주도형의 상담 방식이다.

11. STP 전략의 절차로 옳게 나열된 것은?

① 시장세분화 → 표적시장 선정 → 포지셔닝
② 시장세분화 → 포지셔닝 → 표적시장 선정
③ 포지셔닝 → 표적시장 선정 → 시장세분화
④ 표적시장 선정 → 시장세분화 → 포지셔닝

12. 다음 중 시장세분화의 요건에 해당하지 않는 것은?

① 예측불가능성　　② 실행가능성
③ 접근가능성　　④ 측정가능성

13. 고객의 이해 정도를 묻는 질문 기법을 무엇이라고 하는가?

① 잡음　　② 재진술
③ 동기부여　　④ 투사기법

14. 상담원의 업무숙련도에 따라 콜을 분배하는 기능으로 상담원의 직무능력을 평가하여 숙련도에 따른 등급을 책정하고 각각의 등급에 따라 적용하거나 콜센터의 특성에 맞게 활용하는 것을 무엇이라고 하는가?

① progressive dialing
② preview dialing
③ Skill Based Call Routing
④ proactive dialing

15. 다음 중 침투 가격 전략에 대한 설명 중 옳지 않은 것은?

① 저가격을 내세우며 시장 침투를 하려는 전략이다.
② 매출보다는 높은 시장점유율을 목표로 마케팅할 때 사용한다.
③ 수익은 적지만, 매출은 빠른 속도로 증가하게 된다.
④ 진입장벽이 높아 경쟁기업의 진입이 어려울 때 적합하다.

16. 무차별적 마케팅으로 아무에게나 전화해서 상품이나 서비스를 판매하는 일반 전화판매와 텔레마케팅과 가장 큰 차이점은 무엇이라고 할 수 있는가?

① 고객 데이터베이스
② 매출 목표
③ 상품과 서비스의 가격
④ 마케팅 믹스 요소

17. 다음 중 유통경로에 관한 설명 중 틀린 것은?

① 기업의 입장에서 중간상을 이용하면 표적시장의 제품 접근성을 높이고 최종소비자가 편한 시간과 공간에서 구입할 수 있다는 장점이 있다.
② 유통경로는 장소, 마케팅, 소유, 형태 효용 기능을 담당한다.
③ 수요와 공급을 예측하고 관리하기 위해 유통관리가 필요하다
④ 수많은 경쟁사, 세계화, 전자시스템의 개발 등은 신유통관리와 더욱 철저한 유통관리의 중요성이 부각되고 있다.

18. 특정 기업이 자사 제품을 경쟁제품과 비교하여 유리하고 독특한 위치를 차지하도록 하는 마케팅 전략은?

① 관계마케팅   ② 표적시장 선정
③ 일대일 마케팅   ④ 포지셔닝

19. 인바운드 상담 기술에 해당하지 않는 것은?

① 고객에게 집중하는 서비스 자세가 필요하다.
② 불만에 대한 적절한 응대가 필요하다.
③ 통화 효율을 향상시킬 수 있도록 해야 한다.
④ 상담 전, 목표 고객의 리스트를 미리 준비해 두어야 한다.

20. 시장을 세분화할 때 가장 많이 활용되고 있고 연령, 성별, 소득, 직업, 교육, 인종 등으로 시장을 구분하는 변수는 무엇이라고 하는가?

① 지리적 변수로 인한 세분화
② 인구통계적 특성 변수로 인한 세분화
③ 심리 분석적 변수로 인한 세분화
④ 행동변수로 인한 세분화

21. 낮은 가격으로 대량 판매하는 점포이며, 시장 변화로 인하여 식품을 중심으로 다루던 형태에서 비식품도 취급하는 경향으로 변하고 있다. 또한 염가 판매, 셀프서비스를 특징으로 하는 소매업태를 무엇이라고 하는가?

① 슈퍼마켓   ② 양판점
③ 회원제 창고점   ④ 방문판매

22. 다음 중 내부고객에 해당하지 않는 사람은 누구인가?

① 충성고객   ② 기업의 직원
③ 기업의 직원 가족   ④ 주주

23. BCG 메트릭스와 제품수명주기에 대한 설명으로 틀린 것은?

① 제품수명주기 상에서 쇠퇴기에 속하는 사업부는 Dog이다.
② 제품수명주기 상에서 도입부에 속하는 사업부는 물음표 사업부라고 할 수 있다.
③ 제품수명주기 상에서 재포지셔닝이 필요한 성숙기는 STAR라고 할 수 있다.
④ 다른 사업에 투자하기 위해 특정사업을 처분하는 단계는 상대적 시장점유율도 낮고, 시장성장율도 낮다.

24. 고객에 대한 다양한 정보를 수집, 분석해서 그들의 욕구를 충족시켜주고 고객들과 오랫동안 만족스러운 관계를 지속하는 것을 목표로 고객의 확보 수나 시장 점유율보다 고객의 질이 더욱 중요한 마케팅 전략을 무엇이라고 하는가?

① 대중 마케팅
② 관계 마케팅
③ 비차별 마케팅
④ 바이러스 마케팅

25. 구매자의 곁에서 구매 의사결정에 직, 간접으로 영향을 미치는 사람을 누구라고 하는가?

① 구매 영향자　　② 구매 승인자
③ 법률 규제자　　④ 소비자

2과목 – 시장조사

26. 우편조사에 대한 설명으로 틀린 것은?

① 설문지 반송 기한을 기재하면 회신율을 높일 수 있다.
② 겉표지에 설문내용의 중요성을 부각시켜 응답자가 인식하게 한다.
③ 응답자의 진위 여부 확인이 불가하다는 단점이 있다.
④ 빠른 시간 내에 조사를 마칠 수 있고 비용을 절약할 수 있다.

27. 다음 중 시장조사 후 자료분석 순서로 바르게 나열된 것은?

① 입력(Key-in) → 편집(Editing) → 코딩(Coding)
② 코딩(Coding) → 입력(Key-in) → 편집(Editing)
③ 편집(Editing) → 입력(Key-in) → 코딩(Coding)
④ 편집(Editing) → 코딩(Coding) → 입력(Key-in)

28. 표준화 면접법과 비표준화 면접법의 장점과 단점을 통합한 것으로 일정한 수는 표준화된 질문과 그 외의 질문은 비표준화된 질문으로 조사를 하는 방법을 무엇이라고 하는가?

① 비지시적면접　　② 반표준화면접
③ 집중면접　　　　④ 표적집단면접

29. 면접조사 시 유의사항에 해당하지 않는 것은?

① 조사자의 용모나 언어, 비언어적인 행동에서 이질감이 없도록 해야 한다.
② 조사 전, 미리 설문지를 정확하게 파악하여 응답자에게 혼란을 주지 않아야 한다.
③ 고객과 상황에 따라 설문지의 순서 및 용어를 수정하며 사용하도록 한다.
④ 응답자의 저항, 거부감을 줄이기 위해 친숙한 분위기를 조성할 필요가 있다.

30. 응답 기업의 연간 매출액을 '원'단위로 조사하고자 하는 경우에 적합한 척도는?

① 명목척도
② 등간척도
③ 비율척도
④ 서열척도

31. 시장조사를 진행하는 조사자가 지켜야 할 윤리사항에 해당하는 것은?

① 중요한 고객의 인적사항을 잊지 않도록 개인 휴대폰에 저장해둔다.
② 응답자가 익명성을 요구할 경우 정중히 사과하고 불가함을 말한다.
③ 조사의 목적을 성실히 수행하여야 하며, 조사결과의 왜곡, 축소 등은 회피하여야 한다.
④ 임의로 질문의 순서를 바꾸거나 변경하는 것은 상관없다.

32. 표본의 크기를 결정할 때 고려할 사항으로 옳지 않은 것은?

① 모집단 요소의 동질성
② 모집단의 크기
③ 조사의 목적
④ 표본의 개별성

33. 남녀 성별, 결혼여부, 출신지역, 인종, 운동선수 등 번호는 어느 척도를 이용한 것인가?

① 평정척도
② 명목척도
③ 리커트척도
④ 순위척도

34. 실험 과정에서 독립변수 이외의 변수로서 종속변수에 영향을 줄 수 있는 변수를 뜻하며, 독립변수와 종속변수 간의 인과관계를 명확하게 판단하기 위해 종속변수에 미치는 영향으로 통제, 제거되어야 하는 변수를 무엇이라고 하는가?

① 통제변수
② 외생변수
③ 구성변수
④ 조절변수

35. 다음 중 우편조사의 회신율을 높일 수 있는 방법에 해당하지 않는 것은?

① 동기부여
② 질문의 양이나 반송 방법
③ 연구주관 기관과 지원 단체의 성격
④ 조사의 강압성

36. 내적타당성에 대한 설명으로 바르지 않은 것은?

① 논리적인 타당성을 의미한다.
② 이론, 연구적인 목적의 실험이라면 내적타당도를 높이기 위해 노력해야 한다.
③ 독립변수의 변화로 종속변수가 변했다면 내적타당성을 갖고 있다고 말할 수 있다.
④ 마케터는 외적타당도를 함께 높이기 위한 노력을 해야 한다.

37. 다음 중 확률표본추출에 대한 설명으로 바르지 않은 것은?

① 조사자의 임의성이 배제된 추출방법이다.
② 비확률표본추출보다는 시간과 비용이 소요된다.
③ 임의표본추출, 주관에 의한 표본추출, 할당표본추출이 대표적이다.
④ 전수조사에 비해서 적은 비용이나 시간, 노력으로 전수조사의 결과치와 근사한 값을 얻을 수 있는 방식이다.

38. 실험법에 대한 설명으로 옳지 않은 것은?

① 설문조사법으로 구하기 어려운 정확한 자료를 얻을 수 있다.
② 기술조사는 불가능한 통제를 할 수 있다.
③ 대부분 인위적인 환경에서 실험이 진행되기 때문에 일반화시키기 어렵다는 단점이 있다.
④ 탐색조사의 한 종류이다.

39. 독립변수로부터 영향을 받아 변화할 것이라고 추측하는 변수를 뜻하며, 실험 분석의 대상이 되는 변수이다. 결과변수, 기준변수, 피설명변수, 가설적변수라고도 불리우는 것은 무엇인가?

① 독립변수
② 외생변수
③ 조절변수
④ 종속변수

40. 시장조사를 시행하기 전에 실시되는 사전조사에 관한 설명 중 맞는 설명은?

① 사전조사는 예비조사를 말한다.
② 설문지 초안을 작성한 이전에 실시한다.
③ 조사가 이루어지는 순서는 예비조사 → 사전조사 → 본조사 순이다.
④ 시장조사의 타당성을 검토하는 단계이다.

41. 응답자의 권리에 관한 설명 중 틀린 것은?

① 응답자는 자신의 정보가 누출되지 않고 안전하게 보호 받을 권리가 있다.
② 응답자 자신은 자신에 대한 정보를 스스로 통제할 권리는 없다.
③ 응답자는 설문에 꼭 참여하지 않아도 된다.
④ 응답자는 사생활을 침해받지 않을 권리가 있다.

42. 다음 중 시장조사 절차에 대해 바르게 설명한 것은?

① 시장조사의 가장 첫 단계에서는 기업의 증상이 무엇인지 확인하는 것이다.
② 자료를 분석할 때에는 코딩 → 분석 → 입력 순으로 진행한다.
③ 문제 정의 → 문제해결을 위한 체제의 정립 → 조사 설계 → 자료수집 → 자료 분석 및 해석 → 보고서 작성
④ 문제를 정의하는 단계에서는 탐색조사, 기술조사, 인과조사 중 어느 것을 선택할 것인지 결정해야 한다.

43. 표본조사 시 발생할 수 있는 오류로 표본체계가 완전하지 않아 모집단의 일부를 표본추출 대상에서 제외시켜 발생되는 오류를 무엇이라고 하는가?

① 체계적 오류
② 불포함 오류
③ 무응답 오류
④ 측정오차

44. 다음 중 측정의 신뢰성을 향상하기 위한 방안에 해당하지 않는 것은?

① 측정 항목의 수, 척도점의 수를 최대한 줄인다.
② 시간과 경제적 여유가 있다면 반복측정법을 사용한다.
③ 상호 영향을 줄 수 있는 질문은 분리하여 배치한다.
④ 구성 개념을 정확하게 이해한다.

45. 다음 중 개방형 질문에 대한 장점에 해당하지 않는 것은?

① 부호화와 분석이 용이하여 시간과 경비를 절약할 수 있다.
② 조사자가 표본에 대한 정보를 가지고 있지 않을 때 사용하기 적절하다.
③ 응답자는 다양하고 자유롭게 응답할 수 있다.
④ 여러 의견을 들을 수 있어 소규모 조사에 적합하다.

46. 다음 중 2차 자료의 평가기준에 해당하지 않는 것은?

① 시효성
② 신뢰성 및 정확성
③ 자료의 특이성
④ 적합성

47. 1차 자료를 수집하는 방법으로 사람들이 직접 표현하거나 제공하기 꺼려하는 정보들을 얻는 데 도움이 되고, 의사소통이 어려운 아동이나 동물을 대상으로 조사할 때 유용하며 객관성과 정확성이 높은 조사방법은?

① 투사법
② 설문조사법
③ 관찰법
④ 실험법

48. 동일한 장소에 응답자들을 모은 후, 동시에 설문지를 나눠주며 직접 조사에 응하도 록 하는 자기기입식 조사 방법으로 개인면접보다는 시간과 비용을 절감할 수 있고, 조사가 간편한 조사방법을 무엇이라고 하는가?

① 관찰조사
② 표적집단면접
③ 집단조사
④ 스트레스면접

49. 2차 자료 중 한 가지로, 시장조사 전문기관이나 회사에서 수집한 자료를 정리, 분석하여 재판매 하는 것으로 만들어진 자료를 무엇이라고 하는가?

① 옴니버스 조사
② 회장법
③ 소비자 패널 조사
④ 신디케이트 조사

50. 온라인조사에 관한 설명을 틀린 것은?

① 신뢰성과 일반화에 대한 검증에 한계가 있으며 불성실한 응답 가능성이 있다.
② 보안이 중요하거나 시청각 외의 감각이 필요한 조사에는 활용하기 어렵다.
③ 조사 결과를 분석, 해석할 때도 간편하고 속도도 빠르다.
④ 조사자의 편견 개입이 많다는 단점이 있다.

3과목 - 텔레마케팅 관리

51. 독자적인 전략의 수립이 필요한 관련 사업들끼리 함께 묶은 조직을 전략 사업 단위라고 부르며, 각 사업 단위에 제한적으로 자율성을 제공하고, 효율적인 자원 배분하는 구조를 뜻하는 것은?

① 기능식 조직구조
② 사업부제 조직구조
③ 전략적 사업단위 구조
④ 사업부제 조직구조

52. 콜센터의 높은 이직률의 원인으로 볼 수 없는 것은?

① 관리자와의 커뮤니케이션 부조화로 인한 이직
② 체계적인 보상과 동기부여
③ 불확실한 비전 및 커리어 패스(Career path)
④ 무분별한 행동을 하는 고객들로 인한 심각한 감정노동

53. 콜센터에서 이루어지는 코칭의 목적이라고 할 수 없는 것은?

① 모니터링 결과에 대한 커뮤니케이션을 위한 것이다.
② 고객반응률을 높이기 위한 목적이다.
③ 텔레마케터의 업무 수행능력을 강화시켜 준다.
④ 특정 부문에 대한 피드백을 제공하고 지도, 교정해 가는 과정이라고 할 수 있다.

54. 직장 외 훈련 OJT(Off the Job Training)에 대한 설명으로 틀린 것은?

① 보통 단체로 진행되고, 직장을 벗어난 환경에서 실시되는 훈련으로 여러 형태로 운영한다.
② 다수의 직원들에게 통일된 훈련을 실시할 수 있다.
③ 중소기업 등 규모가 작은 사업장에서 행하기 적합하다.
④ 교육 전, 참가 대상 및 교육 목적을 명확하게 하는 것이 매우 중요하다.

55. 콜센터 조직에서 보통 10~20명 정도의 텔레마케터를 관리하며, 텔레마케터에 대한 교육훈련 및 성과관리 업무를 수행하는 사람을 누구라고 하는가?

① QAA   ② 센터장
③ 슈퍼바이저   ④ IT 담당자

56. 콜센터 조직이 갖추어야 할 조직의 특성과 가장 거리가 먼 것은?

① 엄격성   ② 고객정보 활용
③ 성과측정   ④ 고객정보 관리 능력

57. 평소 자신들과 친한 사람들끼리만 어울리며, 다른 집단이나 개인들을 배타적으로 보는 심리적 현상을 무엇이라고 하는가?

① 콜센터 심리공황
② 철새둥지
③ 콜센터 바이러스
④ 끼리끼리 문화

58. 다음 중 신입 상담사에게 가장 적절한 교육 훈련 주제는?

① 기업의 재무관리 프로그램
② 커뮤니케이션 스킬 교육
③ 외부 환경 분석
④ 임금체계 및 인사고과 관련 교육

59. 다음 중 스크립트 작성 원칙에 해당하지 않는 것은?

① 간단하고 명료하게 작성되어야 한다.
② 대화가 자연스럽게 이어지도록 회화체로 구성한다.
③ 논리적으로 작성하여 설득력을 높인다.
④ 스크립트 내용은 상담사 중심적이어야 한다.

60. 콜센터의 통화품질 관리 목적으로 가장 옳은 것은?

① 텔레마케터의 사적 통화 감시
② 텔레마케터의 개인적 품성을 중심으로 평가
③ 통화품질 결과를 텔레마케터의 급여에 최대 반영
④ 통화품질 개선으로 고객에 대한 서비스 향상

61. 유형의 상품과 다르게 고객의 참여로 상품을 생산할 때처럼 사전에 품질을 미리 확인하거나, 통제하기 어렵고 대량 생산체제를 구축하기는 더욱 어렵다는 것은 서비스의 어떤 특징과 관련이 있는가?

① 소멸성   ② 이질성
③ 무형성   ④ 비분리성

62. 통화하는 고객의 정보가 조회되는 것으로 시간 절약과 고객상담의 편의성을 제공하는 기능을 무엇이라고 하는가?

① PBX   ② Screen pop
③ ARS   ④ VMS

63. 조직에 우수한 사람이 많거나, 평가자가 편애하는 직원이 있을 경우, 혹은 낮은 점수로 평가하면 해당 조직의 리더인 평가자의 통솔력이 부족하다고 오해받을 수 있다는 이유로 실제보다 관대하게 평가한다는 것을 무엇이라고 하는가?

① 관대화 경향　　　② 상동적태도
③ 각인효과　　　　④ 현혹효과

64. 한 조직이 가지고 있는 신념, 의식, 언어, 전통 등을 포함하여 오랜시간 축적되어 온 것으로 조직을 이끌어 가는데 중요한 요인이며, 오랜시간을 거치며 만들어지고, 조직원들에게 학습되는 것을 무엇이라고 하는가?

① 조직개발　　　　② 조직문화
③ 직무분석　　　　④ 직문순환

65. 직원을 선발할 때 진행하는 면접의 한 종류로 구조적 면접, 정형적 면접이라고도 부르며, 직무명세서를 기초로 미리 질문의 내용을 준비하고 면접 과정도 상세하게 정형화되어 있는 면접을 뜻하는 것은?

① 비지시적 면접　　② 집단 면접
③ 지시적 면접　　　④ 패널 면접

66. SMART 성과 목표 설정과 관련없는 것은?

① Specific - 최대한 구체적이어야 한다.
② Attainable - 측정 가능해야 한다.
③ Result - 전략과제를 통해 구체적으로 달성하는 결과물이 있어야 한다.

④ Time-bound - 일정한 시간 내에 달성 여부를 확인할 수 있어야 한다.

67. 다음 중 아웃바운드 텔레마케팅 활용 분야에 해당하지 않는 것은?

① 자살방지 및 청소년 상담 전화
② 내방객유치, 상품 홍보, 기존고객에 대한 교차판매
③ 선거입후보자의 지원 유세
④ 기업의 브랜드인지도 조사, 소비자 의식 조사

68. 현재 수행하고 있는 업무의 난이도나 책임수준이 비슷한 업무를 추가적으로 할당하는 방법으로, 직원은 업무량의 증가로 거부감을 느낄 수 있지만, 추가적인 업무를 배정받음으로써 능력을 인정받았다고 여길 수 있는 직무 설계의 유형은 무엇인가?

① 직무확대　　　　② 직무충실
③ 직무순환　　　　④ 직무평가

69. 고객에게 하는 해피콜에 대한 설명으로 옳지 않은 것은?

① 인바운드 콜센터 상담사들의 인사고과 기준으로 활용하기 위한 수단이다.
② 고객과의 관계개선을 위한 목적이다.
③ 서비스의 만족도를 확인하는 것이다.
④ 고객평생가치를 높이기 위해 진행한다.

70. 다음 중 아웃바운드형 콜센터의 성과분석 관리 지표라고 보기 어려운 것은?

① 1콜 당 평균 전화비용
② 시간당 판매량
③ 평균 판매가치
④ 평균 통화 처리 시간

71. 외부대행 텔레마케팅(Out sourcing)의 형식으로 콜센터를 운영할 경우의 단점은?

① 비용이 많이 소요된다.
② 최신 통신장비를 이용하기 어렵다.
③ 기업의 내부 자료 혹은 고객의 기밀 정보가 노출될 위험이 있다.
④ 많은 인력을 채용, 관리해야 하는 단점이 있다.

72. 텔레마케팅 상담원이 재택근무로 근무할 경우 단점이라고 할 수 있는 것은?

① 출퇴근에 대한 부담해소가 가능하다.
② 설비 비용을 절약할 수 있다.
③ 오피스에서 근무하는 것보다 통제가 어렵다.
④ 우수 직원을 유인하고 유지할 수 있다.

73. 의사결정 권한을 기준으로 조직의 인적자원 스패트와 일선관리자 간의 권한관계를 분류할 때 그 유형이 아닌 것은?

① 기능적 권한관계   ② 상담관계
③ 지시관계   ④ 조언관계

74. 아웃바운드 판매 특성에 대한 설명으로 틀린 것은?

① 수동적이고 소극적 방식을 주로 활용한다.
② 여러 가지 마케팅 전략을 함께 사용한다.
③ 가능성이 높은 잠재고객의 데이터를 수집하는 것이 가장 중요하다.
④ 판매 지향적이다.

75. CTI 콜센터에 대한 설명으로 틀린 것은?

① 인바운드 및 아웃바운드가 통합되어 효율적으로 콜센터를 운영할 수 있다.
② CTI는 컴퓨터와 통신체계를 결합하여 텔레마케팅 활동을 펼치는 기술을 뜻한다.
③ CTI 시스템의 도입으로 여러 마케팅 비용이 증가하였다.
④ CTI란 "Computer Telephony Integration"의 약자이다.

4과목 - 고객관리

---

76. 인바운드 텔레마케팅에서 통화 효율을 향상시키기 위한 방안으로 해당하지 않는 것은?

① 자신있고 신뢰감있는 태도를 보여주기 위해 상품과 서비스에 대한 지식을 숙지한다.
② 미래에 대한 비전을 스스로 설계하여 메너리즘에 빠지지 않도록 한다.
③ 고객에게 늘 순응하고 소극적으로 대한다.
④ 불만고객과 마주했을 때는 먼저 충분한 공감과 경청을 하는 것이 가장 중요하다.

77. 목표를 설정하고, 실행하는 단계에서 피드백이 이루어지면서 동기를 부여하며 목표를 달성할 수 있도록 도울 수 있는 의사소통의 기능을 무엇이라고 하는가?

① 정보 소통의 기능
② 동기 부여의 기능
③ 자신의 감정 및 욕구 표현
④ 영향력 행사

78. '진실의 순간', '결정의 순간'이라는 뜻으로 고객이 기업과 만나는 모든 장면에서 결정적인 순간을 의미하는 용어는 무엇인가?

① LTV
② MOT
③ MTP
④ CSP

79. 콜센터 VOC 시스템 도입의 이점이라고 보기 어려운 것은?

① 고객으로부터 상품에 대한 중요한 정보를 수집할 수 있다.
② 자사 상품(서비스)을 평가하는 유용한 자료로 활용이 가능하다.
③ VOC 코드는 최대한 적게 설정하는 것이 좋다.
④ 신속한 불만처리로 회사의 이미지를 상승시킨다.

80. 상담 화법에 대한 설명으로 바람직하지 않은 것은?

① 아이 메시지(I-Message)는 대화 시 상대방에게 내 입장을 설명하는 화법
② 유 메시지(You-Message)는 대화 시 결과에 대해 상대방에게 핑계를 돌리는 화법
③ 두 메시지(Do-Message)는 어떤 잘못된 행동 결과에 대해 그 사람의 행동과정을 잘 조사하여 설명하고 잘못에 대하여 스스로 반성을 구하는 화법
④ 비 메시지(Be-Massage)는 잘못에 대한 결과를 서로 의논하여 합의점을 찾는 화법

81. 다음 중 의사소통 과정에서 일반적 장애요인이라고 보기 어려운 것은?

① 목적이나 목표의식 부족
② 다른 직무로 인한 압박감 등
③ 전문가의 편견
④ 지리적 차이

82. 고객의 불평, 불만 처리 요령인 MTP법의 설명으로 옳은 것은?

① Man : 어떠한 고객인가?
   Time : 불만요인이 언제 일어난 것인가?
   Place : 어느 장소에서 일어난 것인가?
② Man : 어떠한 고객인가?
   Time : 어느 시간에 처리할 것인가?
   Place : 어느 장소에서 일어난 일인가?
③ Man : 누가 처리할 것인가?
   Time : 어느 시간에 처리할 것인가?
   Place : 어느 장소에서 처리할 것인가?

④ Man : 누가 처리할 것인가?

Time : 불만요인이 언제 일어난 것인가?

Place : 어느 장소에서 처리할 것인가?

83. 많은 데이터 가운데 유용한 상관관계를 발견하고 미래에 실행 가능한 정보를 추출하여 의사결정에 이용하는 과정을 무엇이라고 하는가?

① 데이터베이스

② 데이터웨어하우스

③ 데이터마이닝

④ CRM 시스템

84. 다음 중 매슬로우의 욕구 5단계에 대한 설명으로 틀린 것은?

① 최상의 단계는 '자아 존중의 욕구'라고 할 수 있다.

② 2단계는 안전의 욕구로 사고, 질병, 빈곤 등에서 벗어나고자 하는 욕구를 말한다.

③ 하위 욕구일수록 더욱 강하고 우선적으로 충족하고자 한다.

④ 인간이 살아가는데 가장 기본이 되는 '생리적 욕구'에서부터 시작한다.

85. 텔레마케터의 상담 중 호감 가는 음성과 관련이 없는 것은?

① 늘 변화가 없는 음량과 속도

② 미소가 담긴 음성

③ 고객의 상담 내용에 맞는 음성 연출

④ 음성의 친절성

86. 불만 고객의 처리 프로세스에 맞지 않는 것은?

① 1단계는 경청의 단계로 고객의 이야기를 먼저 들어주는 것이다.

② 2단계는 문제점을 알려준 고객에게 감사와 공감의 표현을 하는 것이다.

③ 3단계는 회사의 대표로 고객에게 사과를 하는 것이다.

④ 4단계는 해결을 약속하며 무조건 고객이 원하는 대로 처리되도록 하겠다고 안내하는 것이다.

87. 고객과의 상담에서 활용하기 어려운 화법은 무엇인가?

① 지시, 명령형 대화   ② 부메랑 화법

③ 청유형 대화   ④ 아론슨 화법

88. 콜센터 평가인 SERVQUAL에 해당하지 않는 것은?

① 유형성   ② 비분리성

③ 응답성   ④ 공감성

89. 고객반론의 원인을 간파하기 위한 방법으로 옳지 않은 것은?

① 고객반론의 원인이 무엇인지 파악한다.

② 고객반론의 구체적인 요소가 무엇인지 분석한다.

③ 정확한 설명과 설득을 위해서는 강경한 대화 충돌을 감수해야 한다.

④ 아무리 성가신 상황에서도 능숙하게 대처하며 결코 짜증을 내지 않는다.

90. 다음 중 '물건이 너무 비싸다'고 말하는 고객에게 하기 어려운 반론 극복 화법은?

① "사실, 기존의 제품보다는 가격이 올랐습니다만, 그만큼 새롭고 혁신적인 기능들이 많이 늘었습니다."

② "이 정도면 가격 괜찮지 않으세요?"

③ "가격이 조금 부담스러우실 수 있죠. 하지만 조금 더 장기적으로 보시면 내구성이 있기 때문에 오히려 경제적이실 겁니다."

④ "가격이 다소 높다고 생각하실 수 있는데요, 5년간 무상으로 A/S가 되기 때문에 5년 동안은 관리비나 기타 발생 비용 걱정이 없습니다."

91. 아웃바운드 통화에서 고객 본인이 부재중이고 다른 사람이 전화를 받았을 때 기대되는 상담사의 응대는?

① 알겠다고 하고 끊는다.

② 통화한 목적을 달성해야 하므로 그대로 상담을 진행한다.

③ 일단 전화를 받은 대상에게 자세하게 안내한 후에 고객에게 전달해 달라고 한다.

④ 고객 본인과 통화하고자 함을 말하고, 언제 다시 전화하면 좋을지 시간 약속을 하고 전화를 종료한다.

92. CRM 활동으로 옳지 않은 것은?

① 신규고객 유치

② 기존고객 유지

③ 휴면고객을 활성화

④ 단기적 판매 촉진활동

93. 다음 중 모니터링의 핵심 성공요소에 해당하지 않는 것은?

① 모니터링에 대한 공감대 형성

② 주관적인 평가 실시

③ 합리적 평가지표 및 목표설정

④ 코칭 및 사후 점검

94. 다음 중 비언어적 의사소통에 해당하지 않는 것은?

① 얼굴 표정

② 말의 속도

③ 깔끔한 용모 복장

④ 문자 메시지

95. 다음 중 상담사의 경청을 방해하는 듣기 오류에 해당하지 않는 것은?

① 무시하기

② 자기중심적 듣기

③ 골라서 듣기

④ 공감적 경청

96. 성공적인 상담 진행을 위한 의사소통 전략이라고 보기 어려운 것은?

① 소비자의 이름을 사용한다.

② 간결하고, 고객이 알아듣기 쉬운 용어를 사용한다

③ 긍정적인 내용은 "나" 혹은 "우리"라는 메시지를 사용한다.

④ 고객의 말을 듣는 것이 중요하므로 피드백은 되도록 하지 않는다.

97. 새로운 패러다임의 요구에 의해 고객관계관리 (CRM)의 중요성이 부각되었다. 고객관계관리가 기업운영에 있어서 중요하게 등장한 이유로 거리가 먼 것은?

① 시장의 규제완화로 인하여 새로운 시장으로의 진입 기회가 늘어남에 따라 동일 업종에서의 경쟁이 치열하게 되었다.
② 컴퓨터 및 IT 기술의 급격한 발전으로 인해 기업의 외적인 환경이 형성되었다.
③ 고객의 기대와 요구가 다양해지고 끊임없이 더 나은 서비스나 차별화된 대우를 요구하게 되었다.
④ 광고를 비롯한 마케팅 커뮤니케이션 방식에서 획일적인 매스마케팅 방식의 요구가 커졌다.

98. 평가적인 경향, 선입견, 선택적인 청취는 무엇으로 인한 의사소통의 장애요인이라고 할 수 있는가?

① 수신자
② 발신자
③ 구매자
④ 제3자

99. 고객을 응대하는 상담사의 필수 역량이라고 보기 어려운 것은?

① 긍정적인 태도와 적극성
② 솔직하고 거침없는 감정표현
③ 창의력과 원만한 대인관계
④ 신뢰성과 고객 존중

100. 의사소통의 일반적인 특성으로 옳지 않은 것은?

① 일련의 의사소통은 연속된 상호작용으로 간주될 수 있다.
② 의사소통은 순기능만 있다.
③ 의사소통은 생각이나 사고의 언어적 상호교환이며 불확실성을 감소시킨다.
④ 의사소통은 인간관계에서 필수적이지만 역기능도 존재한다.

1	③	2	③	3	②	4	①	5	④
6	①	7	①	8	③	9	②	10	②
11	④	12	③	13	③	14	④	15	③
16	②	17	②	18	②	19	①	20	②
21	②	22	①	23	②	24	④	25	③
26	①	27	②	28	3	29	①	30	①
31	④	32	③	33	③	34	②	35	④
36	②	37	①	38	④	39	③	40	③
41	①	42	②	43	③	44	②	45	④
46	④	47	⑤	48	④	49	①	50	①
51	②	52	④	53	②	54	①	55	①
56	①	57	③	58	①	59	④	60	②
61	④	62	②	63	④	64	②	65	④
66	①	67	③	68	②	69	①	70	④
71	②	72	①	73	③	74	④	75	①
76	④	77	①	78	③	79	①	80	③
81	①	82	③	83	①	84	②	85	④
86	②	87	③	88	④	89	③	90	②
91	①	92	①	93	④	94	③	95	④
96	②	97	①	98	③	99	③	100	④

1. 정답▶ ③

2. 정답▶ ③
   해설▶ 고객주도형의 인바운드 텔레마케팅과는 다르게 아웃바운드는 업체, 기업주도형의 방식으로 공격적이고, 수익지향적인 마케팅 전략을 구사한다.

3. 정답▶ ②
   해설▶ 고객의 나이나 신분에 맞는 존칭어를 사용하는 것이 좋으며, 고객의 목소리만을 듣고 어린이라고 판단하며 반말을 해서는 안 된다.

4. 정답▶ ①

5. 정답▶ ④
   해설▶ BCG는 1970년대에 보스턴컨설팅 그룹에 의해 개발된 분석 도구로써, 각 전략 사업 단위를 상대적 시장점유율과 현재 및 예측 성장률에 의해 분류한 것으로 소비자를 분석하는 도구는 아니다.

6. 정답▶ ①

7. 정답▶ ①
   해설▶ 인바운드는 기존고객과 지속적으로 관계를 유지하는 데 큰 역할을 한다.

8. 정답▶ ③

9. 정답▶ ②
   해설▶ Cash COW는 제품 수명주기상 성숙기에 포함되며, 높은 상대적 시장점유율과 낮은 시장성장율을 갖고 있어서 투자 대비 수익을 가장 많이 올릴 수 있는 상태이다.

10. 정답▶ ②

11. 정답▶ ④

12. 정답▶ ③

13. 정답▶ ③
    해설▶ 마케팅에서 판매촉진 비중이 증가되는 이유
    ○ 광고노출의 효과
    ○ 소비자 가격의 민감도
    ○ 기업 내 판매성과 측정

14. 정답▶ ④
    해설▶ 규모의 경제효과를 통한 이득이 미미할 때는 초기고가전략을 활용한다.

15. 정답▶ ③
    해설▶ 그 외 시장세분화의 요건으로는 측정 가능성, 실질적 규모가 있다.

16. 정답▶ ②

17. 정답▶ ②
    해설▶ 허용구간이란 고객의 희망서비스와 최저서비스의 차이를 말하며, 이 범위는 사람에 따라 모두 다르다.

18. 정답▶ ③

해설▶ 크로스셀링(Cross – selling)은 교차판매라고도 하며, 고객이 구매한 상품이나 서비스와 비슷한 상품이나 서비스를 추가 구매하도록 유도하는 판매 기법을 말한다.

19. 정답▶ ①

20. 정답▶ ②

해설▶ 생산자로부터 소비자에게 제품을 전달하는 과정에서 유통경로는 크게 4가지 기능을 수행하며, 장소, 시간, 소유, 형태 효용 기능을 담당한다고 할 수 있다.

21. 정답▶ ②

해설▶ 구매 이후에 자신의 의사결정에 관해 잘 한 것인지 불안해하는 경우가 있는데 이를 "구매 후 부조화"라고 한다.

22. 정답▶ ①

23. 정답▶ ②

해설▶ 마케팅믹스의 4C는 기업의 입장이 아닌, 고객의 입장에서 마케팅관리를 보아야 한다는 의미이며, 각 요소별로 대체되어야 한다고 주장한다. Product(제품) → Consumer(소비자), Price(가격) → Cost(비용), Place(유통조직) → Convenience(편의성), Promotion(촉진) → Communication(상호전달)

24. 정답▶ ④

해설▶ 텔레마케팅은 기업고객 뿐 아니라 개인고객에게도 가능하다. B2B 마케팅과 B2C마케팅도 두 성립가능하다.

25. 정답▶ ③

해설▶ 서비스는 소멸성, 이질성, 무형성, 동시성(비분리성)의 특성을 갖는다.

26. 정답▶ ①

해설▶ 편의표본추출은 비확률표본추출법에 해당한다.

27. 정답▶ ②

해설▶ 할당표본추출, 주관에 의한 표본추출, 임의표본추출은 비확률표본추출의 종류이다.

28. 정답▶ ③

29. 정답▶ ①

해설▶ 설문조사법은 질문의 내용이 사전에 준비되어 있고, 미리 준비된 순서에 따라 조사가 진행되므로 구조화된 자료수집 방법이라고 할 수 있고, 설문지 개발이 쉽지 않은 편이다. 또한 가장 많이 사용하는 형태는 면접조사라고 할 수 있다.

30. 정답▶ ①

해설▶ 조사를 시행하기 전에 가장 중요한 것은 문제를 정의하는 단계이며, 단순한 증상과 다르다는 것을 파악해야 한다. 또한 시장조사를 통해 얻고자 하는 가장 궁극적인 목적은 고객만족이라고 할 수 있으며, 자료분석순서는 편집(Editing) → 코딩(Coding) → 입력(Key-in)이다.

31. 정답▶ ④

해설▶ 개방형 질문은 문제의 핵심을 알고자 할 때 사용하는 예비조사나 탐색적 조사 등에 사용되며, 규모가 작은 조사에 더욱 적합하다.

32. 정답▶ ②

해설▶ 시장수요의 가격탄력성이 높을 때이다.

33. 정답▶ ③

해설▶ 온라인 조사는 선정된 표본이 직접 조사에 응답하는지 알 수 없어 신뢰성과 일반화에 대한 검증에 한계가 있으며 불성실한 응답 가능성이 있다.

34. 정답▶ ②

해설▶ 기준타당성은 이해타당성, 경험적 타당성이라고도 하며, 타당성이 높은 측정도구라면, 측정도구에 의해 나타난 결과가 이미 검증된 다른 기준과의 타당성도 상관관계가 있다는 개념이다.

35. 정답▶ ④

36. 정답▶ ②

37. 정답▶ ①

해설▶ 종단조사는 시간 간격을 두고 반복적으로 조

사를 실시하며 시간의 흐름에 따라 동일한 현상에 대한 측정을 확인하는 조사방법으로 패널 조사, 코호트 조사, 추세 조사 등의 방법으로 진행한다.

38. 정답▶ ④

해설▶ 우편조사는 20~40% 정도의 낮은 회신율을 보인다.

39. 정답▶ ③

해설▶ 전수조사는 대상자 모두를 조사하는 방식으로 정확하다는 장점이 있지만, 시간과 비용이 너무 많이 소요된다는 단점이 있다.

40. 정답▶ ③

해설▶ 신축성과 융통성 높아 새로운 사실이나 아이디어 발견의 가능성이 높은 것은 비표준화 면접의 특성이라고 할 수 있다.

41. 정답▶ ①

해설▶ 항목별로 각 응답에 해당하는 결과를 숫자나 기호 등으로 부여하는 과정을 코딩이라고 할 수 있으며 자유응답형의 경우, 코딩이 어려워 편집과정에서 따로 분류한다.

42. 정답▶ ②

43. 정답▶ ③

해설▶ 시장조사는 시간이나 비용이 소요되지만, 마케팅 활동의 수행과정에서 불확실성과 위험의 감소시켜주며 시장기회의 발견하는 등 기업에 필요한 정보를 다양하게 획득할 수 있다.

44. 정답▶ ②

해설▶ 질문의 양이나 반송 방법은 우편조사의 회수율에 영향을 주는데, 질문의 양이 너무 많을 경우 회수율을 높이기 어렵다.

45. 정답▶ ②

해설▶ 명목척도는 조사 대상을 분류하기 위해 사용되는 수치로 대표적으로는 운동선수의 등 번호, 아파트 동 호수, 주민번호 뒷자리 등이 있다.

46. 정답▶ ④

해설▶ 자료를 제공해준 응답자의 자료가 심각한 사적 침해를 하지 않는다는 개인적 판단이 이루어져서는 안 되며 더욱이 재정적 지원 기관을 포함한 타 기관에 정보 제공은 불가능하다.

47. 정답▶ ④

해설▶ 설문지 작성순서는 "질문서 작성의 예비조사 → 질문서의 구조와 질문내용의 파악 → 질문·응답형태의 선택 → 질문순서의 결정 → 질문용어의 선택 → 예비조사와 질문서의 보완"이다.

48. 정답▶ ④

해설▶ 응답자의 무성의한 응답, 일관성이 없는 응답은 배제시켜야 하며, 상호 영향을 줄 수 있는 질문은 분리하여 배치하는 것이 좋다.

49. 정답▶ ①

해설▶ 해당 질문은 개방형 질문으로 표현능력 등 의사소통 능력이 부족한 응답자에게 적용하기 어렵다는 단점이 있으나, 문제의 핵심을 알고자 할 때 사용하는 예비조사나 탐색적 조사 등에 사용되며, 규모가 작은 조사에 더욱 적합하다고 할 수 있다.

50. 정답▶ ①

해설▶ 마케팅 정보시스템은 마케팅 조사 등 다양한 방법을 통해 수집된 데이터를 저장하고 분석하여 마케팅 의사결정에 사용된다.

51. 정답▶ ②

52. 정답▶ ④

해설▶ ④를 제외한 나머지는 서번트 리더십에 관한 설명이다.

53. 정답▶ ②

해설▶ 일괄적이고 연공주의 중심의 보상체계를 직원들의 동기를 부여하고, 생산성을 높이기 위한 방법이라고 할 수 없으며, 우수직원 및 부서에 적절한 보상이 제공되어야 한다.

54. 정답▶ ③

해설▶ 일반적인 텔레마케팅의 전개 과정은 '기획 → 실행 → 반응 → 측정 → 평가' 순이며, 신상품에 대한 관심도 조사는 아웃바운드의 형태라고 할 수 있다.

55. 정답▶ ①
해설▶ 콜센터 상담사들의 평균 모니터링 점수로는 콜센터의 통화 생산성을 정량적으로 측정하기 어렵다.

56. 정답▶ ①
해설▶ 적극적 및 능동적인 마케팅은 물론, 직원들은 판매하는 상품, 서비스 및 브랜드에 대한 신뢰를 가져야 한다.

57. 정답▶ ③

58. 정답▶ ①
해설▶ 고객DB 소진율, 1콜당 평균 전화비용은 아웃바운드 성과지표로 활용된다.

59. 정답▶ ③
해설▶ 기업을 경영할 때 인사관리가 핵심이 되며, 인사관리에 따라 기업의 성과가 좌우된다.

60. 정답▶ ①
해설▶ 시간당 접촉 횟수는 아웃바운드의 성과관리 지표에 해당한다.

61. 정답▶ ④
해설▶ 인하우스(In-house) 텔레마케팅과 외부대행업체(Agency)텔레마케팅은 수행주체에 따라 분류된 것이다.

62. 정답▶ ②
해설▶ 객관적인 평가와 모니터링 결과로 인한 적절한 코칭 실시 능력을 갖추어야 하는 사람은 텔레마케터 상담사가 아닌 모니터링 담당자라고 할 수 있다.

63. 정답▶ ④
해설▶ SERVQUAL 모형은 서비스 품질을 측정하기 위한 도구로 사용되며, 콜센터뿐 아니라 다양한 영역에서 활용된다.

64. 정답▶ ③
해설▶ ①은 모니터링 담당자 입장에서의 장점이며,

②는 기업 입장, ④는 상담사의 입장에서 바라본 장점이라고 할 수 있다.

65. 정답▶ ④
해설▶ 1인의 슈퍼바이저는 평균 10~20명 정도의 텔레마케터를 관리하며 이것은 적절한 인원관리가 필요한 관리한계의 원칙에 따른 것이다.

66. 정답▶ ①
해설▶ ②는 매트릭스 조직구조, ③은 사업부제 조직구조, ④는 전략적 사업단위 구조라고 할 수 있다.

67. 정답▶ ②
해설▶ ②는 직장 내 훈련 OJT(On the Job Training)에 대한 설명이라고 할 수 있다.

68. 정답▶ ②
해설▶ ②는 리더십의 행동이론에 관한 설명이다.

69. 정답▶ ①
해설▶ 아웃바운드 텔레마케팅의 경우, 비교적 짧은 시간 내에 고객에게 정보를 제공 및 설득해야 하므로, 문장이 짧고 간결해야 한다.

70. 정답▶ ④
해설▶ 커크패트릭의 교육훈련 평가의 네 가지 기준은 반응기준, 학습기준, 행동기준, 결과기준이라고 할 수 있다.

71. 정답▶ ②
해설▶ 각 기업에서는 콜센터 전용 상품을 개발하여 판매활동을 강화하고 있다.

72. 정답▶ ①
해설▶ 콜센터는 과거 고객 불만 창구접수에서 지금은 마케팅 수단으로 변화되었다.

73. 정답▶ ③
해설▶ 직무를 분석하여 해당 업무의 성질과 과업을 결정하는 것으로 조직합리화의 기초작업이라고 할 수 있다.

74. 정답▶ ④

75. 정답▶ ①

해설▶ 콜센터는 고객을 중심으로 고객에게 편리함, 신뢰성, 편익을 제공할 수 있는 조직체라고 할 수 있으며, 고객지향성, 유연성, 신속성과 민첩성을 갖추어야 한다.

76. 정답▶ ④

해설▶ 시장의 변화, 기술의 변화, 마케팅 커뮤니케이션의 변화, 고객의 변화 등으로 CRM이 등장하게 되었다.

77. 정답▶ ②

해설▶ 우유부단한 고객의 경우 질문을 통해서 갈등 요인이 무엇인지 파악하도록 돕고, 언제든 도움을 줄 수 있는 직원이라는 이미지를 주는 것이 바람직하다.

78. 정답▶ ③

해설▶ 대중마케팅은 다수를 대상으로 진행하며, CRM으로 고객의 다양한 정보를 여러 기준에 따라 고객을 더욱 세분화시키고, 그들만의 차별화된 서비스를 제공할 수 있다는 특징 있다.

79. 정답▶ ①

해설▶ 문제에서 설명한 것은 모형화에 관한 것이며, 샘플링은 방대한 양의 데이터에서 표본과 같은 작은 양의 데이터를 추출하는 것을 말한다.

80. 정답▶ ③

해설▶ 마케팅 커뮤니케이션 활동은 촉진수단의 활동으로 광고, 판매촉진, 인적판매, PR 등 4가지를 통해 이루어진다.

81. 정답▶ ①

해설▶ 아웃바운드 전용상품은 대중들에게 신뢰도가 높은 상품이이어야 하며, 브랜드가 있고 인지도가 높은 상품이어야 한다.

82. 정답▶ ④

해설▶ 상대방과의 거리나 물리적인 환경은 비언어적 의사소통이라고 할 수 있다.

83. 정답▶ ①

해설▶ 스칸디나비아 항공사 CEO얀 칼슨에 의해 주창되었다.

84. 정답▶ ②

85. 정답▶ ④

해설▶ 바디랭기지는 신체언어에 포함된다.

86. 정답▶ ②

해설▶ 기업에 불만을 제기하고, 만족스러운 처리 과정을 겪은 고객은 재구매율이 높은 편이며, 고객 충성도도 높아질 수 있다.

87. 정답▶ ②

해설▶ RFM 분석법은 최근에 언제, 얼마나 자주, 그리고 얼마를 구입했는지 기존 구매 특성을 바탕으로 이루어지는 것이기 때문에 거래가 없었던 잠재고객에게 직접 적용은 어렵다. 또한 원리가 매우 간단하지만 실제로 높은 반응률을 가져오기 때문에 광범위하게 사용되고 있다.

88. 정답▶ ④

해설▶ 이미지메이킹은 나의 외적인 이미지를 강화하여, 긍정적인 내적 이미지를 끌어내는 시너지 효과를 얻는 것이 목표로 이 둘은 함께 가져갈 수 있고 일치화시키는 것이 필요하다.

89. 정답▶ ③

90. 정답▶ ②

91. 정답▶ ①

해설▶ 의사소통은 단순히 정보 전달 이상의 의미를 가지고 있으며, 상호간에 의미와 이해를 만들어가는 과정이라고 할 수 있다.

92. 정답▶ ①

93. 정답▶ ④

94. 정답▶ ③

95. 정답▶ ④

해설▶ 스크립트로 인해 표준화되고 통일된 상담을
진행할 수 있으나, 상황과 고객 유형에 따라
조절하여 상담을 진행하는 것이 필요하다.

96. 정답▶ ②

97. 정답▶ ①
　해설▶ 친밀한 거리는 연인이나 가까운 친구, 부모
에게 안겨있는 어린아이 사이에서 찾아볼 수
있다.

98. 정답▶ ③

99. 정답▶ ③

100. 정답▶ ④
　해설▶ 백화점·마트의 판매원, 호텔직원 등은 직
접대면 직업군으로 분류된다.

1	③	2	③	3	①	4	②	5	①
6	①	7	②	8	④	9	③	10	3
11	④	12	④	13	④	14	③	15	③
16	①	17	④	18	②	19	①	20	②
21	①	22	3	23	③	24	2	25	③
26	①	27	④	28	②	29	④	30	3
31	②	32	①	33	①	34	④	35	①
36	④	37	①	38	②	39	③	40	④
41	④	42	④	43	②	44	③	45	③
46	①	47	④	48	②	49	②	50	②
51	①	52	①	53	1	54	③	55	③
56	④	57	③	58	②	59	④	60	③
61	③	62	④	63	②	64	②	65	④
66	④	67	④	68	②	69	④	70	③
71	①	72	④	73	②	74	①	75	2
76	2	77	①	78	④	79	③	80	③
81	③	82	①	83	④	84	④	85	①
86	②	87	①	88	4	89	③	90	④
91	②	92	3	93	②	94	②	95	②
96	③	97	④	98	④	99	①	100	④

1. 정답▶ ③
   해설▶ 서비스의 생산과정에 참여하는 고객 또한 인간이기에 늘 똑같을 수 없어 항상 똑같은 서비스를 제공하기란 매우 어려우므로, 기업에서는 어느 일정 수준 이상의 서비스를 제공하기 위해 표준화된 서비스를 마련하는 것이 필요하다.

2. 정답▶ ③

3. 정답▶ ①

4. 정답▶ ②
   해설▶ 고객이 반론을 제시하는 원인으로는 크게 4가지가 있다. 제시하는 상품이나 서비스의 혜택이 만족스럽지 못할 때, 고객이 알고 있는 정보와 다를 때, 신뢰감이 부족한 상담사를 만났을 때, 추가적인 정보를 필요로 할 때이다.

5. 정답▶ ①

6. 정답▶ ①
   해설▶ 데이터베이스 마케팅으로 마케팅 비용을 절약할 수 있으며 추가적으로 기업과 상품의 이미지 개선 효과가 있다.

7. 정답▶ ②
   해설▶ ②는 선택적 유통경로에 관한 설명으로 집약적 유통경로에 비해 중간상이 적어 유통비용이 절감되며, 일정 능력 이상의 중간상들만 유통경로에 포함되기 때문에 안정적인 매출과 이익이 따른다.

8. 정답▶ ④
   해설▶ 고객 욕구 분석 단계는 가장 첫 단계이며, 유통경로의 대안 평가 및 결정 단계가 가장 마지막 단계라고 할 수 있다.

9. 정답▶ ③
   해설▶ 포지셔닝이 잘못되었다고 판단되는 경우나, 시장 상황이 갑작스럽게 변경되었을 경우 재포지셔닝을 실시한다.

10. 정답▶ ③
    해설▶ 시장세분화는 대량생산으로 규모의 이익을 실현하기 보다는 맞춤화된 고개 서비스 제공에 있다.

11. 정답▶ ④
    해설▶ 고객의 성격, 라이프스타일로 구분하는 것은 심리 분석적 변수로 인한 세분화에 포함되며, 편익, 사용량, 상표충성도 등으로 구분하는 것은 행동변수로 인한 세분화에 포함된다. 또한 국가, 구, 군, 도시 등과 같이 여러 지리적 단위로 세분화하는 것은 지리적 변수로 인한 구분이라고 할 수 있다.

12. 정답▶ ④
    해설▶ VOC(Voice of Customer)는 관리 시스템 콜센터에 접수되는 고객 불만사항을 접수부터 처리가 완료될 때까지 처리상황을 실시간으로 관리하고 처리결과를 관서별로 지표화 하여 관리 · 평가함으로써 고객의 체감서비스를 향상시키는 고객관리시스템을 말한다.

13. 정답▶ ④
　　해설▶ 시장은 내부적 동질성과 외부적 이질성, 접근 가능성, 실행 가능성, 측정 가능성 등의 요건을 가지고 있어야 한다.

14. 정답▶ ③
　　해설▶ 인바운드 상담에서도 고객의 반론은 나올 수 있으나 공격적으로 극복하는 것이 아니라 충분한 공감 후에 반응을 보고 동의를 구해야 한다.

15. 정답▶ ③

16. 정답▶ ①
　　해설▶ RFM 분석은 거래가 없는 가망고객들을 평가하기 어렵다.

17. 정답▶ ④

18. 정답▶ ②
　　해설▶ ①은 무형성, ③은 비분리성, ④는 소멸성과 관련이 깊다.

19. 정답▶ ①
　　해설▶ 포지셔닝 전략수립 시, 시장분석, 경쟁분석, 기업내부분석으로 나뉘며 가격탄력도에 대해서는 별도로 얻을 수 있는 정보는 찾기 어렵다.

20. 정답▶ ②
　　해설▶ 서비스 품질평가요인(SERVQUAL)은 신뢰성(Reliability), 확신성(Assurance), 공감성(Empathy), 대응성(Responsiveness), 유형성(Tangible)으로 결정된다.

21. 정답▶ ①
　　해설▶ 소비자의 사회적 지위를 강조하여 마케팅을 펼치며 명품 옷이나 신발, 최고급 시계 및 보석 등이 포함되는 것은 전문품에 관련된 설명이다.

22. 정답▶ ③

23. 정답▶ ③

24. 정답▶ ②
　　해설▶ 일률적인 성과급제가 아닌 인센티브제를 시행한다.

25. 정답▶ ③

26. 정답▶ ①
　　해설▶ 다양한 의견이 나오는 개방형 질문의 경우 코딩이 어려워 따로 배제시킨다.

27. 정답▶ ④

28. 정답▶ ②
　　해설▶ 변수들의 조작을 통해서 인과관계를 파악하는 방법은 인과조사에 관한 설명이다.

29. 정답▶ ④

30. 정답▶ ③
　　해설▶ 대체변수는 인과관계를 규명하는 모형에포함된 변수가 아니다.

31. 정답▶ ②
　　해설▶ ①은 비율척도, ③은 명목척도, ④는 서열척도라고 할 수 있다.

32. 정답▶ ①
　　해설▶ 일관성 정도는 신뢰성과 관련이 깊다.

33. 정답▶ ①
　　해설▶ 질문은 짧고 간단해야 하며, 한 문항에 2가지 질문을 포함하지 않아야 한다.

34. 정답▶ ④

35. 정답▶ ①

36. 정답▶ ④
　　해설▶ 취득하지 못한 자료를 처리할 경우에는 명확한 자료가 아니므로 배제시킨다.

37. 정답▶ ①

38. 정답▶ ②

39. 정답▶ ③
　　해설▶ 질문을 할 때 정확한 답변을 위해서는 한 항목에는 반드시 1가지의 질문만 해야 한다.

40. 정답▶ ④

41. 정답▶ ④
　　해설▶ 명목척도는 전화번호나 운동선수의 등 번호와 같이 숫자의 크기나 순서에 따라 크고 작음을 나타내지 않는다. 지문에서는 지역별로 구분할 수 있도록 숫자만 명목적으로 부여한 것이다.

42. 정답▶ ④
　　해설▶ 우편조사의 경우, 답변이 모호할 경우 확인 불가하고, 응답자의 진위 여부 확인이 불가하다는 점, 상세한 정보 획득이 불가하다는 단점이 있다.

43. 정답▶ ②
　　해설▶ 비용면으로 보면 면접조사 → 전화조사 → 인터넷조사 순으로 적게 소요되며, 개별 면접조사에 비용이 가장 많이 든다.

44. 정답▶ ③
　　해설▶ 척도 자체가 잘못되어 발생하는 오류는 체계적 오차라고 할 수 있으며, 신뢰성과 관련되어 측정하는 사람이나 상황으로 인한 오류를 비체계적 오차라고 할 수 있다.

45. 정답▶ ③

46. 정답▶ ①

47. 정답▶ ④

48. 정답▶ ②

49. 정답▶ ②

50. 정답▶ ③

51. 정답▶ ①

52. 정답▶ ①

53. 정답▶ ①
　　해설▶ S는 Specific(명확한)의 이니셜이다.

54. 정답▶ ③

55. 정답▶ ③
　　해설▶ 텔레마케팅(telemarketing) = 텔레커뮤니케이션(telecommunication) + 마케팅(marketing)의 합성어이다.

56. 정답▶ ④
　　해설▶ 빠른 속도로 달성하는 것보다 조직의 목표에 맞게, 일정한 시간 내에 달성 여부를 확인하는 것이 더욱 중요하다.

57. 정답▶ ③
　　해설▶ 변혁적 리더십은 리더가 카리스마를 가지고 목표를 달성할 수 있도록 독려하며, 서번트 리더십은 기본적으로 인간존중이라는 가치를 바탕으로 두고 있다. 또한 슈퍼리더십은 리더는 구성원들을 셀프리더로 성장할 수 있도록 노력한다.

58. 정답▶ ②
　　해설▶ 반응과 피드백의 부족은 수신자에 의한 장애요인이라고 할 수 있다.

59. 정답▶ ④
　　해설▶ ① 반응기준은 네 가지 기준 중 효과성을 측정하기 가장 용이하며, 참여자들의 전반적인 느낌이나 만족도에 대한 평가이다. ② 행동기준 평가는 교육 목표의 달성 정도를 측정하는 것을 말하며 ③ 학습기준은 교육 참가자들의 성과 행동에 일어난 변화를 평가하는 것을 뜻한다.

60. 정답▶ ①

61. 정답▶ ③
　　해설▶ 평균 판매가치는 아웃바운드형 콜센터의 성과분석 관리 지표라고 할 수 있다.

62. 정답▶ ④

63. 정답▶ ②

64. 정답▶ ②

65. 정답▶ ④
   해설▶ 콜센터의 이직을 줄이기 위한 방안으로는 관리자와 상담사와 그룹 미팅을 수행하는 것이 적절하다.

66. 정답▶ ④
   해설▶ ① Burn-out은 의욕적으로 업무를 하던 사람이 극도의 신체적, 정신적 피로감을 호소하며 무기력해지는 현상을 말한다. ③ '끼리끼리' 문화는 평소 자신들과 친한 사람들끼리만 어울리며, 다른 집단이나 개인들을 배타적으로 보는 심리적 현상이다.

67. 정답▶ ④
   해설▶ 불만접수 후, 만족스러운 처리 과정을 겪은 고객은 침묵하는 고객보다 오히려 기업과 지속적인 관계를 맺으며, 그만큼 고객유지율도 증가되면서 매출을 높일 수 있다.

68. 정답▶ ②
   해설▶ 똑같은 내용 반복에 대한 권태감은 인바운드 상담의 장애요소에 해당한다.

69. 정답▶ ③

70. 정답▶ ③

71. 정답▶ ①

72. 정답▶ ④
   해설▶ 교육훈련의 필요성은 잠재된 성과를 향상시킬 수 있을 것인가를 조직적 차원에서 결정하는 조직수준과 직무요건, 직원의 현재 능력과의 차이를 결정하는 직무수준, 직원 개인 단위로 훈련이나 개발의 결과를 분석, 평가하며 파악하는 개인수준에 따라 나뉜다.

73. 정답▶ ②
   해설▶ 콜센터에서 행하는 콜 모니터링 방법으로는 Call taping, Silent monitoring, Side by side monitoring, Peer monitoring, Mystery monitoring

등이 있다.

74. 정답▶ ①

75. 정답▶ ②
   해설▶ 관리자와 스텝의 말 뿐만 아니라 상담원의 말을 충분히 고려해야한다.

76. 정답▶ ②
   해설▶ 고객과의 올바른 상담태도에는 고객의 의견을 진지하게 경청하는 태도가 포함된다.

77. 정답▶ ②
   해설▶ 서비스 요청 단계가 간소화된다는 기대효과는 기업이 아닌 고객의 관점이라고 할 수 있다.

78. 정답▶ ④
   해설▶ CRM 마케팅은 신규고객 확보보다는 기존고객 유지에 초점을 두고 있다.

79. 정답▶ ③
   해설▶ 우량고객과 지속적으로 관계를 이어나가기 위해서는 그들의 욕구와 니즈를 파악하며 무조건 비싼 값의 상품이나 서비스보다는 가장 적합한 것을 찾아 추천하도록 한다.

80. 정답▶ ③

81. 정답▶ ③
   해설▶ 잡음을 만드는 요소로 왜곡 및 생략, 준거 틀의 차이, 적절하지 않은 양의 커뮤니케이션 등이 있다.

82. 정답▶ ①
   해설▶ 텔레마케터는 신체언어 등의 다른 비언어적 의사소통 수단을 활용해도 직접적으로는 알기 어렵지만, 자세나 미소는 목소리를 타고 고객이 알 수 있으므로 비언어적 수단에도 주의한다.

83. 정답▶ ④
   해설▶ 고객이 전달하는 메시지의 내용이나 관련 개념, 느낌 등에 대해 관심을 두고 듣는 것이 필요하며, 고객상담을 하는 공간 또한 중요하므로 산만해질 수 있는 환경요소는 제거하도록 한다.

84. 정답▶ ④

85. 정답▶ ①
해설▶ 고객이 불평, 불만을 호소하는 일반적인 단계는 '비공식적인 단계 → 공식적인 단계 → 법적인 호소'라고 할 수 있으며, 가까운 지인이나 가족들에게 토로하는 것은 비공식적인 단계라고 할 수 있다.

86. 정답▶ ②

87. 정답▶ ①
해설▶ 소리를 치거나 욕을 하는 등의 소란을 피우는 고객에게는 MTP 응대법을 활용하는 것이 좋으며, 직원은 목소리를 조금 더 낮추고 천천히 말하며 고객이 흥분했음을 알아차리도록 한다.

88. 정답▶ ④

89. 정답▶ ③
해설▶ 시장의 대중화가 아닌 시장의 탈대중화로 인해 CRM이 등장했다고 할 수 있다.

90. 정답▶ ④
해설▶ 협업 CRM은 단순한 마케팅 채널들의 집합이 아닌, 고객과 기업 간의 커뮤니케이션을 포괄적인 관점에서 통제, 운영하는 시스템이다.

91. 정답▶ ②
해설▶ 음성의 억양, 톤, 빠르기, 음성, 바디랭기지, 표정 등은 비언어적 메시지에 해당한다.

92. 정답▶ ③
해설▶ 관리자 페이지는 중요한 정보를 담고 있는 센터정보이므로 외부 접근이 쉽지 않도록 운영되어야 한다.

93. 정답▶ ②

94. 정답▶ ②
해설▶ 목적이나 목표의식 부족은 발신자에 의한 장

애요인이라고 볼 수 있다.

95. 정답▶ ②
해설▶ 고객을 응대할 때에는 긍정적이 단어와 질문을 하는 것이 바람직하다.

96. 정답▶ ③

97. 정답▶ ④
해설▶ RFM은 고객가치를 분석, 측정하는 방법이며 가격의 탄력도 및 시장성장율을 분석하는 도구로는 사용되지 않는다.

98. 정답▶ ④
해설▶ 투철한 책임감과 인내심은 개인적인 요인이라고 할 수 있다.

99. 정답▶ ①

100. 정답▶ ④
해설▶ 친밀한 거리, 개인적 거리, 사회적 거리, 대중적 거리 이렇게 4개의 공간 영역으로 나누었다.

1	4	2	②	3	1	4	①	5	④
6	①	7	③	8	②	9	③	10	③
11	①	12	②	13	①	14	④	15	④
16	④	17	④	18	①	19	①	20	①
21	2	22	②	23	③	24	④	25	④
26	②	27	②	28	①	29	①	30	①
31	④	32	①	33	③	34	③	35	②
36	4	37	④	38	②	39	①	40	②
41	④	42	②	43	①	44	①	45	②
46	①	47	①	48	④	49	③	50	④
51	④	52	②	53	③	54	②	55	④
56	②	57	④	58	③	59	①	60	④
61	①	62	②	63	①	64	④	65	③
66	②	67	4	68	①	69	④	70	①
71	④	72	③	73	③	74	③	75	③
76	③	77	①	78	④	79	②	80	④
81	1	82	②	83	④	84	③	85	①
86	④	87	③	88	④	89	③	90	②
91	②	92	④	93	②	94	②	95	③
96	②	97	①	98	③	99	①	100	②

1. 정답▶ ④
   해설▶ 고객이 직접 전화를 거는 형태이므로 되도록 고객과의 통화 연결시간을 줄이는 것이 중요하다.

2. 정답▶ ②

3. 정답▶ ①

4. 정답▶ ①

5. 정답▶ ④
   해설▶ 기업은 데이터베이스 마케팅으로 인해 매출이 증가되며, 마케팅 비용을 절약할 수 있다.

6. 정답▶ ①
   해설▶ 통합마케팅 커뮤니케이션은 소비자와 브랜드 간에 관계를 증진시킬 수 있으며 가장 적절하고 효과적인 커뮤니케이션으로 프로그램을 개발하는 데 있어서 최우선은 고객이 된다.

7. 정답▶ ③
   해설▶ 인적판매의 과정은 "준비 → 설득 → 거래"의 3단계로 이루어진다.

8. 정답▶ ②

9. 정답▶ ③
   해설▶ 심리 분석적 변수로 인한 세분화는 다른 변수들에 비해 측정이 쉽지 않은 편이다.

10. 정답▶ ③
    해설▶ 비차별화 마케팅은 모든 계층의 소비자를 만족시킬 수 없으므로 경쟁사가 쉽게 틈새시장을 찾아 시장에 진입 가능하다는 문제점이 있다.

11. 정답▶ ①

12. 정답▶ ②

13. 정답▶ ①
    해설▶ ①에 대한 설명은 고객을 세분화하지 않고, 한 제품을 모든 소비자에게 대량으로 유통하는 마케팅 전략을 뜻한다.

14. 정답▶ ④

15. 정답▶ ④

16. 정답▶ ④
    해설▶ 마케팅 목표나 마케팅 믹스 전략 등은 기업의 내부환경이라고 할 수 있다.

17. 정답▶ ④
    해설▶ 상품이나 서비스를 구매하기 전, 정보를 수집하는 단계에서는 구입하려는 상품의 종류에 따라 투자하는 시간이나 노력의 정도가 달라지는데 자신의 기억에서 정보를 받는 내부탐색 과정과, 그 외의 원천으로부터 얻는 외부탐색 과정으로 나뉜다.

18. 정답▶ ①
　　해설▶ 성장율과 시장점유율 모두 높은 경우, 경쟁자의 진입에도 차별적인 우위를 지키고 있다면 재포지셔닝이 필요없다.

19. 정답▶ ①

20. 정답▶ ①
　　해설▶ 업체주도형, 공격적이며 수익지향적인 마케팅은 아웃바운드 텔레마케팅이 지향하는 목표이며, 인바운드 텔레마케팅은 고객지향적이고, 수동적인 마케팅이라고 할 수 있다.

21. 정답▶ ②

22. 정답▶ ②
　　해설▶ 가격은 점차적으로 상대적 비중은 줄어들고 있지만 그래도 마케팅 믹스 중 가장 강력한 도구로 활용되고 있다. 또한 가격은 제품이나 상황에 따라서 탄력성있게 변경될 수 있으며, 한 번 결정하면 변경하기 매우 어렵고, 비용과 시간이 소요되는 촉진믹스는 유통이다.

23. 정답▶ ③

24. 정답▶ ④
　　해설▶ ④는 인바운드 텔레마케팅 스크립트에 해당하는 내용이다.

25. 정답▶ ④

26. 정답▶ ②
　　해설▶ 응답자가 전문가나 관심이 많은 대상일 경우에는 척도수를 늘려서 작성할 수 있다.

27. 정답▶ ②

28. 정답▶ ①
　　해설▶ 지문의 질문은 주관식 질문으로 제한 받지 않고, 다양하고 자유롭게 응답할 수 있다는 장점이 있다.

29. 정답▶ ①

30. 정답▶ ①
　　해설▶ 타당성이 조사의 목적에 정확한 조사가 이루어졌는지, 사실을 정확하게 반영하고 있는지에 관련된 부분이라면, 신뢰성은 연속성의 개념으로 언제 다시 측정하더라도 유사하고 동일한 조사 결과를 얻을 수 있는가에 관련된 부분이다.

31. 정답▶ ④
　　해설▶ 기업에서 이루어지는 시장조사는 다양한 문제에 대해 다양한 해결 방안을 제시하기 때문에 결정을 할 때 발생되는 여러 불확실성을 줄여주어 올바른 의사결정을 하도록 도와준다. 또한 마케터의 책임부담을 줄여주는 역할도 한다.

32. 정답▶ ①
　　해설▶ 비율척도에서는 "0"이 존재하기 때문에 측정값의 상대적인 비교가 가능하다.

33. 정답▶ ③

34. 정답▶ ③

35. 정답▶ ②

36. 정답▶ ④

37. 정답▶ ④
　　해설▶ 다양한 의견이 나오는 질문은 폐쇄형이 아닌, 자유응답형 질문으로 코딩이 어려워 편집과정에서 따로 분류된다.

38. 정답▶ ②

39. 정답▶ ①
　　해설▶ 갱서베이는 기업에서 상업적으로 소비자 시장조사를 하는 것에 해당된다.

40. 정답▶ ②

41. 정답▶ ④

42. 정답▶ ②
　　해설▶ 우편조사의 가장 큰 단점은 낮은 회신율이라

고 할 수 있다.

43. 정답▶ ①

44. 정답▶ ①

45. 정답▶ ②
특징▶ 종단조사는 같은 표본을 시간적 간격을 두고 반복적으로 측정하는 조사를 말한다. 종단조사의 종류로는 패널 조사, 코호트 조사, 추세 조사 등이 있다.

46. 정답▶ ①
해설▶ 면접조사표를 가지고 해당 지침을 지키며 면접을 진행해야 하는 것은 표준화면접의 특성이라고 할 수 있다.

47. 정답▶ ①
해설▶ 온라인조사는 표본 수가 매우 많으며, 빠른 시간 내에 조사를 마칠 수 있고 비용을 절약할 수 있다는 장점이 있다.

48. 정답▶ ④

49. 정답▶ ③
해설▶ 할당표본추출은 비확률표본추출에 해당한다.

50. 정답▶ ④
해설▶ 전화조사는 시간의 제한성이 따르므로 신속하고, 피조사자가 쉽게, 간단하게 답할 수 있는 양자택일형, 척도형질문, 다지선다형의 폐쇄형 질문을 준비하는 것이 좋다.

51. 정답▶ ④

52. 정답▶ ②
해설▶ 슈퍼리더십은 부하직원 스스로 자율경영이 가능하도록 성장시켜서 궁극적으로는 관리가 필요없는 수준으로까지 조직의 힘을 키우는 것이 목적이다.

53. 정답▶ ③

54. 정답▶ ②

55. 정답▶ ④

56. 정답▶ ②
해설▶ ①, ③은 하우스의 경로-목표 이론, ④는 허쉬와 블랜차드의 상황적 리더십이라고 할 수 있다.

57. 정답▶ ④

58. 정답▶ ③

59. 정답▶ ①

60. 정답▶ ④

61. 정답▶ ①

62. 정답▶ ②
해설▶ 고객생애가치를 파악하는 것이 중요한 이유 중 하나는 기존의 우수고객을 유지시키며 재구매를 유도하는 것이 새로운 고객을 발굴하는 데 드는 비용보다 적기 때문이다.

63. 정답▶ ①
해설▶ ①을 제외한 나머지는 외부대행 운영방식을 취했을 경우의 장점이라고 할 수 있다.

64. 정답▶ ④
해설▶ 효과적인 조직화가 이루어진다면, 직무에 대한 일관성 있고, 명확한 방향을 제공해주므로 더욱 효율적인 업무가 가능하다.

65. 정답▶ ③

66. 정답▶ ②
해설▶ 조직의 목표는 달성 가능한 수준이어야 하며, 조직과 개인의 수준을 잘 고려해야 한다.

67. 정답▶ ④
해설▶ 콜센터 조직의 가장 큰 특징은 다른 어떤 직종보다 인력의 전문성을 크게 요구한다.

68. 정답▶ ①
해설▶ 직무기술서가 해당 직무의 과업에 중심을 두었다면, 직무명세서는 인적요인에 중심을 두고 있다고 할 수 있다.

69. 정답▶ ④

70. 정답▶ ①
해설▶ 연공급은 임금이 근속년수를 중심으로 변하는 것으로, 생활급적 사고 원리를 따르고 있으며, 직능급은 직원의 직무수행 능력에 따라 임금의 사내 격차를 만드는 체계이다.

71. 정답▶ ③
해설▶ 리더십 특성이론에 대한 설명을 고르는 문제로, 리더의 행동이 아닌 리더의 특성을 모든 상황에서 적용하려는 연구이다.

72. 정답▶ ①
해설▶ "80대 20법칙"이라고도 하며, 전체 결과의 80%가 전체 원인의 20% 안에서 일어나는 현상을 말하며 파레토 법칙(Law of Pareto)이라고도 한다. 이는 텔레마케팅을 통한 판매에서도 적용되며 20%의 고객이 80%의 수익을 창출한다고 할 수 있다.

73. 정답▶ ③

74. 정답▶ ③
해설▶ 오피스 근무보다 근태 통제가 쉽지 않다는 것, 고객정보 보안 노출 가능성은 재택근무의 단점에 해당한다.

75. 정답▶ ③

76. 정답▶ ③

77. 정답▶ ①
해설▶ 시스템 장애 시 신속한 처리 능력은 QAA가 아닌, IT 기술자에게 필요하다고 할 수 있다.

78. 정답▶ ④
해설▶ 고객만족의 중요성이 부각되면서 기업에서는 고객만족경영을 위한 여러 전략과 투자를 아끼지 않고 있다.

79. 정답▶ ②

80. 정답▶ ④

81. 정답▶ ①

82. 정답▶ ②

83. 정답▶ ④

84. 정답▶ ③
해설▶ 고객데이터축적(데이터베이스 마케팅)의 발달이 CRM이 등장하게 된 배경 중 하나이다.

85. 정답▶ ①
해설▶ ②는 방문접수, ③은 전화접수, ④는 익명성이 있는 인터넷 접수에 해당하는 내용이다.

86. 정답▶ ④
해설▶ 고객은 신뢰감이 형성되지 못한 상담사를 만났을 때는 반론을 제시하는데, 상담사가 제공하는 정보를 믿기 어려울 때에도 반론을 제시한다.

87. 정답▶ ③
해설▶ 정보탐색 과정에서 얻은 정보를 바탕으로 구매를 하기 위해 일정한 방식으로 결정을 하는 단계이며, 대안평가 방법으로는 크게 보완적 방식과 비보완적 방식이 있다.

88. 정답▶ ④
해설▶ ①, ②는 기업의 입장, ③은 모니터링 담당자의 입장에서 본 모니터링의 이점이라고 할 수 있다.

89. 정답▶ ③
해설▶ 고객과의 상담에서 라포를 형성하는 것은 상담 전체의 분위기를 좌우할 만큼 매우 중요하므로 상담 도입부분에서 실행된다.

90. 정답▶ ②
해설▶ 불만처리가 원활하게 이루어진 고객은 불만에 대해 침묵한 고객보다 재구매율이 더욱 높다고 할 수 있다.

91. 정답▶ ②
해설▶ 다수의 대중을 대상으로 하는 대중마케팅(Mass

marketing)과는 CRM의 운영 양식, 목적이
다르다고 할 수 있다.

92. 정답▶ ④
　해설▶ CRM 시스템 아키텍처(architecture)의 3가지
　　　 유형은 분석 CRM, 운영 CRM, 협업 CRM이다.

93. 정답▶ ②

94. 정답▶ ②
　해설▶ 나이가 많은 고객을 만났을 때에는 더욱 정
　　　 중한 응대를 해야 하며, 호칭에 주의하도록
　　　 한다. 특히 할머니나 할아버지라는 표현은
　　　 적절하지 않다고 할 수 있다.

95. 정답▶ ③
　해설▶ MASS 마케팅은 고객과의 관계보다 거래를
　　　 기반으로 한다.

96. 정답▶ ②
　해설▶ 말이 많은 고객은 스스로 본인의 니즈와 욕구
　　　 를 표현한다는 특성이 있다. 질문을 해야 할
　　　 때에는 개방형의 질문보다 폐쇄형 질문을 하
　　　 면서 상담의 방향을 잃지 않도록 유의한다.

97. 정답▶ ①
　해설▶ 주관적인 판단이나 평가 대신 객관적으로 고
　　　 객의 상황과 메시지를 관찰해야 한다.

98. 정답▶ ③

99. 정답▶ ①
　해설▶ 고객의 욕구를 파악하고 이해하기 위해서는
　　　 주로 매슬로의 욕구 5단계나 고객의 3Fs 욕
　　　 구를 활용하며 이를 알아내기 위해 상담사의
　　　 적절한 탐색질문이 매우 중요하다.

100. 정답▶ ②

1	③	2	③	3	④	4	①	5	2
6	④	7	③	8	①	9	②	10	③
11	①	12	①	13	②	14	③	15	④
16	①	17	②	18	4	19	④	20	②
21	①	22	①	23	③	24	②	25	①
26	④	27	④	28	②	29	③	30	③
31	③	32	④	33	②	34	③	35	④
36	④	37	③	38	④	39	④	40	③
41	②	42	③	43	②	44	①	45	①
46	③	47	②	48	③	49	③	50	④
51	③	52	②	53	②	54	③	55	③
56	①	57	④	58	④	59	④	60	②
61	④	62	②	63	①	64	②	65	④
66	②	67	①	68	④	69	①	70	④
71	③	72	④	73	3	74	①	75	③
76	③	77	④	78	②	79	③	80	4
81	①	82	③	83	③	84	①	85	①
86	④	87	①	88	②	89	③	90	②
91	④	92	②	93	②	94	④	95	④
96	④	97	④	98	①	99	②	100	②

1. 정답▶ ③
   해설▶ 전통적인 유통경로는 생산자 → 도매상 → 소매상 → 소비자이다.

2. 정답▶ ③
   해설▶ 소비자가 제품이나 서비스를 구매한 이후, 구매를 후회하며 구매결정을 취소할 수 없을 때 발생한다. 소비자의 관여도가 높은 제품일수록 구매 전 마음에 드는 대안들이 많이 있었을 때일수록 구매 후 부조화가 일어날 확률이 높다.

3. 정답▶ ④

4. 정답▶ ①

5. 정답▶ ②

6. 정답▶ ④
   해설▶ B2B 텔레마케팅은 일반기업이나 단체를 대상으로 진행되며, 기업을 대상으로 활동하기 때문에 일반 소비자를 대상으로 하는 상담보다 더 전문적인 의사소통 기술과 지식이 필요하다.

7. 정답▶ ③
   해설▶ 소비자의 행동에 영향을 주는 심리적 요인에는 동기, 지각, 학습, 신념, 태도 등이 있다.

8. 정답▶ ①
   해설▶ 대안 평가 방법으로는 크게 보완적 방식과 비보완적 방식이 있는데, 단순한 총 합계만으로 선택하는 것은 보완적 방식이라고 할 수 있다.

9. 정답▶ ②

10. 정답▶ ③
    해설▶ 주로 신제품 홍보 및 내방객 유치 업무를 진행하며 업체, 기업주도형의 상담을 하는 형식은 아웃바운드 텔레마케팅이라고 할 수 있다.

11. 정답▶ ①

12. 정답▶ ①
    해설▶ 세분시장화의 요건으로는 내부적 동질성과 외부적 이질성, 측정가능성, 실질적 규모, 접근가능성, 실행가능성이라고 할 수 있다.

13. 정답▶ ②

14. 정답▶ ③
    해설▶ preview dialing은 상담원이 직접 모니터상에서 고객을 조회하고 전화 발신을 하도록하는 기능, progressive dialing은 대기 중인 상담원이 있을 때, 고객에게 전화를 하여 통화된 전화만 상담사에게 연결하는 기능을 말한다.

15. 정답▶ ④
    해설▶ 진입장벽이 높아 경쟁기업의 진입이 어려워 수요의 가격탄력성이 작고, 소량 다품종생산인 경우에는 고가격 정책을 사용하며, 진입장벽이 낮고, 경쟁사가 많아 수요의 가격탄

력성이 크고, 대량생산으로 생산비용이 절감
될 수 있는 경우에는 저가격 정책을 펼친다.

16. 정답▶ ①

17. 정답▶ ②
　해설▶ 생산자로부터 소비자에게 제품을 전달하는
　　　과정에서 유통경로는 크게 4가지 기능을 수
　　　행하는데 장소, 시간, 소유, 형태 효용기능을
　　　담당한다.

18. 정답▶ ④

19. 정답▶ ④
　해설▶ 목표 고객의 리스트는 아웃바운드 텔레마케
　　　팅 도입 시 필요한 점검사항이다.

20. 정답▶ ②

21. 정답▶ ①

22. 정답▶ ①
　해설▶ 충성고객은 충성도를 갖고 지속적으로 구입
　　　하는 외부고객으로 옹호고객을 말한다.

23. 정답▶ ③
　해설▶ 제품수명주기상에서 재포지셔닝이 필요한 성
　　　숙기는 Cash Cow라고 할 수 있다.

24. 정답▶ ②

25. 정답▶ ①

26. 정답▶ ④
　해설▶ ④은 인터넷 조사에 관련된 내용이다.

27. 정답▶ ④

28. 정답▶ ②

29. 정답▶ ③

30. 정답▶ ③

31. 정답▶ ③

32. 정답▶ ④
　해설▶ 표본추출은 모집단을 정확하게 정의한 후,
　　　표본추출 방법 결정, 표본의 크기를 결정하는
　　　순서로 진행해야 하는데, 표본의 크기를 결정
　　　할 때에는 모집단 요소의 동질성, 조사의 목
　　　적, 모집단의 크기를 먼저 고려해야 한다.

33. 정답▶ ②
　해설▶ 명목척도는 응답 안에 임의적으로 숫자를 부
　　　여하는 척도를 말한다. 단순 조사 대상을 분
　　　류하기 위해 사용되는 수치이며, 대표적으로
　　　운동선수의 등 번호, 아파트 동 호수, 주민번
　　　호 뒷자리가 있다.

34. 정답▶ ②
　해설▶ 외생변수는 혼란변수라고도 한다.

35. 정답▶ ④
　해설▶ 우편조사의 회신율을 높이기 위해서는 추가
　　　적으로 독촉서신을 보내거나, 표지 등의 디
　　　자인에 신경을 써서 가시성을 높이는 방법도
　　　있다.

36. 정답▶ ④
　해설▶ 타당성은 내적타당성과 외적타당성으로 구분
　　　할 수 있으며, 이 둘은 한번에 모두 높게 가
　　　질 수 없는 상쇄관계이며, 조사의 목적에 맞
　　　게 선택해야 한다.

37. 정답▶ ③
　해설▶ 확률표본추출의 종류에는 단순무작위 표본추
　　　출, 층별 표본추출, 군집별 표본추출, 체계적
　　　표본추출, 지역별 표본추출이 있다.

38. 정답▶ ④
　해설▶ 실험법은 인과조사 방법이다.

39. 정답▶ ④
　해설▶ 현상의 원인이라고 생각하고 통제하는 변수를
　　　독립변수라고 하며, 이에 따라 변화하는 결과
　　　를 가진 변수를 결과변수, 독립변수로 인해
　　　값이 결정되는 변수를 종속변수라고 한다.

40. 정답▶ ③
　해설▶ 사전조사는 설문지 초안을 작성한 후, 본조

사 실시 이전에 진행하며 설문지의 개선사항이나 오류를 찾기 위해 실시한다. 본조사의 축소판이라고 할 수 있으며 실제 본조사와 동일한 방법과 절차로 조사를 실시한 후, 문제점이나 부족한 점, 오류발생 가능성이 있는 부분에 대해 수정, 보완하는 작업으로 이뤄진다.

41. 정답▶ ②
  해설▶ 응답자 자신은 자신에 대한 정보를 스스로 통제할 권리가 있고, 익명성을 요구할 수 있다.

42. 정답▶ ③
  해설▶ ① 가장 첫 단계에서는 문제를 정확하게 파악하는 것이며 ② 자료 분석 순서는 편집(Editing) → 코딩(Coding) → 입력(Key-in)이다. ④ 탐색조사, 기술조사, 인과조사를 선택하는 것은 3번 째 단계인 조사 설계단계에서 진행한다.

43. 정답▶ ②
  해설▶ 응답자의 설문을 거부하거나, 비접촉으로 인한 오류를 무응답 오류라고 한다.

44. 정답▶ ①
  해설▶ 신뢰성이라는 것은 몇 번의 실험에도 동일한 값이 나오는지를 판단하는 기준이 된다. 따라서 측정의 신뢰성을 높이기 위해서는 동일한 개념이나 속성의 측정 항목 수를 늘리는 것이 좋으며 높은 신뢰성으로 인정받는 측정법을 사용하는 것이 좋다.

45. 정답▶ ①
  해설▶ 부호화와 분석이 용이하여 시간과 경비를 절약할 수 있고, 질문에 대한 대답이 표준화되어 있기 때문에 비교가 가능한 질문의 형식은 폐쇄형 질문이라고 할 수 있다.

46. 정답▶ ③
  해설▶ 2차 자료는 다른 조사 목적으로 이미 만들어진 기존의 자료를 말하며 선택할 때에는 적합성, 신뢰성, 시효성 등을 평가한 후 사용한다.

47. 정답▶ ③
  해설▶ 그 외에도 관찰법은 응답자의 응답능력이나

협조 의도가 문제되지 않고, 조사자로부터 발생하는 오류를 차단할 수 있다는 장점이 있다.

48. 정답▶ ③
  해설▶ 집단조사는 다수의 조사원이 필요하지 않아 조사원의 수가 줄어들어 비용이 절감되고, 한 명의 조사자가 집단을 대상으로 전체적으로 설명해서 표준화시킬 수 있다는 장점이 있다.

49. 정답▶ ④

50. 정답▶ ④
  해설▶ 온라인 조사는 조사자의 편견 개입은 거의 일어나지 않는다.

51. 정답▶ ③
  해설▶ 전략적 사업단위 구조(Strategic Business Unit: SBU)는 책임경영을 통해 조정과 통제가 원활하다.

52. 정답▶ ②

53. 정답▶ ②
  해설▶ 고객반응률을 높이는 것과 직접적인 영향은 없다.

54. 정답▶ ③
  해설▶ 교육으로 인한 공석 등의 비용 등이 발생되며 중소기업에서는 실제로 실시하기 어렵다는 단점이 있다.

55. 정답▶ ③

56. 정답▶ ①

57. 정답▶ ④

58. 정답▶ ②
  해설▶ 교육훈련은 목표가 명확하지 않으면 노력과 비용이 낭비될 수 있으므로 철저하게 계획되어야 하며, 고객과 응대과정에서 필요한 커뮤니케이션 스킬 교육을 제외한 나머지 교육은 신입 상담사에게 적합하다고 보기 어렵다.

59. 정답▶ ④
    해설▶ 스크립트 내용은 고객중심적이어야 한다. 고객의 입장에서 생각하고 고객의 불편을 최소화해야 하며 문제해결 중심의 스크립트로 작성되어야 한다.

60. 정답▶ ④

61. 정답▶ ④

62. 정답▶ ②
    해설▶ ARS는 자동응답시스템으로 24시간 제공될 수 있는 서비스를 말하며, PBX는 구내교환망으로 자동으로 전화를 연결해주는 구내 전화교환시스템이라고 할 수 있다.

63. 정답▶ ①

64. 정답▶ ②
    해설▶ 조직문화는 조직원들의 행위 기준을 제시하면서 유기적으로 결합시키고, 그들의 태도나 행위에 막강한 영향력을 미친다.

65. 정답▶ ③
    해설▶ 면접은 입사시험과 더불어 가장 많이 이용하는 방법으로, 최근 산업심리학이 발달하면서 면접 기법이 더욱 개발, 발전하고 있으며 신뢰와 의존도도 높아지고 있다.

66. 정답▶ ②
    해설▶ 콜센터의 성과관리를 위해 목표를 설정할 때 중요한 원칙을 다룬 개념으로 Measurable/측정할 수 있어야 한다는 뜻이며, Attainable/달성 가능한 지표여야 한다는 의미를 담고 있다.

67. 정답▶ ①

68. 정답▶ ①

69. 정답▶ ①
    해설▶ 해피콜은 아웃바운드의 형식으로 진행되며, 고객에게 사후서비스를 제공하는 개념으로 진행되는 것이지 직원들의 평가를 위한 목적이라고는 보기 어렵다.

70. 정답▶ ④
    해설▶ 평균 통화 처리 시간, 평균 통화 시간 등은 인바운드형 콜센터의 성과분석 관리 지표라고 할 수 있다.

71. 정답▶ ③
    해설▶ 외부대행 텔레마케팅으로 운영할 경우, 초기 투입비용 절감과 전문성을 이용할 수 있으며, 텔레마케팅에 대한 전문적인 지식이 부족하고, 시간이나 비용면에서 여유가 없을 경우에 이용하기 좋다.

72. 정답▶ ③

73. 정답▶ ③

74. 정답▶ ①

75. 정답▶ ③
    해설▶ CTI 시스템의 도입으로 콜센터 인력비용 절감 및 효율적인 관리가 가능해져서 상담원을 추가로 채용하지 않고도 콜을 수용할 수 있게 되었다.

76. 정답▶ ③

77. 정답▶ ②

78. 정답▶ ②

79. 정답▶ ③
    해설▶ VOC 코드는 세분화하여 항목별로 나누어야 추후 마케팅 등 경영활동에 활용, 분석하기에 용이하다.

80. 정답▶ ④

81. 정답▶ ①
    해설▶ 목적이나 목표의식이 부족한 것은 발신자 측면에서의 장애요인에 해당한다고 볼 수 있다.

82. 정답▶ ③

83. 정답▶ ③

84. 정답▶ ①
　　해설▶ 가장 최상의 단계는 "자아실현의 욕구"라고
　　　　　할 수 있다.

85. 정답▶ ①
　　해설▶ 상담을 할 때에는 중요한 사항, 숫자, 강조하
　　　　　고자하는 내용은 조금 더 천천히, 그리고 조
　　　　　금 더 큰 소리로 하는 것이 필요하다.

86. 정답▶ ④
　　해설▶ 고객에게 현 문제에 대한 불만을 처리해 줄
　　　　　것이라고 신뢰감을 주면서 약속을 하는 단
　　　　　계에서는 고객의 요구사항이 상식 이하의
　　　　　것이거나, 무리한 보상일 수 있으니 무조건
　　　　　원하는대로 될 것이라는 희망을 주어서는
　　　　　안 된다.

87. 정답▶ ①

88. 정답▶ ②
　　해설▶ SERVQUAL의 5개 차원 "RATER" 요소는 응
　　　　　답성, 확신성, 유형성, 공감성, 신뢰성이라고
　　　　　할 수 있다.

89. 정답▶ ③

90. 정답▶ ②
　　해설▶ 모든 대화는 고객을 중심으로 이루어져야
　　　　　한다. 상담사의 입장에서 수용 가능한 금액
　　　　　수준이라고 하더라도 고객의 상황을 먼저
　　　　　공감해 주어야 한다.

91. 정답▶ ④

92. 정답▶ ④

93. 정답▶ ②

94. 정답▶ ④

95. 정답▶ ④

96. 정답▶ ④
　　해설▶ 텔레마케터는 메시지가 정확하게 잘 전달되
　　　　　었는지, 오류없이 이해하고 있는지 고객을

통해 확인하는 작업이 필요하다.

97. 정답▶ ④
　　해설▶ 마케팅 커뮤니케이션 방식은 획일적이고 대
　　　　　중을 상대로 하는 매스마케팅에서 1:1 마케
　　　　　팅, 관계 마케팅 등으로 변화를 겪었다.

98. 정답▶ ①

99. 정답▶ ②

100. 정답▶ ②

텔레마케팅관리사
- 필기 -

모의고사
1회~2회

모의고사 1회

1과목 - 판매관리

1. 다음 중 제품의 수명주기 중 성숙기에 대한 설명으로 틀린 것은?

① 강진 약퇴의 현상이 발생하게 된다.

② 성장률은 정체되는 시기이지만, 매출액은 최고 수준을 유지하는 단계이다.

③ 제품에 대한 마진을 줄이고, 가격을 평균생산비 수준까지 인하하게 된다.

④ 제품이 개량품에 의해 대체되거나 제품라인으로부터 삭제되는 시기이다.

2. 인바운드 고객 상담은 신속한 고객 응대를 위해 다양한 기술을 많이 활용하게 된다. 인바운드 고객 상담을 위해 사용되는 CTI(Computer Telephony Integration)기술이 현재 제공하는 기능이 아닌 것은?

① 고객의 성향에 대한 분석

② 컴퓨터를 통한 전화 걸기

③ 전화 건 사람의 전화번호 인식

④ 고객에 대한 정보를 불러와서 스크린에 보여주기

3. 다음 중 아웃바운드 텔레마케팅의 활용 분야가 아닌 것은?

① 국가 및 정부기관 민원상담

② 해피콜, 호텔이나 병원, 여행상품 예약 확인

③ 선거입후보자의 지원 유세, 학술적인 조사

④ 반복 구매 촉진 전화

4. 텔레마케팅에 대한 설명으로 옳지 않은 것은?

① 텔레마케팅은 쌍방향 커뮤니케이션이다.

② 데이터베이스 마케팅을 접목시켜 과학적이다.

③ 자질을 갖춘 텔레마케터를 통해 회사는 어떠한 상품이든지 선정하여 판매를 해야 경쟁에서 살아남을 수 있다

④ 텔레마케팅은 비용과 시간면에서 경제적이다.

5. 소비자가 의사결정을 하는 과정에서 일어날 수 있는 위험 유형과 상관없는 것은?

① 심리적 위험 ② 신체적 위험

③ 재무적 위험 ④ 정보적 위험

6. 아웃바운드 텔레마케터에게 필요한 자세라고 볼 수 없는 것은?

① 고객의 반론이나 거절을 극복하고 시도하는 자세

② 고객과 친밀한 관계 형성 자세

③ 판매하는 상품, 서비스 및 브랜드에 대한 신뢰

④ 고객을 배려하는 마음으로 무조건 순응하는 자세

7. 다음 보기 중 BCG 매트릭스 분석을 통한 마케팅 전략과 관계 없는 것은?

① BCG 매트릭스는 1970년대에 보스턴 컨설팅 그룹에 의해 개발된 분석 도구이다.
② Cash COW는 제품수명주기상에서 성숙기에 속하는 사업부이다.
③ DOG는 상대적 시장점유율도 낮고, 시장성장률도 낮은 상태로 제품수명주기상에서는 도입기에 해당한다.
④ 시장성장률과 상대적 시장점유율을 기준으로 4개의 영역으로 구분한다.

8. 다음 중 데이터베이스 마케팅의 역할로만 구성된 것은?

A. 매출 증가
B. 무형의 마케팅 정보 자산 확보
C. 기업의 이미지 개선 효과
D. 고정고객 확보
E. 고객 가치 극대화

① A, B, D   ② C, D
③ A, B, C, D, E   ④ B, D, E

9. SWOT 분석에 대한 설명이다. 다음 중 틀린 설명은 무엇인가?

	S	W
T	A	B
O	C	D

① SWOT 분석은 기업이 가지고 있는 내부 자원과 역량으로 외부의 영향으로부터 어떻게 이겨나갈 것인지 분석하고 전략을 세우는

데 필요한 분석 도구이다.
② 성공확률이 가장 높을 때는 C영역으로 사업 확장의 적기라고 할 수 있다.
③ B영역은 기회를 포착하여 위기를 극복해야 하는 단계이다.
④ A영역은 외부 위협에 강점을 이용하면서 극복을 해나가야 한다.

10. 다음이 설명하고 있는 마케팅 분석방법은?

어떠한 제품이나 서비스, 매장 등에 대해서 여러 가지 대안들을 만들었을 때 그 대안들에 부여한 소비자들의 선호도를 측정하여 소비자가 각 소성(attribute)에 부여하는 상대적 중요도와 각 속성수준의 효용을 추정하는 분석방법

① 군집 분석
② 요인 분석
③ 컨조인트 분석
④ 판별 분석

11. 다음 중 아웃바운드 텔레마케팅 상담 요령이 아닌 것은?

① 관계 고객과 이야기할 수 있는 공통적인 화제를 찾는다.
② 인사는 밝고 친근감 있게 한다.
③ 고객을 이해시키고 실질적 혜택을 부여한다.
④ 효율적인 고객관리를 위해 고객의 정보를 사적으로 따로 저장해둔다.

12. 인바운드 텔레마케팅의 중요성에 대한 설명 중 틀린 것은?

① 기업의 고객 소비자 상담 창구 역할
② 기존 고객과의 관계 유지
③ 고객의 불만을 빠르게 처리 및 기업 활동에 반영
④ 시장조사를 통한 고객의 욕구 분석

13. 다음 중 표적시장의 마케팅 방법에 관한 설명으로 옳은 것은?

① 시장의 이질성이 클수록 비차별적인 마케팅이 적합하다.
② 경장자의 수가 적어 경쟁 정보가 약할수록 차별적인 마케팅이 적합하다.
③ 기업의 기존 마케팅 및 조직문화와의 이질성이 큰 시장을 표적시장으로 선택하는 것이 좋다.
④ 설탕, 벽돌, 철강 등의 제품은 비차별적인 마케팅이 적합하다.

14. 다음중 소비자 대상 판매촉진 전략이 아닌 것은?

① 쿠폰　　　　② 컨티뉴어티
③ 프리미엄　　④ 구매공제

15. 다음 중 시장세분화 요건에 포함되지 않는 것은?

① 내부적 동질성　　② 접근가능성
③ 내부적 이질성　　④ 실행가능성

16. 다음 중 아웃바운드 전용상품이 갖추어야 할 요건에 해당하는 것은?

① 브랜드가 없거나 인지도가 낮은 상품이어야 한다.
② 타 제품과 차별되는 구체적인 전략이 있어야 한다.
③ 거래조건의 변동을 최대화해야 한다.
④ 사후관리가 난해한 제품이어야 한다.

17. 다음 중 고객생애가치(Life Time Value)와 관계 없는 설명은?

① 한 고객이 기업에게 제공할 것으로 추정되는 재무적인 공헌도의 총합이라고 할 수 있다.
② 고객과의 장기적인 관계를 위해 필요하다.
③ CRM(고객관계관리)과 관련이 깊다.
④ 고객이 최종적으로 자사제품을 구입한 금액를 말한다.

18. 인바운드 상담 시 요구되는 스킬과 가장 거리가 먼 것은?

① 오감의 능력을 총동원하여 고객의 소리를 경청한다.
② 상품은 비교적 길고, 장황하게 설명해야 한다.
③ 고객의 입장에서 말하고 듣는다.
④ 자사 상품이 가지고 있는 상품의 장점을 강조한다.

19. 다음은 STP 전략에 대한 설명이다. 보기 중에서 특성이 다른 하나를 설명하는 것은 무엇인가?

① 상품의 중요하고 차별된 특징에 관해 소비자가 규정하는 방법이다.
② 차별적인 특징을 이용하여 소비자들의 지각 속에 적절하게 위치하도록 노력하는 것을 말한다.
③ 마케팅 전략을 수립하면서 전체 시장을 일정한 기준에 의해 시장을 선택하고, 크기, 고객의 특성 등에 따라 분석해 나가는 활동을 말한다.
④ 목표 시장에서 고객의 니즈를 파악하고, 차별화된 특징을 가진 제품을 인식하도록 돕는 과정이다.

20. 다음에서 설명하는 마케팅 전략은 무엇인가?

> 기존의 생산자가 물건을 만들면, 도매상, 소매상을 거쳐 고객에게 오던 전통 유통 경로가 아닌, 고객에게 직접 주문을 받고 판매하는 것을 말한다.

① 코즈 마케팅
② 다이렉트 마케팅
③ 관계 마케팅
④ 바이러스 마케팅

21. 다음에서 설명하는 소비재의 유형은?

> - 제품의 질 등과 같은 제품특성을 토대로 제품대안들을 비교 평가한 다음 구매하는 제품
> - 지역별로 소수의 판매점을 통해 유통되는 선택적 유통 경로전략이 유리

① 편의품
② 선매품
③ 전문품
④ 산업재

22. 다음 중 전속적 유통(Exclusive distribution)에 대한 설명 중 틀린 것은?

① 제조업자의 측면에서는 중간상의 입지가 너무 커서 통제가 어려울 수 있는 단점이 있다.
② 가전제품 등의 선매품이 포함된다.
③ 제조업자 측면에서는 유통업자의 높은 충성도 및 활발한 판매지원이 이루어진다는 장점이 있다.
④ 단일 전문점이나 백화점을 통해 유통되는 보석이나 고급의류 등이 포함된다.

23. 가장 일반적인 소비자의 반응 순서는?

① 흥미유발(I) → 주목(A) → 욕구(D) → 행동(A)
② 주목(A) → 흥미유발(I) → 욕구(D) → 행동(A)
③ 욕구(D) → 흥미유발(I) → 주목(A) → 행동(A)
④ 주목(A) → 욕구(D) → 흥미유발(I) → 행동(A)

24. 다음 중 데이터베이스 마케팅의 특성에 대한 설명으로 틀린 것은?

① 컴퓨터의 활용 가치가 높으며, 고객관리를 기초로 하고 기존고객 유지, 고객 고정화가 데이터베이스 마케팅의 목표이다.
② 고객지향적 마케팅 전개가 가능하며 평생고객가치에 근거한 기존고객의 고정 고객화 관리에 기여한다.
③ 마케팅 비용이 많이 투자된다.
④ 기업과 상품의 이미지 개선 효과가 있다.

25. 다음은 어떠한 기준으로 시장을 세분화 한 것인가?

> * 가족 수 : 1인, 2인, 3인, 4인, 5인 이상
> * 결혼 유무 : 기혼, 미혼
> * 종교 : 기독교, 불교, 천주교, 기타

① 인구통계적 세분화
② 심리행태적 세분화
③ 인지 및 행동적 세분화
④ 지리적 세분화

2과목 - 시장조사

26. 다음 ( )에 알맞은 시장조사 방법은?

> ( )는 조사 의뢰자가 당면하고 있는 상황과 유사한 사례들을 찾아내어 깊이 있는 분석을 하는 조사방법으로서 분석하는 사례와 주어진 문제 사이의 유사점과 상이점을 찾아내어 현 상황에 대한 논리적인 유추를 하는데 도움을 얻는 시장조사방법이다.

① 문헌조사
② 횡단조사
③ 사례조사
④ 전문가 의견조사

27. 다음 빈 칸에 공통적으로 들어갈 단어는 무엇인가?

> 표본이란 조사 대상자들의 특성을 파악하기 위해 추출된 집단을 말하며, 표본추출은 ( ) 을/를 정확하게 정의한 후, 표본추출 방법 결정, 표본의 크기를 결정하는 순서로 진행한다. 또한 표본의 크기를 결정할 때에는 ( ) 요소의 동질성, 조사의 목적, 크기를 먼저 고려해야 한다.

① 모집단
② 고객
③ 변수
④ 통제요인

28. 다음 중 2차 자료의 한계로 틀린 것은?

① 다른 목적으로 수집된 자료로 기업이 원하는 자료의 형태가 아닐 수 있다.
② 자료의 신뢰도나 정확성 여부를 알기 어려울 경우에는 사용이 불가능하다.
③ 조사방법에 대한 전문지식이나 기술이 요구된다.
④ 시간의 공백으로 기존의 데이터가 현 조사 시점 사이에 차이가 존재하여 신뢰도가 떨어질 수 있다.

29. 다음 중 설문에 응하는 응답자의 권리 보호에 대한 설명 중 맞는 것은?

① 응답자는 자신의 정보가 노출되지 않고 안전하게 보호 받을 권리가 있다.
② 면접자 등의 조사자는 응답자에게 질문을 주관화하도록 한다.
③ 정확한 시장조사를 위해 응답자는 설문에 꼭 참여해야 한다.
④ 조사 자료의 보존을 위해 익명성을 요구할 수 없다.

30. 비용 효율화 측면을 고려한 우편조사의 회수율을 높이기 위한 방안으로 거리가 먼 것은?

① 예비조사를 통해 회수율을 사전예측하고 추가 계획을 수립한다.
② 설문지 발송 후 일정기간이 지나면 설문지와 반송봉투를 다시 발송한다.
③ 응답된 설문지에 대해 각종 이벤트에 참석할 수 있도록 기회를 제공한다.
④ 고객에게 우편을 보냄과 동시에 동일한 내용을 전화상으로 설명하여 고객의 이해를 돕는다.

31. 설문지의 질문 유형 중 개방적 질문에 대한 특성으로 볼 수 없는 것은?

① 응답자에게 폐쇄형 질문보다 더 심리적 부담을 줄 수 있다.
② 응답자의 다양한 의견을 수렴할 수 있다.
③ 조사자가 표본에 대한 정보를 가지고 있지 않을 때 사용하기 적절하다.
④ 다지선다형, 양자택일형, 척도형의 질문 등이 포함된다.

32. 다음은 시장조사 방법 중 어떤 조사방법에 관한 내용인가?

> 조사 목적을 분명하게 정의하기 어렵거나, 어떤 정보가 필요한지 불문명한 경우 사용하는 조사 방법으로 문헌조사, 전문가 의견조사, 사례조사, 표적집단면접법 등이 포함된다.

① 소비자 욕구 조사 ② 탐색조사
③ 인과조사 ④ 사례조사

33. 인터넷조사의 장단점이 아닌 것은?

① 낮은 비용으로 실시하기 좋다.
② 인센티브를 받기 위해서 또는 자신의 의견을 더욱 많이 반영하기 위해서 여러 번 응답할 수 있다.
③ 응답의 정확성이 매우 높다.
④ 표본수가 매우 많으며, 제한적이지 않다.

34. 다음 중 측정의 타당성과 틀린 설명은?

① 내적타당성과 외적타당성으로 구분하며, 두 가지의 타당성을 모두 높게 가질 수 있다.
② 이론적 조사로 정확성을 목적으로 한다면 내적타당성을 높이는 것이 바람직하다.
③ 구성개념 타당성은 추상적 개념과 측정 지표간의 일치하는 정도를 나타낸다.
④ campbell & Stanley(1963)는 내적타당성을 저해하는 요소로 특정사건의 영향, 성숙효과, 시험효과, 검사도구 효과, 통계적 회귀 등을 제시하였다.

35. 다음 중 신뢰도 검증방법 중 어떤 것을 설명한 것인가?

> 동일한 설문을 같은 응답자에게 2회 실시하는 방법이기 때문에 단순하지만 응답자의 기억효과로 신뢰도가 과대 추정될 소지가 있다.

① 재검사법 ② 반분법
③ 복수양식법 ④ 재진술법

36. 다음 자료수집방법 중 고비용 순서대로 나열한 것은?

① 전화조사 → 면접조사 → 인터넷조사
② 면접조사 → 전화조사 → 인터넷조사
③ 면접조사 → 인터넷조사 → 전화조사
④ 인터넷조사 → 전화조사 → 전화조사

37. 비만아동들의 식습관을 파악하기 위해 실시하는 관찰방법의 유형으로 가장 적합한 것은?

① 참여관찰　　　　② 준참여관찰
③ 비참여관찰　　　④ 실험관찰

38. 척도모형은 크게 자극을 변환하는 기법과 응답자를 변환하는 기법으로 나눌 수 있다. 자극을 변환하는 기법으로 나열된 것은?

① 서스톤척도법, 어의척도법
② 서스톤척도법, 리커트합산법
③ 리커트합산법, Q소오트기법
④ Q소오트기법, 어의척도법

39. 조사의 유형 중 정보의 양을 가장 많이 획득할 수 있는 것은?

① 전화조사　　　　② 우편조사
③ 면접조사　　　　④ 인터넷조사

40. 면접조사의 특징으로 볼 수 없는 것은?

① 조사자를 직접 대면하고 있어 탐색질문이나 보조 설명이 가능하여 융통성이 높은 편이다.
② 관찰조사를 병행하며 실시할 수 있다.
③ 전화나 우편조사 등으로는 확인이 어려운 응답자의 태도나 감정 등을 파악할 수 있다.
④ 전화나 우편조사보다 투입되는 시간, 조사기간, 비용이 적다.

41. 다음에서 설명하고 있는 이 활동은 무엇인가?

> 항목별로 각 응답에 해당하는 숫자나 기호를 부여하는 과정을 뜻하며, 전산처리에 의한 분석을 편리하도록 하는 것이다. 이 활동이 끝나면 컴퓨터에 파일로 입력을 하고 외부저장 매체(CD 등)에 저장한다.

① 코딩　　　　　　② 입력
③ 편집　　　　　　④ 보고

42. 다음 중 비표준화 면접에 대한 설명으로 틀린 것은?

① 질문의 순서나 내용이 미리 정해져 있지 않아 상황에 따라 어떠한 방법으로든 변경할 수 있다.
② 얻어진 자료는 신뢰도와 객관성이 높다는 장점이 있으며 조사결과 해석, 분석에 용이하다.
③ 반복적인 면접이 불가능하다.
④ 신축성과 융통성 높아 새로운 사실이나 아이디어 발견의 가능성이 높다.

43. 시장조사의 특성으로 옳지 않은 것은?

① 시장조사란 기업이 당면한 문제를 해결하기 위해 의사결정에 필요한 정보를 얻는 것을 말한다.

② 시간이나 비용이 소요되지만, 보다 객관적이고 과학적인 방법으로 문제를 해결 할 수 있다.

③ 조사가 이루어지는 순서는 사전조사 → 예비조사 → 본조사 순이다.

④ 고객만족이라는 현 기업이 지향하는 시장조사의 궁극적 목표가 있다.

44. 우편조사의 단점에 해당하지 않는 것은?

① 질문지 회신기간 통제 불가능

② 응답자의 지역적 한계

③ 답변이 모호할 경우 확인 불가

④ 응답자의 진위 여부를 확인 불가능

45. 다음 척도에 대한 설명 중 틀린 것은?

① 많은 정보의 양을 가지고 있는 순서는 비율척도 → 간격척도 → 서열척도 → 명목척도 순이다.

② 서열척도는 명목척도와 동일하게 평균, 표준편차에는 아무런 의미가 없다.

③ 등간척도는 절대 "0"의 개념을 가지고 있다.

④ 비율척도는 가장 포괄적인 정보를 제공하는 최상위 수준의 측정척도이다.

46. 다음 중 확률표본추출 방법에 포함되지 않는 것은?

① 단순무작위 표본추출

② 군집별 표본추출

③ 지역별 표본추출

④ 할당 표본추출

47. 다음 중 설문조사법(Survey research)에 대한 설명으로 틀린 것은?

① 1차 자료 수집에서 가장 많이 사용되는 방법이다.

② 부정확하고 성의 없는 답변이 있을 수 있다.

③ 조사자나 설문지 등의 오류 발생 가능성이 없어 정확성이 높다.

④ 복잡하거나, 깊이가 있는 주제에 대한 질문이 어렵다.

48. 측정 오차에 대한 설명으로 틀린 것은?

① 설문지 자체에 오류가 있는 경우는 비체계적 오차에 해당한다.

② 수치가 잘못된 자를 이용하여 길이를 재는 경우는 체계적 오류에 포함된다.

③ 측정하는 사람이나 상황으로 인해 발생하는 오류는 비체계적 오류에 포함된다.

④ 타당성과 관련 있는 체계적인 오차와, 신뢰성과 관련 있는 비체계적인 오차로 나뉜다.

49. 다음에서 설명하는 것은 무엇인가?

> 평가자가 측정대상의 속성이 연속선상의 한 점에 위치한다는 전제하에 일정한 기준에 따라 대상을 평가하고 그 속성을 구별하는 척도를 말하며, 학급에서 성적을 '수, 우, 미, 양, 가', 'A, B, C, D, E, F' 등으로 평가하는 방법 등이 포함 된다.

① 평정 척도
② 거트만 척도
③ 소시오메트리
④ 서스톤 척도법

50. 다음 중 타당성 향상 방법으로 틀린 내용은?

① 마케팅의 전반적인 영역뿐 아니라 측정대상인 구성개념이나 변수에 대해 정확하게 이해한다.
② 측정 대상에 대해 명확하게 알고 있는 사람이 척도를 개발, 평가하도록 한다.
③ 상관관계가 높은 항목들은 제거한다.
④ 기존의 다른 연구에서 사용된 타당성을 인정받은 측정법을 사용한다.

3과목 - 텔레마케팅 관리

51. 고객생애가치를 평가하기 위한 세부 구성요소에 해당하지 않는 것은?

① 할인율
② 공헌마진
③ 마케팅비용
④ 가격탄력성

52. 리더십의 특성이론에 대한 설명으로 옳지 않은 것은?

① 리더들은 가지고 있어야 할 중요한 특성들이 있다고 주장한다.
② 해당 조직원들의 특성 등의 상황적인 요인들을 중요시한다.
③ 책임감이나 통솔력 등의 관리 능력을 리더의 중요 특성으로는 꼽는다
④ 가장 오래된 리더십 연구 이론이다.

53. 조직변화에 관한 설명으로 옳지 않은 것은?

① 조직변화의 내부요인으로는 법적 규제의 강화, 급속한 기술발전 등이 있다.
② 조직변화란 조직유효성과 능률 극대화, 구성원의 만족도 향상을 위해 조직의 구성요소를 변화시키는 것을 말한다.
③ 조직변화는 자연적 변화와 계획적 변화로 구분할 수 있다.
④ 조직변화 시 저항하는 구성원들의 협조가 필요할 때에는 교육과 원활한 의사소통을 통해 저항을 조정할 수 있다.

54. 일반적인 텔레마케팅의 전개 과정은?

① 기획 → 실행 → 반응 → 측정 → 평가
② 실행 → 기획 → 측정 → 반응 → 평가
③ 실행 → 기획 → 측정 → 평가 → 반응
④ 기획 → 반응 → 실행 → 측정 → 평가

55. 다음 중 아웃바운드 콜센터의 성과분석 관리 지표에 해당하지 않는 것은?

① 고객DB 소진율 ② 시간당 판매량
③ 시간당 접촉 횟수 ④ 콜드콜량

56. SMART 성과 목표 설정에 대한 내용으로 틀린 내용은?

① Specific - 최대한 구체적이어야 한다.
② Measurable - 측정할 수 있어야 한다.
③ Result - 전략 과제를 통해 구체적으로 달성하는 결과물이 있어야 한다.
④ Time-bound - 최대한 빠른 시간 내에 달성 여부를 확인할 수 있어야 한다.

57. 모니터링의 핵심 성공요소에 해당하지 않는 것은?

① 모니터링에 대한 공감 형성
② 객관적인 평가 실시
③ 합리적 평가 지표 및 목표 설정
④ QAA의 근태율

58. 고객이 콜센터로 전화했으나 콜센터 교환기까지 도달되지 못한 비율을 뜻하며 성과관리의 서비스 지표로 측정되는 것을 무엇이라고 하는가?

① 콜 처리율
② 서비스 레벨
③ 불통률
④ AC(Abandoned Call)

59. 다음 중 인사고과의 목적으로 해당하지 않는 것은?

① 적절한 인사 배치
② 부적격자의 조기 발견과 제거
③ 직원의 능력개발 및 공정한 처우
④ 상위자 주체의 평가 능력 향상

60. 인바운드 콜센터의 인입콜 데이터 산정 기준으로 옳지 않은 것은?

① 퍼펙트 콜 수를 기준으로 산정한다.
② 먼저 걸려온 전화가 먼저 처리되는 순서를 준수하여 보다 정확하고 객관적으로 산정되도록 한다.
③ 인입되는 모든 콜은 시간별, 요일별 특성을 감안해서 산정하지 않고 동일한 기준과 방법으로 산정한다.
④ 상담원의 결근, 휴식, 식사, 개인적 부재 등의 부재성을 배제한 상태에서 산정된 데이터를 기준으로 한다.

61. 이전에 한번도 접촉이 없었던 대상에게 전화하여 상품을 판매하거나 홍보하는 것을 무엇이라고 하는가?

① ADRPM ② PBX
③ IVR ④ Cold Call

62. 콜센터 리더의 역할에 관한 설명으로 틀린 것은?

① 상담원의 업무성과를 높이기 위해서는 잘하는 점에 대한 칭찬보다는 잘못에 대한 호된 질책이 더 중요하다.

② 단순히 상담원의 부족한 면을 지적해 주는 것이 아니라 상담원이 그것을 넘어설 수 있도록 스킬을 가르쳐 주고 훈련시켜 주어야 한다.

③ 상담원이 교육받은 내용대로 업무를 하지 않고 적절하지 않은 행동을 했다면 즉시 원인 파악을 해야 한다.

④ 가장 좋은 코칭의 방법은 강압적인 자세로 대하지 말고 상담원 스스로 이해할 수 있도록 결론을 이끌어 주는 것이다.

63. 다음 중 통화품질에 대한 설명으로 틀린 것은?

① 통화품질이란 주로 상담원 개개인의 전문 능력을 평가한다.

② 통화품질의 궁극적인 목적은 콜센터 경영의 질을 향상시키는 것이다.

③ 콜센터의 종합품질과 경쟁력을 동시에 평가한다.

④ 통화품질은 종합적 평가체제이다.

64. 커크패트릭의 교육훈련 평가의 네 가지 기준에 대한 설명으로 옳지 않는 것은?

① 반응기준 평가 : 네 가지 기준 중 효과성을 측정하기 가장 용이하며, 참여자들의 전반적인 느낌이나 만족도에 대한 평가다.

② 학습기준 평가 : 교육 목표의 달성 정도를 측정하는 것으로 사전, 사후 비교 검사 등의 방법을 이용 한다.

③ 행동기준 평가 : 교육 참가자들의 성과 행동에 일어난 변화를 평가하는 것으로 주로 인터뷰나 관찰, 설문조사 등을 통해 평가한다

④ 결과기준 평가 : 조직효과성의 변화 정도를 측정하는 것으로 정성적인 항목들을 위주로 평한다.

65. 다음은 콜센터의 인력관리 프로세스를 나타낸 것이다. 빈칸의 내용을 실행하기 위해 필요한 요소가 아닌 것은?

> 과거 콜 데이터의 수집과 분석→(　　　)→상담 인력의 계산→상담원의 스케줄 배정→일별 성과의 관리 및 분석

① 3년 간의 콜 인입량

② 비상담시간

③ 시간당 판매량

④ 평균 콜 처리시간

66. 다음 중 서번트 리더십의 특성으로 옳지 않은 것은?

① 기본적으로 인간존중이라는 가치를 바탕으로 둔 리더십이다.

② 거래적 리더십과 달리 부하와 리더는 수직적인 관계에 가깝다.

③ 구성원들의 잠재력을 발휘할 수 있도록 도와준다.

④ 구성원들이 공동의 목표를 이루어 나갈 수 있도록 환경을 조성해주는 리더십이다.

67. 콜센터 리더의 자질로서 요구되지 않는 것은 무엇인가?

① 장기적인 비전을 제시할 수 있어야 한다.
② 끊임없는 자기개발 및 원만한 인간관계를 갖도록 노력해야 한다.
③ 일과 사람 모두를 중요시하는 가치를 가져야 한다.
④ 위험을 피하려는 안정적인 태도를 갖추어야 한다.

68. 리더십 이론에 관한 설명으로 옳지 않은 것은?

① 리더십의 행동이론은 리더는 어떻게 행동하는가에 대한 효율성을 연구한 이론이라고 할 수 있다.
② 리더십 상황이론의 발전으로 리더십 연구 분야가 더욱 풍성해지고, 보다 유연한 이론 개발에 기여했다.
③ 피들러의 상황 적합 리더십에서는 리더와 조직에 대한 이해가 가장 요구된다는 특징이 있다.
④ 허쉬와 블랜차드의 상황적 리더십에서는 리더의 행동을 과업, 관계 행동의 2자 축으로 분류하고 상황 요인을 추가하여 리더십의 스타일을 보여준다.

69. 아웃바운드 스크립트의 특징으로 틀린 설명은?

① 신상품이 출시될 경우 스크립트를 새롭게 개발하여 제공한다.
② 되도록 문장이 짧고 간결해야 한다.
③ 고객과의 상담 흐름은 늘 동일하므로 상담 시 수정하지 않도록 한다.
④ 고객 반론이 있을 수 있으므로 반론 극복을 위한 내용도 미리 작성해 놓는다.

70. 다음이 설명하는 것은 무엇인가?

> 직원이 근무하는 과정에 감독자가 직접 실무 또는 기능에 관하여 훈련시키는 것을 말하며, 근무 현장에서 이루어지기 때문에 모든것이 현실적이고, 교육장을 섭외하거나 이동할 필요가 없다. 또한 훈련과 생산이 직결되어 경제적인 것이 장점이다.

① OJT(On the Job Training
② 브레인스토밍
③ 코칭
④ OJT(Off the Job Training)

71. 다음 중 임금관리에 대한 내용으로 옳지 않은 것은?

① 직원의 노동 성과를 측정하고 축적된 성과에 따라 임금을 산정하고 지급하는 제도를 성과급제라고 한다.
② 직능급이란 직원의 직무수행 능력에 따라 임금의 사내 격차를 만드는 체계를 말한다.
③ 임금수준이란 기업 내 임금의 격차를 결정하는 기준에 한 것으로 직원이 받는 구체적인 임금의 구성 내용을 말한다.
④ 임금수준, 임금체계, 임금형태를 임금관리의 3과제라고 할 수 있다.

72. 성과측정을 위한 인터뷰 시 발생하는 오류 중 한 가지 측면에서 뒤떨어질 경우 나머지 모두를 나쁘게 평가하는 것을 무슨 효과라 하는가?

① horn effect
② halo effect
③ contrast effect
④ stereotype effect

73. 리더십의 원천이 된다고 할 수 있으며, 상대방에게 어떠한 행동을 하도록 혹은 하지 않도록 리더의 의지와 뜻을 관철시킬 수 있는 힘 또는 능력을 일컫는 것은 무엇인가?

① 권력

② MBO(Management By Objectives)

③ HRD(Human Resources Development)

④ 역량

74. 다음 중 리더와 경영자의 특성에 대한 설명으로 틀린 것은?

① 리더가 장기적인 사고와 안목을 가지고, 미래지향적인 관점을 갖고 있다면, 경영자는 단기적이고 과거지향적이라고 할 수 있다.

② 경영자는 공식리더에 포함되지만, 비공식리더로는 불가능하다.

③ 리더는 유연한 사고로 수평적인 의사소통을 중시한다면 경영자는 경직된 사고로 수직적인 의사소통을 중시한다고 볼 수 있다.

④ 리더는 조직원들에게 방향을 안내하고 지도하는 방식을 사용한다면, 경영자는 통제하거나 명령의 방식을 사용한다.

75. 텔레마케팅 활용분야 중에서 아웃바운드 텔레마케팅에 해당하는 것은?

① 상품 판매   ② 고객 불만 접수

③ A/S 접수   ④ 전화번호 안내

4과목 – 고객관리

76. 고객의 이야기를 효율적으로 듣는 것을 방해하는 개인적인 장애요인이 아닌 것은?

① 편견   ② 청각장애

③ 사고의 속도   ④ 정보과잉

77. 빈정대고 지속적으로 트집을 잡는 고객에 대한 설명으로 맞는 것은?

① 보통은 이런 트집을 잡아서 고객이 유리한 방향으로 일을 처리하려는 목적을 가지고 있는 경우가 많다.

② 고객이 가지고 있는 갈등 요소가 무엇인지 확인할 수 있는 질문을 통해 고객의 솔직한 생각을 들어보는 것이 중요하다.

③ 분명한 증거 등을 제시하며 고객 스스로 확신을 가질 수 있도록 도와준다.

④ 고객이 스스로 먼저 말을 하므로, 그들의 욕구나 감정을 파악하기 쉽다.

78. 고객관계관리(CRM)의 성공전략이라고 할 수 없는 것은?

① 고객 활성화 전략

② 고객충성도 제고 전략

③ 신규고객 확보 전략

④ 거래 중단 고객 영구 삭제 전략

79. 고객의 특성에 대한 설명 중 옳지 않은 것은?

① 기업과 연관된 거래처, 하청업체, 주주 및 직원 등 모두 고객에 포함된다.
② 고객이란 기업의 상품 및 서비스를 제공받는 사람들을 말하며 대가를 지불한 사람만을 뜻한다.
③ 서비스 품질의 고급화를 요구하고, 늘 존중받고 싶어한다.
④ 고객은 적어도 자신이 투자한 시간과 비용만큼 서비스 받기를 기대한다.

80. 다음이 설명하는 것은 무엇인가?

> 인적판매. 판매촉진, 광고 PR 등의 수단들을 따로 따로 실행하는 것이 아니라, 통합적으로 모두 통합하고 전체적으로 적용하면서 새로운 시각으로 보고자 하는 활동을 말하며, 온라인, 오프라인 등 직, 간접적인 모든 수단을 통해 소비자에게 광고 하는 것을 뜻한다.

① IMC(Integrated Marketing Communication)
② PR(Public Relations)
③ IPR(Intellectual Property Rights)
④ QAA(Quality Assurance Analyst)

81. 다음 중 인바운드 상담의 심리적 장애요소에 해당하지 않는 것은?

① 똑같은 내용 반복에 대한 권태감
② 목소리 느낌만으로만 상방을 판단하려는 선입관
③ 자신의 상품에 대한 확신감 결여
④ 불필요한 고객과의 만남

82. 의사소통(communication)에 대한 설명으로 틀린 것은?

① 일련의 의사소통은 연속된 상호작용으로 간주될 수 있다.
② 비언어로 표현되는 의소소통의 대부분은 조작이 쉽다.
③ 의사소통은 정보 소통, 동기 부여, 영향력 행사 등의 기능을 가지고 있다.
④ 의사소통을 하는 과정에서 오류와 장애가 발생할 가능성이 있다.

83. 효과적인 비언어적 의사소통으로 볼 수 없는 것은?

① 텔레마케터는 신체언어 등의 다른 비언어적 의사소통 수단을 활용해도 고객이 알기 어렵기 때문에 굳이 미소를 짓지 않아도 된다.
② 비언어적인 의사소통은 언어적 의사소통보다 신뢰감을 주기 때문에, 바른 태도나 자세를 유지하도록 노력한다.
③ 음조나 발음 등의 의사언어를 주의하도록 한다.
④ 언어와 비언어적인 수단들이 서로 달라서 충돌하지 않도록 한다.

84. 기업에서 고객만족을 위해 고객서비스를 중요하게 고려해야하는 이유로 가장 옳은 것은?

① 전반적인 고객서비스에 대한 고객의 기대가 핵심제품에 대한 기대보다 높기 때문이다.
② 인터넷의 대중화로 판매자와 고객 간의 대면기회가 감소하고 있기 때문이다.
③ 내부고객에 대한 고객서비스가 외부고객에 대한 고객서비스로 연결되기 때문이다.

④ 제품의 물리적 품질에 큰 차이가 없으면 소비자들은 고객서비스를 통해 전체 품질을 평가하기 때문이다.

85. 다음은 무엇에 대한 개념인가?

> 고객과 관련된 방한 정보들 속에서 숨겨진 질서 및 상관관계를 발견하고 기업에 필요한 정보를 찾아내는 과정을 말하며, 기업이 고객의 유용한 정보를 찾아내어 고객을 더 잘 이해하면서 마케팅과 판매, 고객 지원 업무 등을 향상시키는 것이 목표이다.

① 데이터마이닝
② 데이터베이스
③ 분석 CRM
④ 통합 마케팅 커뮤니케이션

86. 기업에 발생하는 불만 발생의 원인으로 보기 어려운 것은?

① 인적 서비스와 관련된 불만
② 서비스 이행 및 직원의 친절
③ 고객의 지나친 심리적 기대
④ 상품 및 서비스 품질의 불만

87. '구매 후 부조화'에 대한 사항으로 틀린 설명은?

① 소비자가 제품이나 서비스를 구매한 이후에 느끼는 상태이다.
② 구매 전, 마음에 드는 다른 대안들이 많았을 때 구매 후 부조화가 일어날 확률이 높다.
③ 소비자의 관여도가 낮고, 가격이 저렴할수록 구매 후 부조화가 일어날 확률이 높다.
④ 구매를 후회하며 구매결정을 취소할 수 없을 때 발생한다.

88. 스칸디나비아 항공의 얀 칼슨 사장이 처음 만든 용어로, 고객이 종업원이나 기업의 특정 자원과 접촉하는 순간을 말한다. 기업에서는 매 순간에 고객들에게 긍정적인 인상을 심어 주기 위해 실시하는 마케팅 전략을 무엇이라고 하는가?

① MOT 마케팅
② B2C 전략
③ BCG 전략
④ 바이러스 마케팅

89. 비언어적 의사소통에 대한 바른 설명으로만 짝 지어진 것은?

> ㄱ. 얼굴 표정, 눈의 접촉 등은 신체언어에 포함된다.
> ㄴ. 소비자나 서비스를 제공하는 사람에게 이야기할 때는 주로 대중적 거리를 유지하며 1.3~3.7m 사이를 뜻한다.
> ㄷ. 깔끔한 복장과 정돈된 두발 등은 그 사람으로 하여금 신뢰감을 갖도록 해준다.
> ㄹ. 말투, 음조의 변화, 음고, 음량 등은 의사언어에 해당한다.
> ㅁ. 편지, 전화 등은 비언어적 의사소통에 포함된다.

① ㄱ, ㄴ
② ㄴ, ㄹ, ㅁ
③ ㄴ, ㅁ
④ ㄱ, ㄷ, ㄹ

90. 다음 중 수신자로 인해 발생하게 되는 의사소통 장애요인이 아닌 것은?

① 선입견
② 선택적인 청취
③ 전달능력 및 커뮤니케이션의 스킬
④ 반응과 피드백의 부족

91. 다음 고객과 상담사의 통화 내용을 보고 상담사가 활용하는 상담 화법을 고르시오.

> 고 객 : 보험료가 다른 곳보다 좀 비싼데요?
> 상담사 : 네, 아마 다른 곳과 비교하셨을 때 조금 높은 건 사실입니다. 하지만 문의하신 보험상품은 최근 보기 드문 비갱신 상품이고, 입원비 일당과 고액암의 종류가 다양해서 추후 보장 받으실 때 더욱 도움이 되실 겁니다.

① 아론슨 화법　　　② 부메랑 화법
③ I Message　　　④ 쿠션 화법

92. 다음 중 텔레마케팅 고객응대 특징으로 옳지 않은 것은?

① 쌍방간의 커뮤니케이션이 이루어진다.
② 상호 피드백이 신속히 이루어진다.
③ 비언어적인 메시지만 이용 가능하다.
④ 고객 반응별 상황 대응 능력이 중요하다

93. 다음은 무엇에 관한 설명인가?

> 구매 – 제조 – 유통 – 판매 – 서비스로 이어지는 비즈니스 프로세스에 전사적 네트워크와 정보기술을 적용하여 경영활동의 효율설을 높이고 새로운 사업 기회를 창출하는 활동

① Electronic Commerce
② OFF-Line Business
③ B2B
④ E-Business

94. 고객관계관리(CRM)의 특징에 해당하지 않는 것은?

① 고객과 쌍방향 커뮤니케이션이다.
② 신규고객확보에 집중한다.
③ 고객지향적, 관계지향적이다.
④ 전사적인 관점이 필요하다.

95. 다음 스크립트의 필요성을 나열한 설명 중 틀린 것은?

① 스크립트는 균등한 대화를 사용하여 정확한 효과를 측정하고 효율적인 운영체제를 구축할 수 있도록 해준다.
② 스크립트는 고객응대에 있어 가장 기본이라고 할 수 있다.
③ 모니터링 평가 시 스크립트 사용 능력을 평가하며, 조금이라도 수정되게 상담을 할 경우 낮은 평가를 받게 된다.
④ 스크립트는 상담원의 능력과 수준을 일정수준 이상으로 유지시켜 준다.

96. 다음 중 인터넷 및 게시판을 통해 접수되는 고객의 불만을 처리하는 프로세스와 상관없는 설명은?

① 최근들어 기업의 인터넷 홈페이지, 채팅방, SNS, 어플리케이션 등을 통하여 접수하는 고객들이 많이 늘어나고 있다.
② 이메일, 인터넷으로 접수된 불만 접수건은 실시간으로 확인할 수 있기 때문에 기업의 반응이 빠르다.
③ 홈페이지 게시판 등은 모두 개방된 채널로 다른 고객들도 이미 접수된 불만 내용을 확인할 수 있다.
④ 익명성이 보장되지 않는다는 단점이 있다.

97. 다음은 서비스의 어떠한 특성으로 인한 상황인가?

> * 여름 휴가철이 되면 호텔, 펜션 등의 숙박 업소는 예약으로 인한 경쟁이 치열하다. 또한 어렵게 예약을 했더라도 성수기 요금으로 적용되어 비싼 요금으로 이용해야 한다.
> * 거의 모든 영화관에서는 조조할인이 적용되어 아침 이른 시간에는 저렴한 요금으로 영화를 볼 수 있다.

① 무형성
② 이질성
③ 소멸성
④ 비분리성

98. 고객의 범주 중 구매 의사결정에 직, 간접적으로 영향을 미치는 사람을 무엇이라고 하는가?

① 소비자
② 구매자
③ 구매 승인자
④ 구매 영향자

99. CRM 시스템에 대한 설명 중 맞는 것은?

① 분석 CRM은 CRM 시스템의 기본이라고 할 수 있으며, 고객의 데이터를 획득, 관리, 분석하는 모듈을 말한다.
② 협업 CRM은 CRM 프로세스 실행 전략을 기획하고 실행하는 영역을 말한다.
③ 통합 CRM은 고객과 기업 간의 커뮤니케이션을 포괄적인 관점에서 통제, 운영하는 시스템이다.
④ 운영 CRM은 기업 내부 부서들간의 협력과 고객정보의 공유를 효과적으로 지원해준다.

100. 미래사회의 특징과 빅데이터의 역할이 바르게 짝지어진 것은?

① 불확실성 : 트랜드 분석을 통한 제품 경쟁력 확보
② 리스크 : 인간관계, 상관관계가 복잡한 컨버전스 분야의 데이터 분석으로 안정성 향상 및 시행착오 최소화
③ 스마트 : 개인화, 지능화 서비스 제공 확대
④ 융합 : 사회현상, 현실세계의 데이터를 기반으로 한 패턴 분석과 미래 전망

모의고사 2회

1과목 - 판매관리

1. 다음 중 서비스의 4대 특성에 대한 설명으로 틀린 것은?

① 무형성 : 서비스는 눈으로 보이지 않는 특성을 가지고 있다.

② 소멸성 : 서비스는 생산과 동시에 소비되어 소멸된다.

③ 이질성 : 서비스의 품질이 늘 일정할 수 없다는 것이다.

④ 비분리성 : 서비스는 재고 저장이 어려워 적절한 서비스의 수요와 공급 능력이 필요하다.

2. 다음 중 데이터마이닝(Data Mining)에 대한 설명 중 옳지 않은 것은?

① 고객가치를 측정하기 위한 데이터마이닝 기법 중 기술모형 기법으로는 장바구니 분석, 계층적 군집 분석, 순차적 패턴 분석 등이 있다.

② 마케팅과 판매, 고객지원 업무 등을 향상시키는 것이 데이터마이닝의 목표이다.

③ 데이터마이닝의 과정은 샘플링 → 탐색 → 모형화 → 변환 및 조정 → 평가 순이다.

④ 데이터마이닝의 과정 중 방대한 양의 데이터에서 표본과 같은 작은 양의 데이터를 추출하는 것을 샘플링이라고 한다.

3. 콜이 인입되었을 때 자동으로 응답하고 서비스가 시작되며 고객 식별을 위한 정보를 입력하게 하는 기능을 하는 것은?

① IVR(Interactive Voice Response)

② VNW(Voice Number Wired)

③ ARS(Auto Response System)

④ VOC(Voice of customer)

4. 텔레마케터와 상담 중 고객이 반론을 제시하는 원인에 해당하지 않는 것은?

① 제시하는 상품이나 서비스의 혜택이 만족스럽지 못할 때

② 서비스에 관심이 없고 추가적인 정보도 필요없을 때

③ 고객이 알고 있는 정보와 다를 때

④ 신뢰감이 부족한 상담사를 만났을 때

5. 아웃바운드 텔레마케팅 대한 설명으로 틀린 것은?

① 상담사가 능동적이고 주체적으로 상담을 이끌어 간다.

② 스크립트보다 Q&A 활용도가 높다.

③ 데이터베이스 마케팅 기법을 활용한다.

④ 대금 회수, 반복 구매 촉진 전화에 적합하다.

6. 다음 중 데이터베이스 마케팅에 대한 설명으로 옳지 않은 것은?

① 고객관리를 기초로 하고 기존고객 유지가 목표이다.
② 새로운 유통채널 및 서비스 수행 시스템으로서의 기능이 있다.
③ 매스마케팅의 일종이며 장기적으로 관계 유지가 목적이다.
④ 평생고객가치에 근거한 기존고객의 고정 고객화 관리에 기여한다.

7. 풀 전략(Pull strategy)에 대한 설명으로 맞는 것은?

① 유통경로상에 있는 각각의 구성원들이 그 다음 단계의 구성원들을 설득하는 전략이다.
② 에어콘, 자동차 등의 브랜드 인지도가 높은 제품에 적합하다.
③ 브랜드에 대한 선택이 점포 안에서 이루어진다.
④ 충동구매가 잦은 제품의 경우에 적합한 전략이다.

8. 다음 중 소비자 구매의사결정 과정을 바르게 나열한 것은?

A. 문제인식	B. 대체안 평가
C. 정보 탐색	D. 구매 결정
E. 구매 후 행동	

① A → B → C → D → E
② B → A → C → D → E
③ A → C → B → D → E
④ B → C → A → D → E

9. 포지셔닝 전략 수립 단계의 내용에 대한 설명 중 틀린 것은?

① 소비자분석 : 소비자의 욕구를 명확하게 파악하는 단계이다.
② 경쟁자 확인 : 경쟁자의 브랜드 이미지나 점유율 등을 파악하는 단계이다.
③ 포지셔닝 확인 및 재포지셔닝 : 기존의 제품에 대한 불만족 사항과 원인을 파악해야 한다.
④ 자사 제품의 포지셔닝 개발 및 실행 : 고객에게 경쟁 제품과는 차별화된 포지셔닝 인식을 심어주기 위한 연구를 하는 단계이다.

10. 상담원에게 균등하게 콜을 분배하는 기능으로, 자동 호(Call) 분배 시스템으로 상담사들이 효율으로 통화할 수 있도록 하는 관제탑 역할을 하는 것은?

① ACD ② CTI
③ ACS ④ WFMS

11. 다음 중 아웃바운드 텔레마케팅 상담 순서에 대한 설명으로 옳은 것은?

① 소개 및 전화 건 목적 전달 → 정보제공 및 고객의 니즈탐색 → 고객 확답 → 설명과 설득 → 종결 → 끝인사
② 소개 및 전화 건 목적 전달 → 설명과 설득 → 정보제공 및 고객의 니즈탐색 → 고객 확답 → 종결 → 끝인사
③ 정보제공 및 고객의 니즈탐색 → 소개 및 전화 건 목적 전달 → 설명과 설득 → 고객 확답 → 종결 → 끝인사

④ 소개 및 전화 건 목적 전달 → 정보제공 및 고객의 니즈탐색 → 설명과 설득 → 고객 확답 → 종결 → 끝인사

12. 제품의 분류에 대한 설명 중 옳은 것은?

① 치약이나 비누, 물, 세제 등은 편의품이라고 할 수 있다.
② 가장 관여도가 높은 상품은 선매품이다.
③ 구입 빈도는 가장 낮은 상품은 편의품이다.
④ 명품 옷이나 신발, 최고급 시계 및 보석 등은 선매품에 해당된다.

13. 기존 고객을 대상으로 하는 데이터베이스 마케팅 전략으로 거리가 가장 먼 것은?

① 고객 무차별마케팅 전략
② 고객 애호도 제고 전략
③ 고객유지 전략
④ 교차판매 전략

14. 다음 중 인바운드 텔레마케팅의 중요성에 대한 설명으로 옳은 것은?

① 기업의 고객 소비자 상담 창구 역할을 한다.
② 기존고객 유지보다 신규고객 확보에 집중한다.
③ 기업의 이미지나 상품 및 서비스에 한 피드백은 다소 시간이 소요되는 편이다.
④ 마케팅이나 신규상품 및 서비스 연구 활동에도 많은 아이디어를 제공하는 데에는 한계가 있다.

15. 다음 중 CTI 콜센터 도입에 대한 설명 중 옳지 않은 것은?

① 인바운드 및 아웃바운드가 통합되어 효율적으로 콜센터를 운영할 수 있다.
② CTI 콜센터 도입으로 고객에게 전화가 걸려오면 자동으로 고객의 정보가 확인되어 시간 및 노력이 크게 요구되지 않게 되었다.
③ CTI 콜센터 도입 이후 관리자의 콜센터 인력 비용증대 및 효율적인 관리가 더욱 요구되고 있다.
④ 데이터베이스화 된 정보를 적극 활용하여 상세하고 정확한 마케팅 전략을 수립할 수 있다.

16. 다음 중 ACD(Automatic Call Distribution)의 기능으로 옳지 않은 것은?

① 균등한 콜을 분배해 준다.
② 촉진 또는 마케팅 활동에 도움을 준다
③ 대량의 콜 처리가 가능하게 해 준다.
④ 대기하는 고객을 상담이 종료된 상담사에게 바로 연결해 준다.

17. 다음 보기 중 마케팅정보 시스템에 해당하지 않는 것은?

① 내부정보 시스템
② 마케팅 조사 시스템
③ 코딩 시스템
④ 마케팅 의사결정 지원 시스템

18. 다음에서 설명하는 것은 무엇인가?

> 일반 기업이나 단체를 대상으로 진행되며, 기업을 대상으로 활동하기 때문에 일반 소비자를 대상으로 하는 상담보다 더 전문적인 의사소통 기술과 지식이 필요하다.

① B to B(Businesss to Businesss)
② B to C(Businesss to Consumer)
③ 서비스 뷰로(Service bureau)
④ In House telemarketing

19. 포지셔닝 전략 수립 시 각 분석에서 얻을 수 있는 정보가 아닌 것은?

① 시장분석 : 소비자의 욕구 및 요구 파악, 시장 내 경쟁구조 파악
② 경쟁분석 : 자사제품의 시장 내 위치 분석, 경쟁사와의 우위 선점 요소
③ 기업 내부분석 : 조직구조 및 시스템의 시장 지향성 여부, 현재 포지션의 장단점 파악, 경쟁우위 선점요소 확인 및 경쟁력 강화 방안 모색
④ 경쟁사 내부분석 : 기업의 비전과 판매 전략 및 내부 마케팅 조사 목적 파악

20. 다음 중 제품 포지셔닝 유형에 포함되지 않는 것은?

① 속성에 의한 포지셔닝
② 이미지 포지셔닝
③ 제품 사용자에 의한 포지셔닝
④ 경영자의 신념에 의한 포지셔닝

21. 데이터베이스 마케팅의 활용 절차를 순서대로 나열한 것은?

> ㄱ. 고객데이터 수집
> ㄴ. 유형별 고객 분류 및 데이터베이스화
> ㄷ. 마케팅 전략과 시스템의 일치화
> ㄹ. 고객집단별 특성 추출
> ㅁ. 변수 분석
> ㅂ. 개별 고객에 특화된 상품 및 서비스 제공
> ㅅ. 데이터베이스 분석 활용

① ㄱ → ㄴ → ㄷ → ㄹ → ㅁ → ㅂ → ㅅ
② ㄱ → ㄴ → ㄷ → ㅁ → ㄹ → ㅂ → ㅅ
③ ㄱ → ㄴ → ㄷ → ㅂ → ㄹ → ㅁ → ㅅ
④ ㅅ → ㅁ → ㄷ → ㄱ → ㄹ → ㅂ → ㄴ

22. 마케팅 관리자가 마케팅 계획을 수립하고, 기존의 마케팅 계획을 조정하기 위해 마케팅 환경에서 일어나는 여러 가지 변화와 추세에 관한 일상적인 정보를 체계적으로 수집하는 시스템을 무엇이라고 하는가?

① 고객정보 시스템
② 통합 마케팅 조사 시스템
③ 마케티 의사결정 지원 시스템
④ 마케팅 인텔리전스 시스템

23. 아웃바운드 텔레마케팅의 특성으로 옳은 것은?

① 신규고객 혹은 기존고객에게 판매나 정보 제공을 목적으로 진행한다.
② 각 기업의 대표 고객 콜센터, 정부나 각종 민원상담이 대표적이다.
③ 경청과 공감의 자세로 고객의 문의사항 및 불만을 들어주는 자세가 필요하다.
④ 고객이 직접 기업으로 전화를 걸면서 상담이 진행되는 텔레마케팅 방식이다.

24. 상담원의 업무숙련도에 따라 콜을 분배하는 기능으로 상담원의 직무능력을 평가하여 숙련도에 따른 등급을 책정하고 각각의 등급에 따라 적용하거나 콜센터의 특성에 맞게 활용하는 시스템을 무엇이라고 하는가?

① DIVA
② Skill Based Call Routing
③ WFMS
④ IVR

25. 포지셔닝 전략을 개발하기 위해서는 기본적으로 시장분석, 기업내부분석, 경쟁사 및 제품 분석이 필요하다. 다음 중 경쟁분석 정보에 해당하는 것은?

① 시장점유율　　② 기술상의 노하우
③ 성장률　　　　④ 인적자원

2과목 - 시장조사

26. 다음은 전화조사를 수행할 때 유의해야 하는 사항으로 옳지 않은 것은?

① 질문은 되도록 짧고 간단하게 구성한다.
② 비대면 대화로 목소리, 억양, 발음 등의 언어적 커뮤니케이션으로만 사용 가능하다.
③ 어렵지 않은 일상용어, 알기 쉬운 표현으로 질문을 한다.
④ 너무 이르거나 늦은 시간에는 전화하지 않는다.

27. 다음에서 설명하는 면접기법은?

철저하게 구조화되어 있고, 반복적인 면접으로 조사자 훈련이 비교적 용이한 편이며 조사자의 행동에 일관성이 높다. 또한 얻어진 자료는 신뢰도와 객관성이 높다는 장점이 있으며 조사결과 해석, 분석에 용이하다.

① 표준화 면접법
② 전화 면접법
③ 개별 방문 면접법
④ 표적 집단 면접법

28. 관찰조사에 대한 특징으로 틀린 것은?

① 기계장치를 사용하여 조사하기도 한다.
② 조사 결과의 정량화하기 어렵다.
③ 직접 질문을 하여 정보를 얻는다.
④ 행위, 감정을 언어로 표현하지 못하는 유아, 동물에 유용하다.

29. 종단조사와 횡단조사의 설명으로 옳지 않은 것은?

① 종단조사는 일정기간에 반복적으로 관찰, 분석하는 조사를 말한다.
② 횡단조사는 특정시점에서의 집단 간 차이를 연구하는 방법이다.
③ 종단조사는 정태적인 성격이라 할 수 있고, 횡단조사는 동태적인 성격이라고 할 수 있다.
④ 종단조사의 종류로는 패널 조사, 코호트 조사, 추세 조사 등이 있다.

30. 현재 당면한 문제를 해결하기 위한 목적으로 수집한 자료로 목적에 적합한 자료를 직접 수집하기 때문에 신뢰도, 타당성이 높은 자료는?

① 1차 자료 ② 2차 자료
③ 외부 자료 ④ 내부 자료

31. 등간척도의 특성으로 옳지 않은 것은?

① 숫자 간의 차이는 절대적인 의미를 갖고 있다.
② 명목척도와 서열척도의 특수성을 가지고 있다.
③ 측정 간격은 정해져 있는 것은 아니다.
④ 절대 "0"의 개념을 가지고 있다.

32. 타당성과 신뢰성에 대한 설명으로 옳은 것은?

① 타당성이 낮으면 신뢰성 또한 낮다.
② 신뢰성이 높다고 해도 반드시 타당성도 높다는 것은 아니다.
③ 신뢰성이 낮은 측정은 항상 타당도가 높다.
④ 타당성이 높은 측정은 항상 신뢰성이 높다고 볼 수 없다.

33. 연구자가 조사대상자와 관련하여 지켜야할 윤리규범에 해당하지 않는 것은?

① 익명성 ② 사후 동의
③ 비밀성 ④ 자발적 참여

34. 시장조사를 위한 자료 수집 중 1차 자료와 2차 자료에 대한 설명으로 옳지 않은 것은?

① 마케팅 조사자들은 일반적으로 2차 자료를 먼저 활용한 후에 1차 자료를 수집한다.
② 2차 자료를 수집할 때는 조사방법에 대한 전문지식이나 기술이 요구된다.
③ 1차 자료는 의사결정을 할 시기에 조사목적에 적합한 정보를 반영할 수 있다.
④ 2차 자료를 수집하면서 내외비 등의 직접 수집하기 어려운 자료를 입수할 가능성이 있다.

35. 텔레마케터를 활용하여 보험 상품을 판매하는 보험사가 다음과 같은 자료를 확보하였다. 이 자료의 유형은?

> 한국문화조사협회에서 실시한 조사에 따르면 한국인들은 개인 간의 관계를 크게 중시한다고 한다.
> 이러한 특성은 한국 사람들이 전화를 통해 판매되는 제품의 구매를 상당히 주저하게 한다고 한다.

① 내부 2차자료 ② 외부 2차자료
③ 내부자료 ④ 1차자료

36. 다음 설명 중 틀린 것은 것인가?

① 대표적인 정량조사의 수집방법에는 서베이법이 있다.
② 표적집단면접법(FGI), 심층면접법, 투사법은 정성적 조사에 포함된다.
③ 정성적 조사는 과정보다 결과에 집중한다.
④ 정량적 조사의 경우 대부분 다수를 대상으로 진행하므로 일반화의 가능성이 높다.

37. 설문지 작성 과정에 대한 설명으로 옳지 않은 것은?

① 설문지 개발 전 필요한 정보의 종류, 조사의 목적 등을 미리 파악해야 한다.

② 설문지의 순서나 용어 선택의 잘못으로 조사 자체가 무효가 될 수 있으므로 주의한다.

③ 논리적인 질문으로 먼저 시작하고, 흥미가 있는 질문을 뒤에 배열한다.

④ 작성순서는 "질문서 작성의 예비조사 → 질문서의 구조와 질문내용의 파악 → 질문·응답형태의 선택 → 질문순서의 결정 → 질문용어의 선택 → 예비조사와 질문서의 보완"이다.

38. 다음에서 설명하는 조사 절차는 무엇인가?

> 설문지 작성 이전에 연구 가설을 명백히 하면서 시장조사의 타당성을 검토하는 단계로, 사전조사 및 본조사의 조사비용에 대한 정보를 얻을 수 있고, 문제의 핵심요소를 명확히 하고자 할 때도 필요하다.

① 예비조사　　　　② 본조사

③ 재조사　　　　　④ 사전조사

39. 다음 중 리스트 클리닝(List Cleaning)에 대한 특성으로 상관없는 것은?

① 고객의 고정 데이터를 보완 및 범위를 결정할 수 있다.

② 수익과 효과를 창출할 수 있다.

③ 리스트 스크리닝 실시 이후에 실시한다.

④ 전화대상 데이터의 설정 및 리스트업 기능을 한다.

40. 측정 수준의 척도끼리 알맞게 이어진 것은?

> 가) 운동선수의 등 번호
> 나) 학급 석차
> 다) 키, 몸무게
> 라) 온도 0도와 2도의 차이는 10도와 12도의 차이와 같다.

① 가 : 서열척도, 나 : 명목척도
　 다 : 비율척도, 라 : 등간척도

② 가 : 명목척도, 나 : 서열척도
　 다 : 등간척도, 라 : 비율척도

③ 가 : 명목척도, 나 : 서열척도
　 다 : 비율척도, 라 : 등간척도

④ 가 : 명목척도, 나 : 비율척도
　 다 : 등간척도, 라 : 서열척도

41. 독립변수와 종속변수 둘 사이의 인과관계를 연결해주는 변수를 말하며, 독립변수의 결과이면서도 종속변수의 원인이 되는 변수를 무엇이라고 하는가?

① 매개변수　　　　② 조절변수

③ 외생변수　　　　④ 통제변수

42. 전수조사와 비교하여 표본조사가 가지는 이점으로 볼 수 없는 것은?

① 시간과 비용, 인력을 절약할 수 있다.

② 조사대상자가 적기 때문에 조사과정을 보다 잘 통제할 수 있다.

③ 통계자료로부터 올바른 모수추정이 어려운 경우에 더 효율적이다.

④ 비표본오류를 상대적으로 더 많이 줄일 수 있기 때문에 정확도를 높일 수 있다.

43. 전화조사에 대한 설명 중 옳지 않은 것은?

① 전화조사에서는 양자택일형의 질문을 준비하는 것이 바람직하다.
② 전화번호부를 활용하여 표본추출을 할 때에는 맨 앞과 맨 끝은 배제하는 것이 좋다.
③ 응답자의 거절이나 비접촉으로 나타나는 무응답의 오류가 발생할 수 있다.
④ 전화조사는 2차 자료에 포함된다.

44. 다음에서 설명하는 조사 방법은 무엇인가?

소비자에게 상품을 나눠주고 장기간 사용한 후 소비자 반응을 조사하는 방법으로 장기간에 걸쳐 진행되며, 자료의 정확한 조사를 위해 응답자의 선발 관리가 중요하다.

① 갱서베이 조사
② HUT(Home Use Test)
③ CLT(Central Location Test)
④ 옴니버스 조사

45. 다음 중 무응답 오류의 의미로 옳은 것은?

① 데이터 분석에서 나타나는 오류
② 부적절한 질문으로 인하여 나타나는 오류
③ 응답자의 거절이나 비접촉으로 나타나는 오류
④ 조사와 관련 없는 응답자를 선정하여 나타나는 오류

46. 다음 중 면접조사자로 인해 발생할 수 있는 오류에 해당하지 않는 것은?

① 질문자의 인상이나 태도 등으로 응답자의 반응이 달라질 수 있는 가능성을 의미한다.
② 우편을 통한 설문조사법에서는 해당 오류가 발생될 가능성이 거의 없다.
③ 전화조사를 통한 설문조사법에서 해당 오류가 발생될 가능성이 가장 크다.
④ 비언어적인 요소로 인해 응답자의 반응이 달라질 가능성을 의미한다.

47. 다음 조사에서 활용한 표본추출방법은 무엇인가?

A백화점에서는 지하 주차장 입구의 확장 공사 시간에 대한 의견을 알고 싶어한다. 해당 자료를 수집하기 위해 백화점에서는 주차장을 이용하는 선착순 100명의 고객들에게 해당 내용을 물어보았다.

① 확률표본추출　② 비확률표본추출
③ 층화표집　④ 단순무작위표집

48. 다음 중 자료를 분석하는 과정에 대한 설명 중 틀린 것은?

① 자료분석 순서는 편집(Editing) → 코딩(Coding) → 입력(Key-in)이다.
② 코딩 과정에서는 제외되거나 중복되는 부분이 없이 모든 응답들이 포함되어야 한다.
③ 다양한 의견이 나오는 자유응답형 질문의 경우 코딩 작업이 수월하다.
④ 항목별로 각 응답에 해당하는 숫자나 기호를 부여하는 과정을 코딩이라고 한다.

49. 다음 중 척도 개발 시 고려사항 중 관계없는 것은 무엇인가?

① 척도점의 수가 많을수록 모든 가능한 답을 할 가능성이 높아진다.

② 응답자가 질문 대상에 대해 관심이 있거나, 비협조적일수록 척도점의 수를 많게 한다.

③ 보통 5점 또는 7점 척도를 주로 사용한다.

④ 전화, 우편 등의 어떠한 자료수집 방법을 선택하느냐에 따라 척도점을 결정하게 된다.

50. 다음에서 설명하는 조사 방법은 무엇인가?

> 고정된 일정 수의 표본가구 또는 개인을 선정해서 반복적으로 조사하는 방법으로, 일정기간 동안 구체적인 간격을 두고 정보를 제공하는데 동의한 응답자들에게 대가로 현물을 제공하며 조사하는 방법이다.

① 소비자 패널 조사
② 신디케이트 조사
③ 집단조사
④ 표적집단면접

3과목 – 텔레마케팅 관리

---

51. 텔레마케팅 도입 과정에 대한 설명으로 틀린 것은?

① 텔레마케팅의 목적을 구체화하는 것이 가장 먼저 진행되어야 한다.

② 일반적인 텔레마케팅의 전개 과정은 기획 → 반응 → 실행 → 측정 → 평가 순이다.

③ 텔레마케팅 전문 인력을 확보한다.

④ 제품이나 서비스 매뉴얼, 텔레마케터 교육이나 훈련 매뉴얼을 제작한다.

52. 텔레마케팅은 수행 주체에 따라 사내 텔레마케팅(In House)과 외부대행 텔레마케팅(Out sourcing)으로 나뉜다. 다음 중 사내 텔레마케팅(In House)에 대한 설명으로만 묶인 것은?

> 가 : 서비스 뷰로(Service bureau), 서비스 벤더(Service vendor) 등으로 불리운다.
> 나 : 유지가 안정적이라는 장점이 있다.
> 다 : 기업 본체에서 텔레마케팅 활동을 위한 여러 시스템과 인력, 공간을 가지고 활동하는 방식을 말한다.
> 라 : 시스템 운영이나 인력 채용 및 유지에 많은 비용이 소요된다는 단점이 있다.
> 마 : 국내에서는 사내 텔레마케팅 방식은 계속해서 증가하는 추세이다.

① 가, 나, 라
② 나, 다, 라, 마
③ 가, 나 다, 라, 마
④ 나, 다, 라

53. 효율적인 업무를 위한 지원 시스템으로 콜 수요 예측과 인력 계획을 기반으로 체계적인 업무 배분이 가능하도록 도와주는 것을 무엇이라고 하는가?

① Progressive Dial
② AAM
③ WFMS
④ ADRPM

54. CTI 콜센터가 갖춘 기술적 기능에 해당되지 않는 것은?

① 기업에 발생하는 모든 콜의 양, 시간 등을 측정 가능하다.

② 상담사 평가 및 감시를 위한 제3자 통화나 통화 녹취가 가능하다.

③ 자동응답, 음성사서함, 상담원 연결 기능을 가지고 있다.

④ 자료 전송 및 송신호에 대한 자동 정보제공 기능을 갖고 있다.

55. 텔레마케팅 운영 시 상담품질관리를 통한 장점이 잘못 연결된 것은?

① 고객 - 서비스에 대한 만족 및 불만족 요소를 전달할 수 있다.

② 회사 - 이미지 향상으로 고객확보와 이익이 발생한다.

③ 상담사 - 상담능력이 향상된다.

④ 모니터링 담당자 - 코칭 기술을 향상시킬 수 있다.

56. 다음 중 아웃바운드 텔레마케팅 활용 분야라고 볼 수 없는 것은?

① 목표고객에 대한 정확한 리스트 준비 후, 가망고객을 획득하도록 한다.

② 구매 감사 인사 및 해피콜 등의 고객서비스 제공과 현장 판매를 지원한다.

③ 휴면고객을 활성화하는 등 고객관계관리에 활용한다.

④ 화재나 긴급구조 전화, 위기 가정이나 청소년 상담전화 등의 특수, 전문상담에 활용한다.

57. 피들러(Fidler)의 상황리더십이론에서 제시한 상황 호의성 변수로 볼 수 없는 것은?

① 과업구조

② 지위권력

③ 구성원의 성숙도

④ 리더와 구성원과의 관계

58. 다음은 의사소통의 구성 요소 중 무엇에 대한 설명인가?

전달자가 이미 보낸 메시지에 대한 수신자의 반응을 전달자가 받게 되는 정보를 말하며, 이것은 커뮤니케이션 과정을 계속해서 반복, 순환하게 하는 요소가 된다.

① 효과(Effect)

② 피드백(Feedback)

③ 메시지(Message)

④ 전달자(Source)

59. 다음 중 경력개발의 목적이라고 볼 수 없는 것은?

① 조직의 생산성 향상을 위한 과정이라고 할 수 있다.

② 경력개발은 경력 목표를 달성하기 위하여 개인, 조직이 참여하는 활동을 말한다.

③ 경력개발은 경력관리의 3요소 중 하나로, 경력관리의 3요소는 경력계획, 경력개발, 경력평가이다.

④ 보다 전문성이 있는 높은 수준의 인적자원들을 확보할 수 있다.

60. 다음 중 콜센터의 인적자원 관리 방안으로 적절하지 않은 것은?

① 다양한 동기부여 프로그램을 준비한다.
② 상담원 수준별 교육훈련 프로그램을 준비한다.
③ 콜센터 리더 육성 프로그램을 주기적으로 실시한다.
④ 관리자나 QA 조직에 대한 교육 프로그램은 효율성이 떨어지는 상담원 교육에 집중한다.

61. 다음에서 설명하는 심리적 장애요인은 무엇인가?

약간의 급여 차이, 복리후생 등의 근무 조건이 좋은 콜센터에 대한 정보를 획득하였을 때, 심리적 변화를 일으키며 조금이라도 본인에게 유리한 곳으로 이직하는 현상을 말한다. 이는 콜센터 상담사들의 이직률을 높이며 효율적인 조직관리에 한계를 드러낸다.

① 철새둥지
② 유리벽
③ 콜센터 바이러스
④ 콜센터 심리 공황

62. M. Weber가 관료제의 중요한 요소로 강조하는 권력의 원천으로 공식적 지위로 인해 부하의 복종을 요구할 수 있는 리더의 권리를 무엇이라고 하는가?

① 준거적 권력
② 강압적 권력
③ 합법적 권력
④ 정보 권력

63. 다음 중 콜센터의 성공한 관리자 속성에 해당하지 않는 것은 무엇인가?

① 기업의 목적과 콜센터의 목적을 일치시킨다.
② 서비스의 질보다 양을 강조한다.
③ 콜센터의 관리는 내·외부의 측정요소에 대한 즉각적인 접근을 필요로 한다는 것을 이해한다.
④ 마케팅 전략 수립 능력을 활용한다.

64. 다음은 어떤 조직구조에 관한 설명인가?

- 테일러가 창안한 조직구조이다.
- 수평적 분화에 중점을 두고 있다.
- 각자의 전문분야에서 작업능률을 증대시킬 수 있다.

① 네트워크조직
② 매트릭스조직
③ 기능식조직
④ 사업부제조직

65. 다음 중 콜 예측을 위한 콜센터 지표에 해당하지 않는 것은?

① 고객 콜 대기시간
② 평균 마무리 처리 시간(초)
③ 평균 부재시간(초)
④ 평균 통화 처리 시간

66. 다음 중 콜센터 리더십 역량 측정 요소에 대한 설명으로 알맞은 것은?

① 명확성 : 고객에게 바른 정보를 제공하는 능력

② 균형잡힌 시각 : 전체 업무에 대한 왜곡되지 않는 시각을 견지하도록 하는 능력

③ 참여 : 직원들의 업무에 대신 참여할 수 있는 능력

④ 주관성 : 직원들의 행동에 대해 주관적인 판단으로 지도하는 능력

67. 다음은 인사고과의 어떤 한계에 대한 설명인가?

> 조직에 우수한 사람이 많거나, 평가자가 편애하는 직원이 있을 경우, 혹은 낮은 점수로 평가하면 해당 조직의 리더인 평가자의 통솔력이 부족하다고 오해받을 수 있다는 이유로 실제보다 우수하게 평가하게 되는 경향을 말한다.

① 중심화경향   ② 현혹효과
③ 대비오류   ④ 관대화경향

68. 다음은 아웃바운드형 콜센터의 성과분석 관리 지표에 관한 설명이다. 틀린 설명은 무엇인가?

① 고객DB 소진율 : 총고객 DB 불출 건수 대비 텔레마케팅으로 소진한 DB 건수가 차지하는 비율

② 평균 판매가치 : 일정기간 동안 아웃바운드 텔레마케팅을 실행한 결과 발생하는 총 매출액

③ 콜 응답률 : 총 발신 수에 대한 반응 비율

④ 1콜 당 평균 전화비용 : 아웃바운드 텔레마케팅을 하였을 경우 1콜 당 평균적으로 소요되는 전화비용의 정도

69. 사내 모집으로 인재를 선발하는 과정에 대한 설명으로 옳지 않은 것은?

① 기업 자체 내에서 승진 또는 직무순환을 통해 필요한 직원을 보충하는 방법이다.

② 학연, 지연 등 파벌조성의 위험이 있다.

③ 해당 직원에 대한 자질이나 성격 등을 이미 잘 알고 있다는 장점이 있다.

④ 새로운 변화 등의 혁신이 필요한 경우에 주로 이용한다.

70. 직장외 교육훈련(OFF JT)의 장점에 해당하지 않는 것은?

① 많은 종업원들에게 동시적·통일적 교육 실시 가능

② 전문가의 지도아래 교육훈련에 전념 가능

③ 교육훈련과 업무가 직결됨

④ 참가자간의 선의의 경쟁을 통한 교육효과 증대

71. 교육훈련 관리의 과정 중 교육훈련의 필요성 및 목표분석 후 누구에게, 언제, 무엇을, 어떻게 교육할 것인지 설계하는 단계는 무엇인가?

① 필요성 분석

② 교육훈련의 평가

③ 프로그램 설계

④ 종합시스템과의 연계

72. 상담사들을 대상으로 모니터링을 평가한 결과에 대한 활용이다. 적절한 활용이라고 볼 수 없는 것은?

① 모니터링 평가 점수를 토대로 통화 품질을 측정한다.
② 상담원 개인별 모니터링 점수를 토대로 개별 코칭을 실시한다.
③ 모니터링 점수로 보상을 실시한다.
④ 상담원을 관리하는 슈퍼바이저에게만 결과를 공개하여 개별 교육하도록 한다.

73. 다음 중 효과적인 콜센터 운영 방안이라고 볼 수 없는 것은?

① 직원들에 대한 일률적인 보상
② 전문인력 구성 및 인원 확보
③ 통신 장비 구축
④ 고객정보 수집 활동 강화

74. 다음 빈 칸에 들어갈 단어가 순서대로 나열된 것은?

(A)은/는 일정한 양식에 직무분석의 결과를 토대로 직무수행과 관련된 과업 및 직무 행동을 작성한 문서를 말하며, 직무 명칭, 직무행동과 절차 등이 포함된다.
(B)은/는 일정한 양식에 직무분석의 결과를 토대로 직무수행에 필요한 직원의 기술이나 능력, 행동, 지식 등을 기록한 문서로, 직원들의 인적 특성이 직무의 성과를 예측할 수 있도록 작성한다.

① A : 직무기술서, B : 직무명세서
② A : 직무명세서, B : 직무기술서
③ A : 직무분석표, B : 직무기술서
④ A : 직무기술서, B : 직무분석표

75. 다음 중 조직 구조의 형태에 대한 설명 중 옳지 않은 것은?

① 기능식 조직구조는 수평적인 분업 관계로, 업무의 내용이 비슷하고 관련성이 있는 것들을 분류, 결합시킨 조직구조를 뜻한다.
② 사업부제 조직구조는 사업부나 지역별로 조직을 구성함으로써 최고경영층은 기업전략에 집중할 수 있게 된다.
③ 소비자 중심의 시장환경 변화에 따라 다른 조직의 구조가 요구되기 시작하면서 매트릭스 조직구조가 도입되었다.
④ 현재 대부분의 기업에서는 매트릭스 조직구조를 갖추고 있다.

4과목 - 고객관리

---

76. 다음은 불만 고객의 처리 프로세스에 관한 사항이다. 순서대로 나열한 것은?

① 감사와 공감 표현 → 경청 → 사과 → 해결 약속 → 정보파악 및 대안제시 → 신속 처리 → 처리 확인과 사과 → 피드백
② 해결 약속 → 경청 → 감사와 공감 표현 → 사과 → 정보파악 및 대안제시 → 신속 처리 → 처리 확인과 사과 → 피드백
③ 경청 → 감사와 공감 표현 → 사과 → 해결 약속 → 정보파악 및 대안제시 → 신속 처리 → 처리 확인과 사과 → 피드백
④ 경청 → 사과 → 해결 약속 → 감사와 공감 표현 → 정보파악 및 대안제시 → 신속 처리 → 처리 확인과 사과 → 피드백

77. 고객관계관리(CRM)의 성공전략에 해당하지 않는 것은 무엇인가?

① 신규고객 확보 전략

② 고객유지 전략

③ 고객DB의 분산

④ 고객 활성화 전략

78. 다음에서 설명하는 것은?

> 콜센터 내에서 통화 회선수 부족, 동시통화 과다, 근본적인 회선수 부족, 상담원 부족 등으로 고객이 상담원과 통화하기 전 전화를 끊어버리는 것

① 포기콜

② 오프콜

③ 인바운드콜

④ 콜장애

79. 고객관계관리(CRM)의 등장배경에 대한 설명으로 옳지 않은 것은?

① 더욱 전문화되고, 세분화된 시장이 생기게 되었다.

② IT기술의 발달로 인해 POS시스템이 도입되었다.

③ 기술의 발달로 고객의 반응을 빠르게 확인한 정보들로 재고관리나 주문, 매장관리등을 통합적으로 이끌어 나가게 되었다.

④ 고객 삶의 가치관이 변하면서 소비활동을 할 때, 낮은 선택의 폭과 질을 추구하게 되었다.

80. 존 굿맨의 법칙 중 고충처리에 불만을 품은 고객의 비호의적인 소문의 영향은 만족한 고객의 호의적인 소문에 비해 2배나 강하게 판매를 방해한다는 내용은 어느 법칙에 해다하는가?

① 제1법칙

② 제2법칙

③ 제3법칙

④ 제4법칙

81. 다음은 고객의 문제 파악에서 활용할 수 있는 SPIN 화법에 대한 내용이다. 틀린 설명은?

① Situation - 고객의 문제점은 물론, 고객의 개인 정보를 취득하기 위해 최대한 많은 질문을 하도록 한다.

② Problem - 고객에게 문제가 있다는 것을 인식시키는 질문 방법이다.

③ Implication - 고객이 처한 문제의 심각성을 알려주고, 해결해야 할 필요성을 인지시키기 위한 질문이다.

④ Need pay off - 고객의 현재 욕구를 확인하고 심화시켜서 대안을 선택할 수 있도록 행동으로 연결하는 질문의 형태이다.

82. 다음 중 커뮤니케이션의 기능과 거리가 먼 것은?

① 정보 소통의 기능

② 동기 부여의 기능

③ 자신의 감정 및 욕구 표현

④ 평가의 기능

83. 다음은 수신자 측면에서 발생할 수 있는 오류 중 어떤 오류에 대한 설명인가?

> 발신자의 메시지를 처음부터 끝까지 집중하여 듣지 않고, 마음에 와 닿는 단어 몇 가지만을 선택적으로 듣고 전체 메시지를 대충 지레짐작하여 의사소통에 장애가 발생된다.

① 선입견
② 선택적 청취
③ 평가적인 경향
④ 반응과 피드백의 부족

84. 주로 검색엔진의 웹로봇을 이용하여 SNS, 뉴스, 웹정보 등의 조직 외부, 즉 인터넷에 공개되어 있는 웹문서를 수집하는 방법은?

① 데이터웨어하우스(Data Warehouse)
② 센싱(sensing)
③ 클라우드(cloud)
④ 크롤링(crawling)

85. 고객과의 효과적이고 성공적인 커뮤니케이션을 위해 전달자의 장애요인 개선을 위한 사항으로 틀린 것은?

① 분명하고 적절한 언어를 사용한다.
② 병행경로와 반복을 이용한다.
③ 전달자의 입장에서 사고한다.
④ 물리적 환경을 효과적으로 활용한다.

86. CRM을 통해 고객기반의 가치를 향상시키기 위한 전략으로 보기 어려운 것은?

① 고가치 고객에 대해 노력을 기울인다.
② 고객이탈률을 줄인다.
③ 교차판매 및 고가제품 판매를 통해 각 고객의 성장잠재력을 높인다.
④ 저수익적 고객의 관계 개선에 집중한다.

87. 다음은 어떤 유형의 고객을 응대할 때의 상담 기술인가?

> 고객이 가지고 있는 갈등요소가 무엇인지 시킬 수 있는 질문을 통해 고객의 솔직한 생각을 들어보는 것이 중요하며, 도움을 받아도 될 것이라고 여길 수 있도록 신중하고 전문적인 모습을 보이는 것이 좋다.

① 우유부단한 고객
② 신중한 고객
③ 과시형 고객
④ 의심이 많은 고객

88. 기업에서 제대로 된 불만처리를 하는 필요성에 대한 설명으로 옳지 않은 것은?

① 불만족스러운 처리를 받은 고객은 빠르게 소문을 내기 때문에 기업에 대한 이미지에 타격을 받을 수 있다.
② 고객의 의견에 반응하고 수용함으로써 더욱 발전된 경영을 기할 수 있기 때문이다.
③ 불만 처리를 만족스럽게 겪은 고객은 오히려 기업과 지속적인 관계를 맺는다.
④ 1명의 불만고객을 만족시켜 주는 것보다 한 명의 신규고객을 만드는 일이 더욱 중요하다.

89. 기업 매출의 80%는 20%의 우수한 고객들로부터 나온다는 법칙으로 CRM 시스템을 통해 우량고객에게 집중해야 한다는 사실을 뒷받침해 주는 법칙은?

① 롱테일 법칙
② 파레토 법칙
③ 78 : 22 법칙
④ 독점의 법칙

90. 다음 중 운영 CRM에 해당하지 않는 것은?

① 고객상호작용센터
② 고객서비스자동화시스템
③ 영업자동화시스템
④ 마케팅자동화시스템

91. 고객과의 상담 시 효과적인 언어적 의사소통이라고 볼 수 없는 것은?

① 너무 심한 사투리, 속어, 비어, 유행어 사용은 억제하는 것이 좋다.
② 상대방의 연령 및 개인의 특성을 반영하여 단어 선택에 유의하도록 한다.
③ 긍정적이고 동조의 의미를 담은 언어를 사용하도록 한다.
④ 고객이 상담에 거부감을 느낄 수 있으므로 질문은 되도록 하지 않는다.

92. '소극적인 고객' 응대에 가장 적합한 것은?

① 직원의 과도한 친절이나 관심을 부담스러워 할 수 있으며, 도움이 필요할 때는 언제든 문의할 수 있도록 안내하고, 여유를 갖고 기다려준다.
② 인내심을 갖고 고객의 말에 맞장구는 쳐주되, 천천히 상담의 목적에 접근하도록 한다.
③ 호칭에 신경을 쓰고 말의 속도는 천천히 맞추어 응한다.
④ 부연설명 등의 군더더기 없이 간결한 설명으로 빠르게 처리를 완료해 주는 것이 중요하다.

93. 다음 중 의사소통을 저해하는 일반적인 요소로 적합하지 않은 것은?

① 왜곡 및 생략
② 준거 틀의 차이
③ 적절한 피드백
④ 적절하지 않은 양의 커뮤니케이션

94. 다음은 고객불만 처리 법칙 중 무엇에 대한 설명인가?

> 고객불만 처리의 요령 중 한 가지로, 신속하고 효율적인 고객응대를 할 수 있도록 도와주는 역할을 한다. 사람, 시간, 장소를 신속하게 정하는 것이 중요하며, 처리가 계속해서 지연된다면 이 세 가지 요소를 바꾸는 것이 불만 처리에 도움이 된다.

① SMART
② MOT
③ MTP
④ AIDA

95. 고객응대에 가장 기본이라고 할 수 있으며, 고객에게 제공해야 할 정보 및 문의사항에 대한 안내방법 등 대화체로 자연스럽게 작성되어 있는 것으로 텔레마케터가 객관적으로 표준화 된 서비스를 제공하기 위해서 작성하는 것을 무엇이라고 하는가?

① 스크립트　　　　② Q&A
③ 모니터링　　　　④ 데이터 시트

96. RFM 분석에 대한 설명으로 옳은 것은?

① 최근 구매일(Recency) : 고객이 최근 구매한 날로부터 얼마나 지났는지 측정하는 항목이다.
② 시장점유율 측정 방법 중 한 가지이다.
③ 구입금액(Monetary) : 고객이 최종적으로 얼만큼의 구매를 했는지 측정하는 항목이다.
④ RFM 분석은 거래관계가 없는 잠재고객에 대해서도 직접 적용이 가능하다.

97. 데이터마이닝 과정 중에서 가장 중요한 단계로 주요 변수들을 사용하여 다양한 데이터마이닝 기법을 이용한 모델링을 적용하여 예측력이 가장 뛰어난 모형을 선택하는 단계를 무엇이라고 하는가?

① 변환 및 조정　　② 탐색
③ 샘플링　　　　　④ 모형화

98. 고객에게 "네", "아니오" 등의 답을 얻기 위한 간단한 형태를 띈 질문으로 정보를 얻기 위한 가장 기본적인 질문의 형태라고 할 수 있는 질문의 유형은 무엇인가?

① 개방형 질문
② 자유응답형 질문
③ 폐쇄형 질문
④ 확인형 질문

99. MOT(Moment of truth)와 관련된 설명 중 틀린 것은?

① 스칸디나비아 항공의 얀 칼슨 사장이 처음 만든 용어이다.
② '진실의 순간' 또는 '결정의 순간'이라는 의미로 쓰인다.
③ 고객이 종업원이나 기업의 특정 자원과 접촉하는 순간을 말한다.
④ 기업에서는 이 짧은 진실의 순간에 극적으로 매출을 높일 수 있는 다양한 판촉 활동을 하는 데 집중하는 것이 목표이다.

100. e-CRM의 특징으로 거리가 먼 것은?

① 웹기반의 단일 통합채널을 기본으로 한다.
② 실시간 고객성향 분석이 가능하다.
③ 초기 IT 구축비용과 지속적인 관리 유지비용이 높다.
④ 지역과 시간적 제약을 탈피할 수 있다.

1회 모의고사

1	④	2	①	3	①	4	③	5	④
6	④	7	③	8	③	9	③	10	③
11	④	12	④	13	④	14	④	15	③
16	②	17	④	18	②	19	③	20	②
21	②	22	②	23	②	24	③	25	①
26	③	27	①	28	③	29	①	30	④
31	④	32	②	33	③	34	①	35	①
36	②	37	3	38	①	39	④	40	④
41	①	42	②	43	③	44	②	45	④
46	④	47	③	48	①	49	①	50	①
51	④	52	②	53	①	54	①	55	③
56	③	57	③	58	③	59	④	60	③
61	④	62	①	63	①	64	①	65	③
66	②	67	④	68	③	69	③	70	①
71	③	72	①	73	①	74	②	75	①
76	④	77	①	78	④	79	②	80	①
81	④	82	②	83	①	84	④	85	③
86	②	87	③	88	①	89	①	90	①
91	④	92	③	93	④	94	②	95	③
96	④	97	③	98	④	99	①	100	③

1. 정답▶ ④

   해설▶ 제품이 개량품에 의해 대체되거나 제품라인으로부터 삭제되는 시기는 쇠퇴기에 대한 설명이다. 성숙기는 기존과는 달리, 제품개선 및 주변 제품 개발을 위한 R&D 예산을 늘리기도 하며 재포지셔닝이 필요한 시기이다.

2. 정답▶ ①

   해설▶ ①을 제외한 내용은 모두 CTI(Computer Telephony Integration)기술이 현재 제공하는 기능이다.

3. 정답▶ ①

   해설▶ 각종 민원상담 및 고충처리는 인바운드 텔레마케팅의 방식으로 진행된다.

4. 정답▶ ③

5. 정답▶ ④

   해설▶ 소비자의 의사결정과정에서 일어날 수 있는 위험 유형으로는 심리적 위험, 사회적 위험, 재무적 위험, 신체적 위험, 기능적(성능) 위험이 있다.

6. 정답▶ ④

   해설▶ 공격적이고 기업주도형의 상담을 이끌어야 하는 아웃바운드 텔레마케터는 고객에게 무조건 순응하기보다는 고객을 배려하는 마음가짐과 더불어 적극적이고 능동적으로 통화를 하려는 자세가 필요하다.

7. 정답▶ ③

   해설▶ DOG는 상대적 시장점유율도 낮고, 시장성장률도 낮은 상태로, 거의 대부분은 사업을 철수하거나 퇴출하며, 제품수명주기상에서는 쇠퇴기에 해당한다.

8. 정답▶ ③

9. 정답▶ ③

   해설▶ SWOT 분석은 기업의 강점(Strength), 약점(Weakness), 기회(Opportunity), 위협(Threat)을 분석하고 전략을 세우는 것이다. B영역은 가장 위험한 상황으로 집중화와 안정성이 우선되며, D영역에서는 기회를 포착하여 핵심 역량으로 극복해야 한다.

10. 정답▶ ③

11. 정답▶ ④

   해설▶ 아웃바운드 텔레마케팅을 진행할 때에는 주 고객층의 목록 또는 DB를 확보하여 적극적인 TM에 활용하여야 한다. 다만, 그 과정에서 고객의 정보를 유출하거나, 고객으로부터 동의받은 목적과 다르게 정보를 저장, 이용하는 경우에는 법적인 처벌을 받게 된다.

12. 정답▶ ④

   해설▶ 시장조사, 고객의 만족도 확인을 위해서는

아웃바운드 텔레마케팅을 활용하는 것이 적합하다.

13. 정답▶ ④

14. 정답▶ ④
  해설▶ 입점공제, 구매공제, 광고공제, 진열공제 등은 중간상을 대상으로 하는 판매촉진 전략들이다.

15. 정답▶ ③
  해설▶ 시장세분화를 할 때에는 내부적 동질성을 갖추고 있어서 어떠한 마케팅변수가 있을 때에, 세분시장 내에서는 동일한 반응을 보여야 하며, 각 세분시장끼리는 이질성을 가지고 있어 상이한 반응을 보이며 차이점이 있어야 한다.

16. 정답▶ ②
  해설▶ 텔레마케팅은 비대면 상담이므로 아웃바운드를 통해 상품을 판매할 때 갖추어야 할 필수적인 요건들이 있다. 먼저, 브랜드가 있거나 인지도가 높은 상품이어야 고객에게 신뢰를 줄 수 있으며 거래조건의 변동을 최소화해야 한다. 또한 사후관리가 용이한 제품을 선택해야 한다.

17. 정답▶ ④

18. 정답▶ ②
  해설▶ 상품은 비교적 짧고, 명확하게 설명해야 한다.

19. 정답▶ ③
  해설▶ ③은 시장세분화에 대한 설명이며, 나머지는 포지셔닝에 관한 설명이다.

20. 정답▶ ②

21. 정답▶ ②

22. 정답▶ ②
  해설▶ 가전, 가구 등의 선매품은 선택적 유통경로에 해당한다.

23. 정답▶ ②

24. 정답▶ ③

25. 정답▶ ①

26. 정답▶ ③

27. 정답▶ ①

28. 정답▶ ③
  해설▶ ③에 대한 설명은 1차 자료에 대한 단점이다. 또한 1차 자료는 직접 자료를 수집해야 하기 때문에 2차 자료에 비해 시간과 비용이 많이 소비 된다.

29. 정답▶ ①

30. 정답▶ ④
  해설▶ 고객에게 우편을 보내는 것으로 끝이 난다. 전화로 상세 설명을 하지 않는다.

31. 정답▶ ④
  해설▶ 다지선다형, 양자택일형, 척도형의 질문은 폐쇄형 질문에 포함되며, 개방형 질문의 유형으로는 자유응답형, 문자완성형, 투사기법 질문 등이 있다.

32. 정답▶ ②

33. 정답▶ ③
  해설▶ 인터넷 조사는 응답률이 높은 편이며, 비용이 적게 소요되고, 데이터 분석이 빠르고 용이하다는 장점이 있으나, 응답자가 진실로 답변하고 있는지 정확성에 대한 확신이 매우 어렵다.

34. 정답▶ ①
  해설▶ 내적타당성과 외적타당성으로 구분하며, 두 가지의 타당성을 모두 높게 가질 수 없는 상쇄관계이다.

35. 정답▶ ①

36. 정답▶ ②

37. 정답▶ ③

38. 정답▶ ①

39. 정답▶ ③

40. 정답▶ ④

41. 정답▶ ①

42. 정답▶ ②
해설▶ 표준화면접은 철저하게 구조화되어 있고, 반복적인 면접으로 조사자 훈련이 비교적 용이한 편이며, 조사자의 행동에 일관성이 높다. 또한 얻어진 자료는 신뢰도와 객관성이 높다는 장점이 있으며 조사 결과 해석, 분석에 용이하다. 반면, 비표준화 면접은 면접자의 자질과 훈련 정도에 따라 자료의 신뢰도 자체에 문제가 발생할 가능성이 있으며, 숫자화 측정 등 결과 분석이 용이하지 않다.

43. 정답▶ ③
해설▶ 조사가 이루어지는 순서는 예비조사 → 사전조사 → 본조사 순이다.

44. 정답▶ ②
해설▶ 우편조사는 접근 가능성이 아주 우수하다는 장점이 있다. 지역, 시간에 구분 없이 거의 모든 응답자에게 접근 가능하다.

45. 정답▶ ③
해설▶ 명목척도는 절대 "0"의 개념은 없다. 예를 들어 온도가 0도라는 것이 온도 자체가 없음(無)이라는 뜻이 결코 아니다.

46. 정답▶ ④
해설▶ - 확률표본추출 종류 : 단순무작위 표본추출, 층별 표본추출, 군집별 표본추출, 체계적 표본추출, 지역별 표본추출 등
　　　 - 비확률표본추출 종류 : 임의 표본추출, 주관에 의한 표본추출, 할당 표본추출 등

47. 정답▶ ③
해설▶ 설문조사는 질문자의 인상이나 태도 등의 비언어적인 요소로 인해 응답자의 반응이 달라질 수 있고, 잘못된 설문지나 분석, 코딩 단계 등에서도 오류가 발생될 수 있다.

48. 정답▶ ①
해설▶ 설문지 자체에 오류가 있는 경우는 체계적 오차에 해당한다.

49. 정답▶ ①

50. 정답▶ ③
해설▶ 상관관계가 낮은 항목들은 제거하고, 높은 변수만을 측정해야 타당성을 높일 수 있다.

51. 정답▶ ④

52. 정답▶ ②
해설▶ 리더십 특성이론에서는 리더라면 가지고 있어야 할 중요한 특성들이 있는데, 특성들만 가지고 있으면 어느 환경이나 상황에서도 항상 리더가 될 수 있다고 주장한다.

53. 정답▶ ①
해설▶ 조직변화의 외부요인으로는 법적 규제의 강화, 급속한 기술발전 등이 있다

54. 정답▶ ①

55. 정답▶ ④

56. 정답▶ ④
해설▶ Time-bound - 최대한 빠른 시간이 아닌, 조직의 목표에 맞도록 일정한 시간 내에 달성 여부를 확인할 수 있어야 한다.

57. 정답▶ ④

58. 정답▶ ③

59. 정답▶ ④

60. 정답▶ ③

61. 정답▶ ④

62. 정답▶ ①

63. 정답▶ ①

64. 정답▶ ④
해설▶ 결과기준 평가란 조직효과성의 변화 정도를 측정하는 것으로 생산성, 품질, 시간 등과 같은 구체적이고 정량적인 수치를 활용하여 교육 전후의 상황을 비교, 분석하는 것을 말한다.

65. 정답▶ ③
해설▶ 빈 칸에 해당하는 단계는 '콜량의 예측'으로 3년 간의 콜 인입량, 비상담시간, 평균 콜 처리시간 등으로 콜량을 예측한다.

66. 정답▶ ②
해설▶ 거래적 리더십과 달리 부하와 리더는 수평적인 관계에 가깝고, 그들이 자율적으로 업무를 수행할 수 있도록 지지해주는 역할을 한다.

67. 정답▶ ④
해설▶ 위험을 회피하기보다 감수할 수 있는 적극적인 태도를 가져야 한다.

68. 정답▶ ③
해설▶ 피들러의 상황 적합 리더십에서는 리더나 조직에 대한 이해보다 상황과 조직원들에 대한 이해가 요구된다.

69. 정답▶ ③
해설▶ 고객의 상황이나 성향에 따라 상담 흐름은 바뀔 수 있으며 이에 따라 스크립트를 조절하여 사용하도록 한다.

70. 정답▶ ①

71. 정답▶ ③
해설▶ ③에 대한 설명은 임금체계를 말하며, 임금 수준이란 임금의 크기에 관한 것으로 경제적 환경요인이나 노동조합 등 기업의 외부 환경과 기업 규모나 직무의 내용 등 기업의 내부환경, 직원의 학력이나 성과, 근속 등의 인적자원 수준을 포함하는 기업의 개별적 요인 등에 따라 결정된다.

72. 정답▶ ①

73. 정답▶ ①

74. 정답▶ ②

75. 정답▶ ①

76. 정답▶ ④

77. 정답▶ ①
해설▶ ② 우유부단한 고객, ③ 의심이 많은 고객, ④ 말이 많은 고객에 대한 설명이다.

78. 정답▶ ④
해설▶ CRM은 과거에 구매를 했으나 이탈한 고객 등 과거 데이터베이스를 통해 거래가 중단된 고객을 찾아 재거래를 유도하는 전략을 활용할 때에도 도움이 된다.

79. 정답▶ ②
해설▶ 고객이란 기업의 상품 및 서비스를 제공받는 사람들을 말하며 대가를 지불하는지 여부는 상관없다.

80. 정답▶ ①

81. 정답▶ ④
해설▶ 불필요한 고객과의 만남, 고객의 거부감 및 두려움, 상담사의 부족한 역량 등은 아웃바운드 상담의 장애요소에 해당한다.

82. 정답▶ ②
해설▶ 비언어로 표현되는 의사소통의 대부분은 무의식이 반영되어 조작이 어렵다.

83. 정답▶ ①

84. 정답▶ ④

85. 정답▶ ①

86. 정답▶ ②
해설▶ CRM은 고객과의 장기적인 관계를 통해 고수익적 가치향상을 목표로 한다.

87. 정답 ▶ ③

88. 정답 ▶ ①

89. 정답 ▶ ④
   해설 ▶ 소비자나 서비스를 제공하는 사람에게 이야기할 때는 주로 사회적 거리를 유지하며 80~1.2m 사이를 뜻한다. 또한 편지, 전화 등은 언어적 의사소통에 포함된다.

90. 정답 ▶ ③

91. 정답 ▶ ①

92. 정답 ▶ ③

93. 정답 ▶ ④

94. 정답 ▶ ②
   해설 ▶ CRM은 새로운 시장 및 고객을 확보하는 것보다 기존의 우수고객 유지를 목표로 전략을 세우며, 시장점유율보다 고객점유율에 더욱 초점을 맞추고 있다.

95. 정답 ▶ ③

96. 정답 ▶ ④
   해설 ▶ 익명성이 보장되므로 고객의 인적사항이나 구매행동 특성을 정확하게 파악하기 어렵다는 단점이 있다.

97. 정답 ▶ ③
   해설 ▶ 위 상황은 재고로 보관을 하거나 저장해 둘 수 없는 서비스의 소멸성에 관한 특성으로 적절한 서비스의 수요와 공급능력이 필요한 이유이다.

98. 정답 ▶ ④

99. 정답 ▶ ①

100. 정답 ▶ ③

2회 모의고사

1	④	2	③	3	①	4	②	5	②
6	③	7	②	8	3	9	③	10	①
11	④	12	①	13	①	14	①	15	③
16	②	17	③	18	①	19	④	20	④
21	①	22	④	23	①	24	②	25	①
26	②	27	①	28	③	29	③	30	①
31	④	32	②	33	②	34	②	35	2
36	③	37	③	38	①	39	③	40	③
41	①	42	②	43	④	44	②	45	3
46	③	47	②	48	③	49	②	50	①
51	②	52	④	53	②	54	②	55	1
56	④	57	①	58	②	59	③	60	④
61	①	62	③	63	②	64	3	65	③
66	②	67	④	68	②	69	④	70	3
71	③	72	④	73	①	74	①	75	④
76	③	77	③	78	1	79	④	80	②
81	①	82	④	83	②	84	4	85	3
86	4	87	①	88	④	89	②	90	①
91	④	92	①	93	③	94	③	95	①
96	①	97	④	98	③	99	④	100	①

1. 정답 ▶ ④
   해설 ▶ 소비되지 못한 서비스는 재고로 저장해 두었다가 다시 판매하거나, 이용할 수 없어 적절한 서비스의 수요와 공급 능력이 필요한 것은 서비스가 가진 특성 중 소멸성에 대한 설명이다.

2. 정답 ▶ ③
   해설 ▶ 데이터마이닝의 과정은 샘플링 → 탐색 → 변환 및 조정 → 모형화 → 평가 순이다.

3. 정답 ▶ ①

4. 정답 ▶ ②
   해설 ▶ 고객은 상품과 서비스에 관심을 갖고 단순히 추가적인 정보가 필요할 때 반론을 제시하기도 한다.

5. 정답 ▶ ②

6. 정답 ▶ ③
   해설 ▶ 불특정 다수를 목표로 하는 매스마케팅과는 다르며, 데이터베이스 마케팅은 개별고객을 대상으로 하는 일대일 마케팅에 해당된다.

7. 정답 ▶ ②
   해설 ▶ 에어컨, 자동차 등의 브랜드 인지도가 높은 제품이나, 고가 제품에는 풀 전략(Pull strategy)을 사용하며, 생필품 등의 브랜드 인지도가 낮은 상품은 푸쉬 전략(Push strategy)에 적합하다.

8. 정답 ▶ ③

9. 정답 ▶ ③
   해설 ▶ 포지셔닝 확인 및 재포지셔닝 단계에서는 목표한대로 포지셔닝이 되었는지 확인하고, 포지셔닝이 잘못되었다고 판단되는 경우에는 경쟁환경 및 시장상황을 고려하여 포지셔닝의 위치를 변경한다. 또한 경쟁제품 혹은 기존의 제품에 대한 불만족 사항과 원인을 파악해야 하는 것은 첫 단계 소비자분석에서 이루어진다.

10. 정답 ▶ ①

11. 정답 ▶ ④

12. 정답 ▶ ①
    해설 ▶ 가장 관여도가 높고 빈도가 가장 낮은 상품은 전문품에 해당되며, 명품 옷이나 신발, 최고급 시계 및 보석 등이 포함된다.

13. 정답 ▶ ①

14. 정답 ▶ ①
    해설 ▶ 인바운드 텔레마케팅은 신규고객보다 기존고객과 관계를 지속적으로 유지할 수 있도록 집중하며, 고객으로부터 접수된 기업의 이미지나 상품 및 서비스에 대한 피드백을 빠르게 받을 수 있다. 또한 이렇게 접수된 고객의 의견들은 마케팅이나 신규상품 및 서비스 연구 활동에도 많은 아이디어를 제공해준다.

15. 정답 ▶ ③
    해설 ▶ CTI 시스템의 도입으로 콜센터 인력 비용 절감 및 효율적인 관리가 가능해져서 상담원을 추가로 채용하지 않고도 콜을 수용할 수 있게 되었다.

16. 정답▶ ②

17. 정답▶ ③

18. 정답▶ ①

19. 정답▶ ④

20. 정답▶ ④
   해설▶ 제품 포지셔닝으로는 제품 속성에 의한 포지셔닝, 이미지 포지셔닝, 사용상황이나 목적에 의한 포지셔닝, 제품 사용자에 의한 포지셔닝, 경쟁제품들에 의한 포지셔닝으로 나눌 수 있다.

21. 정답▶ ①

22. 정답▶ ④

23. 정답▶ ①

24. 정답▶ ②

25. 정답▶ ①

26. 정답▶ ②
   해설▶ 목소리, 억양, 발음 등은 비언어적 커뮤니케이션에 해당한다.

27. 정답▶ ①

28. 정답▶ ③

29. 정답▶ ③
   해설▶ 종단조사는 동태적인 성격이라 할 수 있고, 횡단조사는 정태적인 성격이라고 할 수 있다.

30. 정답▶ ①

31. 정답▶ ④

32. 정답▶ ②

   해설▶ 타당성이 높은 측정은 항상 신뢰성이 높지만, 타당성이 낮다고 해서 신뢰성 또한 낮은 것은 아니다. 또한 신뢰성은 타당성이 되기 위한 선행 요건이며 필요조건이다. 따라서 신뢰성이 낮은 측정은 항상 타당도가 낮다.

33. 정답▶ ②

34. 정답▶ ②
   해설▶ 1차 자료는 직접 자료를 수집해야 하기 때문에 2차 자료에 비해 시간과 비용이 많이 소비되며, 조사방법에 대한 전문 지식이나 기술이 요구된다.

35. 정답▶ ②

36. 정답▶ ③
   해설▶ 정성적 조사의 경우, 결과보다는 과정에 집중하며, 대부분 소수를 대상으로 진행되므로 일반화시키는 것에는 한계가 있다.

37. 정답▶ ③

38. 정답▶ ①

39. 정답▶ ③
   해설▶ 리스트 스크리닝과는 다른 개념으로 리스트 스크리닝(List Screening)은 우량고객 혹은 가망고객을 추출해내는 작업을 말한다.

40. 정답▶ ③

41. 정답▶ ①

42. 정답▶ ③

43. 정답▶ ④

44. 정답▶ ②

45. 정답▶ ③

46. 정답▶ ③

47. 정답▶ ②

48. 정답▶ ③

49. 정답▶ ②
    해설▶ 응답자가 질문상에 대해 관심이 있거나, 잘 알고 있어서 조사에 협조적일수록 척도점의 수를 많이 하는 것이 좋다.

50. 정답▶ ①

51. 정답▶ ②
    해설▶ 일반적인 텔레마케팅의 전개 과정은 "기획 → 실행 → 반응 → 측정 → 평가" 순이다.

52. 정답▶ ④

53. 정답▶ ③

54. 정답▶ ②
    해설▶ 상담사 평가와 감시를 위한 녹취가 아닌, 통화품질향상 및 감독을 위한 제3자 통화나, 통화 녹취가 가능하다.

55. 정답▶ ①

56. 정답▶ ④

57. 정답▶ ③
    해설▶ 피들러(Fidler)의 상황리더십이론에서 제시한 상황 호의성 변수에는 과업구조, 지위권력, 리더와 구성원과의 관계가 있다.

58. 정답▶ ②

59. 정답▶ ③
    해설▶ 경력관리의 3요소는 경력계획, 경력개발, 경력목표이다.

60. 정답▶ ④

61. 정답▶ ①

62. 정답▶ ③

63. 정답▶ ②

64. 정답▶ ③

65. 정답▶ ③

66. 정답▶ ②

67. 정답▶ ④

68. 정답▶ ②
    해설▶ ②는 총매출액에 대한 설명이다.

69. 정답▶ ④

70. 정답▶ ③

71. 정답▶ ③

72. 정답▶ ④

73. 정답▶ ①

74. 정답▶ ①

75. 정답▶ ④
    해설▶ 현재 대부분의 기업에서는 사업부제 조직구조를 갖추고 있다.

76. 정답▶ ③

77. 정답▶ ③

78. 정답▶ ①

79. 정답▶ ④

80. 정답▶ ②

81. 정답▶ ①

82. 정답▶ ④

83. 정답▶ ②

84. 정답▶ ④

85. 정답▶ ③
　해설▶ 전달자의 입장이 아닌 청취자의 입장에서
　　　　사고한다.

86. 정답▶ ④

87. 정답▶ ①

88. 정답▶ ④

89. 정답▶ ②

90. 정답▶ ①
　해설▶ 고객상호작용센터는 협업 CRM에 포함된다.

91. 정답▶ ④

92. 정답▶ ①

93. 정답▶ ③

94. 정답▶ ③

95. 정답▶ ①
　해설▶ 고객을 응대할 때에는 긍정적인 단어 사용
　　　　과 질문을 하는 것이 바람직하다.

96. 정답▶ ①

97. 정답▶ ④

98. 정답▶ ③

99. 정답▶ ④

100. 정답▶ ③

텔레마케팅관리사 한번에 끝내기 [1차 필기]

편 저 자 메인에듀 텔레마케팅관리사 연구회
제 작 유 통 메인에듀(주)
초 판 발 행 2022년 02월 07일
초 판 인 쇄 2022년 02월 07일
마 케 팅 메인에듀(주)
주   소 서울시 강동구 성안로 115, 3층
전   화 1544-8513
정   가 28,000원

ISBN 979-11-89357-34-4 13320